예비교사의 수업과 실무를 위한

최신
교직실무 2판

TEACHING PRACTICE

| 김희규 · 김순미 · 안성주 공저 |

학지사

2판 머리말

　교육이 바로 서야 나라가 바로 선다. 교육을 바로 세울 수 있는 사람은 다름 아닌 일선의 교사들이다. 교사의 교육력은 교육자로서의 투철한 사명감과 함께 교육학 지식을 기본으로 하는 교직전문성에서 비롯된다.

　사회의 급격한 변화와 더불어 우리의 교육환경에도 많은 변화가 일어나고 있다. 창의력과 인성을 키우는 개별맞춤형교육, 공동체역량과 기초소양함양교육, 환경 · 생태교육 등이 강조되는 오늘날의 교육현장에서 교사들은 시대적 변화의 흐름을 읽고, 무엇을 어떻게 가르칠 것인가를 진지하게 생각해야 한다.

　교직실무는 교원양성기관에서 교직과정을 이수하려는 대학생 또는 대학원생이 반드시 공부해야 할 필수 교과목으로, 관련 교재는 시중에 이미 많이 나와 있다. 가장 좋은 수업교재를 선택하는 것은 매 학기 강의자의 쉽지 않은 결정이고, 종강 후에는 채워지지 않는 아쉬움으로 남기에 이 책을 쓰게 되었다. 저자들은 교재의 내용을 교직이론에 충실할 것인지, 교육현장의 실무에 중심을 둘 것인지에 대해 많은 고민을 하였으며 다음과 같은 사항에 주안점을 두고 집필하였다.

　첫째, 교직이 추구하는 학문의 이론적 배경을 바탕으로 교육이론과 학교현장의 실무적인 내용을 적절히 조합하고, 오늘날 우리 교육현장에 적용되고 있는 내용을 현실에 맞게 재해석하여 교직실무의 이론과 실제를 함께 배울 수 있도록 하였다.

　둘째, 새 교육과정 개정과 교육정책 변화에 따른 개선사항을 적극 반영하여 교과목 내용을 학교현장 실무중심으로 재구성하였다.

　셋째, 각 장의 처음과 끝에 각각 학습개요와 연구 및 토의 문제를 제시하여 학습목표를 인식하고 도달도를 점검하며, 임용시험을 대비하는 수험서의 역할을 할 수 있도록 하였다.

넷째, 저자들이 과거 초·중등교육 현장에서 쌓은 오랜 교직실무 경험을 교직이론과 접목하여 학교현장을 정확하게 이해하는 데 도움이 되도록 하였다.

이 책은 총 3부, 12장으로 이루어졌다. 제1부 '교직의 이해'에서는 교육의 의미와 교직의 특성을 이해하여 바람직한 교직관을 확립하고, 교사가 수행해야 할 일을 알고 바람직한 교사상을 정립할 수 있도록 하였다.

제2부 '교사의 직무'에서는 학교운영기구의 구성을 알고 민주적인 학교운영의 방향을 찾을 수 있도록 하였다. 또한 교원의 인사와 교원평가, 학교경영과 학급경영의 원리와 실제를 파악함으로써 학교와 학급운영의 방향을 명확히 알 수 있도록 하였다.

제3부 '교사의 성장'에서는 수업장학의 실천을 통해 교수능력을 높이고, 교직문화와 학생문화의 이해를 바탕으로 학생생활지도와 진로지도의 방향을 정립하며, 학생과 학부모, 지역사회가 함께하는 바람직한 학교문화를 조성하도록 하였다.

이 책은 교원양성기관에서 교직과정을 수학하는 예비교사들을 위한 수업교재로서, 그리고 교직 수행에서 구체적인 방향 제시가 필요한 신임교사들의 실무지침서로 만들어졌다. 대학의 수업교재로 활용하는 것과 동시에 초·중등교사 임용후보자 선정 경쟁시험을 대비한 좋은 지침서가 될 것으로 믿는다.

학생 교육과 교직 수행에 있어서 완벽한 교사, 완전한 수업, 완성된 교재는 존재할 수 없다. 그저 모든 면에서 완성도를 높이기 위해 계속해서 노력해 나아갈 뿐이다. 이 책도 더 나은 교직실무를 위한 교재가 될 수 있도록 지속적인 수정·보완이 필요할 것이다. 교직실무를 담당하는 교수진과 현직교사, 예비교사들의 관심 어린 조언을 기대한다.

학생 교육과 연구활동으로 바쁜 중에도 이 책이 출간되기까지 함께 수고해 준 저자들에게 감사한다. 또한 늘 좋은 교재로 수업과 연구에 도움을 주시는 학지사의 김진환 대표님과 직원들께도 저자를 대표하여 감사의 마음을 전한다.

2023년 8월
저자 대표 김희규

차례

제2부 교사의 직무

제3부 교사의 성장

예비교사의 수업과 실무를 위한 **최신 교직실무**

제1부

교직의 이해

예비교사의 수업과 실무를 위한 **최신 교직실무**

제1장

교직과 교사

학습개요

1. 교직 수행에 따른 직업적 의미와 교직이 일반직업과 다른 전문성과 특수성은 무엇인 지 알아본다.

2. 교직관에는 어떤 유형과 관점이 있는지 알아보고, 자신의 교직관을 정립해 본다. 또한 시대의 변화에 따라 교직자로서 어떤 바람직한 교직관이 필요한지 생각해 본다.

3. 교직의 전문직적 특성은 무엇이며, 이에 따라 교직이 진정한 전문직이 되기 위해서는 어떤 요건을 갖추어야 하는지 알아본다.

1. 교육과 교직의 이해

1) 교육의 의미

인간은 사회적 동물이다. 인간은 사회생활 속에서 언어와 문자를 사용하여 지식과 문화유산을 축적하고 이를 다음 세대에 계승하고 발전시켜 왔다. 이러한 문화유산의 지속적이고 체계적인 계승·발전은 교육이라는 활동을 통하여 가능하다. 교육은 모든 인간에게 잠재된 무한한 가능성을 개발하고 발전시켜 개인의 자아실현을 돕고, 나아가 공동생활에의 적응과 인류가 함께 번영할 수 있는 중요한 임무를 수행해 왔다는 데서 그 의미가 매우 크다.

교육은 더 나은 인간의 삶을 위한 가장 근본적이고도 중요한 활동으로서 인류의 역사와 함께 체계적이며 조직적으로 발달해 왔고, 인류가 존재하는 한 영원히 지속하여야 할 중요한 과제이다. 이러한 교육이 갖는 의미를 살펴보면 다음과 같다.

첫째, 교육은 인간을 더욱 인간답게 만드는 일이다. 교육이란 인간 삶의 가장 본질적인 현상으로, 인간은 교육에 의해서만 인간이 될 수 있기 때문이다(강기수, 김희규, 2012: 9). 교육으로 만들어지는 인간이란 사회 속에서의 자신을 알고 남을 존중하는 삶을 통하여 바람직한 인간관계를 형성해 갈 수 있는 사람이다. 또한 교육적인 인간은 자신과 타인을 함께 사랑하고 존중하며 용서하고 베풀 줄 아는 도덕적이고 윤리적인 인간이다. 따라서 이러한 사람다운 사람을 만드는 일이야말로 교육의 가장 원론적이고 중요한 사명이다.

둘째, 교육은 인간 대 인간의 만남을 통한 인간 변화이다. 실존주의 철학자 볼로브(O. F. Bollnow)는 "만남은 교육에 선행한다."라고 하여 교육 이전에 참다운 만남이 선행되어야 한다고 주장했으며, 부버(M. Buber) 역시 그의 저서 『Ich und du』에서 만남의 관계가 가능할 때 서로 영향을 주고받을 수 있는 교육이 이루어질 수 있다고 하였다(강기수, 김희규, 2012: 11). 유비쿼터스(ubiquitous)[1] 학습에 의한 인터넷 강의 등과 같은 온라인수업이 보편화되고, 자기주도적 학습에 의한 재택수업이 가

---

1) 동시에, 곳곳에 있는, 편재하는(omnipresent), 여기저기 모습을 나타내는.

능해졌지만 이러한 방식의 학습이 가지는 한계는 분명히 있다. 더불어 살아가는 사회 속에서 교사는 사랑과 헌신적인 자세로 가르침으로써 모범을 보여 주고, 학생은 스승에게 존경과 신뢰의 마음을 가지며, 학교생활을 통하여 참다운 민주시민의 생활방식을 기르고 성장해 나가는 과정은 학교라는 장소에서 사제 간, 교우 간의 만남이 이루어지지 않고서는 이룰 수 없는 일이다.

셋째, 교육은 궁극적인 자아실현을 위한 방법이다. 매슬로(A. H. Maslow)는 인간의 욕구를 생리적 욕구, 안정의 욕구, 사회적 욕구, 존경의 욕구, 자아실현의 욕구 등 다섯 단계로 구분하였다. 이 중 자신의 잠재능력을 최대로 발휘하여 자기완성을 이루려는 자아실현의 단계는 단순한 생존이나 세속적인 부귀명예를 추구하는 것에 그치지 않는, 자신만의 이상적인 삶의 만족을 추구하는 것을 말한다. 학교교육은 남을 이기고 앞서 나가기 위한 방식이 아닌, 함께 만족을 찾는 방식을 가르치는 것이어야 하며, 개인주의가 아닌, 함께 어울려 사는 방식을 가르치는 것이어야 한다. 그래서 참다운 교육은 지식 쌓기를 통하여 좋은 직업을 찾는 것에 머무르지 않고 진정한 삶의 기쁨과 만족을 찾는 것이 되어야 한다.

넷째, 교육은 도야(陶冶)를 통한 가능성의 개발이다. '교육'을 뜻하는 'education'은 라틴어 'educare'에서 유래된 것으로, '밖으로 끌어내다.'라는 뜻이다. 즉, 한 개인 안에 잠재해 있는 적성, 소질, 능력과 같은 가능성을 찾아내어 표출할 수 있도록 하는 것이다. 교사는 각각의 학생들이 가지고 있는 이와 같은 자질을 찾아내고, 각자의 능력을 깨달아 이를 키워 나갈 수 있도록 적극적으로 도와주어야 한다. 도야란 수련·수양과도 통하는 뜻으로, 무디어진 칼날을 숫돌에 갈 듯 바람직한 인격과 품성을 갖추기 위해 몸과 마음을 갈고닦아 기르는 것을 말한다. 이러한 의미에서 교육은 단순히 지식의 전달만이 아니라 바르고 정의로운 사람이 되도록 이끌어 주는 일이 되어야 한다.

2) 교육의 변화

(1) 사회 환경의 변화

앨빈 토플러(Alvin Toppler, 1971)는 변화하는 사회에서 변화하지 않으면 혼란이 있을 뿐이라고 경고하며, 이러한 변화를 유일하게 지속시킬 수 있는 길은 변화에 어떻게 맞추어야 하는가를 배우고, 이를 습득하게 하는 교육에 있다고 하였다(이병진, 2010: 15). 미국의 사회학자인 대니얼 벨(Daniel Bell, 1973)은 이미 1970년대에 산업사회의 후기적 징후를 지식기반사회라고 예견하며, 탈산업사회인 지식기반사회의 모습을 '이론 지식의 집중화' '새로운 지적 기술의 창출' 그리고 '지식 계층의 확산' 등으로 설명하였다. 또한 영국의 역사학자 아놀드 토인비(Arnold Toynbee, 1947)가 근대사회의 후기적 삶의 양상을 전망한 '포스트모던(post modern)'의 의미 역시 같은 맥락의 특성을 띠고 있다(이병진, 2010: 16).

지식기반사회는 지식(knowledge)이 개인, 조직과 국가의 성패와 부(wealth) 그리고 그 경쟁력을 결정하는 핵심 요소가 된다는 가치관과 문화가 지배하는 사회다. 또한 지식기반사회는 지식과 정보의 결합으로 또 다른 지식을 창출하기 때문에 지식정보사회는 부가가치 창출이 핵심이 된다. 이러한 지식정보사회의 특징은 다음과 같다.

첫째, 지식과 정보의 양이 급격히 늘어난다. 정보통신기술의 발달로 누구나, 언제, 어디서나 새로운 지식을 습득하고 방대한 정보를 공유하고 활용하며, 이러한 공유체제는 지금까지 생활방식을 획기적으로 바꾸어 놓는다.

둘째, 개인의 다양한 가치관이 인정되고 사회가 다원화된다. 지금까지는 몇몇 사람이 제안한 하나의 정답이나 방안에 의존해 왔으나 현대에 와서는 많은 사람의 다양한 해결방안이 채택되고, 각각은 새롭고 창의적인 것으로 받아들여진다.

셋째, 세계화 · 국제화로 지구촌 사회가 형성된다. 지금까지 지역주의 · 국가주의 · 민족주의로부터 국경을 손쉽게 넘나드는 국제화가 이루어져 인식 속의 국경은 사라지고 여러 나라의 다양한 문화가 자연스럽게 받아들여진다.

이러한 급격한 변화는 한편으로 새로운 세계의 구축이라는 미래의 희망과 함께 불안을 가져올 수도 있다. 맥시(Maxcy, 1993: 이병진, 2010: 17 재인용)는 후기현대주의 사회가 직면하게 되는 도전을 허무주의에 빠질 위험성, 도덕성의 해이, 거품현상이 될 위험성이라고 지적하면서, 이에 대해 적절히 대처해야 하는 교육의 변화가 우선 과제라고 강조하고 있다.

(2) 교육방식의 변화

급변하는 현대사회에서 다른 변화와 마찬가지로 교육환경이나 교육방식도 기존의 틀에서 새로운 모습으로 탈바꿈되고 있다.

첫째, 공급자 중심에서 수요자 중심으로의 변화이다. 과거 교사 중심으로 이루어져 왔던 학교교육은 학생 중심 수업으로 바뀌었다. 즉, 교사가 열심히 강의하던 방식에서 교사가 제시한 주제에 따라 학생들이 생각하고 느끼고 토론하고 탐구하며 발표하는 기회를 가지는 수업으로 전환되는 것이다. 이러한 수업에서 교사는 학생들이 자기주도적 학습을 수행할 수 있도록 지도하고 지원하며 조언하는 역할을 해야 한다. 교육과정에서도 교육 당국이나 학교가 일방적으로 편성하던 방식에서 학생 개개인의 흥미와 적성에 따른 자유로운 선택에 의한 편성으로 바뀌었다. 교육행정 영역에서도 창의성과 효율성을 중시하는 교육경영이 강조되고, 학교관리자의 역할은 단순한 관리 차원을 넘어 뛰어난 지도력을 지닌 학교경영자·수업지도자를 요구하고 있다.

둘째, 성적향상 중심에서 성취지향 중심으로의 학습 전환이다. 학교급별로 학생들의 특성에 맞게 만들어진 성취평가제가 적용되고 지금까지 한 줄 세우기로 등위

표 1-1 교육방식의 변화 양상

구분	과거의 교육방식	미래의 교육방식
학습의 중심	공급자(교사) 중심	수요자(학습자) 중심
교육의 강조점	지식과 기능의 획득	지적 사고와 지식의 활용
과제수행 방법	개인 중심 과제수행	집단적(팀 중심) 과제수행
학습태도	지시에 의한 수동적 학습	능동적·자기주도적 학습
학습교재	교과서를 비롯한 인쇄물	전자도서 등의 영상자료
학습평가	성적 중심(규준지향평가)	성취 중심(준거지향평가)
교육의 전망	국가 단위의 전망	세계 단위(글로벌화)의 전망
학습범위	개인적인 노력	학습조직화, 배움공동체
학습감각	추상적인 학습	구체적인 학습계획과 추진
학습방법	반복적인 연습을 통한 암기	창의적 문제해결 능력 배양
평가방법	지필위주의 결과평가, 개별평가	수행중심의 과정평가, 집단평가
교육활동	단위 교과 중심	교과를 초월, 교과통합
교과 외 지도	수업시간 외 별도 실시	교과와 인성지도의 통합
요구되는 지도자상	리더의 의지대로 구성원들을 능숙하게 이끄는 리더	구성원들의 내면을 변화시키고 자아실현을 돕는 리더

* 출처: 이병진(2011). 교육리더십, pp. 17-18의 표를 수정.

를 매겨 오던 상대평가 방식은 여러 줄 세우기의 절대평가로 바뀌었다. 중등학교에 서는 학교생활기록부에 학생들 개개인의 성적평가 결과를 과목별로 5단계 또는 3단 계 등급으로 표기하게 되었고, 대학수학능력시험도 점수가 아닌 9등급제에 의한 등 급만 발표하게 되었다. 따라서 학교교육에서는 '누가 더 잘하나'가 아니라 '누가 무 엇을 잘하나'를 보게 되는 셈이다.

셋째, 암기로부터 문제해결, 지식과 기능의 획득으로부터 지적 사고와 지식의 응 용으로의 변화이다. 과거의 학습은 문제를 잘 풀고, 중요한 내용을 잘 외우는 것이 관건이었다. 그러나 컴퓨터와 인터넷의 등장으로 그것은 의미가 없어졌다. 따라서 학교교육은 무궁무진한 지식을 활용하는 방법과 문제해결을 위한 창의적인 방법을 찾는 쪽으로 변화해야 한다. 즉, '잘 외우고 잘 푸는' 학생이 아니라 '창의적으로 생 각하고 문제를 해결할 수 있는' 학생을 길러 내야 한다는 것이다.

3) 교직의 의의

사회의 변화에 따라 직업에도 변화가 생겨난다. 기존에 활발하고 인기를 끌던 직 업이 사라지는가 하면 새로운 직업이 생기기도 한다. 다양한 직업 중에는 육체노동 과 정신노동, 단순 반복 작업과 창의력이나 고등정신 능력을 요구하는 일 등으로 구 분할 수 있다. 교직도 여느 다른 직업과 마찬가지로 시간과 노력을 투자하고 급료를 받는 직업의 하나이다. 그러나 교직을 수행한다는 것은 단순히 생계유지를 위해 일 하는 일반직업과는 다른 차원의 의미가 있는데, 이는 다음과 같은 이유에서이다.

첫째, 교직수행은 직업 자체가 삶의 중요한 요소로서 자기 능력을 발휘함으로써 자아를 실현하는 과정이 된다(강기수, 김희규, 2012: 14). 즉, 교직자들은 가르치고 연 구하는 교직수행의 일 자체를 삶의 기쁨과 보람으로 여긴다는 것이다. 이 때문에 교 직자들은 배우고 가르치는 일을 즐기고 도전적으로 받아들이며, 자율적이고 창의 적인 직무수행을 통하여 자아를 실현해 간다. 직장인 중에는 자신의 직업에 대한 만 족도가 낮고 직장인으로서의 별다른 정체성이나 업무수행에 대한 열정도 없이 막 연히 생계를 유지하기 위해 내키지 않지만 어쩔 수 없이 종사하는 이들도 있을 것이 다. 이들에게 직업은 육체적이든 정신적이든 '노동'이요, '짐'인 셈이다. 그러나 '교 직은 천직'이라는 말처럼 학생에 대한 인간애와 교직자로서의 사명감을 가지고 가르치는 일에 자부심과 성취감을 느낀다면 가르침은 무거운 짐이 아니라 즐거운 마음으로 기꺼이 받아들일 수 있는 '기쁨'과 '보람'이 된다.

둘째, 교직수행은 개인의 자아실현뿐만 아니라 공익을 추구하고 사회적 역할과 국가적 이상을 실현하는 기반이 된다. 인간은 성장하면서 직업을 통하여 사회구성원으로서 사회적 책무를 담당한다. 각각의 직업은 별개로 독립된 것이 아니라 상호 보완적인 관계를 지니며, 각자의 직무수행을 통하여 사회가 성립·유지될 수 있는 것이다. 블라우와 스콧(Blau & Scott)은 조직의 유형을 조직의 수혜자가 누구인가에 따라서 호혜조직, 사업조직, 봉사조직, 공공복리 조직으로 구분하였으며, 학교조직은 수혜자가 학생들(고객)이므로 봉사조직에 속한다고 보았다. 이러한 봉사조직에서 주요 수혜자인 고객(client)의 의미는 자신의 문제해결 방법을 모르기 때문에 전문가에게 전적으로 맡기는 사람이다(주삼환 외, 2015: 74). 즉, 교원들은 학생들을 위해 봉사함으로써 학교조직의 목적인 교육활동 수행을 통하여 국가와 사회의 교육이념을 달성하는 것이다.

셋째, 교직수행은 인간을 길러 내는 조직적이고 체계적이며 영속적인 일이다. 학교조직은 사회의 안정성 유지와 인간의 사회화 기능을 유지하는 조직이다(주삼환 외, 2015: 74). 교육은 소수의 개인에 국한되는 일이 아니며 일시적이고 한시적인 작업이 아니다. 학령기간 내내 학교라는 공교육기관에서 교원 모두의 공동노력으로 만들어 가는, 크고 심오하며 지속적인 사업이다. 이러한 장기간에 걸쳐 이루어지는 직무 특성으로 인해 활동성과를 평가하기 어렵다는 문제가 있다. 교사들은 학교라는 교육조직 안에서 각자의 교과와 업무에 따라서 직무를 수행하게 된다. 따라서 교직수행은 정치적 이념이나 사회변화 등에 흔들림 없이 교육적인 신념과 사명감으로 지속되어야 한다.

4) 교직의 특성

(1) 교직의 직업적 특징

교직은 다른 직업과 달리 인간을 가르치고 길러 내는 성스러운 직업으로서 특별한 자질과 사명감이 투철한 사람만이 가질 수 있는 직업이다. 교직은 개인의 성장뿐만 아니라 대중의 생활과 사회 및 국가 발전에 큰 영향을 주는 직업이다. 따라서 교사에게는 공식적인 법규의 준수와 함께 학생지도나 조직 생활에서 요구되는 윤리의 실천이 무엇보다도 중요한 직업이다.

김상돈과 김형진(2012: 18)은 교직의 성격을 다음과 같이 제시하였다. 첫째, 교직은 인간을 바람직한 방향으로 변화시키기 위한 목적으로 학생을 가르치는 업무를 주로 하는 직업이다. 둘째, 교직은 사회·경제적 효과를 산출하는 삶의 중요한 원천이다. 셋째, 교직은 학교에서 미성숙한 학생들을 가르치는 교육자들로 구성되기 때문에 일반직업보다 특별한 직업윤리가 요구된다. 넷째, 교직은 미성숙한 학생들이 전인적으로 성장하도록 도와주는 봉사적 성격이 강한 직업이다. 다섯째, 교직은 국가발전과 사회 진보 및 문화발전에 중대한 영향을 미치는 직업이다.

다른 일반적인 직업과 구분하여 정일환과 권상혁(1996: 46)은 교직의 특징을 다음과 같이 말하였다.

첫째, 교직은 인간을 대상으로 하는 직업이다. 교육이 대상으로 하는 인간은 정신이나 신체의 특정 영역을 대상으로 하는 것이 아니라 지적·신체적·정서적·사회적·문화적 특징을 지닌 인간, 다시 말하자면 전인(全人)으로서의 인간 그 자체라고 할 수 있다. 그러므로 교사는 지식을 가르치는 것도 중요하지만 전인적인 인간, 즉 인간다운 인간을 길러 내는 것이 더 중요하다.

둘째, 교직은 주로 인간의 정신생활을 대상으로 하는 직업이다. 정신건강의학과 의사나 심리치료사 등도 인간의 정신세계를 다루기는 하나, 그들은 특정인들의 비정상적이고 예외적인 경우를 대상으로 하므로 그 대상이 특정 정신 영역이다. 그러나 교직은 모든 학생의 지적·신체적·정서적·사회적·문화적 영역을 포함하는 정신 영역을 주 대상으로 한다는 점이 특징이다.

셋째, 교직은 미성숙자를 대상으로 하는 직업이다. 교사가 만나는 이들은 정신적·육체적으로 미성숙한 청소년들이다. 따라서 교직자에게는 고도의 전문성과 윤리성·봉사성이 요구된다. 교사는 학생을 무한한 가능성을 지닌 한 인간으로 인정하고 성숙한 인격을 가진 이상적인 인간으로 성장·발달할 수 있도록 도와주어야 한다.

넷째, 교직은 봉사직이다. 교직이 다른 직업에 비하여 봉사가 더욱 요구되는 것은 교육이 학생을 위하여 존재하는 것이기 때문이다. 교원은 끊임없는 자기 연찬과 노력을 통하여 무한한 가능성을 지닌 학생들의 개성과 소질을 개발해 주는 고귀하고 숭고한 직업인이 되어야 한다. 교직을 인류와 사회에 대한 천직 또는 성직이라고 부르는 것은 이 때문이다.

다섯째, 교직은 국가와 민족의 미래를 위한 공공기업이다. 공교육의 대상인 학생들은 국가 미래사회의 주역이다. 오늘날 나라마다 의무교육제도를 강화하고 있음은 교육이 곧 국가의 흥망성쇠와 직결되는 중차대한 문제이기 때문이다. 이처럼 교육이 국가와 민족의 장래에 지대한 영향을 미친다는 점에서 교육은 국가의 공공사업이다.

여섯째, 교직은 인류공영에 이바지하는 직업이다. 교육의 중요한 기능은 인류가 쌓아 온 문화유산을 보존·계승하여 새로운 문화를 창출하는 것이며, 교사는 그 주역이 되어야 한다. 그러므로 교직은 현상 유지와 무사안일한 소극적인 자세에서 벗어나 개인과 사회, 민족과 국가, 나아가 전 인류를 지향하는 적극적이고 진취적인 자세로 임해야 하는 미래지향적인 직업이다.

(2) 교직의 특수성

교직에서 교원이 성공적으로 직무를 수행하기 위해서는, 먼저 교직의 특성을 제대로 알고 있어야 한다. 잘 안다는 것은 잘할 수 있다는 뜻이 되기도 한다. 교원이 자신의 본분인 교직을 천직으로 알고 교직의 특성을 잘 파악함으로써 맡은 바 교직수행을 성공적으로 할 수 있다는 뜻이다. 교직의 특수성과 관련하여 교원의 성공적인 직무수행 방안은 다음과 같다.

첫째, 교육의 본질을 잘 알아야 한다. 교원이 교육의 본질을 제대로 알고 있다면 다른 어떤 외적인 요인에도 영향을 받지 않고, 교육 본연의 순수한 목적이 전도되거나 수단화되지 않을 것이다. 교육의 본질이란 교육의 이념과 가치, 목적과 목표 등에 관한 것이다.

둘째, 교육의 대상에 대하여 잘 알고 있어야 한다. 즉, 학습자의 상황, 학습성취수준, 흥미와 적성, 학습자의 요구수준, 학습집단의 속성이나 특성 등을 파악하고 있어야 적합한 수업모형에 따른 교수-학습방안을 설계하고 적절한 교수활동을 제공할 수 있게 될 것이다.

셋째, 학습자와 교사와의 신뢰 관계가 구축되어야 한다. 교육은 가르치는 이와 배우는 이가 같은 일을 수행하며, 상호 존경과 사랑으로 친밀하고 신뢰적인 관계가 구축되어야 소기의 성과를 거둘 수 있다.

넷째, 학교조직의 특수성을 잘 알아야 한다. 교원은 자신이 속한 학교조직의 특성을 잘 알고 조직 안에서 적응하는 방법과 나아갈 방향을 선택할 수 있어야 한다. 그래서 조직 내의 영향력을 어떻게 받아들이고 대처할 것인지 현명하게 판단하는 방식을 찾아야 할 것이다.

이윤식 등(2009: 23-24)은 다른 직종과 구별되는 교직의 특수성을 다음 몇 가지로 설명하였다. 첫째, 교육조직의 목적인 교육의 가치가 특수하다는 점이다. 교육의 가치는 본질적 가치와 도구적 가치로 구분할 수 있는데, 교직은 교육조직에서의 목적이 교육의 본질적 가치를 중시한다는 점이다. 둘째, 교사에게 요구되는 특정 전문영역의 과업이 있다는 점이다. 교사들은 각 교과에 따른 학문적 영역의 교수 기술뿐만 아니라 생활지도와 학사업무 등 교육활동 전반에 관한 과업의 수행을 요구한다. 셋째, 교육성과를 평가한다는 것이 어렵다는 점이다. 즉, 가시적·불가시적 효과, 질적·양적 평가 그리고 단기적·장기적 효과를 아울러 평가해야 한다는 점이다. 넷째, 교직 관련 집단이 다양하고 그 규모도 크다는 점이다. 교직은 다른 전문직에 비하여 종사자의 인원이나 학교 및 교육 관련 기관의 수도 많은 편이다.

한편, 이홍우(2005)는 교직의 본질적 특성으로서 가르치는 사람과 배우는 사람이 '같은 일'을 한다는 점을 꼽았다. 이는 다른 직업에서는 찾아볼 수 없는 특성이다. 교직 이외의 어느 직업도 양자가 같은 일을 하지는 않는다. 여기에서 가르치는 이와 배우는 이가 같은 일을 한다고 할 때, 두 사람은 교육의 본질적 가치의 중요성을 인식해야 한다. 또한 가르치는 이는 이러한 가치를 소중히 여기며 살아가는 삶을 '잘 사는 삶' 또는 '성공적인 삶'이라는 것을 제자들에게 일깨워 주는 교직 의식과 사명감을 가져야 한다.

2. 교직관의 유형

교직을 어떤 시각으로 보느냐에 관한 것은 교사교육에 있어서 매우 중요하고도 핵심적인 문제다. 교사가 교직을 바라보는 시각에 따라서 교육에 대한 관점과 학생에 대한 관점이 달라지고 교육방법까지 달라질 수 있기 때문이다. 교직관의 대표적인 유형으로는 성직관, 노동직관, 전문직관을 들 수 있다. 세 가지 교직관은 구별된 분명한 이념과 뚜렷한 특징을 가지고 있다. 각 교직관의 특징을 알아본다.

1) 성직관

(1) 성직관의 특징

성직관(聖職觀)은 역사적으로 가장 오래된 교직관으로, 성직자가 교사를 겸하였 던 서양의 중세로부터 시작된다(강기수, 김희규, 2012: 19). 중세 서양에는 사회계급 이 귀족, 승려, 기사, 농민과 농노로 구성되어 있었다. 이 중 실질적인 지배층은 귀 족과 승려로서, 귀족은 현실세계의 지배층으로, 승려는 사후세계의 지배층으로 존 재하였다. 교회는 서구 중세사회의 가장 중요한 교육기관이며 연구기관이었다. 교 육의 대상은 이들 지배층에 국한되었으며, 교육을 맡은 이들은 독립적인 직업인으 로서의 교사가 아닌 성직자들이었다.

동양의 중국문화권에서 지배층은 관료계층으로, 관료는 '공맹(孔孟)사상'을 근간 으로 하는 유교와 성리학의 체계를 따라 교육받은 지식인 계급이라고 할 수 있다. 조선시대의 관료계층이자 지식층인 양반은 그렇지 못한 평민을 가르칠 수 있는 '교 화권(敎化權)'을 가지고 있었으며, 지배층의 충원은 '과거(科擧)제도'를 통하여 이루 어졌다. 조선의 서원을 비롯한 사교육 기관들은 실질적으로 과거를 준비하는 곳이 었으며, 교육내용도 관료가 되기 위한 것이었다. 성직관에서 중시하는 교직의 관점 은 다음과 같이 정리할 수 있다.

첫째, 성직관에서 교직은 단순히 시간과 노력을 제공하고 대가를 받는 직업적인 속성보다는 교육행위의 본질이자 인간으로 해야 할 도리라고 할 수 있는, 사랑으로 가르치고 존경으로 배우는 '사제 간의 인격적인 관계'를 무엇보다 중시한다.

둘째, 성직관에서 바라보는 이상적인 교사상은 인간과 학생에 대한 한없는 사랑 과 헌신, 자신에 대한 인내와 절제, 직무에 대한 희생과 봉사의 자세로 초연하게 스 승의 길을 걷는 '성인군자(聖人君子)'와 같은 모습이다.

셋째, 성직관에서 교직자는 다른 어떤 관점보다 스승으로서 높은 수준의 도덕적 가치와 윤리관의 함양을 요구한다. 그리고 경제적인 부나 물질적 만족보다는 정신 적인 만족감과 가치를 더 중시한다.

넷째, 성직관에서 교권은 권리의 주장이 아닌 본연의 의무에 충실함을 의미한다. 따라서 직업인으로서 누구나 기대하게 되는 물질적 보상에 따른 처우개선이라든지 직급이나 직위 상승에 대한 추구는 성직자적 교직자로서 바람직하지 않은 모습이다. 따라서 오늘날 교원단체에서 주장하는 전문단체의 결성을 통한 교원의 복지증진 또는 사회적 지위 향상과 같은 스스로 권리를 요구하는 견해와는 다소 거리가 있는 것이라고 볼 수 있다.

(2) 성직관의 주요 관점과 문제점

교직에 대한 성직 의식은 교직의 직업적 속성보다는 교육행위의 본질인 교사와 학생 간 인격적 만남을 토대로 한 윤리적 관점에서 비롯된 것으로 볼 수 있다. 이 관점에서 보면 교직은 천직이며 교직에 종사하는 사람들은 특별한 소명을 지닌 사람들이다(진동섭 외, 2008: 20). 이러한 교직에 대한 성직관의 주요 관점은 다음과 같이 정리할 수 있다.

첫째, 사람을 가르쳐서 사람답게 만드는 일은 신성한 것이며, 따라서 가르치는 일은 하나의 성직이다. 교직은 개인적인 욕망으로 이루어지는 직업이 아니라 하늘로부터 부여받은 천직(天職)이며, 교직자는 부름을 받은 특별한 소명의식을 가진 사람들이다.

둘째, 가르침이란 남에게 한없이 베푸는 것이다. 교직은 그 직을 수행하면서 인간과 학생에 대한 무한한 사랑과 헌신, 봉사를 바탕으로 한다.

셋째, 만남은 가르침에 우선하며, 가르침은 믿음 위에서 이루어진다. 교직은 가르치는 자와 배우는 자 사이에 신뢰와 인격적 만남 위에서 비로소 이루어질 수 있다.

넷째, 가르치는 이는 거울 위에 서 있는 자이다. 바른길을 걷지 않고서는 바른길로 인도할 수 없다. 무릇 교사는 스승으로서 학생들의 본보기가 되어야 한다. 학생들은 교과를 배우기 이전에 먼저 교사를 본받기 때문이다.

이러한 성직관의 관점은 천직으로서의 교직을 강조하고 교사의 높은 인격과 숭고한 교직의 자세를 중시하였다는 점에서 오늘날까지도 그 의미가 크다. 그러나 이 관점은 다음과 같은 문제점이 있다.

첫째, 성직관은 희생과 순종을 요구하는 과거의 지배와 피지배로 이루어지는 계급사회에서 생겨난 것이므로, 오늘날 자유와 평등이 보장되고 다원화된 가치관이 공존하는 사회에서 그대로 받아들이기에는 무리가 있을 수 있다.

둘째, 교직자 역시 학교 밖에서는 다른 직업인들과 마찬가지로 현대를 살아가는 하나의 직업인이다. 그러나 이 관점에서는 개인적인 욕망과 물질적인 면의 추구를 세속화된 것으로 여긴다. 금욕과 절제, 헌신과 복종, 희생과 봉사를 강조하는 관점을 오늘날 있는 그대로 수용하여 실천하기란 쉽지 않을 것이다.

셋째, 사회가 다원화되고 개인주의화된 가치관이 중시되며 자유와 평등, 수요자 중심의 교육이 강조되는 오늘날의 교육에서 성직관의 이념을 교육현장에 실제로 적용하는 데 거리감이 있을 수 있다.

결국, 성직관은 오늘의 우리 교육 현실에 맞도록 새롭게 정의되고 재해석되어야 한다. 그래서 성직관에서 본받아야 할 장점과 미덕을 살리면서 교육공동체 모두에게 만족할 만한 새로운 교직관의 모습으로 거듭날 필요가 있다.

2) 노동직관

(1) 노동직관의 특징

노동직관은 교직을 고용주와 노동자라는 입장에 따라 교사에 대해 노동자로 간주하는 관점으로 앞에서 살펴본 성직관과 대조되는 관점이다. 이 관점에서 교사는 교육당국 또는 사립학교법인과 근로에 관한 고용계약을 통하여 고용자와 피고용자의 관계가 형성된다. 노동직관에 따르면 피고용자의 지위와 근무조건 보장이 중요하므로, 교직자가 '어떤 일을 해야 하느냐'보다 '어떤 처지에 처해 있느냐'가 더 중요하다고 본다. 즉, 교사는 학교라는 직장에 근무하는 직원으로서 일정한 근무조건에 따라 시간과 노력을 제공하고, 그 대가로 임금을 받는 노동자라는 상황이 중요한 것이다. 따라서 교사는 교육노동자로서 권익을 지키기 위하여 노동조합을 결성하고 합당한 근무조건과 처우의 개선을 요구하게 된다. 그들은 조합원들끼리 단결하고 협력하여 노동자로서의 권익에 불이익을 당하지 않기 위해 끊임없이 고용주인 정부나 학교경영자와 맞서 투쟁하는 것을 당연하게 여긴다. 우리나라의 경우, 1980년대 후반에 전국교직원노동조합이 결성되었으나 법적으로 인정받지 못하다가 1998년 교원의 노동조합 결성권을 보장하기로 합의하고,「교원의 노동조합 설립 및 운영 등에 관한 법률안」이 1999년에 법률로 제정되면서 교원노조의 합법화를 이루었다(강기수, 김희규, 2012: 156). 이후 지금까지 전국교직원노동조합 외에도 한국교원노동조합, 자유교원조합 등 복수 교원조합이 결성되어 있다.

(2) 노동직관의 주요 관점과 문제점

교직으로서 노동직관의 주요 관점은 다음과 같이 정리할 수 있다.

첫째, 노동은 신성한 것이며, 교직수행도 하나의 노동으로서 교사는 교육노동자이다.

둘째, 교원노동조합의 단체결성권과 단체교섭권은 물론, 단체행동권까지 노동3권이 보장되어야 한다.

셋째, 교사의 지위 향상은 오직 노동자로서의 권리행사를 통하여 이룩될 수 있다(강기수, 김희규, 2012: 23).

넷째, 교사는 자신의 정치적 사상을 명확히 표명할 수 있어야 한다(강기수, 김희규, 2012: 24).

교직의 노동직관은 1999년 교원노동조합이 합법화된 이후에 힘을 얻었으며, 현재는 복수 교원조합의 등장으로 교사도 노동자라는 인식이 자리를 잡고 있다. 그러나 이러한 교직의 노동직관은 다음과 같은 몇 가지 문제점이 있다.

첫째, 교직의 노동직관은 우리 국민 정서와 맞지 않는다. '군사부일체(君師父一體)'를 강조하는 전통적 유교사상이 지배적인 우리 교육계에 교직이 노동직이라는 관념은 국민 정서와 교육 현실에 부합되지 않는다. 따라서 노동직관을 주장하는 교직단체나 이와 뜻을 같이하는 교원 외의 이들에게 외면당할 수 있고, 특히 교육가족인 대다수 학생이나 학부모가 교육노동자의 권리를 주장하는 이러한 관점에 얼마나 동의할지 의문이다.

둘째, 교직이 노동직이라는 설득력이 약하다. 우리 사회에서는 '노동'이라는 개념을 육체적인 노동으로 받아들이는 경향이 강하다. 따라서 인간을 길러 내는 숭고한 직업을 노동으로 간주하는 것에 대한 사회적인 시각의 거부감이 있다. 교사들 자신은 물론, 교직을 바라보는 대부분의 학교구성원은 교사가 자신의 권익을 추구하는 노동자에 머무르는 것을 원하지 않을 것이다. 'ILO(세계노동기구)'의 직업분류에 의하면 교직은 전문직군으로 분류된다. 그리고 일반적인 개념으로서의 노동직은 전문직에 포함되지 않는다. 노동직관이 현실적으로 존재하고 인정받는 교직관이 되기 위해서는 교사가 노동자계급이라는 확증이 있어야 하는데, 지금까지 어떤 사회과학적인 연구에서도 이를 입증하지 못한 점도 교직이 노동직이라는 주장의 설득력을 약화한다(강기수, 김희규, 2012: 24-25).

셋째, 교직을 노동직으로 여김으로써 교사들이 자신의 교직활동을 단순화하고 교직자로서의 전문성 신장을 위한 연구활동에 소홀해질 수 있다는 점이다. 애초 노동직의 단체인 노동조합은 노무자들의 열악한 육체노동에 대한 경제적인 대가와 인격적인 대우를 보장하고자 만들어진 조직이다. 비록 세월이 지나면서 노동에 대한 사회적인 인식이 바뀌고 있지만, 교육자로서의 높은 윤리성과 고도의 학문적인 식견을 바탕으로 하여 인간을 길러 내는 숭고한 사업을 단순 반복 노동으로 해석함은 일반 국민에게도 설득력이 낮을 것이다. 교원에게 연구활동은 법률에도 나와 있는 권리이자 의무다. 「교육기본법」 제14조(교원) ②에는 "교원은 교육자로서 갖추어야 할 품성과 자질을 향상시키기 위하여 노력하여야 한다."라고 하여 교직자의 전문성 향상의 중요성이 강조되어 있다. 노동직은 자신의 권익 주장에 몰두하여 자칫 이러한 직무 전문성을 향상하기 위한 노력에 소홀하지 않을까 염려된다.

넷째, 현행법상 교원의 단체행동권은 인정되지 않는다. 교사의 투쟁과 파업으로 인한 피해는 고스란히 학생에게 전해지기 때문이다. 교원들의 정치적인 성향으로 교원노조에 대한 사회적 인식과 국민의 평가가 우호적이지만은 않다. 오늘날 교원노동조합의 합법화로 여러 교원노동조합단체가 만들어져 교원의 권익 신장을 추구해 오고 있기는 하나, 한때 일부 조합원들의 과격한 투쟁으로 교단 내에 갈등을 불러오고 학부모나 학생들로부터 외면당하기도 하였다. 이에 따라 교원노조의 활동도 교원의 권익 신장뿐만 아니라 교직전문성을 높이는 데에 더욱 관심을 가져야 할 것이다.

3) 전문직관

(1) 전문직관의 특징

전문직관은 교직이 의료인, 법조인 등과 같이 고도의 전문성을 토대로 자율성을 최대한 보장받는 직종으로 보는 것이다. 전문직관은 교직자 대부분이 기대하는 이상적인 교직관으로서, 교육이 갖는 중요성과 교직의 본질적 가치를 가장 잘 나타내고 있는 현대적 의미의 교직관이라 할 수 있다. 또한 장차 교원의 지위 향상과 전문성 신장을 위하여 실현되어야 할 교직관이다.

교직의 전문직관은 1956년 리버만(M. Liberman)의 저서 『전문직으로서의 교육(Education as a Profession)』이 발간되면서부터 시작되었다고 할 수 있다. 그는 전문직에 대한 기준을 다음과 같이 여덟 개 항목으로 제시하였다(Liberman, 1956: 박완성, 2012: 36 재인용).

1. 전문직은 독특하고 분명한 사회적 봉사 기능을 가진다.
2. 전문직은 직능의 수행에서 고도의 지적 기술을 요구한다.
3. 전문직은 장기간의 준비교육이 필요하다.
4. 전문직은 개인적으로나 집단적으로나 광범위한 자율성을 가진다.
5. 전문직은 자율의 범위 안에서 행사한 행동과 판단에 대하여 스스로 책임을 진다.
6. 전문직은 자치 조직을 가진다.
7. 전문직은 사회적 봉사가 경제적 보수보다 우선한다.
8. 전문직은 그 자체의 직능을 수행하는 데 준수할 직업윤리를 가진다.

그러나 무엇보다 교직이 전문직임에 대한 공식적인 선포는 1966년 UNESCO와 ILO의 '교원의 지위에 대한 권고'에 의해서라고 할 수 있다. 이 권고에서 교원의 지위에 관한 국제적인 헌장으로 인식되었던 일련의 원칙과 기준을 제시하고, "교육은 전문직으로 간주하여야 한다."라고 선언하며 전문직적 성격과 요건에 대해 부연 설명하고 있다(이윤식 외, 2009: 26). 이 권고에 의하면 교직은 엄격하고도 계속적인 교육과 연구를 통하여 습득·유지되는 전문적 지식과 전문화된 기술을 필요로 하는 공공적 직업의 한 형태이며, 또한 교사들 자신이 담당하고 있는 학생들의 교육과 복지를 위하여 개인적·집단적인 책임감이 요구되는 직업임을 주장하면서 전문직임을 분명히 하고 있다(강기수, 김희규, 2012: 25-26).

(2) 전문직관의 주요 관점과 문제점

전문직관은 민주적 입장을 중요시하며 전문화된 자격을 가지고 학생들을 전문적·체계적으로 잘 가르치는 태도로서의 교직관이다. 따라서 교사의 자질향상과 교권확립을 가져오고, 교사의 사회적 지위 향상을 추구하는 것을 중시하며, 교사는 국가사회에 봉사하고 막중한 책임의식을 고취하는 것으로 본다(김남순, 2003: 106). 무엇보다 교직이 전문직인 이유는 다음과 같이 생각해 볼 수 있다.

첫째, 교직은 교직자의 높은 학문적인 지식을 배경으로 하기 때문이다. 모든 교사에게는 그들에게 요구되는 전문영역의 학문적 배경과 이를 피교육자에게 전수하는 능력을 요구한다. 교사의 제1 임무는 교육활동이며 그중 교과교육 활동이 가장 중요하다.

둘째, 교육은 반드시 참(진리, 진실)을 가르치는 것이어야 하며, 거짓(허위, 허구)을 가르치는 것은 교육이 아니다. 따라서 교직은 교육자의 높은 윤리성과 도덕적 자세를 요구한다. 교사는 학문을 가르치기 이전에 인격을 가르치며, 학생은 학습 이전에 교사를 먼저 배운다. 도덕적 리더십의 선구자인 서지오반니(Sergiovanni, 1992)는 학교에 대해 도덕적 측면에서의 선의(善意)와 관리적 측면에서의 성공이란 두 가지 차원을 조합한 네 가지 유형을 설명하면서 학교장이 지향해야 할 도덕적 리더십은 "성공보다 선의를 중시하는 학교"를 만드는 리더십이라고 하였다(주삼환 외, 2015: 124-125).

셋째, 교직은 교원의 교육과 연구활동에 있어서 높은 창의성을 요구하기 때문이다. 오늘날 우리 교육은 21세기 세계화 · 정보화 시대를 주도할 창의적이고 자율적인 인재를 길러 내야 하는 막중한 책임을 안고 있다. 교직자의 창의적인 지도력과 지도 노력 없이 결코 학습을 통한 창의성을 끌어낼 수 없다. 따라서 교사는 학습과제의 선택과 교수방법 등에 있어서 새롭고 혁신적이며 학생들의 흥미를 자극할 수 있도록 지속해서 학습동기를 끌어낼 수 있어야 한다.

그러나 이러한 교직의 전문직관에서도 다음과 같은 문제점이 있다.

첫째, 교직을 전문직으로 인정해 줄 수 있는 사회적인 인식이 아직은 낮은 편이다. 에치오니(Etzioni)는 일찍이 교직을 '반(半) 전문직(semi-profession)'이라고 표현하였으며(신현석, 이경호, 2014: 29), 정범모(1962: 27)는 "교직은 아직 전문직이 아니다. 그러나 교직은 전문직이라야 한다."라고 주장했다. 그 이유는 교직의 이론적 배경이 약하고 이론적 소양에 관한 장기간의 교육이 부족하고, 이론적 고려보다는 경력과 경험이 존중되며, 교직단체의 기능도 취약하므로 전문직이라기보다는 범속직(凡俗職)에 더 가깝다는 것이다(강기수, 김희규, 2012: 34). 우리 사회의 인식에서도 과

연 교직을 전문직으로 보는 시각이 얼마나 될까 하는 데에는 의문이 있다.

둘째, 교원들의 교직전문성 신장에 대한 노력이 부족하다. 진정한 전문직 종사자는 효과적인 직무수행을 위하여 시대와 상황의 변화에 따른 직무개선을 통하여 자발적이고 지속적인 자신의 전문성을 성장시켜 나가는 의욕과 사명감을 지닌 사람이다. 교원의 연구와 연수활동은 교직자의 의무사항이나 수업과 업무개선을 위한 장학이나 학습조직활동 등이 미흡하다는 지적이 있다. 자신이 전문직이라고 자부할 수 있으려면 자율적이고도 부단한 전문성 향상의 노력을 하고 있는지 스스로 물어보고 긍정적으로 확신해야 한다.

셋째, 전문직 기준과 교직의 현실과는 거리가 있다. 즉, 직무수행에 있어서 고도의 지적 능력과 장기간의 준비교육을 요구한다고 되어 있으나, 오늘날 지식정보화시대를 맞이하여 교직 외에도 많은 직업이 상당한 지적 수준이 필요하다. 교육대학이나 사범대학을 졸업하면 2급 정교사자격증을 받으므로 4년간의 교사양성 기간을 장기간의 준비교육 기간으로 볼 수 있는가 하는 의문이 있다. 또한 직무수행에서 자율성을 발휘한다고 되어 있으나 교직에서의 자율성은 교수-학습활동에만 한정되어 있으며, 오히려 학교조직은 다른 조직에 비해 관료제 성격이 강하다는 주장이 있다. 전문적인 자치 조직 역시 교직의 특성에 맞게 학문적인 면을 추구하기보다는 조직원들의 권익을 보장받기 위한 성격이 강하지만, 그렇다고 해서 전적으로 조직원들의 권익을 보장해 주지도 못하는 상황이다.

4) 바람직한 교직관

앞에서 살펴본 세 가지 교직관은 각기 장·단점이 있으므로 규범적으로 어느 것이 가장 바람직하다고 말하기는 어렵다. 또한 교직관을 이 세 가지만으로 한정할 수도 없다. 이런 점에서 현재의 교직관은 배타적인 관계 속에서 선택해야 할 대상이라기보다는 각각의 장단점을 상호 보완할 수 있는 것으로 보는 것이 타당하다.

성직관은 전통적인 교직관으로서 교직의 이상향을 지향한 것으로 볼 수 있으나 직업인의 교직자로서 현실적인 면을 생각할 때 그대로 받아들이기에는 무리가 있을 수 있다. 노동직관은 이상적인 면보다는 현실적인 면에서 오늘을 살아가는 직업인으로서는 논리적으로 받아들여질 수 있으나 교육수요자의 입장과 교직전문성에 소홀할 수 있다. 전문직관은 오늘날 가장 바람직한 교직상을 제시한 것으로 인식되고 있으나 우리 사회의 교직 현실이 아직 전문직의 눈높이에 못 미치며, 정의적인 측면을 소홀히 할 수 있다.

결론적으로, 바람직한 교직관을 갖추기 위해서는 어느 한 가지 유형의 교직관이 아니라 각 교직관의 장점을 찾아야 한다. 즉, 교원들이 교육전문가로 자부할 만한 전문성과 자세를 지니고, 다른 전문직 못지않은 대우를 받으며, 사회에서 존경받는 분위기가 갖추어질 때 비로소 교직은 이상적인 관점을 가질 수 있을 것이다.

신현석 등(2014: 35)은 우리 사회에서 교직 발전이 필요한 이유를 다음과 같이 제시하였다. 첫째, 교직은 다방면의 국가기관 인력양성이라는 중차대한 임무를 수행하는 교원들의 직업이기 때문에 지속해서 발전되어야 한다. 둘째, 교직은 기본적으로 교사가 학생에게 지식을 전달하는 지식직업이기 때문에 교원의 전문성을 지속해서 갱신할 필요가 있다. 셋째, 교직은 교원들이 학생과 상시 접촉하는 감정근로 직업이기 때문에 그들의 정서적 안정과 직무사기를 높이는 실천 방안이 적극적으로 마련되어야 한다.

우리 사회의 교직 발전을 위해 필요한 교원 각자의 노력은 다음과 같다.

첫째, 교원은 교육전문가로서 해당 교과의 지식을 통달하고 탁월한 교수 기술을 갖추어야 한다. 교사는 영원한 학생이며, 교원의 연찬활동은 권리가 아닌 의무이다. 유능한 교사란 늘 연구하는 자세가 갖추어져 있는 사람이다. 각종 자격과 직무연수, 대학원 진학, 장학과 컨설팅 활동 등의 지속적인 수행을 통하여 교수능력을 개발하기 위한 방법을 찾아야 할 것이다.

둘째, 교원은 교과협의회, 학년협의회 외에도 관심 분야의 다양한 교사동아리를 비롯한 교육현장의 학습조직을 구성하여 교육전문가로서 능동적인 연구활동을 지속해서 전개해야 한다. 교원들의 연구활동은 교과뿐만 아니라 학생생활지도나 교육활동과 관련된 전반적인 것을 말한다. 교사들은 잘 가르치기 위하여 개인적인 노력은 물론, 교과나 학년 또는 관심 분야를 단위로 하는 다양한 학습조직을 구성하여 정보를 공유하고 지속적인 연구활동을 전개할 수 있어야 한다.

셋째, 교원은 확고한 교직관과 윤리의식을 정립해야 한다. 많은 학생이 성장 과정에서 교사를 본보기로 삼는다. 따라서 교직자로서 가르치기 이전에 학생에 대한 이해와 학생을 대하는 자신의 태도를 점검하고 지식과 함께 신뢰와 사랑을 심어 줄 수 있어야 한다.

넷째, 교원은 학교조직의 일원으로서 구성원 간에 상호 협동하고 존중하며 자신의 역할을 책임감 있게 수행해야 한다. 성공적인 학교교육을 위해서는 교사들의 독자적인 노력 못지않게 공동체로서의 협조가 중요하다. 공동의 관심사에 대한 참여와 소통 그리고 서로 배려하고 협력하는 자세가 필요하다.

결론적으로, 바람직한 교직관은 어느 한 가지 유형으로 한정할 수 없으며, 각각의 교직관에서 오늘날 우리 교육에서 요구하는 장점을 찾아야 한다. 즉, 교원들이 교육전문가로 부르기에 합당한 기술과 열정을 가지고 학생교육에 임하며, 그에 합당한 근무조건과 대우를 받으면서 사회의 존경을 받는 직업환경이 구축 · 유지될 때 교직은 가장 바람직한 상태에 이르게 될 것이다.

3. 교직의 전문성

1) 전문직의 특성

전문직이란 직무수행에 있어서 아무나 쉽게 할 수 없는 높은 숙련도와 심오한 지식수준 등 고도의 전문성이 요구되는 직업을 말한다. 전문성은 조직구성원 개개인이 특정 사항에 대해 가진 지식이나 기능 혹은 경험의 정도를 가리킨다.

리버만은 전문직의 기준을 고도의 지적 기술, 장기간의 훈련, 광범위한 자율권의 행사와 이에 따르는 책임성, 경제적 이익에 앞서 봉사성, 전문적 자치 조직 구성, 높은 직업윤리 등으로 제시하였다(Liberman, 1956: 5-6). 그린우드(Greenwood)는 전문직의 특성을, ① 내면적으로 일관된 이론의 체계와 기술, ② 고도의 이론적 지식을 토대로 한 권위, ③ 사회적 공인 아래 자격 조건을 전문직단체 스스로 통제, ④ 윤리강령 준수, ⑤ 독특한 집단문화권 형성 등 다섯 가지로 제시하고 있다(이종재 외, 2006: 65).

이와 관련하여 우리 교직은 다음과 같은 전문직으로서의 특성을 갖추고 있다.

첫째, 교사가 되기 위한 준비교육으로 교육대학이나 사범대학과 같은 교사양성 기관에서 4년간 체계화된 교직 관련 전문지식과 교육방법 등을 배운다. 예비교원들은 교사가 되기 위하여 대학에서 소정의 학점을 취득하고 교직과목을 이수해야 하며, 교육 당국에서 공식 인정한 교사자격증을 갖추어야 한다.

둘째, 교사가 되고 난 후에도 계속교육의 일환으로 다양한 장학활동에 참여하며, 각종 자격연수와 직무연수 등을 통하여 연찬활동을 지속하여야 한다.

셋째, 교사는 수업과 학생평가를 비롯한 교육적 의사결정과 교육활동에 있어서 외부의 간섭에 의하지 않고 상당한 자율권을 행사하며 그 결과를 책임진다.

넷째, 교사는 자신의 권익을 옹호하고 교직 발전과 전문성 신장을 위한 각종 교원단체의 조직원으로 가입과 활동에 관한 자유를 가진다.

다섯째, 교사는 한국교원단체총연합회의 '교직윤리헌장', 전국교직원노동조합의 '교사십계명' 등 교원의 윤리강령을 가지고 있다.

전문성을 두 가지 차원으로 구분할 때, 개인적 차원에서 전문성은 업무 자체에 대한 숙련도와 전문지식 및 기술의 보유 정도를 의미하며, 조직적 차원의 전문성은 특정 분야의 업무 성격상 특수성과 전공(specialty) 분야에서의 업무수행상 수월성(excellence)의 확보 정도를 나타낸다고 하였다. 조직적 차원에서 전문성을 높인다는 의미는 흔히 '전문화(specialization)'라고 표현하기도 하는데, 조직이론에서는 맡는 업무를 분화(differentiation)시켜 나가는 것을 의미하기도 한다. 개인적 차원에서 업무수행에 전문성이 요구되는 직업을 '전문직(profession)'이라고 칭한다(이윤식 외, 2009: 25).

베버(Weber)는 관료제(bureaucracy)의 특징 중 하나로 '분업과 전문화(division of labor and specialization)'를 들었는데, 이는 조직의 과업을 보다 효율적으로 수행하기 위하여 구성원들이 각자 맡을 업무를 적정하게 구분함으로써 맡은 분야에 대한 전문성이 생기게 됨을 뜻한다.

무엇보다 전문직이 가지는 직무상 중요한 특성은 '자율성ㆍ전문성ㆍ창의성'이라고 할 수 있다. 이를 살펴보면 다음과 같다.

첫째, 자율성은 직무수행에 관한 자율적 의지와 판단의 능력을 말한다. 전문직이라면 누구의 간섭도 받지 아니하고 독자적인 의지로 자신의 직무계획을 수립하고 실천할 수 있어야 하며, 직무수행 결과에 따르는 책임을 질 수 있어야 한다.

둘째, 전문성은 직무수행을 위한 고도의 학문적 배경과 지적 능력을 말한다. 대부분의 전문직은 직무수행에 앞서 오랜 기간의 수학 기간과 엄격한 자격 기준이 있어야 하며, 전문직이 되고 난 이후에도 직무수행 능력의 발달을 위해 꾸준한 노력을 요구한다. 또한 이러한 전문성에는 지도력(리더십)이나 판단능력, 문제해결 능력 등과 같은 탁월한 지적 능력을 포함한다.

셋째, 창의성은 직무수행에 있어서 단순 반복적이고 틀에 박힌 구태를 벗어나 새로운 것을 받아들이는 참신성, 남들이 흉내 낼 수 없는 독창성, 나아지기 위한 변화의지, 상황 변화에 따른 적응력, 다양한 방법의 적용 등과 관련된 능력을 말한다.

교직은 과연 전문직인가의 문제와 관련해서 교직은 교육활동에 있어서 자율성을 가지며, 교직수행을 위해서는 교과에 대한 지식과 교수 기술을 필요로 한다. 또한 교직수행을 위한 창의적인 태도는 필수적이다. 대다수 교원이 교직이 전문직임을 공감하는 데도 여전히 과연 교직이 법조인, 의사, 교수와 같은 전문직인가 하는 회의적인 시각도 많은 것이 현실이다. 이는 다음과 같은 주장에 의해서이다.

첫째, 다른 전문직에 비하여 교직은 준비기간이 짧은 편이다. 교직의 전문성은 의학, 법학 등과 같은 학문의 고도로 체계화된 지식과 기술 체계나 수준보다 미흡한 편이다. 오늘날 상당수 초ㆍ중등교사들이 자기장학의 일환으로 대학원에 진학하여 석ㆍ박사 학위를 취득함으로써 이를 보완하고 있다.

둘째, 공교육의 행정체계에 따라 교사가 학교에서 자율성과 창의성을 발휘하는 데에 한계가 있고, 교사는 가르치는 일 이외의 비전문적인 행정업무가 많아 전문적 성격을 띤 직무에 몰두할 수 없는 상황이다. 교육행정 당국에서는 오래전부터 공문서 줄이기와 보고체계 간소화 등을 통하여 교원잡무 줄이기에 노력해 오고 있으나 현장교사들의 피부에 와닿지 못하고 있다.

셋째, 교원의 보수책정 방식이나 학교조직의 관료적 통제에 의한 명령체계에 따른 직무수행이 일반 공무원과 다르지 않아 전문직의 지위로 인정하기에 옹색하다. 특히 학교현장의 반대 여론이 높은 교원성과급제에 대한 국가 차원의 근본적인 재점검이 필요하다고 본다.

넷째, 학생을 가르치는 일은 실제로 학교교사 외에도 학교 밖 여러 곳에서 많은 사람이 하고 있으며, 공교육에 대한 신뢰와 교직을 바라보는 사회적인 시각이 다른 전문직에 대한 평가만큼 그리 높지 않은 편이다.

2) 교직의 전문직적 특성

교직을 수행하는 데 필요로 하는 교원의 전문성은 학문적 지식(academic knowledge), 교수 기술(teaching skill), 교직에 임하는 태도(teaching profession attitude)의 세 가지로 볼 수 있다. 교직수행에 있어 자율성과 그에 대한 책임이 필수 불가결한 요소로 작용하고, 특히 다른 전문직과 다르게 사명감과 긍지, 헌신 등의 정의적 측면이 중요한 전문성의 영역으로 강조되며, 자체적인 윤리강령을 채택하여 윤리적 규범을 지킬 것을 강조한다(김은영, 2016: 20 재인용). 교직은 의사나 변호사와 같은 타 전문직과 다른 특수성을 가지고 있는데, 이는 다음과 같다.

첫째, 교직은 인간의 정신생활을 다룬다는 점이다. 교육은 미성숙자인 학생들을 성숙한 단계로 끌어올리는 일이다. 의사도 인간을 대상으로 하지만 모든 사람이 아닌 환자를 대상으로 하며, 심신의 질병을 다룬다. 이에 비하여 교육은 모든 학생을 대상으로 하며 그들의 정신세계를 다룬다. 또한 학생의 올바른 자기 이해와 문제해결, 민주시민으로서의 바람직한 성장·발달을 돕는다.

둘째, 교직은 교사와 학생 간의 신뢰를 바탕으로 하며, 교육활동은 상호 긴밀한 관계 속에서 이루어진다. 의사나 변호사들이 환자나 의뢰인과 갖는 상호 관계는 한시적인 치료나 해결 기간으로 한정된다. 이에 반하여 교사와 학생 간은 존경과 존중, 애정과 신뢰를 바탕으로 가르치고 배우는 관계를 지속해서 이어 간다.

셋째, 교직은 가르치는 이와 배우는 이가 같은 일을 한다는 점이다. 즉, 교수와 학습은 같은 의미의 활동이라는 뜻으로, 전문직은 물론 다른 직업에서도 공급자와 수요자, 제공자와 수혜자, 종사자와 고객이 같은 일을 하는 예는 없다. 여기에서 가르치는 이와 배우는 사람이 같은 일을 한다고 할 때, 교육의 본질적 가치에 따라 합목적적 행위를 하고 있다는 것을 전제한다는 점에 주목할 필요가 있다. 이 같은 사실은 교직에서만이 볼 수 있는 교직의 특수성을 말해 주는 것이다.

그러나 이와 같은 특수성에도 불구하고 교직은 타 전문직과 비교해 다음과 같은 이유로 전문성이 낮다는 지적을 받고 있다.

첫째, 획일적인 교육과정과 교육에 대한 광범위한 관료적 통제로 교직활동의 자율성은 극히 제한적이다. 서지오반니, 토머스와 스타랫(Sergiovanni, Thomas, & Starratt, 1993)에 의하면 학교조직은 다양한 모델로 분류할 수 있지만, 어느 정도 관료제적 경향을 나타낸다고 하였다. 교사는 학교장이나 교육행정기관의 지시에 따라 교직업무를 수행해야 하므로 교사의 자율성은 수업에 관련된 부분으로 한정되어 있다. 그나마 수업영역에서도 교육과정의 선정과 조직, 교육평가의 방법과 영역 등에 있어서 국가교육과정과 학업성취평가제 등 관련 규정과 제도에 따라야 하므로 교사의 자율성은 상당한 제한이 따를 수밖에 없다.

둘째, 교원의 수업 외 업무부담의 가중으로 교직전문성 신장에 제약이 되고 있다. 교사가 가르치는 본연의 업무에 충실할 수 있도록 하자는 교원업무경감방안이 오래전부터 제기되어 왔으나 현장에서 체감하기는 어려운 실정이다. 학교현장의 복잡하고 다양한 교원업무구조는 교사가 수업과 연구에 몰두할 수 있는 분위기를 제공하지 못하고 있다. 교육행정 업무의 전산화는 교원업무경감에 도움이 되지 못하였으며, 교육 당국의 새롭고 다양한 정책은 교육의 발전에 이바지하기보다는 학교 현실과는 거리가 먼 정책으로 교원의 업무만 가중했다는 현장교원들의 불만이 높다.

셋째, 관리직을 중시하는 교원승진구조에 문제가 있다. 우리 학교조직은 학교장 중심의 관리직 우위의 형태로 이루어져 있고, 교무조직 운영도 교육조직이 아닌 행정조직 중심으로 운영됨에 따라 교단에서는 교수능력을 높이기보다 관리직으로의 승진에 더 높은 가치를 두는 교직풍토가 형성되어 왔다. 교직이 전문직으로 인정받기 위해서는 교사들의 직무에 대한 자긍심과 처우에 대한 만족도가 높아져야 하고, 이를 위해서는 교단교사의 전문성이 존중되고 우대받을 수 있어야 한다. 이에 따라 제도의 개선을 통해 교직을 관리직과 교수직으로 이원화하고, 교사는 관리직으로의 승진만이 능사가 아니라는 인식을 가질 수 있도록 관리직 못지않은 교수직에 대한 우대책이 강구되어야 한다(안성주, 2015: 19).

3) 교직전문성의 확보 방향

곽영순(2011: 55)은 교사전문성 개발은 집중적이고 지속해서 이루어져야 하며, 실천과 연계되어야 하고, 학생학습에 초점을 맞추고 구체적인 교육과정 내용을 가르치는 것을 다루어야 하며, 학교개선을 위한 우선 사항과 목적에 맞추고, 교사들 간의 강력한 협력관계를 형성해야 한다고 교사전문성 개발의 핵심 원리를 제시하였다. 그러므로 교원의 전문성 개발은 개인 차원에서 전문직으로서 요구되는 전문성 신장 노력과 더불어 국가의 교원전문성을 보장하기 위한 계속 관리 및 지원이라는 책무를 동시에 갖는다.

　서지오반니와 스타랫(Sergiovanni & Starratt)은 교사 개발의 방향을 설정하는 차원에서 그 의미를 다음과 같이 설명하였다(서진상, 2013: 12 재인용). 첫째, 교사 개발은 학교가 교사에게 행하게 하는 것이 아니고 교사들이 자신을 위해 행하는 것을 의미하며 교사 개발의 방향은 자신의 능력에 대한 강한 믿음을 지니고 있어 성장지향적이다. 즉, 교사의 부족함을 예측하는 것이 아니라 교사 개개인의 성장욕구나 추진욕구를 우선함으로써 대안 선택의 폭을 확대한다. 둘째, 교사 개발은 교사 성장이 지닌 두 가지 측면을 모두 포함한다. 성장은 수업기술과 수업개선책을 모색하는 기능 외에도 개인으로서 교사의 변화, 즉 자신과 학교와 교육과정과 학생들을 서로 다르게 인식해 나가는 기능이다. 이와 같은 관점에 따라 교사의 자기개발은 교사의 교육·연수 등 전문적 역할 성장이라는 좁은 개념이 아니라 교사가 향상된 수준의 전문적 능력을 달성하고, 조직에서 교사 개인의 역할기대에 대한 이해를 넓힐 수 있도록 교사 자신과 주변 환경에 대해 끊임없이 인식하여 성장 의욕을 키워 가는 과정으로 본다.

　지식의 증가와 사회의 변화에 발맞추어 교직의 전문성도 멈추어 있어서는 안 되며, 시대와 상황에 따라 계속해서 성장하여야 한다. 교사는 교직전문성을 전제로 하여 수업과 직무에서 자율성과 창의성, 책무성을 지니고, 전문적 권위를 형성하여 교육의 본질적 목적과 가치를 위해 노력할 수 있게 된다. 교사가 높은 교직전문성을 갖추지 못한다면 관료적 통제의 심화, 직무의 표준화, 획일적 교육과정, 표면적 자율성과 이면적 통제성 등에 의해 자율성이 위축되고, 직무 도전정신이 상실되며, 교사의 역량 약화와 교사의 사회경제적 지위 저하 등을 초래할 수 있다(정영수, 1995: 11-19).

　이에 따라 교직전문성의 확보는 다음과 같은 방향으로 이루어져야 한다.

　첫째, 교원자격 체제의 이원화가 정착되고 강화되어야 한다. 현재 교원자격 체제는 2011년 수석교사제의 법제화가 이루어짐에 따라 2012년 3월부터 관리직으로 가는 '교사–교감–교장'과 교수직으로 가는 '교사–수석교사'로 이원화되었다. 그러나 현재 수석교사제는 법제화 초기에 의도한 대로 인원수가 확보되지 않아 관리직과 교수직의 균형이 이루어지지 못하고 있다. 김희규(2009: 103)는 기존 교원승진제도의 문제점 중에서 특히 교사들이 학생교육보다 승진경쟁에 집착하는 풍토를 지적하였으며, 승진을 위해 노력하는 과정에서 관리자 위주의 근무성적평정이나 가시적 실적 위주(연수나 연구실적, 학위취득 실적, 가산점 등)의 승진점수 획득과 관리에 더 큰 노력과 시간을 투입하는 현상이 발생함을 문제로 지적하였다. 따라서 수석교사 확충을 통하여 교원자격 체제의 이원화가 실질적으로 정착됨으로써 교원승진 과열현상의 해소는 물론, 교사가 본연의 임무인 가르치고 연구하는 전문적인 일에 충실할 수 있도록 교육당국의 정책 배려가 필요할 것이다.

둘째, 학교조직의 개편과 운영의 변화가 이루어져야 한다. 아직 대부분의 일선 학교조직이 교무기획부, 교육연구부, 생활지도부 등 행정업무 중심의 부서편제로 되어 있어 교원 간 교육연구와 정보공유를 통한 교원의 전문성 향상에 이바지하지 못하고 있다. 따라서 교원조직을 교과 중심의 조직으로 바꾸고, 교무행정보다 교육·연구활동을 우선시하여 연구하는 학교조직 풍토를 조성해야 할 것이다. 학교조직의 운영에서도 의례적인 행정 사항의 전달 위주로 이루어지는 기획회의와 교무회의, 형식적인 학년협의회와 교과협의회에서 탈피하여 실질적인 교사 개인과 학교조직 발전의 기회로 만들어 가야 할 것이다.

셋째, 교원평가제도의 개선이 필요하다. 현행 교원평가제도는 교원업적평가와 교원능력개발평가로 나뉘어 있다. 이 중 업적평가는 「교육공무원 승진규정」에 근거하여 이루어지는 평가제도로, 평가의 결과는 승진, 전보, 포상 등 인사관리에 반영하며, 무엇보다 승진후보자를 선정하는 데 큰 비중을 둔다. 이러한 평가제도는 평가 내용이나 방법, 결과의 활용에 있어서 교원전문성 향상에 이바지하지 못한다는 비판이 있다. 또한 수석교사나 교장과 같은 승진대상자가 아닌 교원은 평가에서 제외된다는 문제점도 있다. 이에 따라 새로이 생겨난 교원능력개발평가제도는 교사의 학습지도 및 생활지도에 관하여 동료교사는 물론, 학생과 학부모 등 교육공동체 구성원들의 만족도 조사를 포함함으로써 수업의 질적 개선과 생활지도 능력의 향상을 도모하고자 하였다. 그러나 이 교원능력개발평가에 대한 참여의 강제성이 없고, 그 결과의 활용범위와 내용도 아직은 미미한 수준이며, 무엇보다 평가 자체에 대한 교원들의 반발이 남아 있다는 것이 문제로 지적되고 있다. 따라서 어렵게 시작한 이 제도가 제대로 정착하고 실효를 거둘 수 있도록 하기 위해서는 교원들의 참여와 동의를 끌어낼 수 있도록 제도의 개선과 적용에 관한 지속적인 연구가 필요하다.

넷째, 교원학습조직의 내실화 · 활성화가 이루어져야 한다. 김희규(2003: 38)는 자율적인 학교교육이 이루어지기 위해서는 지속적인 변화와 혁신의 노력이 요구되며, 학습행위가 일상화되어 새로운 환경에 적응할 수 있는 조직의 구축이 요구되므로 학교를 학습조직으로 만들어야 할 필요가 있다고 하였다. 허은정(2011: 1)은 학습조직으로서의 학교를 "학습을 촉진하는 문화적 · 구조적 여건 구축을 통해 교사 개인과 팀 · 조직이 지속해서 학습하여 교사 개인뿐만 아니라 학교 전체 역량의 발전을 도모하는 학교"로 정의하고 있다. 교원의 전문적 성장은 개인적인 노력만으로 한계가 있으며, 서로 연결하고 공유되는 조직활동 속에서 새로운 학습내용이나 교수방법과 관련된 다양하고 유용한 지식과 정보를 얻음으로써 이루어진다. 모든 사회구조가 네트워크를 추구하는 시대 흐름 또한 교단의 학습조직화를 요구한다고 보아야 할 것이다. 그러나 교내 학습조직 활동은 교사들의 개인주의와 폐쇄적 문화로 인하여 타율적이고 형식적이며, 전문성 신장에 제대로 이바지하지 못하고 있다(안성주, 2015: 2). 교원이 전문직으로 거듭나기 위해서는 연구자로서의 높은 전문성 획득이 필수적이며, 이를 위해서는 학교조직이 다른 어떤 조직보다도 학습조직화되어야 한다.

연구 및 토의 문제

1. 일반적인 직업과 다른 교직의 전문성과 특수성에 대하여 설명해 보자.

2. 예비교사로서 자신이 생각하는 교직관은 기존의 교직관과 어떻게 다른지 설명해 보자.

3. 교직을 자타가 공인하는 진정한 전문직으로 인정받기 위해서는 교사로서 어떤 노력이 필요한지 토의해 보자.

40　제1장 교직과 교사

참고문헌

강기수, 김희규(2012). 최신교사론. 서울: 동문사.

곽영순(2011). 교사의 전문성 개발을 위한 교사 학습연구년제의 운영방안. 청람교육포럼.

김남순(2003). 교원양성기관 학생들의 교직관 비교. 조선대학교 생활지도연구소.

김미송(2010). 학교장의 변혁적 리더십이 교사자질에 미치는 영향. 선문대학교 대학원 박사
　　　학위논문.

김은영(2016). 학습연구년 특별연수 교원의 연수 참여 경험에 관한 질적 연구. 강원대학교 대
　　　학원 박사학위논문.

김상돈, 김형진(2012). 초 · 중등 교직실무. 서울: 학지사.

김희규(2003). 학교에서 학습조직 구성 준거 탐색. 한국홀리스틱교육학회지, 7(1).

김희규(2009). 수석교사제 시범운영을 위한 모형 개발연구. 교육과학연구, 제15호, 신라대학교
　　　교육과학연구소.

박승란(2011). 수석교사제 시범운영의 성과요인과 선발기준 분석. 인천대학교 대학원 박사학
　　　위논문.

박완성(2012). 교직실무의 이론과 실제. 서울: 학지사.

서진상(2013). 교직전문성은 교사들의 삶을 어떻게 조형하는가? 인하대학교 대학원 박사학위
　　　논문.

신현석, 이경호, 가신현, 김병모, 김재덕, 김희규, 박균열, 박정주, 박종필, 박호근, 안선희, 이
　　　강, 이일권, 이준희, 전상훈(2014). 교직실무. 서울: 학지사.

안성주(2015). 고등학교 수석교사 직무수행 사례 분석연구. 신라대학교 대학원 박사학위논문.

이병진(2010). 교육리더십. 서울: 학지사.

이윤식, 김병찬, 김정휘, 박남기, 박영숙, 송광용, 이성은, 전제상, 정명수, 정일환, 조동섭, 진
　　　동섭, 최상근, 허병기(2009). 교직과 교사. 서울: 학지사.

이종재, 정태범, 권상혁, 노종회, 정진환, 정영수, 서정화, 이군현(2006). 교사론. 경기: 교육과
　　　학사.

이홍우(2005). 교육의 목적과 난점. 경기: 교육과학사.

정범모(1962). 교직의 전문성. 오천석(편). 교직과 교사. 서울: 현대교육총서출판사.

정영수(1995). 전문성 신장을 위한 교원정책. 교육행정학연구, 13(1). 한국교육행정학회.

정일환, 권상혁(1996). 교사론. 서울: 교육출판사.

주삼환, 천세영, 김택균, 신봉섭, 이석열, 김용남, 이미라, 이선호, 정일화, 김미정, 조성만
　　　(2015). 교육행정 및 교육경영. 서울: 학지사.

진동섭, 이윤식, 김재웅(2008). 교육행정 및 학교경영의 이해. 경기: 교육과학사.

허은정(2011). 학습조직이 교사 전문성에 미치는 효과 연구. 서울대학교 대학원 박사학위논문.

Liberman, M. (1956). *Education as a profession.* New Jersey: Prentice-Hall.

Maxcy, S. J. (1993). *Postmodern school leadership: Metting the chistis in educational administration.* Westport, CT: Greenwood Publishing Group, Inc.

Sergiovanni, T. J. (1992). *Moral leadership. Getting to the heart of School Improvement.* San Francisco: Jossey-Bass Publishers.

Sergiovanni, T. J., Thomas. J., & Starratt, R. J. (1993). *Supervision: A redefinition* (6th ed.). Boston: McGraw Hill. Inc.

법제처 국가법률정보센터 https://www.law.go.kr/LSW/main.html

제2장

교사의 역할과 자질

학습개요

1. 교사의 학생을 가르치는 교육지도자로서의 역할과 학교조직원으로의 역할 관련 업무
   에는 어떤 것이 있는지 알아본다.
2. 교육지도자로서 교사는 어떤 자질을 가져야 하며, 어떤 인성을 지니고 인성지도를 해
   야 하는지 생각해 본다.
3. 이 시대에 학생들이 바라는 유능한 교사의 모습은 어떤 것이며, 바람직한 교사가 되
   기 위하여 갖추어야 할 조건이 무엇인지 생각해 본다.

1. 교사의 역할

1) 교사 역할의 의의

(1) 역할의 개념

'역할(role)'의 사전적 의미는 자기가 마땅히 하여야 할, 맡은 바 직책이나 임무를 뜻한다. 역할이란 사회의 어떤 지위에 있는 사람에게 사회구성원으로부터 공통으로 기대되는 행동유형이다. 역할은 그 역할수행자의 지위와 밀접한 관련이 있다. 따라서 역할의 개념에는 신분에 따른 지위, 지위와 관련된 행동유형, 주위 사람들로부터 기대되는 활동 등을 포함한다.

조직구성원의 역할은 조직에서 부여하는 지위에 따라 결정되며, 대개 조직기구표의 업무분장 등에 구체적으로 기술되어 있다. 사회의 모든 조직은 그 조직이 추구하는 목표가 있고, 조직구성원은 각자가 속한 조직 속에서 수행해야 할 과업에 따른 역할이 있다. 조직 속에서의 역할수행은 곧 직무수행을 뜻한다. '직무(job)'란 특정 직책이나 직업상 책임을 지고 수행해야 하는 주된 사무를 일컫는 말이며, '직무수행'이란 역할수행과 유사한 개념으로서, 특정한 직무영역에서 업무담당자가 수행해야 하는 직책상의 활동을 말한다.

헤비거스트와 뉴가튼(Havighurst & Neugarten, 1962)은 교사의 역할을 다음과 같이 정의하였다. "사회적인 역할이란 같은 지위에 있는 모든 사람이 의식적으로 수행하는 공통된 행동의 방식이나 사회의 다른 구성원들이 기대하는 행동유형으로 정의된다. 그러므로 역할이란 개념은 다음과 같은 점을 포함하고 있다. 첫째, 지위를 가리킨다. 교사는 특수한 직업적 지위를 갖고 있다. 둘째, 지위와 관련된 행동방식을 가리킨다. 교사라는 지위를 가진 사람과 관계가 깊은 행동방식이 있다. 셋째, 지위를 차지하고 있는 자에게 기대하는 행동체계를 가리킨다. 교사에게 기대되는 행동에는 어떻게 행동을 해야만 할 것인가 하는 의미가 내포되어 있다."

교사의 역할에 대한 개념에는 교사 역할의 구체적인 내용과 관련된 몇 가지 중요한 문제가 있다.

첫째, 교사의 역할은 교사 자신이 인식하고 있어야 할 뿐만 아니라 다른 사람들에

의해서도 인정되어야 한다. 즉, 교사의 역할에 관한 내용은 교육행정가나 교사의 주장만이 아닌 교육공동체에 의한 사회적 합의에 따라 결정되어야 한다는 것이다.

둘째, 교사의 역할은 사회, 역사, 문화 등에 따라 변화된다. 즉, 교사의 역할은 절대적이거나 고정불변한 것이 아니라 사회상황이나 제도, 역사적 맥락, 가치관, 인간관, 교육관 등의 변화에 따라 달라지는 것이다. 특히 시대적 상황 변화에 따른 교육 구성원들의 관점에서 교사의 역할에 대해 다양한 요구를 하게 된다.

셋째, 교사의 역할은 교사라는 특수한 사회적 지위와 결부되어 있다. 교사는 학교라는 조직에 소속되어 있으면서 동시에 사회의 한 구성원이다. 따라서 그가 속한 여러 단체에서 수시로 다양한 형태의 만남이 이루어진다. 이러한 다양한 모임과 만남 속에서 교사의 역할지각과 그에 대한 역할기대도 다양할 것이다.

역할의 개념은 역할기대(role expectation)와 역할파지(role perception)로 나누어 생각할 수 있다(이윤식 외, 2009: 40). 역할기대란 어떤 지위를 가진 사람에 대하여 그가 어떤 역할수행을 하여 주기 바라는, 다른 사람들이 갖는 기대와 요구를 뜻한다. 예컨대, 교사에 대한 역할기대는 수업지도자, 학생생활지도자, 학급경영자 등이다. 이러한 역할기대는 같은 대상이라도 시대 상황이나 사회적 요구에 따라 달라질 수 있다. 또한 구성원에 따라서 서로 다른 역할기대를 가질 수 있다. 즉, 교사에 대한 역할기대는 학생과 학부모 사이에서, 학교행정가와 동료교사 사이에서 다를 수 있는 것이다.

역할파지는 조직구성원으로서의 역할담당자가 자신의 역할을 인식하고 직무를 수행할 자세를 갖추는 것을 의미한다. 역할기대와 역할파지 사이에 격차가 커지면 역할갈등이 나타날 수 있다. 일반적으로 역할기대가 크고 역할파지가 낮은 경우에 그러하다. 즉, 주위에서 지나치게 과다한 역할기대를 하는 경우 역할수행자의 노력이나 역량부족에 대한 불만이 생길 수 있다.

또한 역할수행자가 자신의 역할수행에 대한 너무 단순하거나 낮은 역할파지 인식도 문제가 될 것이다. 교직에서 역할갈등을 줄이기 위해서는 상호 간의 이해와 신뢰를 통하여 학교구성원들이 바라는 역할기대를 교사들이 잘 인식하고 그러한 요구에 부응하는 전문직으로서의 역할수행이 따라야 할 것이다.

(2) 교실 내에서 교사의 역할

교사의 역할에 대해서는 학자마다 다양한 견해를 보인다. 이를 정리하면 다음 〈표 2-1〉과 같다.

표 2-1 교사의 역할 구분

학자	교사의 역할 구분
Woolfork(1995)	수업전문가로서의 역할, 동기유발자로서의 역할, 경영자로서의 역할, 지도자로서의 역할, 상담자로서의 역할, 모범으로서의 역할, 반성자로서의 역할
김종철 외(1994)	일반적 역할, 학교사회에서의 역할, 학급에서의 역할
한국교총(2006)	학급에서의 역할, 학교에서의 역할, 사회에서의 역할
서재복 외(2010)	생활지도자로서의 역할, 교육평가자로서의 역할, 학급경영자로서의 역할
류동훈(2007)	가르치는 역할, 사회적인 역할, 지도자로서의 역할
박의수 외(2010)	인성지도자로서의 역할, 학습안내자로서의 역할, 모델로서의 역할, 관리자로서의 역할

호일(Hoyle, 1969: 이종재 외, 2006: 81 재인용)은 교실 내에서 교사의 역할을 다음과 같이 수업, 사회화, 평가의 세 가지 범주로 보았다.

첫째, '수업의 역할(role of instruction)'은 교사가 교과와 관련하여 학문적 지식을 체계적으로 가르치는 일이다. 이를 위해 교사는 쾌적한 면학 분위기를 조성하고 학생의 능력과 학습수준을 파악하여 이에 적합한 수업을 적용할 수 있어야 한다.

둘째, '사회화의 역할(role of socialization)'은 장차 학생들이 민주시민으로서 바람직한 사회의 일원이 되도록 학교생활수칙 준수, 교우관계 형성 등의 학교생활을 통하여 자연스럽게 사회규범에 적응할 수 있도록 한다. 이러한 사회화의 역할에 있어서 교사는 학생들의 모범이 되어야 한다.

셋째, '평가의 역할(role of evaluation)'은 교사가 일정한 준거에 따라 학생을 평가하는 것을 말한다. 교사는 학생의 학습지도 결과에 따라 지필평가와 수행평가 등의 다양한 방법으로 학생을 평가한다. 학생평가는 공정하고 정확하게 이루어져야 하며, 그 결과는 다양한 자료와 근거로 활용된다.

교사의 역할은 학생들을 직접 가르치는 지도자로서, 또한 학교조직의 구성원으로서 학생들을 비롯한 동료교사와 행정가, 학부모 등과 유기적인 관계 속에서 그들의 기대를 충족할 수 있는 행동을 수행함으로써 교육목적을 달성해 가는 행동방식을 뜻한다. 교사는 직무수행기준에 근거하여 업무를 수행하게 되며, 교사가 직무를 수행한다고 함은 그 직무에 대한 책임이나 의무를 다한다는 것을 의미한다. 즉, 교사의 직무수행은 교직자로서의 사명감과 담당 교과에 대한 학문적 지식을 바탕으로, 수업활동과 학생생활지도 등 직책상의 책임과 권한이 강조되는 개념이라고 할 수 있다. 다음으로, 교사의 역할을 교육지도자로서의 역할과 학교조직 구성원으로서의 역할로 나누어 알아보기로 한다.

2) 교육지도자로서의 역할

「초·중등교육법」 제20조(교직원의 임무) 제4항에 "교사는 법령에서 정하는 바에 따라 학생을 교육한다."라고 되어 있어, 학교에서 교사의 가장 중요한 역할은 바로 학생을 교육하는 일임을 명시하였다. 학생을 교육하는 교사의 역할에는 교과학습지도, 생활지도, 학급경영 등이 있으나 이러한 활동은 동일 대상에 대하여 이루어지므로 각 영역은 명확하게 구분되기보다는 상호 연계적이며 연속적으로 이루어지는 것이 보통이다.

(1) 교과학습 지도자로서의 역할

교과학습 지도자로서의 교사는 교과지식 전문가, 교육방법 전문가, 학습촉진자, 학습동기 부여자, 수업기획자, 평가자로서 해야 할 역할이 포함된다(조홍순, 2012: 25). 교사가 수행해야 할 가장 기본적이고도 중요한 업무는 교수활동(instruction)으로, 교과학습 지도는 학교교육활동의 가장 핵심적인 활동이다. 수업이란 학습자가 특정한 수업목표를 달성할 수 있도록 내적(학습자 특징)과 외적 환경(수업절차)을 계획적·체계적으로 조성하는 과정이다(강기수, 김희규, 2012: 43).

수업의 과정은 ① 목표설정, ② 출발점진단, ③ 수업진행, ④ 학습성과 평가의 네 단계에 따라 다음과 같이 진행한다.

① 목표설정

학습과제에 따라 교과의 단원별 및 차시별 학습목표를 명확히 설정하여야 한다. 이때 학습목표는 수업을 통하여 달성하고자 하는 도달점 행동을 학생의 구체적인 행동용어로 진술해야 한다. 교사는 무엇을 가르치고, 학생들은 무엇을 배워야 할지 명확하게 제시함으로써 이에 따라 수업절차, 수업내용, 수업방향 등이 달라진다.

② 출발점진단

수업을 시작하기 전 학습자의 특성을 파악하는 것으로, 학습자의 상황에 따라 수업의 난이도와 수업방법을 정하게 된다. 또한 이 단계에서 지금까지의 선수학습의 이해 정도와 학습흥미도, 학습준비도 등을 파악하고 이를 고려하여 효과적인 수업 상황을 결정하여야 한다.

③ 수업진행

학습과제와 학습자의 특성에 따라 다양한 수업을 전개하여 학습효과를 극대화해 나가는 단계로, 전체 교수 · 학습과정의 중심적 활동영역에 해당한다. 따라서 학습과제를 효과적으로 선정 · 조직하고 수업매체를 적절히 활용하여 학습목표에 도달할 수 있어야 한다.

④ 수업평가

제시한 학습목표에 따라 제대로 수업이 진행되었는지 목표도달도를 점검하고, 학습성취도를 평가한다. 또한 학습활동의 참여로 인한 학생들의 내면 변화를 확인할 수 있어야 한다. 평가결과는 재점검과 환류를 통하여 수업개선을 위한 다음 수업으로 이어진다.

교과학습 지도와 관련한 교사의 역할은 다음과 같다.

첫째, 교사는 국가수준의 교육과정을 학교실정과 학습자수준에 맞게 재구성하여 해당교과 목표에 따른 학습지도 계획을 세우고 교수 · 학습과정안을 작성하여 이를 바탕으로 체계적인 지도가 이루어져야 한다.

둘째, 교사는 학생들이 자발적으로 학습에 참여할 수 있도록 다양한 학습모형과 학습집단을 구성하고, 효과적으로 학습동기를 유발할 수 있도록 학습에 흥미와 관심을 끌어낼 방법을 모색해야 한다.

셋째, 교사는 많은 학생이 학습목표에 도달할 수 있도록 학습매체를 고안하고 활용하며, 학생들이 생각하고, 느끼고, 토론하고, 경험하고, 발표하는 학습활동에 직접 참여할 수 있도록 기회를 제공해야 한다.

넷째, 교사는 수업 중에 계속해서 학생들의 수업이해도를 점검하고 학생들의 지적 수준에 맞는 수준별 지도를 통하여 각자의 수준에 맞는 목표에 도달하도록 도와주어야 한다.

다섯째, 교사는 수업 중 다양하고 창의적인 발문과 토의 · 토론 기회를 제공하여 학생들의 주의집중과 학습사고를 자극하고, 사제 간과 학생 상호 간 상호작용이 활발하게 이루어지도록 해야 한다.

여섯째, 교사는 평소 수업을 이론 위주에서 벗어나 실생활과 연계되는 내용으로 진행하도록 하고, 바람직한 인성 형성과 협동심 배양, 생명 존중 의식 함양이 자연스럽게 이루어지도록 수업의 내용과 방법을 적극적으로 고려한다.

일곱째, 교사는 매시간 수업 결과에 따른 학습목표 도달도를 확인하고 미비한 점을 보완하며 다양한 장학활동을 통하여 더 나은 수업이 될 수 있도록 수업의 내용과 방법을 지속해서 개선해 나가야 한다.

(2) 학생생활 지도자로서의 역할

학교교육이 공교육으로서 중요한 까닭은 학생들이 학교생활을 통하여 지적 영역 뿐만 아니라 정의적 · 심동적 영역의 발달까지 영향을 받기 때문이다. 따라서 교육 지도자로서 교사의 역할은 단순히 수업지도뿐만 아니라 생활지도 영역까지 포함한다. 생활지도의 목표는 ① 자신에 대한 올바른 이해, ② 잠재력(소질 · 적성 · 능력)의 개발, ③ 자율적인 문제해결 능력의 신장, ④ 전인적(지 · 덕 · 체) 면의 조화로운 인간발달, ⑤ 건전한 민주시민의 육성에 있다.

오늘날 우리 사회는 핵가족화로 인한 가정의 공동체의식과 연대의식이 약화하고, 과보호나 과잉간섭, 방임으로 청소년의 인내력 · 자제력 · 자립심이 부족하며, 자기중심적으로 되기 쉽다. 또한 학교에서도 입시나 지식편중 교육으로 학교생활에 흥미를 잃기 쉽고 대도시의 과대학교, 과밀학급으로 학생 개개인에 대한 이해가 부족하기 쉬우며, 정서 함양, 도덕심 함양, 예절지도 등의 정의교육이 소홀해지기 쉽다. 따라서 교사들은 실천 위주의 인성지도를 강화하고 생활지도와 상담기술을 갖추어 학생지도 능력을 신장시켜 나가야 한다.

학생생활지도와 관련하여 교사들이 특히 주지해야 할 사항은 다음과 같다.

첫째, 생활지도는 모든 교사의 몫이다. 학교조직에서 생활지도부는 학생생활지도를 도맡아 하는 곳이 아니라 생활지도 관련 업무를 주관하는 부서이다. 또한 학급담임교사만 학급활동을 지도해야 하는 것도 아니다. 즉, 학생들의 생활지도는 일부 특정 교사들만 맡는 것이 아니라 학교 안의 모든 교원이 학생생활지도에 관한 공동의 책임의식을 갖고 실시해야 한다.

둘째, 생활지도는 일관성 있게 실시해야 한다. 생활지도는 학교 안의 모든 교사가 같은 방향과 방법으로 실시해야 한다. 즉, 학생과 학부모들이 생활지도와 관련하여 혼란을 일으키거나 차별에 따른 불만 의식을 갖지 않도록 해야 한다는 것이다.

셋째, 생활지도는 모든 교과활동을 통하여 이루어져야 한다. 생활지도는 비교과 영역의 시간을 별도로 할애하여 실시하기보다는 평소 교과교육 활동 중에 수업내용과 연관하여 자연스럽게 실시하여야 효과적이다.

넷째, 생활지도는 학생 스스로 문제를 해결하도록 도와주는 활동이어야 한다. 생활지도에 있어 교사가 학생의 문제를 직접 해결해 주려고 하기보다는 학생이 자신의 문제점을 알고, 이를 적극적으로 해결하거나 극복하려는 자세를 가질 수 있도록 도와주고 격려해 주는 것이 중요하다는 것이다.

다섯째, 생활지도는 체계적이고 조직적으로 이루어져야 한다. 생활지도는 즉흥적이고 일시적인 학교행사의 하나가 되어서는 안 되며, 학교의 연간교육계획에 따라 체계적이고 지속해서 이루어지는 교육활동이 되어야 한다. 이를 위하여 여러 교사가 필요한 정보를 공유하고 협조하며, 같은 기준에 따라 지도가 이루어질 필요가 있다.

여섯째, 생활지도는 처벌보다 예방에 중점을 두어야 한다. 생활지도는 사후에 문제를 해결하는 식이 아니라 각종 문제를 예방할 수 있도록 지속해서 학생들의 생각과 행동을 살피고 학교 차원의 예방책을 마련하는 것이 중요하다. 학생생활지도 영역에서 상담활동이 중요한 것도 이 때문이다. 결국, 학교 안의 모든 교사가 학생들이 내 자녀라는 인식으로 관심과 애착을 두고 지도할 때 소기의 성과를 거둘 수 있을 것이다.

생활지도를 잘하기 위하여 교사가 가져야 할 자질은 다음과 같다.

　첫째, 관련 전문성을 가져야 한다. 담당 학급 학생의 생활지도를 전문상담교사나 생활지도부의 담당 교사에게만 맡긴다면 자기 자식의 가정교육을 이웃집에 맡기는 모양이 될 수 있다. 따라서 효과적인 생활지도를 위해서 교사는 관련 교원연수와 연구 등을 통하여 학생이해능력, 상담능력 등을 높여 나가야 한다.

　둘째, 인식의 전환이 필요하다. 교사 대부분이 수업의 중요성은 잘 알고 있으나 생활지도 면의 중요성에 대한 인식이 부족한 예도 있다. 수업과 수업준비, 학사업무 등으로 인하여 학생상담 등의 생활지도를 위한 시간을 내기 어려운 것도 사실이다. 그러나 학생들의 건강한 성장을 위해서는 교과교육활동에 우선하여 생활지도가 필요하고 또 중요하다는 점을 깊이 인식해야 한다.

　셋째, 학생과의 친밀감이 필요하다. 학생생활지도는 교사와 학생 간의 신뢰와 친밀감을 바탕으로 한다. 교사가 제아무리 관련 전문성을 갖추고 있어도 양자 간 신뢰가 형성되어 있지 않으면 소기의 성과를 거둘 수 없다.

　넷째, 연계지도가 필요하다. 생활지도의 성과는 교사의 개인적인 노력에 의하기보다는 학교 차원의 노력이 있어야 하며, 동료교원은 물론, 가정과 연계하여 지도가 이루어져야 소기의 효과를 볼 수 있다. 특히 교내 동 학년협의회나 생활지도부·진로상담부 등의 부서 간 협조가 긴밀히 이루어져야 한다.

(3) 학급경영자로서의 역할

　학급은 학교교육활동이 이루어지는 기본단위이자 핵심 조직이며 교사의 교수활동이 펼쳐지는 궁극적인 장소이다. 학생 관점에서 학급은 종일 활동하는 생활공간으로서 학습과 놀이를 통하여 교우관계를 형성하는 곳이며, 교사의 관점에서 학급은 학생들과 만나는 대화의 마당으로서 교수활동을 펼치는 곳이다. 따라서 학급은 교육활동이 시작되어 열매를 맺고 성패가 결정되는 궁극적인 장소이다. 학급 안의 다양한 활동을 통하여 학생들의 인성이 형성되고 민주시민 의식이 길러지므로 학급담임의 역량에 따른 효과적인 학급경영은 매우 중요하다. 학교현장에서는 흔히 "학교는 교장만큼 되고, 학급은 담임만큼 된다."라고 말한다. 이는 학교경영에 있어서 조직을 이끄는 책임자 역할이 그만큼 중요하다는 뜻이며, 학교조직에서 어떤 물리적인 요소보다 교원의 인성이 중요한 역할을 한다는 뜻이다.

학급경영을 담당하는 교사의 역할은 대체로 학급경영계획 수립, 학급 내 각종 학생조직의 구성, 학생관리, 학급사무관리 그리고 학급환경관리 등을 포함한다(진동섭, 2003: 119). 성공적인 학급경영을 위하여 학급담임교사는 다음 사항을 참고하여 학급경영계획을 수립함이 좋겠다.

첫째, 학급경영목표는 학교교육목표와 연계하여 수립하며, 학급담임의 교직관과 교육철학이 담겨야 한다.

둘째, 민주적인 방식에 의한 학급회 조직으로 학생들이 자발적이고도 적극적으로 학급활동에 참여할 수 있도록 해야 한다.

셋째, 안전하고 쾌적한 학급환경조성으로 학생들이 학급활동에서 심리적으로 친근감과 평안함을 느낄 수 있도록 해야 한다.

넷째, 합리적인 규칙과 규정의 적용으로 학급 내 질서를 확립하고, 자신을 존중하고 타인을 배려할 줄 아는 의식을 길러 준다.

다섯째, 서로 약속을 지키고 신뢰하고 존중하는 학급운영으로 교사와 학생 간 그리고 학생 상호 간 인간애를 느낄 수 있도록 한다.

여섯째, 동 학년협의회나 학부모 등과의 상호 협조를 통하여 학급운영에 관한 정보를 공유하고 운영의 효율성을 높인다.

3) 학교조직 구성원으로서의 역할

교사는 학생과의 관계에서 교육을 담당할 뿐만 아니라 그가 속한 학교조직의 구성원으로서 수행해야 할 역할이 있다.

(1) 행정업무 담당자로서의 역할

교사의 역할은 크게 교수업무와 행정업무로 구분할 수 있다. 교수업무는 수업과 학생생활지도, 연구와 연수활동 등 학생지도에 직접적으로 관련된 활동이며, 행정업무는 교수업무를 보조하는 모든 활동을 말한다. 모든 교사는 각자의 업무분장에 따라 주어진 행정업무 임무를 수행하게 된다. 교원의 행정업무에는 공문서관리, 교육행정정보시스템(NEIS)과 학교회계시스템(에듀파인) 관리, 학교민원업무 등이 있다. 교사의 행정업무 역할수행의 원칙은 다음과 같다.

첫째, 공정하고 엄격하게 처리한다. 베버(Weber)가 말한 관료제의 특징 중 하나가 바로 비인정성(몰인정성)이다. 행정업무는 혈연, 지연, 학연 등의 온정주의에 의한 사적인 감정에 치우쳐서는 안 되며, 합법적이고 합리적으로 처리해야 한다.

둘째, 신속하고 정확하게 처리한다. 학교현장에서 '교사는 공문에 의하여 움직인다.'라는 말이 있다. 학교의 모든 행정업무는 공문서의 내용에 따라 이루어지며, 각종 공문서 작성에 있어서 업무관리시스템의 일정한 형식에 따라 기안하고 처리하며 결재와 관리가 이루어지도록 한다.

셋째, 각종 민원업무 처리에서 학교관리자는 물론, 부서 간, 학년 간 협조를 통하여 합리적이고도 원만한 해결방안을 찾고 친절하고 신속·공정하게 처리하여 민원인의 불만이 생기지 않도록 한다.

(2) 학교경영 참여자로서의 역할

학교경영활동은 학교 차원에서 교사들의 학생교육을 위한 교육여건을 조성하고 지원하는 제반 활동을 말한다. 학교경영은 원칙적으로 학교경영의 책임자인 학교장의 몫이다. 그러나 오늘날 민주적인 학교경영을 위하여 학교구성원들의 참여가 요구되고 있으며, 특히 교육의 중심에 있는 교사들의 역할이 강조되고 있다.「교육기본법」제5조(교육의 자주성 등) ③에 "국가와 지방자치단체는 학교운영의 자율성을 존중하여야 하며, 교직원·학생·학부모 및 지역주민 등이 법령으로 정하는 바에 따라 학교운영에 참여할 수 있도록 보장하여야 한다."라고 되어 있다. 이에 따라 교사들은 보직교사, 업무담당자, 학교운영위원회의 교원위원 등의 자격으로 학교경영에 참여할 수 있다.

학교경영 영역의 업무는 학교교육계획의 수립·조직과 인사관리, 재정·시설·사무관리, 장학과 연수관리, 학생이나 교직원의 복지, 학교평가, 학교행사운영, 학교문화와 교직풍토조성 등으로 구분할 수 있다(이윤식 외, 2009: 53). 학교경영에 참여하는 교사의 역할은 다음과 같다.

첫째, 학교교육계획 수립에 참여한다. 매년 새롭게 만들어지는 학교교육계획서는 학교교육활동의 총체적인 설계도이다. 교사들은 해당 교과의 교육과정을 운영하고, 학년을 중심으로 담임 학급을 경영하며, 학생들의 생활지도를 담당하는 실무자로서 학교교육이 개선될 수 있도록 관심을 가지고 적극적으로 의견을 제출하고 교육계획 수립에 참여해야 한다.

둘째, 조직구성과 인사관리에 참여한다. 학교조직관리는 학교교육목표를 효과적으로 달성하기 위하여 학교조직 구성원들 간에 분업적 협력관계를 조성하는 것이다(정태범, 2000: 169). 매 학년도 말에 이루어지는 보직교사임명, 교무업무분장, 학급담임배정 등에 있어서 교사들은 기획위원회, 인사위원회 등 각종 참모조직을 통하여 학교장의 인사행정에 자문하거나 의견을 제출한다.

셋째, 학교평가에 참여한다. 「초·중등교육법」 제9조(학생·기관·학교 평가) ②에 따르면 "교육부장관은 교육행정을 효율적으로 수행하기 위하여 특별시·광역시·특별자치시·도·특별자치도 교육청과 그 관할하는 학교를 평가할 수 있다."라고 되어 있으며, 이어 ③에 "교육감은 교육행정의 효율적 수행 및 학교 교육능력 향상을 위하여 그 관할하는 교육행정기관과 학교를 평가할 수 있다."라고 하였다. 이를 통해 학교평가가 학교교육의 질 향상과 교원의 책무성을 높이는 중요한 역할을 하고 있음을 알 수 있다. 학교평가는 그 결과에 따라 재정지원 등의 유인책이 주어지기 때문에 단위학교별로 자체평가 지표를 만들어 교사들은 물론, 학교교육에 대한 교육수요자의 요구를 적극적으로 반영하고 만족도를 분석하여, 학교평가에서 좋은 결과를 만들어 낼 수 있도록 지속적이고 체계적으로 준비해야 할 것이다.

(3) 학교행사 운영 및 지도자로서의 역할

모든 학교는 연중 학사일정에 따른 학교행사가 있게 마련이다. 이 중에는 입학식, 졸업식, 학교축제, 교내체육대회, 학예제, 예능발표회 등 학교 안에서 이루어지는 행사도 있고, 소풍이나 수학여행, 수련활동과 같은 학생체험활동이나 학교별 경연대회나 발표회, 견학, 탐방 등 학교 밖에서 진행되는 행사도 있다.

학교행사 운영에 따른 학교교육의 방향과 교사의 역할은 다음과 같다.

첫째, 모든 학교행사는 교실수업의 연장이므로 사제동행의 원칙에 따라서 교사는 학생들과 함께 행동하면서 지도에 임해야 한다. 학생이 있는 곳에 교사가 있고, 학교교육활동은 항상 임장(臨場) 지도가 원칙이다. 그래야 학생들의 안전한 체험활동이 이루어질 수 있다.

둘째, 학교행사는 사전에 철저히 준비해야 한다. 각종 행사가 안전하게 진행되고 성공적인 결과를 거두기 위해서는 사전에 담당 부서에서 주도면밀한 계획을 세워야 한다. 특히 학교 밖에서 이루어지는 각종 체험활동의 경우에는 학생들에게 사전 안전교육을 실시하고, 사전답사를 통한 현장점검 등 만반의 준비와 만일의 사태에 대비한 대책까지 세워 놓아야 한다.

셋째, 학교행사는 학생들의 바람직한 인성 함양과 더불어 살아가는 협동적 삶을 실현하는 체험활동이 되어야 한다. 교사는 학생들이 학교행사에 참여함으로써 나만이 아니라 우리를 생각하고, 함께 이루어 가는 공동체 활동을 통하여 애교심·애국심을 배양하도록 유도해야 한다.

4) 교사의 비공식적인 역할

교사의 주 임무는 수업이기에 교사의 주된 역할은 가르치는 일이다. 이를 위해 교실의 학습환경을 조성하고 가르칠 내용에 관한 교재연구를 하며, 수업 시작할 때 학습동기를 유발하고 수업 후에 평가한다. 그러나 이렇게 직접 가르치는 일인 공식 업무 외에도 학생들을 위한 여러 가지 비공식적인 일이 있다. 이는 학생들이 그들의 욕구와 필요에 따라 교사에 대해 다양한 기대치를 갖기 때문이며, 교사는 이에 부응하는 욕구충족이나 관계 형성 또는 조언과 지도를 제공해야 하는 역할이 있다.

레들과 바덴버그(Redle & Wattenberg, 1951: 236-238: 이종재 외, 2006: 76 재인용)는 교사의 비공식적인 역할과 관련하여 다음과 같이 열네 가지로 설명하고 있는데, 이를 교사의 관점에서 지도하는 방향으로 해석하면 다음과 같다.

- **사회대표자로서의 역할**: 우리나라를 비롯한 다양한 국제사회의 가치와 규범, 생활양식, 도덕적인 교훈 등을 이해하도록 도와준다.
- **판단자로서의 역할**: 지필고사와 수행평가를 비롯한 교과 성적이나 창의적 체험활동, 행동발달상황 등을 평가하고 기술한다.
- **지식자원으로서의 역할**: 교과학습지도와 생활지도에 필요한 다양한 학문적 지식과 교수 기술을 확보하고 지도한다.
- **학습조력자로서의 역할**: 개별 학생의 학습과정에 관한 문제점을 파악하고 지도하며 학생이 자기주도적 학습을 할 수 있도록 도와준다.
- **심판관으로의 역할**: 학생이 올바른 가치관을 갖게 하고, 학생들 사이의 인간관계

문제에 있어서 대립을 극복하게 하고 갈등을 조정해 준다.

- **훈육자로서의 역할**: 바람직한 민주시민으로서 성장해 가는 데 필요한 기본생활 습관과 바람직한 인성을 형성하도록 해 준다.
- **동일시 대상으로의 역할**: 학생이 교사로부터 생각과 행동과 태도를 본받을 수 있도록 평소 생활에 모범이 된다.
- **불안제거자로서의 역할**: 생활에서 불안을 해소하고 안정감을 느끼도록 도와 준다.
- **자아옹호자로서의 역할**: 학생이 바람직한 자아정체감을 확립하여 자신 있게 살아갈 수 있도록 도와준다.
- **집단지도자로서의 역할**: 학급경영자와 학교행사 지도자로서 집단의 사기를 높이고 단체생활 속에서 협동심을 기를 수 있도록 도와준다.
- **부모대리자로서의 역할**: 학생이 부모처럼 신뢰하고 안정감을 느낄 수 있도록 보호하고 보살펴 준다.
- **친구로서의 역할**: 교사와 학생 간 신뢰를 형성하고 친구처럼 우호적인 관계를 맺고 마음을 열 수 있도록 하여 원만한 생활지도가 되도록 한다.
- **적대 감정의 표적의 역할**: 성인에 대한 적대감이나 사회에 대한 반감의 해소 대상이 되었을 때 이를 바람직한 방향으로 분출하도록 지도한다.
- **애정대상자로서의 역할**: 학생의 존경과 애정을 받아 주고 편애하지 않으며, 애정의 감정이 바람직하게 표출되도록 이끌어 준다.

이렇게 교사의 가르치는 교수활동은 단순히 수업의 형태로만 존재하는 것이 아니라 학생들의 요구와 상황에 따라 다양하고 복잡한 형태로 존재한다. 따라서 교사의 역할은 공식적인 역할뿐만 아니라 학교현장의 실제 상황에서 여러 가지 비공식적인 형태로 나타날 수 있으며, 교사는 그러한 역할을 소화해 낼 수 있어야 한다. 이를 위하여 담당 학급 학생에 대한 지속적인 파악과 학생생활지도, 학생상담기술 등에 관한 전문성 개발이 요구되며, 효과적인 역할수행을 위한 학생지도 전문가나 동료교원과의 정보교류, 협조 지원 등도 필요할 것이다.

2. 교사의 자질

1) 교사 자질의 의미

'자질(quality, talent)'의 사전적 의미는 '타고난 성품이나 소질' '자기가 종사하고 있는 일에 대한 능력이나 실력의 정도' '타고난 체질' 등을 뜻하는 말이다(고려대학교 민족문화연구원, 2009). 또한 '어떤 분야의 일에 대한 능력이나 실력의 정도' '타고난 성품이나 소질 또는 체질'을 뜻하기도 한다.

자질이론과 관련하여 김미송(2010: 13)은 성공적인 리더는 부하존중, 자기통제력, 폭넓은 관심과 활동, 열정, 성취욕구 등의 특성 또는 자질을 지녀야 한다고 보았다. 조홍순(2012: 29)은 자질이란 뛰어난 성과를 내는 역할수행자에게 일관되게 나타나는 특성이라고 하였으며, 황규대 등(2007: 184)은 자질이란 탁월한 성과를 창출하는 고성과자(高成果者)에게 일관되게 나타나는 기본적인 내적 특성이라고 하였다. 이러한 자질이라는 용어는 본성, 속성, 천성, 바탕, 소질, 소양, 능력, 역량 등의 의미와 유사한 것으로 볼 수 있다. 자질을 크게 두 가지로 나누면 하나는 '태도 및 가치관'이며, 다른 하나는 '지식 및 기술'이다(박동서, 1989: 405: 이윤식 외, 2009: 59 재인용).

직무수행자가 어떤 태도와 가치관을 지니고 직무에 임하는가에 따라 업무에 대한 만족도는 물론, 성과도 달라진다. 교사의 자질은 다른 사람을 이끌 수 있는 교육지도자로서의 됨됨이를 뜻한다. 제아무리 높은 학력과 학식을 갖춘 교사라 하더라도 내면적으로 도덕성과 윤리성을 갖추지 못하면 교육수요자들로부터 신뢰를 얻지 못할 것이며, 학생교육에 바람직한 영향을 줄 수 없을 것이다.

「교육기본법」 제14조(교원) ②에는 "교원은 교육자로서 갖추어야 할 품성과 자질을 향상시키기 위하여 노력하여야 한다."라고 제시하고 있다. 또한 이와 관련하여 「교육공무원법」 제38조(연수와 교재비) ①에는 "교육공무원은 그 직책을 수행하기 위하여 끊임없이 연구와 수양에 힘써야 한다."라고 규정하고 있다.

교사의 자질이란 "교사가 역할을 수행하기 위해 갖추어야 할 비교적 영속성이 있는 개인적 특성과 교직에 대한 태도"(김종철 외, 1994: 51-55) 혹은 "교육활동에서 우수한 성취를 이루는 바람직한 교사에게 일관되게 나타나는 기본적인 내적 특성"(이윤식 외, 2009: 59)이라고 할 수 있다. 따라서 교사의 자질이란 학교조직 안에서의 원만한 대인관계, 학생을 이해하고 존중하는 마음, 약속을 지키고 자신의 말과 행동에 책임지는 신뢰감, 뛰어난 학습지도 및 학생생활지도 능력, 학생과 감정을 공유하고 대화가 통하는 유대감, 끊임없이 교수방법을 개선하려는 자세 등이 될 것이다.

2) 교사 자질의 의의

교사의 자질이란 교사로서 지속적인 교직수행을 위하여 갖추어야 할 개인적 품성이나 교육자로서의 태도 등을 말한다. 이러한 자질은 교사의 지적·정서적·행동적 특성을 바탕으로 사회적 인식을 반영하여 결정된다. 교육의 효과에 가장 큰 영향을 미치는 요인은 바로 유능한 교사의 자질에 달려 있다.

김미송(2010: 40)은 유능하고 훌륭한 교사의 자질을 다음과 같이 제시하고 있다. 첫째, 올바른 교육관을 가지고 지식이나 기능의 전수는 물론, 올바른 인격을 다듬어 주는 교사, 둘째, 대인관계를 원만하게 하는 교사, 셋째, 교육에 대한 사명감과 교직에 대한 소명의식을 가지고 인간의 변화와 사회개혁에 대한 신념을 가진 교사, 넷째, 수업과 업무 외에 학생의 성장과 발전을 위해 헌신하고 솔선수범하는 교사, 다섯째, 설명력·분석력·종합력을 가지고 학생의 능력에 적합한 교수 기술을 발휘할 수 있는 교사, 여섯째, 건전한 몸과 소양, 즉 올바른 인성을 가진 교사이다.

서울대학교 사범대학교육연구소(1995: 24)는 교사의 자질을 ① 일반적 능력, ② 교과 지식·기술, ③ 인성 및 품성, ④ 가치관 및 태도, ⑤ 심체적 측면의 다섯 개 영역으로 구분하였다(이윤식 외, 2009: 59: 조홍순, 2012: 29 재인용). 여기에서 일반적 능력이란 판단력, 인내력, 어휘력, 창의력 등과 같은 일반적인 업무수행을 위한 능력이고, 교과 지식·기술은 교과 관련 전문성과 수업지도능력으로서 교육활동에 필요한 것이며, 인성과 품성, 가치관과 태도는 학생지도를 위해 본보기가 되어야 할 교직자로서의 교직관과 사명감 같은 내면적 특성이라고 볼 수 있다.

한국교원대학교에서 제정한 스승상은 ① 원만한 인격을 가진 사람, ② 해박한 지식을 가진 사람, ③ 끊임없이 실천하는 사람이다. 이러한 스승이 되기 위한 구체적인 자질로는 항상 인격을 도야하고 제자 사랑의 마음과 확고한 국가관과 건전한 가치관을 가지도록 하며, 지적 수월성과 학문적 탁월성 및 창의성을 추구하여 국가·사회에 학문적 봉사를 할 수 있도록 하고, 항상 실천궁행(實踐躬行)의 자세로 교재연구, 학습지도 및 생활지도를 행하고 국가 · 사회에 대한 책임과 의무를 다하여 지역사회 발전에 이바지할 수 있는 희생 · 봉사 정신을 요구하고 있다(이종재 외, 2006: 85).

김영돈(1981)은 바람직한 학급담임교사의 자질을 ① 성실 · 건전하고 원만한 품성, ② 풍부한 교양, ③ 인간성을 존중하는 민주적 신념, ④ 협조심과 봉사 정신, ⑤ 교과에 대한 풍부한 실력, ⑥ 유능한 지도력과 창조적 능력, ⑦ 넓은 교직에의 식견과 사회현상에 대한 이해력, ⑧ 건강한 신체와 강한 인내심, ⑨ 확고한 인생관, ⑩ 투철한 국가관으로 제시하였다(황영준, 정창호, 2014: 163).

교사의 수업과 관련되는 교수 기술은 교사의 행동으로 직접 표출되는 외적 특성이므로 장 · 단점을 평가하기 어렵지 않고, 연수나 학습을 통해 개발하기가 비교적 쉽다. 그러나 가치관이나 사명감, 인성 등은 잘 드러나지 않는 내적 특성이므로 평가하기도 어렵고 교육과 학습을 통해 개발하기가 매우 어렵다. 교직수행을 위하여 필요한 교사의 자질은 다음과 같이 요약할 수 있다.

첫째, 학문에 대한 식지 않는 '열정'과 인간에 대한 '애정'이 있어야 한다. 교사는 자신의 분야와 관련된 교과영역은 물론, 교육학 전반에 관한 학문적 지식을 정립하고, 인간을 사랑하고 학생을 존중하는 마음을 지녀야 한다.

둘째, 기존의 문제를 새로운 방법으로 해결하려는 '창의성'을 지녀야 한다. 교사는 자신의 업무수행에 있어서 틀에 박힌 방식에서 벗어나 새롭고 참신한 방식을 찾아 끊임없이 연구하고 노력하는 자세를 가져야 한다.

셋째, 올바른 '인성'을 지녀야 한다. 정직성 · 도덕성 · 윤리성과 같은 교사의 인성은 학생들에게 직접적인 영향을 준다. 따라서 교사는 늘 학생들의 언행에 본보기가 되도록 바람직한 인성 함양에 힘써야 한다.

교사의 자질에 관한 최소한의 법적 기준을 경력, 교육 등으로 정한 것을 자격이라고 할 수 있다. 즉, 교사의 자격은 교육활동에서 성공적인 결과를 만들어 내기 위한 최소한의 기준이라고 할 수 있다. 교사의 행동은 자질의 여러 요소가 결합하여 나타나는 것이다. 그러므로 교육활동의 성공은 교사의 교과지식과 수업기술 그 자체가 성과로 직접 연결되는 것이 아니라, 인성, 태도, 가치관 등의 눈에 보이지 않는 내면적 특질과 결합하여 구체적인 행동으로 이어질 때 비로소 가능해지는 것이다(이윤식 외, 2009: 59-60).

3) 교사 자질의 요소

앞에서 제시한 교사의 자질과 관련한 세 가지 요소인 열정, 창의성, 인성에 관하여 구체적으로 알아본다.

(1) 열정

'열정(passion)'이란 인간 정신에 강하게 영향을 주거나 움직이는 정서의 일종(옥스퍼드영어사전, 1989)으로, 강한 정서에서 나오는 동기화된 힘, 즉 추진력이며 비전을 강화하고 지원할 수 있는 것이다(김미송, 2010: 43).

교사의 열정은 교육자의 소명의식(召命意識)에 따른 학생과 학문에 대한 애착으로 학생들을 위한 최적의 면학 분위기를 조성하고, 최선의 학업성취를 위해 노력하고 지도하며, 학생들의 자율적이고 긍정적·능동적인 생활태도를 습득할 수 있도록 지원하는 노력으로 볼 수 있다. 학생에 대한 사랑과 학문에 대한 열정을 가진 교사는 자신의 학문적 깊이와 폭을 넓혀 가기 위해 끊임없이 노력하고, 학생을 이해하고 배려하고 존중할 줄 알며, 그들에게 지속해서 학습동기를 부여하는 방안을 찾고자 노력한다.

교직은 학문과 교육에 대한 열정과 함께 인간과 학생에 대한 애정이 필요하다. 행정업무가 힘든 것은 견딜 수 있지만, 학생이 귀찮고 수업이 힘들게 느껴진다면 더 이상 교단에 머무를 수 없다. 교직수행에 있어서 다른 무엇보다 인간에 대한 사랑, 학생에 대한 애착이 중요하다는 뜻이다. 교사는 모름지기 학생을 볼 때마다 그저 사랑스럽고, 돌보아 주고 감싸 주고 싶은, 어버이와 같은 조건 없는 사랑이 샘솟아야 한다. 인간을 길러 내는 데 대한 열정이 식고, 학생에 대한 애착이 사라져서 학생들과 가까이하는 것이 귀찮고 불편하게 느껴진다면 교직생활에서 진정한 보람과 가치를 찾을 수 없으며 그저 고달프게만 느껴질 것이다.

(2) 창의성

'창의성(creativity)'은 한 개인의 독특한 내부의 힘이며 그 사람에게 가치가 있는 새로운 생각이나 참신한 통찰을 산출하는 능력으로, 이미 자신의 머릿속에 간직된 지식이나 축적된 경험적인 요소를 바탕으로 하여 자기 자신에게 새롭고 유용한 결합을 이루어 내는 능력이라고 정의한다. 또한 창의적 잠재능력은 인간 모두가 가지고 있는 보편적인 능력이며, 창의성은 천재적인 사고능력으로서 생산적이고 독창적인 사고 등을 표현하는 새로운 아이디어의 창출 능력과 일상생활에서 당면한 제반 사태나 문제를 개인 나름의 새롭고 특유한 방법으로 해결해 나가는 활동을 의미한다(Osborn, 1963; 김미송, 2010: 49 재인용).

창의적 사고의 요인으로 토랜스(Torrance, 1962)는 유창성(fluency), 독창성(originality), 정교성(elaboration), 추상성(abstractness), 개방성(openness) 등을 들었으며, 이영덕과 정원식(1988)은 유창성, 융통성, 독창성, 지각된 개방성을 창의성의 구성 요인으로 제시하였다.

임선하(1995)는 창의성을 창의적 사고 관련 성향과 창의적 사고 관련 기능으로 나누어 설명하면서, 창의적 사고 관련 기능으로, 첫째, 주변의 환경에 대해 민감한 관심을 보이고 이를 통해 새로운 탐색영역을 넓히는 능력(민감성), 둘째, 특정한 문제 상황에서 가능한 많은 양의 아이디어를 산출하기(유창성), 셋째, 기존의 것에서 탈피하여 독특한 아이디어나 해결책 산출하기(독창성), 넷째, 다듬어지지 않은 기존의 아이디어를 더욱 치밀한 것으로 발전시키기(정교성) 등을 들었다.

전경원(1999)은 창의성의 구성 요인을 민감력, 상상력, 유창성, 융통성, 정교성, 독창성이라고 보았다. 그중 상상력은 창의적인 사고력의 원동력이며, 과거의 풍부한 경험을 기초로 해서 새로운 표상을 만드는 것으로, 여러 다른 심상을 새로운 상황 속으로 통합할 수 있는 능력이라고 했으며, 융통성은 고정적인 사고방식이나 시각 자체를 전환해 다양하고 광범위한 아이디어나 해결책을 산출해 내는 능력이다.

이처럼 창의성은 유창성, 독창성, 융통성, 상상력 등의 특성으로 구성된다고 볼 수 있다. 학교학습활동에서 이러한 창의성이 형성될 수 있도록 하는 것이 매우 중요하다. 학습자가 특히 흥미를 느끼는 것에서부터 지식과 기술을 쌓아 갈 수 있도록 교사가 관련 정보를 제공하고 환경을 형성해 주는 노력이 필요하다.

창의성교육이 필요한 이유는 다음과 같이 생각해 볼 수 있다.

첫째, 전인교육의 측면에서 교육활동은 지식을 전달하는 것뿐만 아니라 바람직한 인성을 형성하고, 각자의 잠재능력을 개발해 주며 자기주도적 학습능력을 길러 주는 활동이 되어야 한다. 이러한 자기주도적 학습능력을 기를 수 있도록 하기 위해서는 창의성교육이 필요하다.

둘째, 21세기 정보·지식사회는 정보의 활용, 지식의 실천, 타 영역과의 상호의 존성이 확대되고, 교과서 중심교육에서 전자학습 등의 교육으로 변화를 꾀할 것이 므로, 문제해결력, 수리탐구력, 정보종합력, 의사소통능력, 컴퓨터 조작능력 등의 신장을 위한 창의성교육을 체계적·의도적으로 실시해야 할 것이다.

셋째, 인간의 사고와 행동의 변화 면에서 움직이고 경험할 때, 청각이나 시각에만 의존할 때보다 더 잘 학습되기 때문이다. 학교교육에서 교실수업에만 머무르지 않 고 노작교육이 강조되는 것도 이 때문이다. 따라서 체험학습과 통합적인 학습이 개 발되고 이루어질 수 있도록 창의성교육에 관심을 가지고 실천해야 할 것이다(경기 도교육청, 1999: 1-12). 오늘날 우리의 교육은 '21세기 세계화·정보화 시대를 주도할 창의적이고 자율적인 인간 육성'을 목표로 하고 있다. 창의적인 학생을 길러 내기 위해서는 먼저 교사가 수업과 직무수행에 있어서 창의적이어야 한다.

(3) 인성

'인성(personality)'이란 사람의 성격 혹은 인간다운 성품이라는 뜻이다. 천성(天性) 이라는 말도 있듯이 사람의 성격은 선천적으로 타고난다고 하였다. 인성교육과 관 련하여 과연 타고난 인성을 교육으로 변화시킨다는 것이 가능한가 하는 의문이 있 을 수 있다. 하지만 인성교육에서 말하는 인성은 심리적인 성향—저마다 다른 성격 상의 특징—이라기보다는 '지녀야 할 사회적으로 건전하고 심리적으로 건강한 성 품'으로 해석해야 할 것이다.

이러한 인간다운 품성은 자신과 타인에 대한 지각방식과 공감능력에 기초를 둔 원만한 대인관계, 융통성 있는 행동방식, 적절한 충동 통제, 자기관리, 예의를 갖추 는 능력 등으로 표현된다(단국대학교 교과교육연구소 편, 2000: 55-56).

성공적인 교육을 위해 교사는 교과지식뿐만 아니라 성숙한 인성을 지녀야 한다. 오늘날 우리 사회에서 학생들의 인성교육이 강조되고 있음에 따라, 먼저 교사들에 게 바람직한 인성 형성이 요구되는 것은 당연하고도 중요한 일이다. 교사의 바람직 한 인성 형성이 중요한 이유는 다음과 같다.

첫째, 교사는 교육활동 안에서 학생의 정신세계를 다루며, 그들을 미성숙한 상태 에서 성숙의 상태로 끌어올리는 역할을 하기 때문이다. 따라서 교사가 성숙한 인성 을 지니고 있을 때 학생지도가 효율적이고 바람직한 방향으로 이루어질 수 있다.

둘째, 학생과 교사는 모두 감정을 지닌 정서적인 존재기 때문이다. 학생과 교사는 수업상황에서 독립된 인격체로 만난다. 양자는 상호 정서의 조절과 통제를 통하여 교육활동에 임하게 된다. 존경과 사랑, 존중과 배려의 마음으로 가르치고 배우고, 학생의 수업태도 및 사회생활의 적응력 향상을 꾀함으로써 소기의 교육목적을 달성할 수 있다.

셋째, 학생들은 학습 이전에 교사를 먼저 배우기 때문이다. 교사의 성숙한 행동은 학생들에게 바람직한 모델이 됨으로써 교사가 학생과 접촉하는 모든 시간에 학생은 적응적인 행동을 학습하게 된다.

성숙한 인품을 지닌 교사가 지녀야 할 특징은 다음과 같다.

첫째, 자신과 타인의 입장이나 관점을 구분하는 능력이 있어야 한다. 교사는 교육활동의 과정에서 자기 말만 전달할 것이 아니라 학생의 말을 들어 주고 이해하고 학생의 입장을 파악할 수 있어야 한다. 또한 자기의 주장을 전달할 때 학생들이 잘 수긍하고 이해하고 받아들일 수 있도록 의사 표현과 전달 능력을 갖추어야 한다.

둘째, 자신과 타인을 이해하는 방식을 변화시킬 수 있어야 한다. 교사는 다른 사람들의 다양한 모습을 왜곡 없이 그대로 받아들여 자신의 가치관과 기대치로 학생들을 주관적으로 판단하고 분류하지 않아야 한다. 또한 학생들이 건전한 가치관과 가치중립적인 판단력을 가질 수 있도록 해야 한다.

셋째, 칭찬과 격려를 아끼지 않아야 한다. 이는 사제 간의 관계를 돈독하게 해 주는 중요한 요소이다. 칭찬은 구체적인 학생 행동과 사례를 들어서 해 주고, 칭찬할 것이 없으면 앞으로 잘할 수 있을 것이라는 교사의 기대가 담긴 격려를 해 주어 용기를 가지도록 해 준다.

넷째, 능숙한 생활지도능력과 상담능력을 갖추어야 한다. 생활지도의 기본은 자신의 상황을 잘 알고 학교생활의 적응을 돕는 것이다. 상담에서 중요한 것은 내담자 처지에서, 그의 말을 경청하는 것이다. 교사는 학생의 현재 부적응행동보다는 긍정적인 방향으로의 변화와 발전 가능성을 찾아보고 스스로 문제해결 능력을 갖출 수 있도록 도와주어야 한다.

더불어 살아가는 민주사회에서 필요한 인성은 정직과 신뢰, 예의와 질서의식, 배려심과 공동체의식 등이다.

이러한 인성교육은 학교교육을 통하여 다음과 같은 방향으로 이루어져야 한다.

첫째, 인성지도는 모든 교원의 노력을 통하여 이루어져야 한다. 인성교육은 학급담임교사나 상담교사와 같은 일부 교사의 노력만으로 해결될 수 있는 것이 아니다. 학생을 교육하는 모든 교원이 함께함으로써 가능한 것이다.

둘째, 인성지도는 범 교과교육을 통하여 이루어져야 한다. 인성지도는 도덕이나 국민윤리와 같은 일부 교과에서만 실시하는 것이 아니라 학교의 모든 교과교육활동을 통하여 이루어져야 한다. 또한 교과교육활동과 창의적 체험활동과 같은 교과 외 교육활동을 구분하지 않고 모든 학교교육활동에서 이루어져야 한다.

셋째, 인성지도는 지속적이고 체계적으로 이루어져야 한다. 인성지도는 학생들의 성장 기간 중 어느 시기에 일시적이고 한시적으로 제공되는 것이 아니라 영속적으로 이루어져야 한다. 또한 인성교육의 내용을 학교급과 학년별로 체계화하여 나이에 맞게 지도해야 할 것이다.

이렇게 인성교육은 모든 학교교육활동에서 모든 교원의 지속적이고 체계적인 노력을 통하여 이루어져야 하므로 학생들의 인성지도 이전에 먼저 교원의 인성적 자질 함양이 필요한 것이다.

이와 더불어 교사가 발휘해야 할 자질을 자율성, 전문성, 창의성으로 들기도 한다. 이를 살펴보면 다음과 같다.

- **자율성**: 직무수행에 관한 자율적 의지와 판단능력으로서 누구의 간섭도 받지 않고 독자적인 의지로 자신의 직무계획을 수립 · 실천할 수 있어야 하며, 직무수행 결과에 따르는 책임을 질 수 있어야 한다. 교원은 법률에 따라 적극적 권리로서 교육자율권을 가지며, 이에는 수업과 교육과정 결정, 교재 선택, 성적평가, 학생지도 등이 포함된다.
- **전문성**: 교직수행을 위해서는 고도의 학문적 지식과 학생지도 기술이 요구된다. 교직은 교사의 지도능력과 판단능력, 문제해결능력 등과 같은 탁월한 지적 능력이 필요하며, 교직 입문 전뿐만 아니라 재직 중에도 지속해서 전문성을 높이고, 엄격한 자격기준과 직무수행능력의 발달을 위한 노력이 계속 있어야 한다.
- **창의성**: 교직은 단순 반복적이고 틀에 박힌 직무수행 방식에서 벗어나 새로운 참신성, 독창성, 나아지기 위한 변화 의지, 상황 변화에 따른 적응력, 다양한 방법의 적용 등과 관련된 능력이 있어야 한다. 오늘 가르쳐야 할 교과의 내용과

방법은 어제의 그것과 달라야 한다. 오늘 만나는 학생은 어제의 학생이 아니기 때문이다.

4) 교육 사조에 따른 교사의 자질

각기 다른 철학적 관점을 가진 교육 사조에 따라 교사의 역할이나 자질에 대한 기대가 달라진다. 그러나 각 교육 사조에 따른 교사의 자질은 상반되고 대비되기보다는 많은 부분에서 내용이 일치하고 있다. 각각의 교육 사조에서 강조하는 교사의 자질을 살펴본다.

(1) 본질주의 관점

전통적 입장인 본질주의에서는 학문과 지식의 본질을 강조하고 교육에서 기본인 것들을 중시하며, 인성발달을 중요하게 여긴다. 본질주의에서 강조하는 교사의 자질은 다음과 같다.

첫째, 지식과 문화 전달자로서 자질을 갖추어야 한다. 교사는 체계화된 지식이나 문화유산에 대한 높은 안목을 지니고 이를 체계적으로 지도할 수 있는 능력을 갖추어야 한다.

둘째, 인격감화자로서 자질을 갖추어야 한다. 교사는 뜨거운 인간애를 바탕으로 학생들을 자주적이고 유능한 사회인으로 길러 내기 위하여 자신의 교육활동에 높은 책무감(責務感)을 느끼고 행동해야 한다.

셋째, 사회적 통제자로서 자질을 갖추어야 한다. 교사는 학생들에게 권위를 인정받을 수 있도록 행동해야 하며, 이를 바탕으로 학생들이 민주시민으로서 바람직하게 성장할 수 있도록 학교의 제반 규율을 지키고 올바른 태도와 가치관을 내면화하도록 지도해야 한다.

넷째, 올바른 국가관과 가치관에 대한 자질을 갖추어야 한다. 교사는 올바른 역사관과 민족관을 바탕으로 교육활동을 통하여 학생들이 애교심·애향심·애국심을 가지고 이를 행동으로 본받고 실천할 수 있도록 지도해야 한다.

(2) 항존주의 관점

항존주의(恒存主義)에서는 이성의 계발과 지적·도덕적 발달을 강조하고, 현실적이고 실질적인 정보를 습득하거나 활용하기보다는 다양한 세대의 문화를 아우를 수 있는 항존(everlasting)적인 것들에 대한 교육을 중시한다. 항존주의에서 강조하는 교사의 자질은 다음과 같다.

첫째, 교사는 고전(古典, great ideas)의 중요성을 알고 이를 가르쳐야 한다. 여러 선현의 지혜와 지식의 보고인 고전의 교육을 통하여 인간이 살아가면서 깨달아야 할 진리를 알고, 당면하게 될 문제를 해결하는 능력을 갖출 수 있기 때문이다.

둘째, 교사는 창의적으로 사고하는 인간을 길러 내야 한다. 교사는 창의적인 학생을 길러 내기 위해 자신이 먼저 분석적이고 창의적으로 사고하며, 틀에 박힌 방식에서 벗어나 새롭고 창의적인 교수 기술과 지도방법을 개발하는 데 지속해서 노력해야 한다.

셋째, 독서와 토론을 지도할 수 있는 기능을 갖추어야 한다. 교육은 현실적인 직업인을 기르기 위한 것이 아니라 본질에서 사고하고 탐구하는 능력을 갖추는 것이 중요하다. 따라서 학교교육에서 독서교육과 지적 호기심을 자극하는 주제를 찾아 탐구하고 토론하는 기회를 제공해야 한다.

(3) 진보주의 관점

진보주의(進步主義) 교육에서는 학습자 중심교육을 강조하고 개인의 개성과 선택을 중시하며, 학습자의 관심과 흥미에 의한 생활 속에서의 경험 중심교육을 주장한다. 따라서 진보주의에서는 교수행위보다는 학생들의 학습활동을 강조한다. 진보주의 교육에서 강조하는 교사의 자질은 다음과 같다.

첫째, 교사는 학생의 필요와 흥미에 적합한 학습동기를 유발할 수 있어야 한다. 교사는 학생들의 개별적인 특성과 상황 그리고 그들의 흥미와 욕구를 파악하고, 이를 토대로 교육활동을 전개하며, 학습의 방법과 결과는 실생활에서 적용할 수 있고 유용한 방향으로 전개되어야 한다.

둘째, 교사는 새로운 교육내용과 방법을 찾아 노력하는 자세가 필요하다. 미래인재를 기르는 교육은 현재의 문제를 찾아 해결하려는 노력에서부터 시작하며, 창의적인 인재육성은 문제해결능력을 길러 주는 것이어야 한다. 따라서 교사 자신부터 교육내용과 방법에 대한 끊임없는 수정·보완을 통해 문제를 해결하려는 노력은 필수적이다.

셋째, 교사는 학생의 자기주도적 학습능력을 길러 줄 수 있어야 한다. 진보주의에 의하면 인간의 성장은 계속된 경험의 재구성에 따라 이루어진다. 따라서 교사는 학생 스스로 자신에게 맞는 학습목표를 세우고 활동결과를 반성적 사고를 통해 검토하고 재구성함으로써 새로운 개념을 형성하고 내면화해 나갈 수 있도록 도와주어야 한다.

넷째, 교사는 민주적 학급경영능력을 갖추어야 한다. 학교는 민주시민을 기르는 장소이며, 학급은 민주사회의 축소판이다. 학생들은 학급활동을 통하여 바람직한 교우관계를 형성하고 의사결정 과정을 거쳐 민주적 문제해결능력을 기를 수 있도록 교사가 지도자적인 임무를 수행해야 한다.

(4) 재건주의 관점

재건주의(再建主義)에서는 학생들이 사회의 불공정한 것들에 대해 문제의식을 느끼고, 이를 해결하기 위하여 적극적으로 노력하는 자세를 가져야 한다고 본다. 재건주의에서 강조하는 교사의 자질은 다음과 같다.

첫째, 교사는 학생들의 문제해결능력을 길러 주어야 한다. 학교는 사회의 불공정한 것들에 대하여 학생들이 문제의식을 느낄 수 있도록 해야 하며, 또한 그것을 바로잡을 수 있도록 지도해야 한다. 교사는 미래에 학생들이 사회에서 부딪힐 문제를 스스로 해결할 수 있는 능력을 길러 주어야 한다.

둘째, 교사는 인종과 종교, 문화를 초월하여 긍정적·협조적 관계를 증진할 수 있어야 한다. 오늘날 국제화·세계화의 흐름에 맞추어 교육은 다양한 사회의 문화를 받아들이고 이해할 수 있도록 학생들에게 가르칠 수 있어야 한다.

셋째, 교사는 정치에 관심을 두고 참여할 수 있어야 한다. 재건주의에서는 교사의 정치참여를 긍정적이고 적극적인 시각으로 본다. 학생들이 정치를 이해하고 참여하는 방법을 가르쳐야 하며, 정치를 통하여 모든 사람이 행복을 증진하는 방법을 가르쳐야 한다.

넷째, 교사는 학생들의 독서지도를 해 주어야 한다. 지식기반사회에서 적합한 인재를 길러 내기 위해서는 고전을 비판적으로 이해하고, 교육활동에서 체계적인 독서교육이 중요하다.

(5) 학문중심주의 관점

학문중심주의에서는 학교교육이 개인의 성장·발달을 돕는 데서 나아가 국가·사회 발전에 이바지해야 한다고 본다. 이를 위하여 학문을 중요한 지식자원으로 보고 지식의 구조와 탐구학습·발견학습을 강조하였다. 따라서 교사의 지적인 기능이 보다 중시되었으며, 반면에 상담자, 안내자, 촉진자 등의 역할은 상대적으로 약화하였다. 학문중심주의 교육이 교사들에게 요구하는 자질은 다음과 같다.

첫째, 교사는 가르칠 교과의 기본구조와 새로운 지식에 정통해야 한다.

둘째, 교사는 탐구와 발견학습에 따른 내적 보상에 의해 학습동기를 자극하고, 지적 탐구심을 유발한다.

셋째, 교사는 학생들이 탐구와 토론활동을 통해 스스로 학습하는 방법을 배우도록 지도한다.

넷째, 교사는 사실이나 정보에 얽매이기보다는 기본 아이디어에 중점을 두어 가르친다.

다섯째, 교사는 분석적 사고와 함께 직관적 사고를 다 같이 중시하여 가르친다.

(6) 인간중심주의 관점

인간중심교육은 실존주의 철학이 교육에 적용된 것으로, 현대사회의 물질만능, 향락주의, 인간소외 현상으로부터 인간성 회복과 인간성 계발을 주장한다. 인간중심교육에서 요구되는 교사의 자질로 패터슨(Patterson)은 진실한 교사, 학생에 대한 존중, 공감적 이해, 애정을 제시하고 있다(곽영우 외, 1997: 121).

첫째, 진실한 교사란 학생들 앞에서 꾸밈없이 진솔하게 자신을 드러내고, 선입관에서 자유로운 교사를 의미한다. 진실한 감정을 있는 그대로 시인하고 태도가 변하지 않아야 한다는 것이다.

둘째, 공감적 이해란 교사가 자신을 학생의 관점에서 바라보고 느끼게 되는 것을 말한다. 즉, 지도자의 권위주의적인 모습에서 탈피하여 낮은 눈높이에서 학생을 이해하고 공감함으로써 그들의 요구와 문제를 발견하려는 것이다.

셋째, 학생에 대한 애정은 교사에게 가장 기본적이고 필수적인 자세이다. 학생에 대한 애정은 그들을 한 인격체로 존중하고, 각자의 소질과 능력에 따라 성장할 수 있도록 노력함으로써 표현되는 것이다.

3. 바람직한 교사상

1) 이상적인 교사상

바람직한 교사, 이상적인 교사란 교사가 갖추어야 할 자질과 능력을 바탕으로 가장 효율적으로 학생을 지도할 수 있는 사람을 말한다. 이러한 바람직한 교사의 모습은 시대와 상황에 따라 달라질 수 있으며, 교육 사조에 따른 각자의 가치관에 따라 다를 것이다. 한국교육개발원은 이상적인 교사의 모습을 다음과 같이 제시하고 있다.

- 교육자로서 확고한 신념을 지닌 교사
- 학생에 대한 깊은 관심과 사랑을 지닌 교사
- 인생에 관한 자세한 태도를 가르쳐 주는 교사
- 담당 교과에 뛰어난 실력을 지닌 교사
- 예절과 질서를 중시하는 엄격한 교사
- 효율적으로 수업지도를 하는 교사

여기에서 학부모집단은 "교육자로서의 신념을 지닌 교사"를 가장 높게 선택했지만, 교사와 학생집단은 "학생에 관한 관심과 사랑을 지닌 교사"를 이상적인 교사상으로 생각하고 있다(이종재 외, 2006: 88).

한편, 미국 국민을 대상으로 조사한 갤럽(Gallup)의 여론조사에서는 '당신 자녀의 선생님을 선택한다면 어떤 인간 특성이 있는 교사를 원하십니까?'라는 질문에 다음과 같은 순으로 바람직한 교사상을 반영하고 있다(이종재 외, 2006: 88-89).

- 이해와 의사소통의 가능성을 지닌 교사
- 어린이에게 공정한 원칙을 지닌 교사
- 높은 도덕적 특성이 있는 교사
- 어린이에 대한 사랑과 관심을 지닌 교사
- 친근하고 좋은 성품을 지닌 교사

• 청결하고 깔끔한 외모를 지닌 교사

이칭찬(1989)은 바람직한 교사상을 다음과 같이 정의하였다(박완성, 2012: 34-35 재인용).

첫째, 자기가 가르치는 교과에 관하여 깊고 넓은 지식과 전문적 식견을 갖춘 실력 있는 교사가 되어야 하고, 동시에 가르치는 것을 좋아하는 교사가 되어야 한다.

둘째, 학생을 사랑하고 아낄 줄 알며, 학생 개개인의 인성과 성품을 잘 이해하는 교사가 되어야 한다.

셋째, 스스로 자신의 인품과 자질, 능력 등을 꾸준히 향상하며, 매사에 솔선수범 하는 교사가 되어야 한다.

넷째, 교직에 대한 긍지와 보람을 느끼며, 자신의 위치에서 교육의 혁신과 개혁을 추진하고 실천하는 촉진자 구실을 하는 교사가 되어야 한다.

다섯째, 교과의 내용을 잘 가르치는 방법을 알고 있는 교사가 되어야 한다.

여섯째, 교육의 방향을 확실히 설정하고, 이를 실천에 옮길 수 있는 교사가 되어야 한다.

일곱째, 현대사회가 안고 있는 여러 가지 문제 혹은 자신에게 내재한 문제를 스스로 해결할 수 있는 능력과 대처방안을 가지고 있어야 하며, 어떠한 문제가 닥치더라도 이를 슬기롭게 대처할 수 있는 교사가 되어야 한다.

강기수와 김희규(2012: 56-61)는 바람직한 교사상을 다음과 같이 제시하였다.

• 교사는 성선설과 변화관에 근거한 인간관과 교육관을 지녀야 한다.
• 교사는 긍정적으로 사고하고 교직을 보람으로 여기는 사람이어야 한다.
• 교사는 학생을 사랑하고 이해하고 공감하는 사람이어야 한다.
• 교사는 해당 교과와 교육에 대해 폭넓은 안목과 지식을 갖춘 교육전문가여야 한다.
• 교사는 부단히 노력하고, 솔선수범하는 사람이어야 한다.
• 교사는 원만한 인간관계의 소유자여야 한다.
• 교사는 진실하고 솔직한 사람이어야 한다.
• 교사는 신체적으로 건강해야 한다.

이윤식 등(2009: 69-71)은 바람직한 교사상을 다음과 같이 제시하였다.

- 교사는 건전한 사고와 가치관을 지니고 교직에 대한 긍정적 태도를 지녀야 한다.
- 교사는 스스로 자기의 교직능력을 향상하고, 나아가 학교교육 발전에 솔선수범해야 한다.
- 교사는 자신이 담당하는 교과지식에 정통해야 하고, 학습주제에 알맞은 효과적인 교수방법에 능숙해야 한다.
- 교사는 학생을 사랑하고 그들의 학습과정을 사랑으로 보살펴야 한다.
- 교사는 건강한 신체를 유지해야 한다.

이와 같은 이론을 바탕으로 바람직한 교사의 모습을 다음과 같이 정리할 수 있다.

첫째, 교사는 성선설의 관점에서 인간과 학생을 사랑하여야 한다. 인간의 변화가능성을 믿으며, 교육활동을 통하여 학생들이 무한한 잠재능력을 최대한 발휘하도록 도와주어야 한다(인간애).

둘째, 교사는 교육지도자로서 뚜렷한 교직관과 사명감을 지녀야 한다. 교직을 천직으로 여기고 항상 긍정적으로 사고해야 한다. 가르치는 일을 소중히 여기고 가르치는 일에서 기쁨을 찾으며 제자 양성을 보람으로 삼을 수 있어야 한다(사명감).

셋째, 교사는 지식전문가로서 교과내용과 교육방법에 대한 높은 안목과 탁월한 지식을 갖추어야 한다. 또한 지도방법과 교수능력을 개발하고 수업전문성 향상을 위해 끊임없이 노력하여야 한다(전문성).

넷째, 교사는 학생들의 동일시 대상으로서 높은 교직윤리를 바탕으로 모범적인 인격과 품성을 지니고 매사에 솔선수범하며 학생들과 사회의 본보기가 되어야 한다(윤리성).

다섯째, 교사는 원만한 인격의 소유자여야 한다. 학생뿐만 아니라 동료교원 간에도 원만한 인간관계를 바탕으로 신뢰를 구축하고, 배려하고 양보할 줄 아는 마음을 가져야 한다(인간관계).

이처럼 이상적인 교사가 갖추어야 할 공통적인 특성으로 교육자로서 자세와 신념, 학생에 대한 이해와 사랑, 학문적 지식과 지도력, 높은 인격과 원만한 인간관계 능력 등이 있다고 할 수 있다.

2) 유능한 교사와 효과적인 교사

(1) 유능한 교사

기순신(2006)은 유능한 교사와 그렇지 못한 교사의 특성을 구분하였다. 먼저 유능한 교사의 특성은 다음과 같다.

- 자기억제를 할 수 있는 능력—자아 통제력—을 가진 교사
- 여러 활동을 동시에 지도—멀티 티칭—할 능력 있는 교사
- 늘 학생에게 친절하고 칭찬하며 격려하는 교사
- 대화가 잘 통하고 유머가 있으며 우호적인 교사
- 독창성과 흥미를 이끌어 낼 수 있는 기술이 있고 가르치는 데 열심인 교사
- 학생 스스로가 자기 일을 해결할 수 있도록 도와주는 교사

이에 반해, 유능하지 못한 교사의 특성은 다음과 같다.

- 학생들의 요구에 응할 능력이 없으며 강압적이고 성급한 교사
- 예기치 않은 문제나 요구에 혼란스러워하고 당황하며 짜증을 내는 교사
- 칭찬과 격려에 인색하고 벌에 의존하며 질책하고 비꼬는 교사
- 학생에게 긴장감을 주고, 필요 이상으로 엄격하고 비우호적인 교사
- 목소리나 태도가 지루하고 개성이 없는 교사
- 흥미나 열성이 없고 불확실하며 늘 당혹하게 만드는 교사
- 학생활동에 관심을 두지 않고 참여하지 않는 교사
- 자기 뜻대로 따르도록 학생에게 강요하는 교사

(2) 효과적인 교사

교사의 역할 중 가장 중요한 것이 바로 수업이다. 효과적인 수업을 위한 교사의 특징은 다음과 같이 생각해 볼 수 있다.

- 수업 시작 때 학습목표를 알려 주고, 많은 학생이 학습목표에 도달할 수 있도록

한다.

- 다양한 기자재를 준비하고 활용하여 학습내용을 흥미와 적절히 관련시킨다.
- 명확한 수업의 방향을 제시하고, 명쾌한 학습 관련 정보를 제공한다.
- 학습할 이유를 알려 주고, 학생중심활동으로 스스로 탐색하게 한다.
- 다양한 방법으로 수업 중 학습자의 주의집중을 끌어낸다.
- 학생의 수준에 맞는 학습성취 기준을 합리적으로 설정한다.

3) 바람직한 교사의 조건

앞에서 살펴본 이상적인 교사상에서 발견되는 공통적인 요소, 즉 바람직한 교사로서 지녀야 할 조건은 다음과 같다(이종재 외, 2006: 91).

(1) 학생에 대한 조건

교사는 학생에 대하여 다음 조건을 갖추어야 한다.

첫째, 교사는 학생들의 인권을 존중하고 개개인에 관하여 관심을 두고 정성껏 지도해야 한다.

둘째, 교사는 학생의 발달에 대한 가능성을 인정하고 늘 긍정적인 태도를 보여야 한다.

셋째, 교사는 학생의 창의성을 존중하고 아직 발견하지 못한 것을 찾아 주려고 노력하여야 한다.

넷째, 교사는 학생을 강압적으로 인도하기보다는 항상 모범을 보여 따르게 하여야 한다.

(2) 가르치는 내용에 관한 조건

교사는 그가 가르치는 내용에 관하여 다음 조건을 갖추어야 한다.

첫째, 교사는 전문적인 자질을 갖고 자기 자신의 지적 성장을 위해 꾸준히 노력하고 연구하는 태도를 보여야 한다.

둘째, 교사는 교직에 대한 사명감으로 가르치는 일에 긍지와 자부심을 품어야 한다.

셋째, 교사는 교육애를 갖고 가르치는 내용을 잘 조직하고 학생들의 수준에 맞는 자료를 제공해야 한다.

(3) 교사의 교육관

교사는 교육에 대하여 다음의 조건을 갖추어야 한다.

첫째, 교사는 인류애적인 이상이 있어야 하며, 지적 변화에 앞서 삶의 방향 변화에 영향을 주는 인격자이자 지도자가 되어야 한다.

둘째, 교사는 투철한 사명감과 분명한 삶의 철학이 있어야 하고, 뚜렷한 가치의식과 윤리의식을 가져야 한다.

셋째, 교사는 바람직한 교육관과 교직관을 갖고 교육을 위한 희생과 봉사 없이는 교육적 성과를 기대할 수 없다는 것을 인식해야 한다.

훌륭한 교사가 가져야 할 공통적인 특성은 다음과 같다(이종재 외, 2006: 92).

첫째, 교사는 학생에 대한 존중과 깊은 이해와 사랑을 갖고 모범을 보여야 한다.

둘째, 교사는 가르치는 내용에 대하여 전문지식과 지도 기술을 갖고 수준에 맞는 자료를 근거로 성실히 지도하여야 한다.

셋째, 교사는 교육에 대한 투철한 철학과 사명감으로 봉사하는 자세를 견지하여야 한다.

마지막으로, 교사가 자신도 행복하고 학생들도 그러한 삶을 누리게 하려면 어떤 자세를 갖추어야 할지 생각해 본다.

- 마음이 건강해야 한다. 신체적인 건강보다 더 중요한 것이 마음의 건강이다. 마음이 병들면 몸도 병약해지고 모든 일에 자신감을 잃고 자신을 통제할 수 없게 된다. 마음이 건강한 사람은 언제나 의욕과 자신감이 넘치고 일이 즐겁게 마련이다.
- 시간을 잘 활용하고 학생들에게도 이를 가르쳐야 한다. 인생을 살아가는 데 있어서 시간처럼 소중한 것이 없다. 시간을 지혜롭게 활용하는 사람은 하루하루를 보석으로 만들어 담는 사람이지만 시간을 헛되이 쓰는 사람은 하루하루를 쓰레기통에 버리며 사는 사람이다.
- 학생들과 함께하는 시간이 행복해야 한다. 교사는 아이들을 보면 그저 즐겁고

행복한 마음이 일어야 한다. 그래서 그들을 위해 무엇을 해 줄 것인지 생각하는 것 자체만으로도 즐거운 일이 되어야 한다.

- 자연으로부터 배우고 가르쳐야 한다. 새 교육과정에서도 환경·생태교육을 강조하고 있듯이 대자연이 깨우쳐 주는 우주의 신비함을 알고 생명의 소중함을 깨닫게 해야 한다. 자연이 인간에게 베풀어 준 혜택을 알고 자연환경을 지키기 위한 노력을 실천해야 한다. 이를 위하여 노작교육의 기회를 자주 얻고, 자연과 어울리는 체험활동 속에서 자신의 존재와 가능성을 깨닫는 교육이 되어야 한다.

- '우리'를 깨닫게 하는 교육자가 되어야 한다. '나'만이 아닌 '우리'를 깨닫는 데서 사랑, 봉사, 희생, 협동을 알아 갈 수 있다. 협동 수업을 계획하고 실천하며 의사소통과 질서의식을 수업을 통해 자연스럽게 터득해야 한다.

- 감사함을 깨닫는 교육이 되어야 한다. 부모의 은혜와 스승의 사랑을 알고 이에 보답하기 위하여 무엇을 해야 할지 생각해 보아야 한다. 자신을 드러내어 내세우기보다 겸손하고 자제하고 인내하며, 남에게 배려하고 인정하고 양보하는 마음을 기르도록 해야 한다.

연구 및 토의 문제

1. 교사의 역할을 교육지도자로서의 역할과 학교조직원으로서의 역할로 구분하여 구체적으로 어떤 것이 있는지 설명해 보자.

2. 교사의 자질이 갖는 의미는 무엇이며, 교사는 어떤 자질을 갖추어야 하는지, 또한 교사의 인성과 자질에는 어떤 관계가 있는지 토의해 보자.

3. 자신이 생각하는 이상적인 교사상은 어떤 모습이며, 이 시대에 필요로 하는 바람직한 교사상을 정립하기 위한 조건은 무엇인지 토의해 보자.

참고문헌

강기수, 김희규(2012). 최신교사론. 서울: 동문사.

경기도교육청(1999). 창의성교육 어떻게 합니까? 경기: 문성사.

고려대학교 민족문화연구원(2009). 고려대한국어대사전. 고려대학교 민족문화연구원.

곽영우, 황의일, 최상락, 신동철, 권상혁, 하상일, 서정화(1997). 예비교원을 위한 교사론. 한국
　　　교원단체총연합회 편. 경기: 교육과학사.

기순신(2006). 교사론. 서울: 학지사.

김미송(2010). 학교장의 변혁적 리더십이 교사자질에 미치는 영향. 선문대학교 대학원 박사
　　　학위논문.

김종철, 김종서, 서정화, 정우현, 정재철, 김선양(1994). 최신교사론. 경기: 교육과학사.

단국대학교 교과교육연구소 편(2000). 스승의 길. 경기: 교육과학사.

박동서(1989). 한국행정론. 서울: 법문사.

박완성(2012). 교직실무의 이론과 실제. 서울: 학지사.

서울대학교 사범대학교육연구소(1995). 교원교육 개혁을 위한 종합연구. 서울대학교.

이영덕, 정원식(1988). 생활지도의 원리와 실제. 서울: 교육과학사.

이윤식, 김병찬, 김정휘, 박남기, 박영숙, 송광용, 이성은, 전제상, 정명수, 정일환, 조동섭, 진
　　　동섭, 최상근, 허병기(2009). 교직과 교사. 서울: 학지사.

이종재, 정태범, 권상혁, 노종회, 정진환, 정영수, 서정화, 이군현(2006). 교사론. 한국교원단체
　　　총연합회 편. 경기: 교육과학사.

이칭찬(1989). 교사교육의 민주화 과제-교육 민주화: 발전적 시론. 강원: 강원대학교출판부.

임선하(1995). 창의성에의 초대. 서울: 교보문고.

전경원(1999). 모난 돌은 왜 정을 맞나. 서울: 창지사.

정태범(2000). 학교경영론. 경기: 교육과학사.

조홍순(2012). 교사 입문을 위한 교직실무. 경기: 교육과학사.

진동섭(2003). 학교컨설팅. 서울: 학지사.

황규대, 박상진, 이광희, 이철기(2007). 조직행동의 이해: 통합적 접근법. 서울: 박영사.

황영준, 정창호(2014). 교사를 위한 교직윤리. 경기: 교육과학사.

Havighurst, R. J., & Neugarten, H. (1962). *Society and Education* (2nd ed.). NY: Allyn and
　　　Bacon.

Hoyle, E. (1969). *The role of the teacher.* NY: Humanities press.

Osborn, A. F. (1963). *Applied imagination.* NY: Scribner.

Reedle, F., & Wattenberg, W. W. (1951). *Mental hygiene in teaching.* NY: Harcourt, Brace and Co.

Torrance, E. P. (1962). *Guiding creative talent.* NJ: Prentice-Hall.

법제처 국가법률정보센터 https://www.law.go.kr/LSW/main.html

제3장

교원의 권리와 의무

학습개요

1. 교원이라는 신분이 갖는 법적 지위와 특수성에 대하여 알아본다.

2. 교권의 중요함을 알고, 교단에서 교권이 어떻게 발휘되어야 하며, 교권확립을 위하여 교사로서 어떤 노력을 해야 하는지 말해 본다.

3. 교사의 권리와 의무에는 어떤 것이 있는지 살펴보고, 교사가 왜 그러한 권리와 의무를 지니게 되는지 생각해 본다.

1. 교원의 신분과 지위

1) 교원의 신분

'신분(身分)'이란 개인의 사회적 지위 또는 사회적 규범이나 법률에 따라 구분되는 계급 또는 계층을 말한다. 교원의 신분에 관한 규정은 「교육공무원법」「초·중등교육법」「교원의 지위 향상 및 교육활동 보호를 위한 특별법」 등에 나타나 있다.

교원은 유·초·중등학교의 교(원)장, 교(원)감, 수석교사, 교사, 대학의 총·학장, 교수, 조교 등 각 학교에서 학생을 직접 지도·교육하는 자를 말한다. 각 학교에 근무하더라도 학생교육에 직접 임하는 자만이 교원이다. 또한 교원자격증을 가진 자라도 임명 절차를 거치지 아니한 자는 교원이라고 할 수 없다. 교원은 크게 국·공립학교와 사립학교의 교원으로 나뉜다(신현석 외, 2014: 108).

(1) 국·공립학교 교원의 신분

국·공립학교 교원은 경력직공무원에 해당한다. 「국가공무원법」 제2조(공무원의 구분)에 따르면 '경력직공무원'이란 실적과 자격에 따라 임용되고 그 신분이 보장되며 평생 동안 공무원으로 근무할 것이 예정되는 공무원을 말하며, 이에는 일반직공무원과 특정직공무원이 있다. 공무원에는 국가직공무원과 지방직공무원이 있는데, 교육공무원은 국가직공무원이므로 신분상 「국가공무원법」을 적용받는다.

(2) 사립학교 교원의 신분

사립학교 교원은 교원이기는 하나, 공무원이 아닌 사립학교법인에 소속된 직원이다. 따라서 「국가공무원법」이나 「교육공무원법」 등으로 국가와 공법상의 관계에 있지 않고, 학교법인 등과 같이 사법상의 관계에 있는 점에서 양자의 차이가 있다. 그러나 그 업무 특성상 국·공립학교 교원과 마찬가지로 공적인 교육활동을 수행한다는 점에서 교원의 자격과 복무에 관하여 국·공립학교 교원에 관한 규정을 준용한다(「사립학교법」 제55조). 「사립학교법」 제56조(의사에 반한 휴직·면직 등의 금지)①에는 "사립학교 교원은 형(刑)의 선고, 징계처분 또는 이 법에서 정하는 사유에 의하지 아니하고는 본인의 의사에 반하여 휴직이나 면직 등 불리한 처분을 받지 아니한다. 다만, 학급이나 학과의 개편 또는 폐지로 인하여 직책이 없어지거나 정원을 초과한 경우에는 그러하지 아니하다." 또한 ②에는 "사립학교 교원은 권고에 의하여 사직을 당하지 아니한다."라고 하여 사립학교 교원이라 하더라도 의사에 반하여 휴직·면직을 당하지 않도록 규정하고 있다.

(3) 교원 신분의 특수성

국·공립학교 교원의 신분은 국가공무원이다. 그러나 교원은 일반 공무원과 달리 학생을 교육하는 교육자이기에 직무수행을 위한 교원자격증이 있어야 하고, 다른 공무원에 비하여 높은 도덕성과 윤리의식이 필요하다. 교원은 합리성, 합법성, 공정성을 바탕으로 공익을 위한 직무를 수행하는 일반 공무원과 달리 교육자적 자질을 바탕으로 관련 학문과 교육학에 대한 전문성을 가지고 학생을 올바른 인간으로 길러 내는 역할을 한다는 점에서 차이가 있다.

학교는 관료제적인 특성과 전문적인 특성을 함께 가지는 조직적 특성이 있다. 학교조직의 행정적인 업무수행에 있어서 교원은 수직적 계열에 의한 관료제를 따르지만, 조직문화를 공유하는 면에서는 수평적 계열 중심의 조직문화가 우세한 특징이 있다. 또한 교원들은 그들의 전문성을 바탕으로 하여 비공식집단을 형성하는 경향이 강하다.

국·공립학교와 사립학교는 설립 주체나 인사권자가 다르므로 교원의 임면(任免) 등과 관련한 인사관리에 있어서 차이점이 있지만 「교육공무원법」과 「사립학교법」에서 교원의 신분에 관한 명확한 보장을 하고 있으므로 신분상의 차이는 거의 없다고 볼 수 있다. 따라서 모든 교원은 공교육을 이끌어 가는 교육자적 책무를 지니면서 전문성 보장과 함께 높은 윤리의식을 요구받는다. 따라서 교원의 도덕적 해이로 인한 문제 발생에 있어서 다른 공무원이나 직업인의 경우보다 훨씬 강도 높은 비판과 책임을 지우는 것은 교원 신분의 특수성에 기인한다고 볼 수 있다.

2) 교원의 법적 지위

'지위(地位)'는 개인의 사회적 신분에 따르는 위치나 자리를 뜻하며, 그 상대적 가치나 선호에 대한 사회적 평가가 반영된 개념이다. 교원의 신분과 지위에 대해서는 「헌법」「교육기본법」「유아교육법」「초·중등교육법」「고등교육법」「사립학교법」「국가공무원법」「교육공무원법」「교원의 노동조합 설립 및 운영 등에 관한 법률」「교원의 지위 향상 및 교육활동 보호를 위한 특별법」 등에 규정되어 있다(강기수, 김희규, 2012: 63). 교원의 법적 지위는 사회적·경제적 지위와 교류하는 관계에 있다. 이러한 교원의 신분과 관련한 법적 지위에 관한 내용을 살펴보면 다음과 같다.

「헌법」 제7조 ②에는 "공무원의 신분과 정치적 중립성은 법률이 정하는 바에 의하여 보장된다."라고 하였으며, 동법 제31조 ⑥에는 "교원의 지위에 관한 기본적인 사항은 법률로 정한다."라고 되어 있다. 「교육기본법」 제14조(교원) ①에는 "학교교육에서 교원의 전문성은 존중되며, 교원의 경제적·사회적 지위는 우대되고 그 신분은 보장된다."라고 하였으며, ②에는 "교원은 교육자로서 갖추어야 할 품성과 자질을 향상시키기 위하여 노력하여야 한다."라고 되어 있다.

「교육공무원법」 제43조(교권의 존중과 신분보장) ①에는 "교권은 존중되어야 하며, 교원은 전문직 지위나 신분에 영향을 미치는 부당한 간섭을 받지 아니한다."라고 하였으며, ②에는 "교육공무원은 형의 선고나 징계처분 또는 이 법에서 정하는 사유에 의하지 아니하고는 그 의사에 반하여 강임·휴직 또는 면직을 당하지 아니한다."라고 밝히고 있다.

「교원의 지위 향상 및 교육활동 보호를 위한 특별법」 제6조(교원의 신분보장 등) ①에는 "교원은 형의 선고, 징계처분 또는 법률이 정하는 사유에 의하지 아니하고는 그 의사에 반하여 휴직·강임 또는 면직을 당하지 아니한다."라고 규정하고 있다. 이러한 교사의 신분이나 지위에 관한 법적인 규정들은 교직의 특수성과 전문성을 명확하게 인정하는 법 제도의 표현이라고 할 수 있다(이윤식 외, 2009: 338).

교사의 법적 지위는 교육공무원, 근로자와 전문가의 지위 등으로 구분하여 다음과 같이 설명할 수 있다(이윤식 외, 2009: 339-340; 표시열, 2000).

첫째, 교육공무원의 지위는 국민 전체에 대한 봉사자이다. 「헌법」 제7조 ①에 "공무원은 국민 전체에 대한 봉사자이며, 국민에 대하여 책임을 진다."라고 되어 있다.

따라서 교사는 학생과 학부모의 지역, 종교, 계층 등과 관계없이 동등하게 대하고 교육할 책임과 의무를 지닌다.

둘째, 교사의 사회적 지위는 교사가 사회에서 국민에게서 존중받는 위치에 있는 것 또는 교사에 기대되는 역할이나 신분의 의미로 파악할 수 있다. 여기서는 근로자로서의 지위와 전문가로서의 지위를 포함한다. 교사도 기본적으로 근로자로서 「교원의 노동조합 설립 및 운영 등에 관한 법률」에는 교원의 노동조합 결성 및 단체교섭권을 인정한다는 조항이 있다.

셋째, 전문가로서 지위와 관련하여 일찍이 1966년 유네스코의 「교원의 지위에 관한 권고」에서 "교직은 전문직으로 간주하여야 한다."라고 선언하여 교직의 전문성을 인정하고 있다. 「헌법」 제31조 ④에는 "교육의 자주성 · 전문성 · 정치적 중립성 및 대학의 자율성은 법률이 정하는 바에 의하여 보장된다."라고 하였으며, 「교육기본법」 제5조(교육의 자주성 등) ①에는 "국가와 지방자치단체는 교육의 자주성과 전문성을 보장하여야 하며, 국가는 지방자치단체의 교육에 관한 자율성을 존중하여야 한다."라고 하여 교원의 전문성을 규정하였다.

넷째, 교사의 지위에는 이외에 인격자로서의 지위가 있다. 교사의 인격자로서의 지위는 교직에서 윤리적 공동체를 강조함에 따라 교사의 헌신, 배려, 신뢰, 도덕성, 윤리성 등에 토대를 두고 있다고 볼 수 있을 것이다. 또한 교사는 실제 교육활동에 있어서 사회적 윤리의식, 즉 공공에 대한 의무와 책임을 진다. 따라서 학생들의 학업성취와 인성발달에 긍정적인 영향을 주는 효과적인 교육환경을 조성하는 데 주력해야 할 것이다.

한편, 「헌법」 제31조 ⑥에는 "학교교육 및 평생교육을 포함한 교육제도와 그 운영, 교육재정 및 교원의 지위에 관한 기본적인 사항은 법률로 정한다."라고 되어 있는데, 이를 '교원지위법률주의(교육제도법률주의)'라 하며, 이는 국민의 교육기본권 보장 및 실현의 제도적 토대가 되는 교육제도가 일시적인 정치세력 또는 교육행정 권한에 좌우되는 것을 방지하고, 교육 본연의 자주성과 전문성 그리고 중립성을 유지하도록 하는 목적을 갖는다.

3) 교육의 정치적 중립성

　　교육의 정치적 중립성을 실현하기 위한 기본적인 내용으로는, ① 당파적 정치교육의 금지, ② 교사의 정치활동의 규제, ③ 교육행정의 정치적 중립성, ④ 교육에 대한 정치적 압력의 배제, ⑤ 교육의 정치에의 불간섭 등을 들고 있다(권영성, 2010: 246). 헌법재판소도 교육의 정치적 중립성은 교육이 국가권력이나 정치세력으로부터 부당한 간섭을 받지 아니할 뿐만 아니라 본연의 기능을 벗어나 정치영역에 개입하지 않아야 한다는 것을 말하며, 교육은 본질상 이상적이고 비권력적임에 반하여 정치는 현실적이고 권력적이기 때문에 교육과 정치는 일정한 거리를 유지하는 것이 바람직하다고 보고 있다(노순일, 2013: 99).

　　이렇게 학생에 대한 교육이 정당정치와 정치활동에 지배되어서는 안 된다는 것을 알 수 있다. 그러나 교육이 정치적 지배를 받지 않는 환경을 정당정치의 국가 자체가 조성한다는 것은 기본적으로 문제점을 내포한다. 현실적으로도 교육의 정치적 중립성을 보장하기 위하여 교육에 대한 정치적 압력을 배제하거나 교육의 정치에 대한 간섭을 금지하기 위한 구체적인 제도적 장치의 정비 없이 오로지 정부에 의한 교사 규제적인 정치적 중립 정책만이 정치적 중립을 담보하는 제도로 각국에서 시행되고 있는 것을 보더라도, 공교육의 정치적 중립성의 원리를 실현하기 위한 법 제도적인 장치가 아직은 미흡하다고 하겠다(노기호, 2004: 65: 노순일, 2013: 99 재인용).

　　우리의 현행 「교육기본법」 제14조(교원) ④에는 "교원은 특정 정당이나 정파를 지지하거나 반대하기 위하여 학생을 지도하거나 선동하여서는 아니 된다."라고 규정하고 있으며, 그 외에도 「국가공무원법」 제65조(정치 운동의 금지)와 「사립학교법」 제58조에서 교원의 정치 활동을 규제하고 있는 것을 보더라도, 교육의 정치적 중립성의 실현을 주로 교원의 정치활동 금지에만 한정하고 있는 형편이다(노순일, 2013: 99).

　　교사의 정치적 행위를 금지하는 견해는 교원 신분의 특수성과 밀접한 관련이 있으며, 이는 다음과 같은 이유 때문이다. 첫째, 교사는 '특별권력관계'에 속하는 공무원 내지는 그에 준하는 신분을 가지고 있다. 교사의 교육활동은 학생들과의 친밀한 관계 속에서 이루어지며, 교사는 학생들의 교육권과 평가권을 가지고 있으므로 이러한 관계가 성립한다. 둘째, 공무원 또는 이에 준하는 신분을 가지는 교사는 '국민 전체에 대한 봉사자'이다. 교육은 단순히 가르치는 활동 이상의 의미를 지닌, 국가의 미래를 위한 봉사활동이다. 셋째, 교사의 직무 대상은 일반인이 아니라 '미성숙한 학생'이며, 그들을 성숙한 단계로 끌어올리는 일이다. 따라서 교사의 정치 관여는 자칫 편향된 교육을 할 우려가 있다.

2. 교권

1) 교권의 개념

일반적으로 '교권(敎權)'은 교원의 교육권 또는 권위와 권리로 파악한다. 한국교원단체총연합회의 『교권사건판례집』에는 교권에 대하여 "교권은 교육에 종사하는 교원들이 자신에게 주어진 사회적 역할을 수행하는 데 있어서, ① 그들이 일정한 기간의 훈련을 통하여 획득한 전문적 지식과 능력의 소유자로서의 권위를 인정받고, ② 부과된 책임과 의무를 이행하는 데 있어서 부당한 간섭과 침해로부터 자신과 업무를 보호하며, 나아가 ③ 그 전문직에서의 안정된 생활과 최대한의 능률을 기하기 위한 신분상의 보장을 받을 수 있는 조건을 주장할 수 있는 권리이다."라고 서술되어 있다(가영희 외, 2010: 321: 신현석 외, 2014: 125 재인용).

(1) 넓은 뜻의 교권

교권은 넓은 의미와 좁은 의미 두 가지로 나누어 생각할 수 있다. 먼저, 넓은 의미에서의 교권은 교육받을 권리와 교육할 권리를 함께 포함하는 개념이다. 즉, 수요자의 권리라 할 수 있는 학생의 학습권이나 학부모의 교육권과 공급자의 권리인 교육당국의 교육환경 조성과 감독권, 그리고 교원의 교육권이 있다. 이를 관련 법령에 따라 살펴보면 다음과 같다.

첫째, 교육수용권은 수요자 또는 수익자로서의 교육권을 말하는데,「헌법」제31조 ①에 "모든 국민은 능력에 따라 균등하게 교육을 받을 권리를 가진다."라고 하여 교육받을 권리를 명시하고 있다.

둘째, 학부모의 교육권은 학부모로서 자녀를 교육받게 할 권리로 친권적 교육권을 말하는데, 이는「교육기본법」제8조(의무교육) ①에는 "의무교육은 6년의 초등교육과 3년의 중등교육으로 한다."와 ②에 "모든 국민은 제1항에 따른 의무교육을 받을 권리를 가진다."라고 하여 교육받을 권리를 명시하고 있다. 또한「헌법」제31조②에 "모든 국민은 그 보호하는 자녀에게 적어도 초등교육과 법률이 정하는 교육을 받게 할 의무를 진다."라고 명시하여 의무교육에 관한 자녀의 취학이 국민의 권리인 동시에 의무임을 밝혔다.

셋째, 국가의 교육권은 교육환경 조성이나 교육감독권 등 위탁자로서의 교육권을 말하는데,「헌법」제31조의 무상의무교육, 교육의 자주성 · 전문성 · 정치적 중립성, 평생교육 진흥 등에 따라「교육기본법」에서 교육제도와 운영에 관한 기본사항을 규정하고, 이에 따라「초 · 중등교육법」에서 초 · 중등교육에 관한 사항을 정하고 있다. 특히 이 법에는 제23조부터 제34조까지 학교운영에 관한 사항을 상세히 명시하고 있다.

넷째, 교사의 교육권은 교원으로서의 교육지도권을 말하는데, 교원은 국가와 학부모로부터 교육할 권리를 위탁받은 자이므로 교육지도자로서의 전문성과 자율성에 따라 교육할 권리를 가진다.「초 · 중등교육법」제20조에는 교직원의 임무에 관하여, 같은 법 제21조에는 교원의 자격에 관하여 명시하고 있다.

(2) 좁은 뜻의 교권

좁은 의미에서의 교권은 교육하는 주체인 가르치는 자의 권리를 의미한다. 이러한 교육자의 기본적 권리로는, ① 일반 행정으로부터 독립, ② 전문가로서 자유롭게 교육할 권리, ③ 교육과정의 제정과 운영에의 참여, ④ 부당한 지배로부터의 자유, ⑤ 교육학의 학문적 자유, ⑥ 자주적인 단체결성 등을 들 수 있다(강기수, 김희규, 2012: 65). 오늘날 통상적인 의미에서 교권은 이러한 좁은 의미에서의 교권인 교육자의 권리를 의미한다. 또한 교권이란 교사가 학생의 교육에 관하여 법률상으로 보장된 권리 외에도 교원의 교육자로서의 권위까지 포함하는 개념으로 보는 것이 일반적이다. 이러한 교권은 하나의 독립된 것으로서의 의미가 있다기보다는 앞에서 언급한 '교직관(교직에 관한 관점)'이나 앞으로 언급할 '교직윤리' 등과 연결되어 의미를 갖게 된다고 볼 수 있다. 교권이 진정한 권위를 갖기 위해서는 반드시 교원의 윤리성이 뒷받침되어야 한다.

결론적으로, 교권은 전문직으로서 교육에 종사하는 교육자들이 책임과 의무를 수행할 수 있도록 교육과 연구활동의 자율성을 보장하고, 신분과 생활의 안정 및 사회적 인정과 존경 등의 제반 조건에 관한 교원의 신분보장과 직업인의 권리와 함께 사회적 인정과 예우에 관한 교원의 권위를 포함하는 개념이라고 할 수 있다(강기수, 김희규, 2012: 66).

2) 교사의 권위

(1) 권위의 개념

'권위(權威)'란 남을 지휘하여 통솔하거나 따르게 하는 힘 또는 일정한 분야에서 사회적으로 인정받고 영향력을 끼칠 수 있는 위신을 뜻한다. 베버에 의하면 관료제 조직(bureaucratic organization)에서 통제의 기초가 되는 권위에는 카리스마적 권위, 전통적 권위, 합리적 권위 세 가지가 있다고 하였다(Weber, 1947: 강기수, 김희규, 2012: 67 재인용).

- 카리스마적 권위란 그 권위를 가진 사람이 신으로부터 부여받은 어떤 초능력적인 힘을 가졌다고 보는 것이다.
- 전통적 권위란 오랜 사회의 전통과 관습에 의하여 특정한 위치에 있는 사람에게 그러한 권위가 당연한 것으로 인정받는 권위이다.
- 합리적 권위란 정당한 법적·제도적 근거에 따라 인정되는 합리적이며 합법적인 성격의 권위로서 현대사회에서 가장 요청되는 권위라고 할 수 있다.

스스로 권위만 내세우는 권위주의적인 지도자가 되어서는 안 되겠지만, 지도자에게 있어서 권위는 반드시 필요하다. 강기수와 김희규(2012: 68-69)는 교원의 권위를 교사 자신으로부터 기인하는 내적 권위와 외부로부터 주어지는 외적 권위로 구분하여 설명하고 있다. 내적 권위는 교사 자신에게 내재하고 있는 능력과 자질을 말하는 것으로서 지적 권위와 기술적 권위로 구분할 수 있다.

첫째, 지적 권위는 교과 지식의 탐구 및 지적 판단의 능력을 소유한 것으로 인정되는 권위이다. 교사의 지적 권위는 교사가 받은 교육의 정도와 교사에게 요구되는 자질의 일반적 기준을 근거로 주어지는 것으로, 특정한 개인으로서 교사에게 적용된다기보다는 '교사'라는 사회적 신분을 소유한 교사 일반에 관한 권위이다. 교사의 지적 능력은 학문적 지식, 학문 탐구의 능력, 그리고 진·선·미에 대한 가치판단 능력을 포함한다. 즉, 교사는 가르치는 교과에 대한 충분한 지식과 그 분야의 새로운 경향뿐만 아니라 그 분야와 관련한 기초지식을 구비하고 있어야 한다는 것이다.

둘째, 기술적 권위는 교육의 방법에 능한 것으로 인정되는 권위이다. 교사는 교육전문가이기에 교육의 목적을 알고, 이에 따라서 교육의 내용을 선택하고 조직할 줄 알며, 지식을 효과적으로 가르칠 줄 알아야 한다는 것이다. 즉, 교사는 자신의 해당 분야의 지식을 학생들이 쉽게 이해하도록 가르칠 수 있는 기술을 소유하고 있어야 한다는 것이다. 이러한 교수 기술은 교육과정에서 피교육자가 인정하고 수용하고자 하는 교육적 권위의 하나이다.

셋째, 외적 권위에 해당하는 제도적 권위이다. 이는 교사의 외부에서 작용하는 요인으로 교육의 제도, 정책 등은 물론, 사회·문화적인 관습이나 분위기 같은 것도 포함한다. 즉, 교사에 대한 사회적 존경과 예우, 경제적 처우와 우대의 정도, 신분보장이나 자율성의 부여 등과 관련되는 것이다. 이러한 제도적 권위에 의하여 교사는 질서유지와 규칙준수 등 학교생활에서 통제적 역할을 행사하게 된다.

(2) 교권의 특성

교권은 전문직으로서 교직에 종사할 자격과 권위를 부여받은 개인 혹은 집단 자체가 내세운 윤리강령을 준수하면서 교육행위를 하는 데서 보장받아야 할 행동의 자율성과 신분의 안정, 그리고 이에 요구되는 제반 조건을 주장할 권리라고 할 수 있다(정우현, 1987: 214: 신현석 외, 2014: 126 재인용).

교권은 교직윤리, 교직전문성 및 자율성과 밀접하게 연관된다. 교원에게 윤리성과 전문성은 교직자가 스승으로서, 학자로서 인정받고 존경받을 수 있는 원천이 된다. 교원에게 이러한 윤리성과 전문성은 의무적인 측면이라고 할 수 있으며, 자율성은 권리 측면이라고 할 수 있다. 윤리성이 확립되지 못하고, 전문성이 부족한 교사는 결코 교육지도자로서의 권위를 인정받을 수 없다. 교원은 모름지기 윤리성과 전문성을 다른 이들로부터 인정받을 때 비로소 권위를 인정받을 수 있으며, 이러한 면이 담보되지 않은 교권은 인정받기 어렵다는 의미이다. 교육자로서의 자율성 또한 윤리성과 전문성이 갖추어질 때 권위를 보장받을 수 있으며, 교직윤리성, 교직전문성, 교직자율성이 모두 갖추어질 때 비로소 진정한 교권이 확립될 수 있는 것이다.

교사의 교권에 미치는 요인에는 이외에도 학생들이 교사의 권위를 인정하고 그것을 권위로 받아들이는 태도인 심리적 경향성을 들 수 있다. 권위란 그것을 받아들이는 측에서 인정하고 수락하는 경우에만 성립되기 때문이다. 결국, 교사의 권위는 교사 자신의 내적인 능력과 자질에 기인하는 내적 권위와 법적·제도적·정책적 제 조건에 의해서 크게 영향을 받는 외적 권위, 그리고 교사 자신의 윤리성 및 학생들의 심리적 경향성과 상호 연관되어 있으므로 어느 한 가지라도 결함이 있으면 그것은 치명적인 타격을 받게 되어 권위의 실추를 초래할 수밖에 없다(강기수, 김희규, 2012: 70-71). 그러므로 교사의 권위가 존중받기 위해서는 교사 자신의 내적 성찰과 부단한 연찬을 통한 윤리성 확립과 전문성 신장이 선행되어야 하며, 국가·사회적으로 법적·제도적 장치를 확보하고, 교원을 존중하고 따르는 분위기가 조성되어야 할 것이다.

(3) 교권 관련법 운용현황

앞에서 교권에 대하여 살펴보았으나, 일반적으로는 교사의 권위를 '교권'이라고 부른다. 교권에 관한 법률적 근거는 「교육공무원법」 제43조(교권의 존중과 신분보장) ①에 "교권은 존중되어야 하며, 교원은 그 전문적 지위나 신분에 영향을 미치는 부당한 간섭을 받지 아니한다." ②에 "교육공무원은 형의 선고나 징계처분 또는 이 법에서 정하는 사유에 의하지 아니하고는 그 의사에 반하여 강임·휴직 또는 면직을 당하지 아니한다." 또한 같은 법 제48조(교원의 불체포특권)에 "교원은 현행범인인 경우를 제외하고는 소속 학교의 장의 동의 없이 학원 안에서 체포되지 아니한다." 라고 하여 신분보장에 관한 내용을 명시하고 있다.

고등학교 이하 각급학교 교원의 교육활동 보호에 관한 시책을 수립하고 교원의 교육활동과 관련한 분쟁을 조정하고 심의하기 위하여 시·도교육청에 교권보호위원회를 두고 있다(「교원의 지위 향상 및 교육활동 보호를 위한 특별법」 제19조).

교육과학기술부는 2012년 8월에 교권 침해 학생·학부모에 대한 특별교육 및 가중처벌, 피해 교원에 대한 상담·치료 및 우선 전보 도입, 교권 침해 은폐 처벌, 시·도교권보호위원회 설치 등을 주요 내용으로 하는 「교권 보호 종합대책」을 발표하였다. 이는 적극적인 교권 침해 예방 및 엄정한 대응, 피해 교원의 적극적인 치유 지원 등을 통해 교사의 정당한 교육활동을 보호하고, 학생의 학습권을 보장하기 위한 것이다.

이후 2013년 1월에 「교원예우에 관한 규정」이 만들어져 전국의 시·도교육청에 교권보호위원회가 설치·운영되고 교육감은 교원의 교육활동을 보호하는 시책을 세워 교권 침해를 포함해 교육활동과 관련한 다양한 분쟁을 학교나 교육청 차원에서 실질적으로 조정할 수 있게 되었다(정주영, 2013: 34).

나아가 2016년 2월에 「교원의 지위 향상 및 교육활동 보호를 위한 특별법」이 만들어져 교원에 대한 예우와 처우를 개선하고, 신분보장과 교육활동에 대한 보호를 강화함으로써 교원의 지위를 향상하고 교육발전을 도모할 수 있게 되었다.

(4) 교권 확립 방안

오늘날 우리 교육계에서 흔들리는 교권에 대한 걱정의 목소리가 높다. 우리 사회에서 교직이 존중받지 못하고 교사의 권위가 인정받지 못한다면 미래사회를 주도할 창의적이고 자율적인 인재 육성을 목표로 하는 교육이 제자리를 찾기 어려울 것이다. 따라서 교권 확립은 다음과 같은 방향으로 이루어져야 한다.

첫째, 교직전문성을 신장하여야 한다. 교사에게 수업전문성은 교직수행에서 생명과 같은 것이다. 전문성 신장을 위한 교원의 연구와 연수활동은 선택이 아닌 의무사항이며, 높은 교직전문성 확보를 통하여 비로소 교직이 전문직임을 주장할 수 있고, 교원의 권위가 확보될 수 있다.

둘째, 교원들은 교원윤리강령을 준수하여야 한다. 교직이 전문직임은 윤리강령의 선언과 실천이 있기 때문이다. 교직자의 사소한 법규위반에도 사회의 큰 손가락질이 따르는 것은 교직이 지녀야 할 높은 도덕성과 윤리성 때문이다. 학생들은 교과 이전에 먼저 교사를 배운다. 교사가 학생의 본보기가 될 때 비로소 수업이 받아들여질 수 있다.

셋째, 교사와 학생, 교원과 학부모 간 신뢰가 구축되어야 한다. 모든 조직이 잘 되려면 조직구성원 간의 신뢰가 담보되어야 한다. 교육수요자인 학생과 학부모의 학교와 교사에 대한 신뢰는 필수적이다. 우리 사회의 '자녀 안심하고 학교 보내기 운동'이라는 표어가 생긴 것도 어쩌면 양자 간 신뢰가 부족하기 때문일 것이다. 교원으로서도 평소 학생과 학부모로부터 신뢰를 얻을 수 있는 책임 있는 언행과 수업과 직무에서의 높은 책무감을 지녀야 할 것이다.

넷째, 학교구성원의 학교와 교원에 대한 인식 개선이 필요하다. 최근 들어 학교에서 학생의 인권은 존중되고, 교사의 인권은 간 곳이 없다고 말한다. 학생과 학부모들로부터 학교가 인정받지 못하고 교사가 존중받지 못하는 사회에서 공교육은 설 자리가 없다. 자기 자식만 소중히 여기고, 자녀의 교육을 맡은 교사를 단지 지식 제공자로만 여겨서는 안 된다. 오늘날 우리 교육계가 존중받는 학교, 존경받는 교원, 사랑과 인정받는 학생의 신뢰 풍토 속에서 학부모를 포함한 사회의 시각이 교직자를 존경과 선망의 대상으로 바라볼 때 비로소 공교육은 제자리를 찾을 수 있을 것이다.

3. 교원의 권리

교원의 권리는 「헌법」 「교육기본법」 「유아교육법」 「초·중등교육법」 「고등교육법」 「국가공무원법」 「교육공무원법」 「사립학교법」 「교원의 지위 향상 및 교육활동 보호를 위한 특별법」에 근거하고 있다. 교원의 권리에는 적극적 권리와 소극적 권리가 있다. 적극적 권리는 해당 권리를 실현할 권리이며, 소극적 권리는 타인이 자신의 권리를 침해하지 않을 것을 요구할 권리이다.

1) 적극적 권리

적극적 권리는 권리실현을 주장할 수 있는 권리로 교육활동과 밀접한 연관성이 있다. 여기에는 교육자율권, 생활보장권, 근무여건 개선에 대한 권리 등이 있다.

(1) 교육자율권
교육자율권은 곧 교원으로서 교육할 권리를 뜻하며, 교육자유권, 교육자주권이라고도 한다. 교육자율권과 관련하여 「헌법」 제31조 ④에는 "교육의 자주성·전문성·정치적 중립성 및 대학의 자율성은 법률이 정하는 바에 의하여 보장된다."라고 규정되어 있다. 또한 「초·중등교육법」 제20조(교직원의 임무) ④에 "교사는 법령이 정하는 바에 따라 학생을 교육한다."라고 규정하고 있다. 교직이 지니는 중요한 특성이 바로 업무수행에 자율성과 창의성을 가지는 것이다. 이에 따라 교원의 자율성 보장은 교원의 가장 기본적이고도 적극적인 권리라고 할 수 있다. 이러한 교육자율권에는, ① 교육과정 결정 및 편성권, ② 교재의 선택 및 결정권, ③ 교육내용과 방법 결정권 및 수업할 권리, ④ 성적평가권, ⑤ 학생지도 및 징계권과 같은 내용을 포함한다.

그러나 이러한 교원의 자율성은 여러 측면에서 제약을 받는 것이 현실이다. 즉, 교육행정기관의 지시나 명령에 따라야 하는 경우도 있고, 학생 선택중심교육에 따라 교원의 자율성이 위축되는 측면이 있다. 상급기관의 관여나 수요자의 참여와 같은 측면도 무시할 수는 없지만 어디까지나 교육의 주체는 교사이며, 교육은 교사에 의해 이루어지므로 교원의 교육자율권이 확보되도록 제도적인 보장이 필요하다.

(2) 생활보장권

생활보장은 교원이 안정된 생활기반 위에서 가르치는 일에 몰두할 수 있는 여건을 마련해 주어야 한다는 것을 의미한다. 교원도 한 직장인으로서 안정된 생활이 보장되어야 가르치는 일에 전념할 수 있다. 생활보장권과 관련하여 「교육기본법」 제14조(교원) ①에는 "교원의 경제적·사회적 지위는 우대되고 그 신분은 보장된다." 그리고 「교육공무원법」 제34조(보수결정의 원칙) ①에는 "교육공무원의 보수는 우대되어야 한다."라고 명시되어 있다.

생활보장권 역시 적극적인 권리에 속하지만, 학생을 가르치는 처지에서 단체행동을 할 수 없음에 따라 스스로 생활보장을 강력하게 요구하기 어려운 약점을 안고 있다. 따라서 국가적으로 교원의 생활보장권에 대한 지속적이고도 적극적인 관심과 지원으로 교원들이 사기를 잃지 않고 전문직으로서의 자부심을 품고 교육활동에 전념할 수 있도록 해야 할 것이다.

(3) 근무여건 개선에 관한 권리

근무여건 개선은 교원이 전문직으로서 교육활동에 전념할 수 있도록 보장받아야 할 권리이다. 어느 직종이든 업무의 능률을 높이고 효율을 극대화하기 위해서는 근무여건의 개선은 필수적이다. 열악한 근무여건으로 인하여 미래 인재를 육성하는 교원에게 가르치는 일 이외의 업무가 부담되고 보람을 느끼지 못한다면 학생들에게 결코 우수한 교육서비스를 제공할 수 없을 것이다.

교원들의 근무여건 개선을 위한 과제로는 다음과 같은 것을 들 수 있다. 첫째, 교사가 담당하는 학급당 학생 수를 축소해야 한다. 지속적인 출산율 저하에 따른 학령인구의 감소로 인하여 이 문제는 많이 해소되었다. 그러나 일부 대도시의 인구밀집지역은 아직도 학급당 학생 수가 많은 곳이 있다. 둘째, 교사가 담당하는 주당 수업시수를 축소해야 한다. 질 높은 수업을 위해서 수업부담을 줄여야 함은 당연한 이치이다. 이 문제도 과거에 비하면 교사의 부담이 많이 줄어들었다. 셋째, 교사의 업무, 특히 수업과 관계가 적은 행정업무를 낮추어야 한다. 이 업무부담의 문제는 예나 제나 해결되지 않은 과제이다. 교육행정가와 교사가 보는 교사의 잡무에는 각자 시각차가 있을 수 있다. 교육행정가는 교직업무 중 일부를, 교사들은 수업과 학급경영이외의 대부분을 잡무로 인식하는 경향이 있다. 행정업무 경감은 현장 교사들이 수업과 연구활동에 전념할 수 있도록 하는 가장 절실한 대책으로, 교육행정기관에서는 공문서 줄이기, 전결규정 확대, 보고체계 간소화 등의 정책 실현으로 노력해 오고 있으나, 정작 교원들이 체감하는 업무 경감은 요원한 것이 현실이다.

2) 소극적 권리

소극적 권리는 주로 교원 신분상의 권리로서 법령이 정하는 사유와 절차에 의하지 않고는 교원의 신분과 지위를 박탈당하지 않을 권리이다. 이는 「교육공무원법」 제43조와 관련하여 공직자로서 교원의 안정적인 교육활동을 보장하려는 조치라 할 수 있다. 이에는 신분보장권, 쟁소제기권, 불체포특권, 교직단체활동권 등이 있다.

(1) 신분보장권

신분보장권이란 자기의 의사에 반하여 자의적(恣意的)으로 신분상의 불이익 처분을 당하지 않을 권리로 정의된다. 즉, 좁은 뜻으로는 본인의 의사에 반하여 면직, 휴직, 정직 등 신분상 불리한 처분을 당하지 않을 권리 자체를 의미하며, 넓은 뜻으로는 그 지위에 해당하는 보수, 근무조건, 후생복지, 재교육 및 연수를 통한 성장 기회 제공 등을 박탈당하지 않을 권리를 포함한다고 할 수 있다.

교원은 국가공무원으로서, 또는 사립학교 교원으로서 신분보장이 이루어져야 교단의 안정과 교육의 전문화를 달성할 수 있다. 국·공립학교 교원은 경력직 교육공무원으로서 엄격한 신분을 보장받는다. 「헌법」 제7조 ②에는 "공무원의 신분과 정치적 중립성은 법률이 정하는 바에 의하여 보장된다."라고 명시하고 있으며, 「교육기본법」 제14조(교원) ①에는 "교원의 경제적·사회적 지위는 우대되고 그 신분은 보장된다."라고 하였다.

이에 근거하여 「교원의 지위 향상 및 교육활동 보호를 위한 특별법」 제6조(교원의 신분보장 등) ①에 "교원은 형의 선고, 징계처분 또는 법률로 정하는 사유에 의하지 아니하고는 그 의사에 반하여 휴직·강임 또는 면직을 당하지 아니한다."라고 하여 의사에 반하는 신분 조치를 금하고 있다. 사립학교 교원의 경우 임무의 성격이 국·공립학교 교원과 같으므로 신분 유지에 관하여 국·공립학교 교원에 준하여 보장하고 있다. 특히 이 특별법의 대상은 국·공·사립을 구분하지 않기 때문에 동법상 부여된 교원의 신분보장권은 사학교원이라 하더라도 차이가 없다.

(2) 쟁소제기권

교육공무원은 법령위반, 직무상 의무위반, 직무태만 등으로 파면, 해임, 감봉, 견책 등의 징계를 받을 수 있다. 그러나 해당자가 합법적이지 않거나 타당하지 않은 처분을 받았을 때 재심을 청구할 수 있도록 규정하고 있다. 「교육공무원법」 제49조 (고충 처리) ①에 "교육공무원은 누구나 인사·조직·처우 등 각종 직무조건과 그 밖의 신상문제에 대하여 인사상담이나 고충의 심사를 청구할 수 있으며, 이를 이유로 불이익한 처분이나 대우를 받지 아니한다."라고 하였으며, 「교원의 지위 향상 및 교육활동 보호를 위한 특별법」 제7조(교원소청심사위원회의 설치) ①에 "각급학교 교원의 징계처분과 그 밖에 그 의사에 반하는 불리한 처분에 대한 소청심사를 하기 위하여 교육부에 교원소청심사위원회를 둔다."라고 되어 있다. 「사립학교법」에서도 교원을 징계할 때 교원징계위원회의 심의를 거치도록 하고 있으며, 징계가 이루어지면 교원의 의견 개진과 징계내용에 대한 설명서를 내주도록 하며, 징계사유에 대한 시효를 두어 실제 징계까지의 일정한 기간을 두고 있다.

(3) 불체포특권

교원은 학생들에게 스승으로 인정받고 존경받아야 할 존재이다. 비록 교원이 위법 행위를 하였더라도 교내에서 체포되는 일이 생긴다면 당사자는 물론, 학생들에게도 적지 않은 부정적 영향을 줄 수 있다. 「교육공무원법」 제48조(교원의 불체포특권)에 "교원은 현행범인인 경우를 제외하고는 소속 학교의 장의 동의 없이 학원 안에서 체포되지 아니한다."라고 되어 있다. 이는 교원 자신의 신분보장뿐만 아니라 학원의 자유와 불가침성, 나아가 학생의 학습권과 인권까지 보호하려는 데 중요한 의미가 있다고 볼 수 있다. 그러나 교원은 교육지도자로서 그리고 사회의 모범으로서 법과 도덕에 어긋나는 행동을 해서는 안 될 것이다.

(4) 교직단체활동권

전문직의 특성 중 하나가 바로 자율적이고 전문적인 자치단체의 조직과 활동에 관한 권리를 갖고 있다는 것이다. 교원은 교권을 보호받고 교직을 효과적으로 수행하기 위하여 자치적인 단체 활동을 할 권리를 갖고 있다. 「교육기본법」 제15조(교원단체) ①에 "교원은 상호 협동하여 교육의 진흥과 문화의 창달에 노력하며, 교원의 경제적·사회적 지위를 향상시키기 위하여 각 지방자치단체와 중앙에 교원단체를 조직할 수 있다."라고 규정되어 있다. 「교원의 지위에 관한 권고」에는 "교직단체는 교육 발전에 크게 이바지할 수 있는 하나의 세력으로 인정되어야 하며, 따라서 교직단체는 교육정책 결정에 관여하여여 한다."라고 밝히고 있다(가영희 외, 2010: 323: 신현석 외, 2014: 119 재인용).

현재 우리나라에는 한국교원단체총연합회와 전국교직원노동조합을 비롯한 여러 교원단체가 있다. 교원단체 간의 성격은 서로 다르고 각자가 지향하는 목표는 차이가 있지만, 회원들 간에 유대를 강화하고 복지 향상에 힘쓰며 교육목표 달성에 이바지하고자 하는 내용은 같다고 볼 수 있다.

4. 교원의 의무

「교육기본법」과 「교육공무원법」에서 가장 중요한 교원의 의무는 항상 사표(師表)가 될 품성과 자질의 향상에 힘쓰며 학문의 연찬과 교육의 원리와 방법을 탐구 · 연마하는 데에 전심전력하는 일이다. 즉, 자기 수양에 힘쓰며 교육 전문직으로서 교육의 원리와 방법을 꾸준히 연찬하여 교육활동을 전개하는 데 시대에 뒤지지 아니하도록 전력을 기울여야 한다(이종재 외, 2006: 123).

교원은 교육전문가이자 국가의 공익을 위해 봉사하는 자로서 직무수행에 따른 의무를 지닌다. 교원의 의무는 적극적 의무와 소극적 의무로 나눌 수 있다. 적극적 의무란 주어진 일을 수행하는 측면에서의 의무이며, 소극적 의무는 주로 해서는 안 될 것을 금지하는 사항에 관한 내용이다(김종철 외, 1994: 172: 이종재 외, 2006: 122 재인용).

1) 적극적 의무

교원의 적극적 의무에는 교육과 연구활동의 의무, 성실과 복종의 의무, 품위유지와 청렴의 의무, 비밀엄수의 의무 등이 있다.

⑴ 교육과 연구활동의 의무

교원의 의무 중 가장 기본적이고도 중요한 것이 바로 교육과 연구활동에 관한 의무라고 할 수 있다. 교원의 교육활동에 관한 의무는 교과교육활동과 생활지도를 아우르는 것으로, 전문가라는 지위로부터 직접 도출되는 교육자의 의무라 할 수 있다. 이는 「교육기본법」 제14조(교원) ②에 "교원은 교육자로서 갖추어야 할 품성과 자질을 향상시키기 위하여 노력하여야 한다."라고 명시하고 있는 것과 같은 맥락이다.

전문성 신장의 의무는 교원이 교육전문가로서 교육의 원리와 방법 그리고 새로운 교육내용을 자기 수양과 함께 꾸준히 연찬하여 그 직을 수행하는 데 최고의 전문성을 유지할 수 있도록 최선을 다해야 함을 말한다. 이와 관련된 것이 교원의 연수 의무이다. 「교육공무원법」 제38조(연수와 교재비) ①에도 "교육공무원은 그 직책을 수행하기 위하여 끊임없이 연구와 수양에 힘써야 한다."라고 명시하여 국 · 공립학교 교원에게 직접적인 연수 의무를 부과하고 있다.

한편, 「교육기본법」 제14조(교원) ③에 "교원은 교육자로서 지녀야 할 윤리의식을 확립하고, 이를 바탕으로 학생에게 학습윤리를 지도하고 지식을 습득하게 하며, 학생 개개인의 적성을 계발할 수 있도록 노력하여야 한다."(개정 2021. 3. 23.)라고 하였으며, ④에는 "교원은 특정한 정당이나 정파를 지지하거나 반대하기 위하여 학생을 지도하거나 선동하여서는 아니 된다."라고 규정하고 있다.

또한 1996년 ILO와 UNESCO 회의에서 채택된 「교원의 지위에 관한 권고」에서도 "교원들은 교직의 지위가 그들 자신에게 달려 있다는 점을 인식하고, 그들의 전문적인 직무수행에 있어서 가능한 최고의 수준에 이르도록 노력하여야 한다."라고 함으로써 교육전문가로서 자질을 향상하는 일이 교원의 의무임을 강조하였다(강기수, 김희규, 2012: 81). 이러한 의무는 법적 강제보다는 교원의 자율적 의무의 성격이 강하다. 그러나 교원은 교육전문가로서 책임과 소명의식을 가지고 연찬활동을 게을리하지 않아야 할 것이다.

(2) 성실과 복종의 의무

교원의 복무에 관한 사항은 다른 공무원과 마찬가지로 「국가공무원법」을 따르도록 하고 있다. 따라서 「국가공무원법」 제56조(성실 의무)의 "모든 공무원은 법령을 준수하며 성실히 직무를 수행하여야 한다."라는 규정에 교원도 예외가 될 수 없다. 성실의 의무는 국민 전체 봉사자로서 공공이익에 충실해야 하는 의무이다. 이러한 성실의 의무는 단순히 윤리적 의무로 끝나는 것이 아니고 법률상 의무로 편입된 것이다(표시열, 2000: 174). 즉, 교원이 직무상 의무를 위반하거나 직무에 태만했을 때는 성실의 의무를 불이행한 것으로 행정처분을 받을 수 있다.

또한 같은 법 제57조(복종의 의무)의 "공무원은 직무를 수행할 때 소속 상관의 직무상 명령에 복종하여야 한다."라는 규정 역시 교원에게 예외일 수 없다. 여기서 소속 상관은 신분상의 상관이라기보다는 직무상의 상관으로 해석함이 바람직하다. 직무상 명령과 복종 또한 교육활동을 위한 업무에 한한 것으로 해석된다. 즉, 교원은 자율적이고 창의적인 교육활동이 중요하므로 교육계의 상하관계는 수직적·복종적인 관계보다는 학생교육을 위한 상호 협력적인 관계로 보아야 한다(강기수, 김희규, 2012: 82).

(3) 품위 유지와 청렴의 의무

「국가공무원법」제63조(품위 유지의 의무)에 "공무원은 직무의 내외를 불문하고 그 품위가 손상되는 행위를 하여서는 아니 된다."라고 하였으며,「교육기본법」제14조 (교원) ②에 "교원은 교육자로서 갖추어야 할 품성과 자질을 향상시키기 위하여 노력하여야 한다."라고 하여 교육자로서의 인격과 품위 유지를 요구하고 있다.

품위 유지와 관련하여 청렴의 의무가 있다. 「국가공무원법」제61조(청렴의 의무) ①에는 "공무원은 직무와 관련하여 직접적이든 간접적이든 사례 · 증여 또는 향응을 주거나 받을 수 없다."라고 하였으며, ②에는 "공무원은 직무상의 관계가 있든 없든 그 소속 상관에게 증여하거나 소속 공무원으로부터 증여를 받아서는 아니 된다."라고 규정하였다. 오늘날 공무원에게 청렴은 이러한 소극적인 수뢰(受賂) 금지의 개념 외에도 직무상 친절 · 공정과 봉사라는 적극적인 개념으로까지 확대되는 추세이다.

(4) 비밀 엄수의 의무

「국가공무원법」제60조에 "공무원은 재직 중은 물론 퇴직 후에도 직무상 알게 된 비밀을 엄수하여야 한다."라고 하였다. 이는 국가와 이해 당사자들의 권익을 보호하기 위한 것이다(신현석, 이경호 외, 2014: 122). 교원이 지켜야 할 직무상 비밀은 주로 교육활동을 통해 드러나는 학생이나 학부모 개인의 신상이나 성적, 가정환경 등에 관한 것들로 학생과 학부모의 인권보호라는 측면에서 지켜져야 할 사항이다.

2) 소극적 의무

교원의 소극적 의무에는 직장 이탈 금지, 정치활동금지, 집단행위제한, 영리업무 및 겸직금지 등이 있다. 이러한 금지에 관한 의무는 교원이 교육활동에 전념해야 한다는 것을 의미한다.

(1) 직장 이탈 금지

「국가공무원법」제58조(직장 이탈 금지) ①에는 "공무원은 소속 상관의 허가 또는 정당한 사유가 없으면 직장을 이탈하지 못한다."라고 규정하였다. 여기서 직장이란

4. 교원의 의무　**99**

학교 외에도 직무상 직접 관계된 모든 공간을 포함하는 개념이다. 또한 근무시간은 일상의 근무시간 외라 하더라도 「국가공무원 복무규정」에 근거한 근무명령이 있는 경우도 포함한다.

(2) 정치활동 금지

「국가공무원법」 제65조(정치 운동의 금지) ①과 ②에는 "공무원은 정당이나 그 밖의 정치단체의 결성에 관여하거나 이에 가입할 수 없다." "공무원은 선거에서 특정 정당 또는 특정인을 지지 또는 반대하기 위한 다음의 행위를 하여서는 아니 된다." 라고 규정하여 공무원의 정치활동을 금하고 있다. 교원이 정치활동을 하거나 이에 관여하게 되면 「헌법」에 명시된 교육의 정치적 중립성 확보가 어려워진다. 또한 학생교육에 정치적 편향성이 생길 수 있으므로 초 · 중등교원의 정치활동 금지 의무는 필요하다.

(3) 집단 행위 제한

「국가공무원법」 제66조(집단 행위의 금지) ①에는 "공무원은 노동운동이나 그 밖에 공무 외의 일을 위한 집단 행위를 하여서는 아니 된다. 다만, 사실상 노무에 종사하는 공무원은 예외로 한다."라고 되어 있다. 공무원은 공공의 이익을 위하여 봉사하는 자이다. 더구나 교원이 집단 행위를 통하여 자신의 요구를 관철하려 한다면 직무에 공백이 생길 수밖에 없을 것이고, 그 피해는 고스란히 학생들에게 돌아갈 것이다. 교원노동조합 활동도 단체결성권과 단체교섭권은 인정하고 있지만, 단체행동권은 인정하지 않고 있다. 그러므로 교원의 집단 행위 제한은 학생과 학부모의 교육받을 권리인 학습권을 보호하고 교원이 교육활동에 전념하도록 하려는 조치라 볼 수 있다.

(4) 영리 업무와 겸직 금지

「국가공무원법」 제64조(영리 업무 및 겸직 금지) ①에는 "공무원은 공무 외에 영리를 목적으로 하는 업무에 종사하지 못하며, 소속 기관장의 허가 없이 다른 직무를 겸할 수 없다."라고 명시되어 있다. 모름지기 사람이란 동시에 두 가지 이상의 일에 몰두하기 어려운 법이다. 교원이 영리 업무에 종사하면 그것이 직무와 관련되는 것이든 아니든 시간적 · 정신적으로 교육활동에 전념할 수 없게 된다. 또한 영리 업무 종사로 교원으로서의 품위 유지나 청렴 의무를 위반할 가능성도 커질 것이다. 공무원은 영리 업무에 종사할 수 없을 뿐만 아니라 비영리적인 타 업무를 겸직하는 데도 제약이 따른다. 여기서 비영리 업무란 영리를 목적으로 하지 않는 계속성이 있는 업무를 말한다. 교육공무원이 겸직하려면 소속 기관장의 허가를 받아야 한다.

연구 및 토의 문제

1. 교원이라는 신분이 갖는 법적 지위와 사회적 인식과 차이는 어떠하며, 교원이 일반 공무원과 구분되는 특수성이 무엇인지 토의해 보자.

2. 교권의 개념을 넓은 의미와 좁은 의미로 나누어 살펴보고, 바람직한 교사의 권위는 어떻게 발휘되어야 하는지 발표해 보자.

3. 교사의 권리와 의무를 적극적인 것과 소극적인 것으로 나누어 살펴보고, 교사가 왜 그러한 권리와 의무를 지녀야 하는지 설명해 보자.

참고문헌

가영희, 성낙돈, 안병환(2010). 교육학개론. 서울: 동문사.

강기수, 김희규(2012). 최신교사론. 서울: 동문사.

권영성(2012). 헌법학원론. 서울: 법문사.

김종철, 김종서, 서정화, 정우현, 정재철, 김선양(1994). 최신교사론. 서울: 교육과학사.

노기호(2004). 교육의 정치적 중립성과 초 · 중등교원의 정치적 권리의 제한. 인권과 정의, 대한변호사협회.

노순일(2013). 공무원과 교사의 정치적 기본권에 관한 연구. 건국대학교 대학원 박사학위논문.

서정화, 박세훈, 박영숙, 전제상, 조동섭, 황준성(2011). 교육인사행정론. 경기: 교육과학사.

신현석, 이경호, 가신현, 김병모, 김재덕, 김희규, 박균열(2014). 교직실무. 서울: 학지사.

이윤식, 김병찬, 김정휘, 박남기, 박영숙, 송광용, 이성은, 전제상, 정명수, 정일환, 조동섭, 진동섭, 최상근, 허병기(2009). 교직과 교사. 서울: 학지사.

이종재, 정태범, 권상혁, 노종희, 정진환, 정영수, 서정화, 이군현(2006). 교사론. 한국교원단체
　　총연합회 편. 경기: 교육과학사.

정우현(1987). 교육학개론: 교육의 본질과 과제. 서울: 박영사.

정주영(2013). 이론과 실제가 함께 담긴 교직실무. 서울: 학지사.

표시열(2000). 교육정책과 법. 서울: 박영사.

Weber, M. (1947). *The theory of social and Organization*. translated by H. H. Gerth and C.
　　W. Mills. NY: Oxford University Press.

법제처 국가법률정보센터 https://www.law.go.kr/LSW/main.html

제4장

교직윤리와 직무갈등

학습개요 ● ● ●

1. 교직윤리의 의미와 중요함을 알고, 교직자에게 교직윤리가 왜 필요한지 말할 수 있다.

2. 교직윤리의 내용에는 어떤 것이 있는지 법규적인 측면에서 알아보고, 교직윤리의 영역을 각 학교구성원별로 파악해 본다.

3. 직무갈등이란 무엇인지 알아보고, 교직에서 생기는 직무갈등과 이를 극복하고 조정하는 방안을 찾아본다.

1. 윤리의 개념

1) 윤리

'윤리(ethics)'란 일반적으로 "인간 행동의 옳고 그름에 대한 표준규범"을 말하는 것으로, 공동체생활을 하는 사람들이 무엇을, 어떤 기준에 의해 행할 것인가에 대한 원리의 체계화 및 준거를 의미한다(이종재 외, 2006: 185). 이러한 표준규범은 지켜야 할 대상자가 누구인가에 따라서 국민 대다수라면 국민윤리, 행정가라면 행정윤리, 교직자라면 교직윤리가 될 것이다.

윤리는 인간이 다른 사람과의 관계 속에서 삶을 영위하기 위하여 개인으로서나 집단으로서 지켜 나가야 할 것으로 기대되는 사회적 규범이다. 따라서 교직윤리란 교직자가 직무수행과 관련하여 스스로 지켜야 할 것으로 기대되는 사회적 규범을 의미한다. 그러므로 교직윤리는 비록 강제적인 법률적 성격을 갖지는 않지만, 교사가 교육활동을 수행하면서 사표로서 마땅히 지키고 실천해야 할 행동규범 또는 도덕적 의무이다(강기수, 김희규, 2012: 144).

윤리에는 '절대적 윤리'와 '상대적 윤리'가 있다. '절대적 윤리'는 윤리의 원리를 불변의 원천적 규범으로 보고 시간과 장소, 시대와 상황을 초월하여 보편·타당한 관점을 말한다. '상대적 윤리'는 인간생활의 규범인 윤리를 선험적으로 주어진 것으로 보는 견해가 아니라 인간의 사회생활 속에서 만들어진 역사적 산물로 보는 관점이다. 즉, 사회제도가 사상·감정·관습에 의해 결정되듯이 윤리도 인간이 지켜야 한다는 당위성 때문이라기보다는 교육·관습·제도·법률의 산물로 보는 견해이다. 그러므로 윤리란 인간이 주체가 되어 인간 욕구에 대한 질서를 파악하고 갈등을 해소하여 '인간화' '공동체화'를 지향하는 역사적 산물로서의 사회규범이라고 정의할 수 있다(이종재 외, 2006: 187).

이처럼 윤리란 다른 사람과 더불어 살아가는 사회에서 지켜야 할 인간으로 해야 할 도리라 할 수 있다. 윤리는 곧 사회적 규범으로 연결되며, 이에 따라 스스로 혹은 타의에 의한 행동의 제약을 줄 수 있다. 윤리에는 반드시 실천해야 하는 두 가지 의무가 있다. 먼저 소극적인 개념으로, 남에게 해를 끼치는 일을 하지 않아야 한다는 것이다. 이는 윤리 이전에 도덕적인 성격으로서 의무라고 할 수 있다. 다음은 적극적인 개념으로, 남에게 이롭고 의로운 일을 해야 한다는 것이다. 특히 직무와 관련하여 옳은 일, 정직한 일, 남을 위한 일을 행하여야 한다는 이러한 윤리적인 의식은 직무수행자에게 직무동기를 부여하고 직무책무성을 높여 주며, 직무수행을 통한 자아실현의 기반이 되기도 한다.

2) 도덕

'도덕(morality)'은 인류의 대도(大道)이며, 인간으로서 마땅히 지켜야 할 도리와 그에 따른 행위로, 선하고 바른 일을 행하며, 악하고 부정한 일을 하지 않는 표준이 된다. 윤리와 유사개념인 도덕은 인간행동의 옳고 그름에 대한 표준 또는 규범을 의미하는 점에서는 윤리와 대체할 수 있는 개념으로 사용되어 오고 있으나, 엄밀한 의미에서는 차이가 있다. '도덕'은 주로 개인성(덕행, 품행, 풍기 등), 구체성(이웃 봉사, 헌신), 사실성(타인 존중)을 띠나, '윤리'는 추상성(선험적), 이론성(실천이성 법칙), 집단성(직업, 전문성)을 띤다. 이런 면에서 인간은 도덕적으로 되기보다 윤리적으로 되기가 더 어렵다고 한다(이종재 외, 2006: 187).

윤리와 도덕은 엄밀한 의미에서 구분되기도 하지만, 일반적으로는 같은 의미로 사용되기도 한다. 어원학적으로 윤리와 도덕은 그리스어의 'ethos'에서 유래한 'ethics'와 라틴어 'mores'에 기원을 갖는 'moral'과 같은 의미로 '풍속' '관례' '관습'에서 유래한 말이다. 그러므로 '윤리적 행동'과 '도덕적 행동'이란 풍속 또는 관습, 관례

표 4-1 도덕과 윤리의 차이

구분	의미	개념	차원
도덕	• 양심에 비추어 옳지 않은 일을 하지 않는 것 • 사회의 규범이나 규칙을 일방적으로 전달하거나 습관화하는 것	• 소극적 · 종속적 개념 • 하위개념	사회 및 국가
윤리	• 이성적인 판단에 따라 옳은 일을 행하는 것으로, 도덕보다 한 차원 우위의 개념 • 규범이나 규칙을 학습자의 반성과 자각을 통해서 내면화하는 것	• 적극적 · 주체적 개념 • 상위개념	개인 및 조직(단체)

에 따른 행동을 의미한다(한국사회연구소, 1990: 422: 강기수, 김희규, 2012: 143 재인용).

윤리와 도덕을 하나의 학문적 연구주제로서 확립한 아리스토텔레스(Aristoteles)는 도덕 또는 윤리에 대한 반성적·이론적·철학적 탐구를 '윤리학(ethics)'이라는 규범적 체계를 지닌 학문으로 정립하였다. 실제 교직윤리를 논함에 있어서 윤리와 도덕의 개념을 구분하기가 쉽지 않고, 구분이 큰 의미가 없다. 황영준과 정창호(2014: 12)도 윤리와 도덕을 하나의 같은 사태를 표현하는 두 가지 서로 다른 표현으로 간주하고, 이 둘을 구분하지 않고 서로 대체될 수 있는 용어로 사용하였다.

2. 교직윤리의 의미

1) 교직윤리의 개념

앞서 보았듯이 윤리란 '인간이 사회생활 속에서 마땅히 행하거나 지켜야 할 도리 또는 행동규범'으로 파악한다. 따라서 교직윤리란 '교원이 학습자를 위한 교육봉사자로서 마땅히 행하거나 지켜야 할 법적·도덕적 행동규범 및 공식적·비공식적 행동규범'으로 정의한다.

이러한 교직윤리의 개념을 구체적으로 이해하면 다음과 같다(신현석 외, 2014: 45-46).

첫째, 교직윤리는 학습자를 위한 교육봉사자로서의 윤리라고 할 수 있다. 즉, 개인·가족·교원집단의 이익보다 학습자의 이익, 학생과 학부모, 일반 국민의 교육적 이익을 위해 봉사하는 윤리이다.

둘째, 교직윤리는 교육공무원으로서 공직윤리 성격을 띤다. 국·공립학교 교원과 신분상 차이가 없는 사립학교 교원도 마찬가지이다.

셋째, 교직윤리는 최고의 교육적 가치 실현이라는 적극적인 측면과 최소규범의 준수라는 소극적인 측면을 함께 포함한다. 따라서 교육실천에서 추구해야 할 적극적인 지향점이자 교원의 교직생활 모든 과정에서 지켜야 할 구체적인 행동지침이라고 할 수 있다.

넷째, 교직윤리는 교원이 지켜야 할 비공식적인 도덕규범만이 아니라 공식적인 법규범까지도 포함한다. 즉, 교원이 마땅히 지켜야 할 비공식적 도덕규범을 비롯하여 구체적으로 법령에 규정된 공식규범을 모두 포함하는 포괄적인 개념이다.

결국, 교직윤리에서 '윤리적'이란 도덕적으로 '옳은 것'이어야 하며, 이를 교직자가 마땅히 실천해야 하는 함을 뜻한다. 교직자의 행동과 판단은 직무와 관계없이 자율적인 의지로 이루어지지만, 실천에 있어 상당한 윤리적 책임이 따르기에 신중함이 요구된다.

2) 교직윤리의 성격

교육봉사자로서 교원에게 요구되는 교직윤리는 다음과 같은 성격을 지닌다. ① 교직윤리는 교사가 교직활동을 수행하면서 지켜야 할 법령에 규정된 공식적 규율일 뿐만 아니라 이외의 것들을 포함하는 비공식적 실천규범이 된다. ② 교직윤리는 교사가 교직활동을 수행하면서 지켜야 할 모든 행동의 기본지침이 된다. ③ 교직윤리는 교사의 행동을 통하여 공교육에 대한 인식을 정립하고, 교육의 질을 높이는 출발점이 된다. ④ 교직윤리의 확립은 교사의 교육활동을 통하여 공교육의 보편성을 확보하고 수월성을 높이기 위한 지향점이 된다. ⑤ 교직윤리는 교사의 교권을 확보하기 위한 기본 바탕이 된다.

신현석과 이경호 등(2014: 49)은 교직윤리의 특성을 다음과 같이 들고 있다.

첫째, 교직윤리는 개인 차원의 윤리이자 공직윤리의 성격을 지닌다. 즉, 교사가 한 인간으로서 '사회생활 속에서 마땅히 지켜야 할 도리 또는 행동규범'을 포함하며, 그에 그치지 않고 공직윤리라는 성격을 함께 지닌다.

둘째, 교직윤리는 법적 · 도덕적 행동규범 및 공식적 · 비공식적 행동규범을 포함한다. 비공식적 행동규범은 공식적으로 법제화되지 않고 자율적으로 지켜야 할 실천윤리를 의미한다.

셋째, 교직윤리는 최고의 교육적 가치 실현과 최소규범 준수라는 양 측면을 함께 지니고 있다. 최소규범 준수는 교직윤리의 최저 · 최소 · 기본 요건이고, 최고의 교육적 가치 실현은 교직윤리의 최고 · 최대 · 완성 수준이라고 할 수 있다.

넷째, 교직윤리는 모든 교육활동과 관련되기 때문에 어느 분야의 직업윤리보다 올바르게 실현되었을 때의 긍정적 효과가 매우 크고, 교직윤리가 무너졌을 때의 부정적 효과도 매우 크다.

다섯째, 교직윤리는 교원의 교육활동을 가능하게 하고, 이를 유지하게 하는 기초가 되며, 교육과 학습의 질과 효과를 좌우한다.

여섯째, 교직윤리는 교육과 연관되는 모든 인간관계, 즉 교원과 학생, 교원과 교원, 교원과 학부모 · 지역사회와의 관계에서 모두 요구되고 적용되는 윤리이다.

일곱째, 교직윤리는 일반 공무원의 윤리보다 높은 차원의 윤리수준과 윤리적 실천을 요구한다. 교원들은 미성숙자인 학생들을 대상으로 교육활동을 하기 때문이다.

여덟째, 교직윤리는 윤리규범 문제에 그치는 것이 아니라 여타 교육정책 · 교육제도와 유기적으로 연계되어 형성되고 유지되며 변화한다.

교직은 개인의 일생은 물론, 국가와 사회의 미래에 중대한 영향을 미치는 시민의 도덕적 품성과 자질을 형성하는 전문직이다. 따라서 교직은 다른 어떤 직종보다도 높은 도덕관과 표준적 윤리관을 소유하고 있어야 하며, 교사에게는 내적 · 심리적 · 잠재적 동기와 자발적 · 능동적 규율이 중요하다(이종재 외, 2006: 190).

교원의 실천 행동과 교직윤리와의 관계를 살펴보면 다음 〈표 4-2〉와 같다(황영준, 정창호, 2014: 124).

표 4-2   교원의 실천 행동과 교직윤리

지도 영역	교원의 실천 행동	교직윤리의 내용
학생지도	• 지도내용의 선정	• 지도내용의 객관성
	• 실제 지도의 과정	• 최선의 방법 적용, 성실한 지도
	• 평가의 관계	• 공정성, 객관성, 합리성
인간관계	• 학생과의 관계	• 교육애, 인간존중, 정확한 이해
	• 동료와의 관계	• 상호 존중, 상호 신뢰
	• 지역사회와의 관계	• 교육홍보 및 의견 수렴
공직생활	• 전문성 관리	• 연구, 근면, 성실
	• 준법생활	• 질서 존중, 솔선수범
	• 공공생활	• 청렴, 봉사, 중립성

3) 교직윤리의 필요성과 중요성

교원의 행동은 한편으로는 교육의 궁극적인 목표인 학습자의 올바르고 효과적인 학습이라는 교육적 가치 실현을 추구하도록 지원·격려·조장·촉진되어야 하며, 다른 한편으로는 교원으로서 최소한으로 지켜야 할 규범을 벗어나지 않도록 관리·통제되어야 한다. 전자는 '……을 해야 한다'는 바람직한 교육적 가치를 적극적으로 추구하는 접근이며, 후자는 '……을 해서는 안 된다'는 부정적 측면을 회피·금지하는 접근방법이다(신현석 외, 2014: 44).

교원에게 교육적 가치 실현은 적극적인 교직윤리의 실천이지만 비공식적이고 강제성이 없으며, 너무나 추상적이고 막연하다. 따라서 교원의 구체적인 행동지침으로서 실효성이 부족하다. 반면에 교원으로서 기본적으로 지켜야 할 규범은 소극적·방어적 규범이자 구체적인 강제적·배타적 규범이라는 특징을 지닌다. 즉, 교직의 기강을 지키기 위하여 일탈자를 강제로 교직에서 배제하는 공식적 수단이다.

국가 전체의 교육력 신장과 교육의 질 향상, 나아가 학습의 질과 효과를 높이기 위해서는 두 접근방법이 모두 필요하다. 교원의 교육실천이 최소규범 준수를 넘어서 최고의 교육적 가치 실현을 향하도록 유도해야 한다. 이렇게 두 접근방법이 적절하게 균형을 이루며 실현될 때 교직윤리가 실현되며, 동시에 교육·학습의 질 향상도 가능해진다(신현석 외, 2014: 44-45).

이에 따라 교사에게 교직윤리가 필요한 이유는 다음과 같다.

첫째, 교직윤리는 교육활동을 수행하는 교사가 지켜야 할 공식적·비공식적 규범이다. 교직활동에 대한 포괄적 지침이 되고, 교육의 질과 교육의 수월성을 높이는 교사행동의 지향점이 되기 때문이다.

둘째, 교육활동의 수혜자는 학생이다. 교직은 학생의 바람직한 인간형성을 목적으로 하는 일이며, 국가와 사회의 장래를 좌우하는 국민의 삶의 질을 높일 수 있기 때문이다.

셋째, 전문직의 직무수행에 직업윤리 규정은 필수적이다. 교직자가 윤리성을 상실하면 공교육의 가치는 사라진다.

넷째, 지도자의 권위는 도덕과 윤리를 담보로 한다. 교직윤리가 확립되어야 교권이 확립되고, 교권이 확립되어야 교육력이 향상되기 때문이다.

다섯째, 학생들은 교과보다 교사를 먼저 배우며, 교사는 학문 이전에 인격을 가르친다. 학생의 건전한 인성의 성장과 바람직한 발달을 도모하기 위해서다.

여섯째, 물질주의 풍조에서 벗어나 참다운 인간성을 회복하고 배려와 양보, 사랑과 신뢰 속에서 풍요로운 인간교육을 실현하기 위함이다.

곽영우 등(1997)은 교직윤리의 필요성을 다음과 같이 설명하고 있다. ① 교사가 하는 일은 인간을 인간답게 만드는 것이기 때문이다. ② 인간을 만드는 교사의 숭고한 직무는 전문직이므로 윤리강령을 가져야 한다. ③ 교사는 확고한 교육력을 갖추어야 하고, 이에 가장 큰 영향을 주는 것은 교사의 권위이며, 교사의 권위는 그의 고매한 윤리성에 있다. ④ 학생의 건전한 성장과 바람직한 발달을 도모하기 위해 교사의 애정과 높은 윤리성은 필수요소다. ⑤ 현대사회의 도덕적 · 정신적 · 윤리적 가치를 높이고 정신적 풍요를 가져다줄 인간교육을 실현하는 데 필요하다.

이러한 이론에 따라 교직윤리가 중요한 이유는 다음과 같다.

첫째, 학교조직은 교육수요자의 요구에 따른 공익을 위해 존재하며, 조직의 수혜자가 학생들인 봉사조직이다. 따라서 교육활동은 교원 개인이나 집단의 이익을 위한 활동이 아니라 학생과 학부모의 이익과, 나아가 일반 국민의 교육적 이익에 봉사하는 활동이기 때문이다.

둘째, 교육활동은 마땅히 바른 것, 옳은 것을 가르치고 배우는 도덕적 · 가치지향적인 활동이고, 나아가 교육을 통해 사회와 국가 전체의 도덕적 기초를 형성하기 때문이다.

셋째, 교육활동은 전적으로 교사의 언행으로 시작되고 마무리된다. 따라서 효과적인 학습의 결실을 맺고 우수한 교육의 질을 확보하기 위해서는 교직윤리가 매우 중요하다.

넷째, 교육활동은 교원이 그들의 직무수행을 통하여 교육자로서의 자아실현과 행복을 추구하는 데 가장 가치 있고 중요한 수단이기 때문이다.

다섯째, 교육활동은 창의적이고 자율적인 활동으로 직무를 수행하는 교원의 자율권과 재량권을 갖기 때문이다.

여섯째, 학교조직은 느슨한 결합조직의 성격을 갖고 있으므로 조직원 각자의 독자성과 독립성을 유지하면서 자율성과 재량권을 발휘할 수 있는 조직이기 때문이다.

일곱째, 교직윤리는 교육조직의 청렴도를 높여 학생과 학부모의 존경과 신뢰를 회복하기 위한 최소요건이 되기 때문이다.

4) 교직윤리의 엄중함

교직윤리가 중요한 이유는 무엇보다도 교직이 수행하는 핵심적인 일인 학생교육이 잘못되었을 때 초래되는 결과가 갖는 심각성에 연유된다고 볼 수 있다. 교직윤리란 결국 교육을 담당하는 사람들이 지켜야 할 행위의 규범인데, 그것이 지켜지지 않으면 그들이 수행하는 일에 오류 혹은 부실이 초래될 것이고, 그런 오류와 부실이 갖는 심각성이 남다르기에 그들의 행위규범인 교직윤리가 엄중한 것으로 받아들여질 수밖에 없다는 것이다(이윤식 외, 2009: 362).

교사가 교육적 권리인 교육권을 가지듯이 학생은 학습권을 갖는다. 이러한 권리에 따라 각자의 소질과 능력을 바탕으로 바람직한 민주시민으로서의 성장을 해 나가는 것이다. 공교육은 국가 차원에서 계획되고 시작되어 학교 단위에서 열매를 맺는 공공적 사업이다. 따라서 교육권의 집행은 지속적이고 체계적이며 집단으로 이루어진다. 만일 교육공급자의 잘못으로 교육의 오류가 생긴다면 이는 학생의 건전한 인간적 성장에 지장을 주는 방해 행위가 되는 것이다. 공교육의 교육목표와 교육내용은 우리 교육의 중요한 표준이며, 교사의 언행은 학생들의 본보기가 되기 때문에 학교교육의 내용과 교사의 가르침은 학생들에게 직접적이고 절대적인 영향을 준다. 따라서 교육의 오류로 자라나는 학생들에게 잘못된 가치관을 심어 주는 심각한 문제가 생길 수도 있다.

교직윤리의 부실에 의한 교육의 잘못은 다른 일에 비하여 방지하기도 어렵거니와 어떻게 잘못되었는지 확인하기도 어렵다. 또한 잘못이 발생하였을 때 이에 대한 교정과 치유 · 보상도 어렵다. 잘못된 교육에 관한 확인과 방지가 어려운 것은 교육활동의 성격상 자율성 · 독립성 · 전문성 때문이며, 교육이 기본적으로 정신, 마음, 정서 등 주로 인간의 내면에 작용하기 때문이다. 학교조직은 코헨(Cohen) 등이 말한 '조직화한 무질서 조직'의 특성을 갖는다. 이에 따라 교육은 그 결과가 단기적으로 드러나기 어려워 가시적으로 명료하지 않고 측정하기도 어렵다. 이런 이유로 잘못된 교육은 교사 자신도 모르는 가운데 행해지고, 학생들이 그 피해를 볼 수 있다. 더구나 제삼자에 의해서는 그것을 확인하는 것이 더욱더 어려워진다. 나아가 잘못된 교육의 피해는 그

치유와 보상이 매우 어려우며, 그릇된 지식, 마음의 상처, 학습결손 등은 쉽게 치유되거나 보상될 수 없다. 교육의 오류로 인해 인간의 내면세계에 초래된 결함과 상처는 나중에 그것을 알았다 하더라도 결코 간단하게 해결할 수 없다. 잘못된 교육은 한 개인의 삶에 상처를 남기게 되고, 이는 한평생 마음속에 남아 있을 수 있다.

결국, 교육적 오류를 범하지 않는 것이 교사의 중요한 책무이다. 따라서 교사는 자신의 언행이 잘못되었을 때, 그것을 받아들이는 학생들에게 초래되는 결과가 얼마나 심각한 것인지를 깊이 인식하고 말과 행동을 올바르게 행하도록 하는 데 끊임없이 주의를 기울여야 한다. 그러기에 교사는 그 어떤 다른 일에 종사하는 사람들보다도 윤리적인 면에 흠결이 없어야 하는 것이다.

3. 교직윤리의 내용과 영역

1) 교직윤리의 내용

(1) 「헌법」에서 본 교직윤리

「헌법」 제7조 ①에 "공무원은 국민 전체에 대한 봉사자이며, 국민에 대하여 책임을 진다."라고 규정하고 있다. 이러한 「헌법」의 규정 내용을 교직윤리에 적용하여 정리하면 다음과 같다(신현석 외, 2014: 59).

첫째, 교원은 자기 자신이나 특정인 또는 교원집단의 이익을 지양하고, 모든 학생·학부모, 국민 전체를 위한 교육·학습을 위해 공평하게 노력해야 한다.

둘째, 교원은 교원·학생·학부모와 지역사회를 포함한 학교구성원들의 다양한 견해를 존중하고 민주적 절차를 거쳐 의사결정을 해야 한다.

셋째, 교원은 교육활동에 긍지를 가지고, 학교의 교육목표와 교육적 가치를 내면화하며, 실현 과정에서 자기 능력을 최대한 발휘할 수 있도록 참여 기회가 열려 있어야 한다.

넷째, 교원은 국가 차원에서 이루어지는 공교육의 중요성을 깨닫고 모든 학생·학부모, 나아가 국민 전체를 위한 교육에 노력하여 교직수행에 관한 책무성을 강화한다.

(2) 「국가공무원법」 등에서 본 교직윤리

「국가공무원법」 제55~66조에는 복무에 관하여 선서, 성실, 복종, 직장 내 근무, 친절·공정, 비밀 엄수, 청렴, 품위 유지, 영리 업무 및 겸직 금지, 정치 운동 금지, 집단 행위 금지 등을 규정하고 있다. 이와 관련하여 「교육공무원 징계양정 등에 관한 규칙」 제2조(징계의 기준) ①에는 "「교육공무원 징계령」에 따른 교육공무원징계위원회는 징계혐의자의 비위(非違) 유형, 비위 정도 및 과실의 경중(輕重)과 혐의 당시 직급, 비위행위가 공직 내외에 미치는 영향, 평소 행실, 공적(功績), 뉘우치는 정도 또는 그 밖의 사정 등을 고려하여 징계기준에 따라 징계를 의결해야 한다."라고 되어 있다. 이 중 특히 같은 법 제4조(징계의 감경) ②에는 징계를 감경할 수 없는 경우를 다음과 같이 명시하고 있다.

1. 「국가공무원법」 제78조의2 제1항 각 호의 어느 하나 또는 「지방공무원법」 제69조의2 제1항 각 호의 어느 하나에 해당하는 비위로 징계의 대상이 된 경우

2. 「국가공무원법」 제78조의2 제1항 각 호의 어느 하나 또는 「지방공무원법」 제69조의2 제1항 각 호의 어느 하나에 해당하는 비위를 신고하지 않거나 고발하지 않은 행위

3. 시험문제를 유출하거나 학생의 성적을 조작하는 등 학생성적과 관련한 비위 및 학교생활기록부 허위사실 기재 또는 부당 정정(訂正) 등 학교생활기록부와 관련한 비위로 징계의 대상이 된 경우

4. 「교육공무원법」 제52조 각 호의 어느 하나에 해당하는 성(性) 관련 비위로 징계의 대상이 된 경우

4의2. 「도로교통법」 제44조 제1항에 따른 음주운전 또는 같은 조 제2항에 따른 음주측정에 대한 불응

5. 학생에게 신체적·정신적·정서적 폭력행위를 하여 징계의 대상이 된 경우

6. 신규채용, 특별채용, 전직(轉職), 승진, 전보(轉補) 등 인사와 관련된 비위

7. 「학교폭력예방 및 대책에 관한 법률」에 따른 학교폭력을 고의로 은폐하거나 대응하지 아니한 경우

8. 소속 기관 내의 제4호에 따른 성 관련 비위를 고의로 은폐하거나 대응하지 않아 징계의 대상이 된 경우

8의2. 제4호에 따른 성 관련 비위의 피해자에게 2차 피해(피해자 신상정보의 유출, 피해자 권리구제의 방해, 피해자에 대한 폭행·폭언, 그 밖에 피해자의 의사에 반하는 일체의 불리한 처우를 말한다. 이하 같다)를 입혀 징계의 대상이 된 경우

9. 「공직선거법」상 처벌 대상이 되는 행위로 징계의 대상이 된 경우

10. 「공직자윤리법」 제8조의2 제1항 또는 제22조에 따른 등록의무자에 대한 재산등록 및 주식의 매각·신탁과 관련한 의무 위반

11. 부작위 또는 직무태만(제12호에 따른 소극행정은 제외한다. 이하 같다)

12. 소극행정(「적극행정 운영규정」 제2조 제2호 또는 「지방공무원 적극행정 운영규정」 제2조 제3호에 따른 소극행정을 말한다. 이하 같다)

13. 「부정청탁 및 금품등 수수의 금지에 관한 법률」 제5조에 따른 부정청탁

14. 「부정청탁 및 금품등 수수의 금지에 관한 법률」 제6조에 따른 부정청탁에 따른 직무수행

(3) 교직단체의 교직윤리

각종 교직단체의 교직윤리 규범을 찾아보면 다음과 같다.

① 한국문화협회의 '사도강령'(1954. 10.)

면학수행(勉學修行), 교학시범(教學示範), 교직봉공(教職奉公)의 3장으로 구성되어 있다.

② 대한교육연합회의 '한국교원윤리강령'(1958. 9.)

학생, 가정, 사회, 교직, 교양의 5장으로 구성되어 있다.

③ 대한교육연합회의 '사도헌장' 및 '사도강령'(1982. 5.)

'한국교원윤리강령'을 대폭 개정하여 대한교육연합회 대의원회에서 채택·공포하였다. '사도헌장'은 전문과 5개 항의 본문으로 구성되어 있는데, 교사가 지켜야 할

윤리의 기본방향을 제시한 것이다. '사도강령'은 사도헌장을 보다 구체적으로 풀이한 행동강령으로, 전문과 5장(스승과 제자, 스승의 자질, 스승의 책임, 교육자와 단체, 스승과 사회)에 걸쳐 25개 항목으로 사도를 위한 실천적 지표를 선포한 것이다. 다음은 이를 요약한 내용이다.

제1장　스승과 제자

① 제자에 대한 사랑과 인격의 존중

② 차별의 배제와 공정한 지도

③ 개성의 존중과 개인적 요구에 대한 관심

④ 직업윤리의 확립과 직업지도의 강화

⑤ 이상의 실현을 위한 사제동행

제2장　스승의 자질

① 확고한 교직관 확립과 교직에 대한 긍지

② 건전한 언행과 청렴한 생활을 통한 사회적 존경의 유지

③ 단란한 가정생활과 국법의 준수

④ 학부모의 경제적 이용 금지

⑤ 자기향상을 위한 전문적 지식과 기술의 연마

제3장　스승의 책임

① 사회구성원으로서의 책임완수

② 교재의 연구 개발 수업에 전력

③ 생활지도의 철저

④ 공정한 평가와 그 활용

⑤ 정규교과 외 교육활동에의 참여

제4장　교육자와 단체

① 교직단체를 통한 처우와 근무조건의 개선

② 교권의 확립

③ 편당 · 편파적 활동에의 참가 억제

④ 교육정책에의 참여와 교직자의 여망 반영
⑤ 교직단체 및 타 직능단체와의 연대 강화

제5장 스승과 사회
① 학교와 가정의 유대 강화와 학부모의 교육에 대한 의견수렴
② 지역사회를 위한 봉사
③ 사회의 요구를 교육계획에 반영
④ 평생교육에 대한 국민의 이해와 협조 촉진
⑤ 국민의 의식개혁과 국가발전의 선도적 실천

④ 한국교원단체총연합회의 '교직윤리헌장'(2005. 5.)

'사도헌장' 및 '사도강령'을 대체하는 것으로서 새로운 시대의 교육환경과 사회적 요구를 반영한 것이다. '교직윤리헌장'은 포괄적 선언과 서문에 해당하는 '교직윤리 헌장'과 구체적 윤리조항을 밝히고 있는 '우리의 다짐'으로 구성되어 있다.

교직윤리헌장

우리는 교육이 인간의 가치와 존엄성을 높이며, 개인의 성장과 자아실현은 물론 국가와 민족의 미래에 중대한 영향을 준다는 사실을 명심하고, 국민으로부터 부여 받은 교육자의 책무를 다하기 위해 최선을 다한다.

우리는 균형 있는 지·덕·체 교육을 통하여 미래사회를 열어 갈 창조정신과 세계를 향한 진취적 기상을 길러 줌으로써 학생을 학부모의 자랑스러운 자녀요, 더불어 사는 민주사회의 주인으로 성장하게 한다.

우리는 교육자의 품성과 언행이 학생의 인격 형성을 좌우할 뿐만 아니라 사회 전반의 윤리적 지표가 된다는 사실을 깊이 인식하고, 윤리성과 전문성을 높이기 위해 노력한다. 이에 우리 모두의 의지를 모아 교직의 윤리를 밝히고, 사랑과 정직과 성실에 바탕을 둔 교육자의 길을 걷는다.

우리의 다짐

1. 나는 학생을 사랑하고 학생의 인권과 인격을 존중하며, 합리적인 절차와 방법에 따라 지도한다.
1. 나는 학생의 개성과 가치관을 존중하며, 나의 사상·종교·신념을 강요하지 않는다.
1. 나는 학생을 학업성적·성별·가정환경의 차이에 따라 차별하지 않으며, 부적응아와 약자를 세심하게 배려한다.
1. 나는 수업이 교사의 최우선 본분임을 명심하고, 질 높은 수업을 위해 부단히 연구하고 노력한다.
1. 나는 학생의 성적평가를 투명하고 엄정하게 처리하며, 각종 기록물을 정확하게 작성·관리한다.
1. 나는 교육전문가로서 확고한 교육관과 교직에 대한 긍지를 갖고, 자기 개발을 위해 노력한다.
1. 나는 교직 수행과정에서 습득한 학생과 동료 그리고 직무에 관한 정보를 악용하지 않는다.
1. 나는 학생이나 학부모로부터 사적 이익을 취하지 않으며 사교육기관이나 외부업체와 부당하게 타협하지 않는다.
1. 나는 잘못된 제도와 관행을 개선하는 데 앞장서며, 교육적 가치를 우선하는 건전한 교직문화 형성에 적극 참여한다.
1. 나는 학부모와 지역사회를 교육의 동반자로 삼아 바람직한 교육공동체 형성을 위해 함께 노력한다.

⑤ 전국교직원노동조합의 '참교육 실천강령'

전국교직원노동조합은 교육민주화운동과 전국교직원노동조합 결성의 정신을 이어받아 교육을 올바르게 세우기 위하여 2002년 5월 15일 '참교육 실천강령'을 제정하여 교사로서의 기본적인 행동지침을 제시하였다.

참교육 실천강령

1. 우리는 더불어 사는 삶을 소중히 여기는 인간상을 추구한다.
1. 우리는 민족의 자주성 확보와 평화통일을 앞당기기 위한 교육을 실천한다.
1. 우리는 민주주의의 완성과 생활화를 지향하는 교육을 실천한다.
1. 우리는 몸과 마음의 건강을 지키는 교육을 한다.
1. 우리는 양성평등교육을 실천한다.
1. 우리는 인권교육을 실천한다.
1. 우리는 노동의 가치와 노동자의 권리를 존중하는 교육을 실천한다.
1. 우리는 자연과 인간의 공생을 지향하는 교육을 실천한다.
1. 우리는 교육과정을 창조적으로 운영한다.
1. 우리는 서로 돕고 협동하는 학습의 원리를 구현한다.
1. 우리는 학생자치를 존중하고 돕는다.
1. 우리는 동료교사와 함께 연구하고 실천한다.
1. 우리는 학부모 및 지역사회와 협력한다.
1. 우리는 참교육을 가로막는 제도와 관행에 맞서 투쟁한다.

이와 더불어 전교조에서는 '교사 십계명'이라는 규범을 정하여 교사들에게 실천할 것을 요구하고 있다.

교사 십계명

1. 하루에 몇 번이든 학생들과 인사하라. 한마디의 인사가 스승과 제자 사이를 탁 트이게 만든다.
2. 학생들에게 미소를 지으라. 다정한 선생으로 호감을 줄 것이다.
3. 학생의 이름을 부르라. 이름 부르는 소리가 누구에게나 가장 감미로운 음악이다.
4. 칭찬을 아끼지 말라. 그리고 가능한 한 비판을 삼가라.
5. 친절하게 돕는 교사가 되라. 학생들과 우호적 관계를 원한다면 무엇보다도 친절하라.

6. 학생들을 성의껏 대하라. 내가 하는 모든 일을 즐거이 말하고 행동하되, 다만 신중할 것을 잊지 말라.

7. 항상 내 앞의 학생의 입장을 고려하라. 서로 입장이 다를 경우에는 일반적으로 세 편이 있음을 명심하라.

8. 학생들에게 진심으로 관심을 가지라. 내가 노력한다면 거의 누구든지 좋아할 수 있다.

9. 봉사를 머뭇거리지 말라. 교사의 삶에 있어서 가장 가치로운 것은 학생을 위한 것이다.

10. 이상의 것에 깊은 실력과 멋있는 유머와 인내, 겸손을 더하라. 그러면 교사가 후회하는 경우는 별로 없을 것이다.

2) 교직윤리의 제 측면

교직윤리의 범위는 교사 자신, 학생, 동료교사, 학부모, 학교조직, 사회로 나누어 볼 수 있다.

(1) 교사 자신에 대한 윤리

교직윤리에서 무엇보다도 교사 자신에 관한 윤리가 중요한 것은 교사가 학생의 동일시 대상인 동시에 사회의 모범이 되어야 하기 때문이다. 즉, 교육의 궁극적 목적이 사람다운 사람을 만드는 것이기 때문에 먼저 교사 자신이 인간적·인격적으로 성숙하지 않고서는 교육력이 약화할 뿐만 아니라 교육에 임하기 어렵다(강기수, 김희규, 2012: 147).

교사 자신에 대한 윤리의 내용은 다음과 같다.

첫째, 교사는 학생의 거울이 되고 국민의 사표가 되며 교육자로서 책임을 다해야 한다.

둘째, 교사는 교육에 대한 확고한 자기 철학과 투철한 사명감을 가져야 한다.

셋째, 교사는 인간을 길러 내는 일 자체에 큰 의미를 갖고, 자기 일을 자랑스럽게 생각해야 한다.

넷째, 교사는 높은 교양과 원만한 인격을 쌓고, 교육자로서의 수양을 게을리해서는 안 된다.

다섯째, 교사는 지나치게 물질을 탐하거나 퇴폐적인 사회풍조에 물들어서는 안 된다.

여섯째, 교사는 평생학습자로서의 자세를 가지고 자기 향상을 위한 노력과 꾸준한 자기 혁신이 필요하다.

(2) 학생에 대한 윤리

학교교육에 있어서 가장 기본적이고 중요한 요건은 교육의 주체와 객체인 교사와 학생 간에 애정과 신뢰가 있어야 한다는 것이다. 교육은 이를 바탕으로 이루어질 때 소기의 목적을 거둘 수 있기 때문이다. 학생에 대한 윤리의 내용은 다음과 같다.

첫째, 교사는 무엇보다 인간애를, 특히 학생에 대한 남다른 애정을 품고 있어야 한다.

둘째, 교사는 학생의 인격과 권리를 존중하고 저마다 다른 특성과 개인차를 인정해야 한다.

셋째, 교사는 학생들을 편애하지 않고 모두에게 공평하게 대해야 한다.

넷째, 교사는 학생들 앞에 모범적인 말씨·인품·태도·행동을 지녀야 한다.

다섯째, 교사는 학생에 대해 성실하고 진실해야 하며, 인내와 관용의 태도를 보여야 한다.

여섯째, 교사는 학생들의 비밀을 지켜 주어야 한다.

(3) 교원 상호 간의 윤리

학교조직에서 교원들은 상하 간 및 수평 간 상호 인정과 배려, 신뢰와 협조를 통하여 원만한 교육이 이루어질 수 있도록 노력해야 한다. 교원 상호 간에 지켜야 할 윤리의 내용은 다음과 같다.

첫째, 교사는 동료교사들의 다양한 교육관과 교육방식을 인정하고 수용과 관용의 태도를 보여야 한다.

둘째, 교사들은 서로 적극적으로 화합하고 협동해야 한다.

넷째, 교장·교감은 교사들을 신뢰하고 전문성과 자율성을 존중하며, 동반자 의식을 가지고 협조해야 한다.

다섯째, 교사들은 상급자에 대한 위계질서를 따르고 직무상 명령에 복종하여야 한다.

여섯째, 교사는 학교에서 맡은 직무의 성공적 수행을 위해 최선을 다하며 학교행사에 관심을 가지고 능동적으로 참여해야 한다.

일곱째, 교원들은 건전한 학교문화를 창조하고, 건강한 학교조직 풍토를 만들어가야 한다.

(4) 학부모에 대한 윤리

바람직한 학교교육이 이루어지기 위해서는 학교 측의 일방적인 노력만으로는 불가능하며 가정과의 연계가 필수적이다. 교사와 학부모는 학생의 건전한 성장·발달을 돕기 위해 높은 관심과 공동의 책임을 지고, 서로 동반자의 관계에서 교육에 임해야 한다. 학부모에 대한 윤리의 내용은 다음과 같다.

첫째, 교사는 학부모의 권리를 존중하고, 학부모를 교육의 동반자로 인정해야 한다.

둘째, 교사는 학부모와의 원활한 소통 속에서 학생교육과 관련된 정보를 공유해야 한다.

셋째, 학부모와 협력관계에서 학생이 올바르게 성장할 수 있도록 공동노력을 기울여야 한다.

넷째, 교사는 학교교육과 관련하여 학부모에 대하여 안내하고 '부모교육자'로서의 임무를 수행해야 한다.

다섯째, 학부모의 사회적·경제적 유혹에 흔들림 없이 교육자다운 권위를 유지해야 한다.

(5) 사회에 대한 윤리

교원은 학교 안에서뿐만 아니라 사회지도자로서 지켜야 할 윤리가 있다. 사회에 대한 윤리의 내용은 다음과 같다.

첫째, 교사는 국민적 합의가 이루어진 국가의 이념과 이상을 훼손하는 행위를 하지 않아야 한다.

둘째, 교사는 사회의 일원으로서 사회발전에 실천적 관심을 보여야 한다.

셋째, 교사는 지역사회 활동에 능동적으로 참여하고 지역사회 발전에 선도적 역할을 담당한다.

넷째, 학교와 지역사회는 서로 주고받는 협력관계를 유지한다.

다섯째, 교사는 건전한 가치관과 확고한 국가관을 가져야 하는 국가·사회 발전의 핵심 존재로서 선진의식을 정착시키는 데 선봉자 임무를 수행하도록 한다.

4. 교직에서의 직무갈등

1) 직무갈등

(1) 갈등의 개념

'갈등(葛藤, conflict)'은 원래 라틴어 어원인 'configere'에서 나온 것으로, '상대방과 서로 맞선다.'라는 의미를 지니듯이, 갈등이라는 단어에는 의견이 서로 맞서는 상대방이 존재해야 하며, 서로 대립 혹은 충돌되는 다른 가치가 있다는 의미를 공통으로 내포하고 있다(이병진, 2010: 266). 갈등이란 희소자원이나 업무의 불균형 배분 또는 처치, 목표, 가치, 인지 등이 존재할 때 조직 내의 둘 또는 그 이상의 개인이나 집단 내에 일어나는 대립적인 작용으로 정의할 수 있다(강기수, 김희규, 2012: 213). 이러한 갈등은 다양한 조직사회를 이루고 살아가는 사람들에게 있어서 어디든, 또 누구에게나 생겨날 수밖에 없는 것이다. 따라서 갈등은 인간의 삶의 과정에서 피할 수 없는 필연적 요소라 할 수 있다.

로빈스(Robbins, 1974)는 갈등을 순기능과 역기능으로 나눌 수 있는 대립과 적대적인 상호작용으로 정의하였으며, 마일즈(Miles, 1980)는 조직의 한 단위나 전체 구성원들의 목표지향적인 행동이 다른 조직단위 구성원들의 목표지향적인 행동과 기대로부터 방해받았을 때 표현된 조건으로 정의하였다(이병진, 2010: 265-266 재인용).

(2) 갈등에 관한 관점

갈등에 관한 관점은 발달단계를 기준으로 전통적 관점, 행동과학적 관점, 상호작용적 관점 등 세 가지로 구분할 수 있다(Robbins, 1984: 231: 강기수, 김희규, 2012: 213-215 재인용).

① 전통적 관점

전통적 관점에서 갈등은 조직에 역기능적이기 때문에 반드시 제거되어야 하며, 모든 갈등은 역기능적이므로 조직에서 모든 반대세력을 제거하는 것이야말로 행정가의 역할이라는 것이 전통적 견해이다.

② 행동과학적 관점

행동과학적 관점에서 갈등은 조직에서 불가피하게 생기는 것이므로 갈등의 존재를 인정하고 이를 수용해야 한다고 본다. 즉, 갈등의 존재는 인정하되 관리의 중요성을 강조하는 것이다. 그러나 전통적 관점이나 행동과학적 관점은 모두 갈등에 대하여 순기능적인 측면이 무시되기에 반드시 해결해야 할 대상으로 본다.

③ 상호작용적 관점

상호작용적 관점 또는 균형적 관점은 갈등에 대하여 궁극적으로 순기능과 역기능을 모두 지닌 것으로 본다. 이 관점에서는 조직에서 갈등은 제거할 수 없을 뿐만 아니라 갈등이나 반대세력이 없는 조직은 변화·발전하지 못한다고 본다. 그러나 조직이 존속·유지되기 어려울 정도의 갈등은 해결되어야 하지만 갈등이 전혀 없거나 낮으면 자극이 필요하며 적정 수준의 갈등을 제공하여 이를 극복하려고 노력함으로써 조직의 계속 발전과 효과성을 제공할 수 있다고 본다. 따라서 조직관리자는 갈등수준을 조절하고 해결해 나가려는 노력을 통해 갈등을 기능적으로 작용하게 하여 조직의 이익을 충분히 얻을 수 있도록 노력해야 한다(강기수, 김희규, 2012: 215-216).

상호작용적 관점에서는 갈등에 대하여 다음과 같은 점을 제시하고 있다(온영두, 2007: 9). ① 갈등의 절대적인 필요성을 인정한다. ② 기능적인 대립을 조장한다. ③ 해결방법은 물론, 자극을 포함한 갈등관리를 제시한다. ④ 갈등관리를 모든 관리자의 주요 책임으로 고려한다. 따라서 관리자는 갈등의 수준이 너무 높거나 너무 낮으면 이를 잘 조절하고 관리해야 할 책임이 있다.

(3) 갈등의 기능

갈등은 순기능적 측면과 역기능적 측면을 동시에 지니고 있기에 갈등관리를 잘하기만 하면 개인에게나 조직에 바람직하고 효과적일 수 있다. 결국, 갈등 그 자체

보다 중요한 점은 갈등관리의 여하에 따라 그 결과가 순기능 혹은 역기능으로 나타
날 수 있다는 것이다(강기수, 김희규, 2012: 218).

더브린(DuBrin, 1982)은 갈등을 순기능과 역기능으로 나누어 다음과 같이 설명하
고 있다(장동운, 1989; 온영두, 2007: 12 재인용).

① 갈등의 순기능적 측면

첫째, 갈등에 직면하여 구성원의 재능과 능력이 발휘된다. 둘째, 갈등은 구성원
의 다양한 심리적 욕구를 충족시킨다. 셋째, 갈등은 기술혁신과 변화를 유도한다.
넷째, 갈등은 조직 내의 갈등을 관리하고 방지하는 방법을 터득하게 한다. 다섯째,
많은 종업원이 일에 싫증을 느끼게 되는데, 갈등은 이를 해소해 주기도 한다. 여섯
째, 갈등은 새로운 화합의 계기가 된다.

② 갈등의 역기능적 측면

첫째, 갈등은 자기 이익에 급급하여 전체 조직을 희생하게 하는 경우가 많다. 둘
째, 개인 간의 오랜 갈등은 정서적인 면과 육체적인 면에서 해가 된다. 셋째, 갈등은
목표달성에 필요한 시간과 에너지를 낭비하게 한다. 넷째, 갈등의 여파는 재정적인
비용과 감정적인 고통을 수반한다. 다섯째, 갈등을 겪고 나면 극단적일 때 자료와
사실이 왜곡된다.

이처럼 갈등은 조직에서 유익한 것일 수도 있고 해로운 것일 수도 있다. 순기능적
인 갈등은 조직의 생존과 발전에 필요한 원동력이 되나, 역기능적인 갈등은 조직이
추구하는 목적이나 가치를 해치는 결과를 낳을 수도 있다.

2) 학교조직에서의 갈등

(1) 조직 갈등의 발생원인

갈등은 일반적으로 서로 양립하기 힘든 가치가 동시에 발생할 때 나타난다. 서로
양립하기 힘든 가치의 대립은 개인 간 또는 개인과 집단 간의 문제가 될 수 있다. 특
히 조직이 목적을 달성하고 그 조직 속에서 개인이 원하는 것을 얻기 위해서는 조직

과 개인이 원하는 내용의 상호 균형 관계를 유지해야 한다. 그 균형이 깨질 때 갈등이 발생한다. 갈등의 원인을 개인 내 문제, 개인 간 문제, 개인과 조직 간 문제, 그리고 조직 차원에서 살펴보면 다음과 같다(이병진, 2010: 269-270).

- 개인 내 문제: 개인행동에 따른 원인으로서 가치관, 보상, 인성, 역할에 대한 인식 차이에 의한 원인
- 개인 간 문제: 인간관계 문제에 따른 원인으로서 주로 의사소통의 부족 혹은 부재, 말뜻에 의한 차이, 편견이나 부정확하거나 왜곡된 정보 등에 의한 원인
- 개인과 조직 간 문제: 개인과 조직이 추구하는 가치 혹은 목표의 차이, 개인과 조직의 욕구충족 차이 등에 의한 원인과 조직계층 간 상호 이해의 부족, 직위상의 인식 차이, 공식조직과 비공식조직 사이의 대립 등에 의한 원인

(2) 학교조직의 속성

학교는 사회와 공통적인 속성을 지닌 동시에 목적 의도적인 사회, 생산적인 조직체이므로 하나의 사회조직으로서의 특성이 있다. 이와 같은 학교조직의 특성을 열거하면 다음과 같다(윤종건, 김용숙, 1983: 210-211: 온영두, 2007: 29-30 재인용). 첫째, 학교조직은 변화 속도가 느리다. 이것은 학교사회가 기업조직보다 그만큼 보수적이고 폐쇄적인 경향이 강하다는 의미가 포함된다. 둘째, 학교조직은 환경의 영향을 많이 받는다. 학교는 문화유산을 전승하며 환경에의 적응력을 기르는 동시에 환경을 개조하는 능력을 기르고자 한다. 셋째, 학교조직은 목표가 분명하지 않다. 기업조직과는 달리 목표를 구체적으로 명료하게 나타내기 어려울 뿐 아니라 목표달성도를 측정하기가 매우 어렵다. 넷째, 학교조직은 전문기관이다. 성숙한 교사집단과 미성숙한 학생집단이 공존하는 특수 조직체로서의 학교는 전문적 방법과 기술 및 지식이 필요하며 인간관계가 특히 중요시된다.

이처럼 학교조직은 목표가 추상적이고, 교사들의 직무수행 결과를 측정하기 어려우며, 교직 전문성과 자율성에 따라 조직원 간 상호 의존성이 낮으며, 주위 사람들이나 환경으로부터 간섭받지 않으려는 경향이 강하다. 또한 교육정책은 교육전문가보다 행정가에 의해 이루어지며 교육에의 투자가 다른 분야에 비하여 긴급하지 않은 경향이 있다. 그러나 명심해야 할 것은 긴급하지 않다고 해서 절대 중요하

지 않다는 것은 아니라는 것이다.

학교조직은 다음과 같은 면에서 이중적인 성격을 갖는다.

첫째, 학교조직은 '전문적 관료제 조직'이다. 베버(Weber)에 의해 체계화된 관료제 이론은 조직 운영의 합리성을 최고의 가치로 추구하는 이상적인 조직구조이다(진동섭 외, 2006: 22). 그런가 하면 교직의 전문적 특성에 따라 학교조직은 일반조직과 다른 전문적인 특성을 가진다. 이러한 학교조직의 전문적 특성에 따라 교사들은 독립적인 한정된 교실에서 수업을 담당하는 면에서는 상당한 자유 재량권을 가지고 전문적인 특성을 발휘한다. 그러나 학교조직도 공식조직으로서 직무의 분화가 이루어져 있고, 직위에 따른 위계가 있으며, 학칙과 법규를 따르게 된다. 특히 수업시간 운영, 학습집단 구성, 인적ㆍ물적 자원의 활용 등에 대한 것은 대체로 엄격한 통제를 하고 있다(윤정일 외, 2016: 165). 이에 따라 교사들은 수업과 행정업무 사이에서 직무의 우선순위에 관한 갈등을 갖게 된다.

둘째, 학교조직은 와익(Weick)이 말한 '느슨한 결합조직(loosely coupled system)'에 속한다. '느슨한 결합'이란 연결된 각 사건이 서로 대응되는 동시에 각각 자체의 정체성을 보존하면서 물리적ㆍ논리적 독립성을 갖는 경우에 쓰는 말이다. 한편, 메이어와 로완(Meyer & Rowan, 1983: 71)도 학교의 중심적 활동인 수업이 조직구조의 통제에서 벗어나 있음을 지적하면서 교육조직을 느슨한 조직의 측면에서 이해해야 한다고 하였다. 즉, 교육평가와 교육과정, 교수방법, 교육권 등에서 교육행정가는 교사를 통제할 위치에 있지 못하기 때문에 학교는 느슨한 조직의 측면에서 신뢰의 논리에 의해 운영되어야 한다는 것이다. 이에 반해 수업을 제외한 많은 학교경영활동, 예컨대 인사관리, 학생관리, 시설관리, 재무관리, 사무관리 등에서는 교장과 교사가 더 엄격한 관계를 갖고 있다(윤정일 외, 2016: 164-165).

셋째, 학교조직은 코헨 등(Cohen, March, & Olsen, 1971)이 말한 '조직화한 무질서 조직'의 속성을 지닌다. 이 조직의 속성은, ① 불분명한 목표, ② 불확실한 기술, ③ 구성원의 유동적인 참여 등이 특징이다. 이와 관련하여 학교조직은, ① 교육의 목적이 구체적이지 못하고 분명하지 않으며, ② 교육목표 달성을 위한 방법이 교육행정가나 교사마다 다르고, ③ 교육행정가나 교원, 학생들은 한 조직에 오래 머무르지 않고 수시로 이동하거나 졸업한다. 따라서 학교행정가는 학교조직이 가지는 이런 속성을 이해하고 순기능을 최대한 살려 단점을 극복할 수 있는 방향을 찾아가야 하며,

무엇보다 교사들의 자율성과 전문성을 인정하고 구성원들의 신뢰를 바탕으로 효과적인 학교를 만들어 가야 할 것이다.

(3) 학교조직에서 갈등의 원인

학교조직에서 갈등의 원인은 상황적 조건에 따라 다음과 같이 다양하게 생길 수 있다(강기수, 김희규, 2012: 217-218).

첫째, 권리 체제에서 느끼는 갈등을 들 수 있다. 관료제에서는 수직적인 체제로 상부에 권한이 집중되어 있고, 하부에는 주로 이를 실행하는 의무만이 주어진다. 그러므로 학교조직에서 하부에 해당하는 교사는 갈등을 갖게 되는 것이다.

둘째, 존경 체제에서 생기는 갈등이다. 교사는 학교장보다 사회 · 경제적 지위가 낮고 불리하며 존경도 받지 못할 뿐만 아니라 물질 중심사회에서 평교사로서의 위치는 매력적이지 못하고 갈등이 심해진다.

셋째, 전문화 체제에서 생기는 갈등이다. 학교행정가는 행정이나 경영자로서의 전문영역이고, 교사는 교육자로서의 전문영역이 있는데, 교사의 전문영역까지 관료제 영역이 침범하기 때문에 갈등이 생긴다.

넷째, 역할기대의 위배로 생기는 갈등이다. 관료제 조직에서는 교사가 하나의 관료적 종업원이 되기를 기대하는데, 교사 자신은 독립적이고 자율적이며 전문직 성향을 지니므로 갈등이 생긴다. 이와 관련하여 수업과 행정업무 사이에서 갈등이 생길 수 있다. 교사들은 항상 수업을 최우선으로 생각하지만, 학교행정가는 행정업무를 우선시하는 경향이 있다. 예를 들어, 긴급한 공문처리와 수업상황이 한꺼번에 생겼을 때 교사들은 직무의 우선순위에 갈등을 가질 수밖에 없다.

다섯째, 관료조직과 전문조직의 조직 특성에 따른 기대의 차이에서 생기는 갈등이다. 학교조직의 주요 목표는 교육활동을 통하여 학생의 성장 발달을 돕는 것인데, 지나친 관료화의 행정 우위 현상으로 학교행정과 사무 등이 교육활동을 위한 수단이 아닌 목적처럼 전도되는 데서 갈등이 생긴다.

(4) 갈등관리 방법

더브린(Dubrin, 1982: 140: 온영두, 2007: 16 재인용)은 효과적인 갈등관리를 위하여, ① 지지적 분위기의 조성, ② 갈등 당사자의 지각(知覺) 사정, ③ 방어 자세 없는 경청, ④ 갈등 원인의 격리, ⑤ 각 당사자의 갈등관리 전략의 결정과 같은 조건이 우선 되어야 한다고 보았다.

토머스(Thomas)는 갈등을 다루는 갈등관리 방법을 다섯 가지로 분류하여 제시하고 있다(Thomas, 1976: 900-901; 노종회, 1992: 381-384; 이병진, 2010: 274-275; 주삼환 외, 2015: 200-202 재인용).

① 경쟁형(competing style)

승패를 확실히 가려서 다른 사람을 복종시키고 개인의 목적을 달성하고자 상대방을 희생시키고 자신의 갈등을 해소하는 식이다. 한쪽이 이익을 얻지만 다른 한쪽이 손해를 보게 되는 접근(win-lose approach)방법이다. 경쟁형에 적절한 상황으로는, ① 신속한 결정이 요구되는 긴급한 상황, ② 중요한 상황이지만 인기 없는 조치가 요구되는 경우, ③ 조직의 성장에 매우 중요한 문제일 때이다.

② 순응형(accommodating style)

적응형이라고도 한다. 좋은 인간관계를 유지하기 위해서 자신의 욕구충족은 포기하더라도 상대방의 관심을 충족시켜 갈등이 해소되도록 노력하는 방법이다. 순응형에 적절한 상황으로는, ① 자기가 잘못한 것을 알았을 때, ② 더 중요한 문제를 위해 좋은 관계를 유지해야 할 때, ③ 조화와 안정이 특히 중요할 때, ④ 패배가 불가하여 손실을 극소화해야 할 때 등이다.

③ 타협형(compromising style)

다수의 이익을 위하여 양측이 상호 교환과 희생을 통해 부분적 만족을 취함으로써 갈등을 해소하는 유형으로 양자가 조금씩 양보하여 절충안을 찾으려는 방법이다. 양쪽이 다 손해를 보기 때문에 앙금이 남아 다른 갈등의 원인이 될 수도 있다. 타협형에 적절한 상황으로는, ① 복잡한 문제에 대한 일시적인 해결책을 얻고자 할 때, ② 당사자들의 주장이 서로 대치되어 있을 때, ③ 목표달성에 따른 잠재적인 문제가 클 때 등이다.

④ 협력형(collaborating style)

각자의 동기와 목적이 상호 간 개방적일 경우 상호 이해가 증진되고 상대방의 관점을 더 존중하고 신뢰하게 된다. 이는 양쪽이 다 만족할 수 있는 갈등 해소책을 찾는 방법으로, 양자에게 모두 이익을 주는(win-win) 최고의 방법이다. 협력형에 적절한 상황으로는, ① 합의와 헌신이 필요할 때, ② 양자의 관심사가 매우 중요하여 통합적인 해결책만이 수용될 수 있을 때, ③ 관계증진에 장애가 되는 감정을 다루어야 할 때, ④ 목표가 학습하는 것일 때 등이다.

⑤ 회피형(avoiding style)

갈등이 없었던 것처럼 행동하여 이를 의도적으로 피하는 방법으로 자기뿐만 아니라 상대방의 관심사마저 무시하는 유형이다. 회피형에 적절한 상황으로는, ① 쟁점이 사소한 것일 때, ② 해결에 들어가는 비용이 효과보다 클 때, ③ 다른 문제가 해결되면 자연스럽게 해결될 수 있는 하위갈등일 때, ④ 사태를 진정시키고자 할 때 등이다.

(5) 갈등해결 방안

갈등해결 방안으로 조직 외부의 개입 없이 조직 자체적으로 갈등상황을 해결하는 경우와 조직 외부의 도움으로 갈등상황을 해결하는 경우도 있다. 먼저, 갈등의 문제를 조직 내에서 자체적으로 해결하려는 과정은 조직의 갈등 원인이 조직 내부에 직접적인 문제가 있다는 것을 전제로, 기존의 조직체제나 구성원의 행동을 변화시켜 갈등 문제를 해결하는 경우이다.

갈등해결의 방안을 구체적으로 살펴보면 다음과 같다(이병진, 2010: 273).

- **문제해결**(problem solving): 같은 목표를 갖고 있다면, 일련의 문제해결방안의 논의를 통하여 갈등을 해결할 수 있는 대안을 찾는다.
- **설득**(persuasion): 두 집단이 상호 공유할 수 있는 보다 높은 수준의 목표를 찾아 갈등을 해결할 수 있도록 설득한다.
- **거래**(bargaining): 만약 공유할 수 있는 목표와 더 높은 수준의 공통목표를 찾지 못했을 때, 어떤 것을 얻고 어떤 것을 포기할 것인가를 합의해 가는 일종의 거래를 이용한다.

• **정치(politics)적 타결**: 어느 한쪽도 양보 못할 정도로 융통성이 보이지 않으면 관리자가 권한을 갖고 갈등상황을 해결한다.

연구 및 토의 문제

1. 교직윤리가 갖는 의미는 무엇이며, 교직윤리의 중요성과 관련하여 교직자에게 윤리의식의 필요성이 특별히 강조되는 이유는 무엇인지 말해 보자.

2. 교직윤리의 내용에는 어떤 것들이 있으며, 각 학교구성원에 대하여 교사로서 지녀야 할 교직윤리의 내용을 말해 보자.

3. 교직에서 직무갈등이 생기는 이유는 무엇이며, 그러한 직무갈등을 극복하거나 나름대로 잘 관리하기 위한 방안을 토의해 보자.

참고문헌

강기수, 김희규(2012). **최신교사론**. 서울: 동문사.

곽영우, 황의일, 최상락, 신동철, 권상혁, 하상일, 서정화(1997). **예비교원을 위한 교사론**. 한국교원단체총연합회 편. 서울: 교육과학사.

노종회(1992). **교육행정학**. 경기: 양서원.

신현석, 이경호, 가신현, 김병모, 김재덕, 김희규, 박균열, 박정주, 박종필, 박호근, 안선희, 이강, 이일권, 이준희, 전상훈(2014). **교직실무**. 서울: 학지사.

오천석(1980). **스승**. 서울: 배영사.

온영두(2007). 학교조직의 갈등과 성격 특성이 직무만족도에 미치는 영향에 관한 연구. 원광대학교 대학원 박사학위논문.

윤정일, 송기창, 조동섭, 김병주(2016). **교육행정학 원론**(6판). 서울: 학지사.

윤종건, 김용숙(1983). **학교경영**. 서울: 갑을출판사.

이병진(2010). **교육리더십**. 서울: 학지사.

이윤식, 김병찬, 김정휘, 박남기, 박영숙, 송광용, 이성은, 전제상, 정명수, 정일환, 조동섭, 진동섭, 최상근, 허병기(2009). **교직과 교사**. 서울: 학지사.

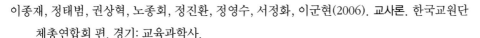

이종재, 정태범, 권상혁, 노종회, 정진환, 정영수, 서정화, 이군현(2006). **교사론**. 한국교원단체총연합회 편. 경기: 교육과학사.

장동운(1989). 갈등 관리 모형에 관한 연구. 경희대학교 대학원 박사학위논문.

주삼환, 천세영, 김택균, 신봉섭, 이석열, 김용남, 이미라, 이선호, 정일화, 김미정, 조성만(2015). **교육행정 및 교육경영(5판)**. 서울: 학지사.

진동섭, 정수현, 박상완, 나민주, 김병찬, 박진형, 박인심, 김민조, 김진수, 박지웅, 이승복, 이은주, 한점숙(2006). **한국학교조직탐구**. 서울: 학지사

황영준, 정창호(2014). **교사를 위한 교직윤리**. 경기: 교육과학사.

한국사회연구소(1990). **사회과학사전**. 서울: 풀빛.

Cohen, M. D., March, J. G., & Olsen, J. P. (1971). *A garbage can model of organizational choice.* Administrative Science Quarterly, March.

DuBrin, A. J. (1982). *Contemporary Applied Management Business Publications.* Texas: Business Publications.

Meyer, J. W., & Rowan, B. (1983). The Structure of Educational Organizations. In J. W. Meyer & R. Scott, *Organizational Environments.* Califonia: Sage Publications, Inc.

Miles, R. M. (1980). *Macro organizational behavior.* NY: Goodyear Publishing Co.

Robbins, S. P. (1974). *Managing organizational conflict a nontraditional approach.* NJ: Prentice-Hall.

Thomas, K. W. (1976). *Conflict and conflict management.* In M. D. Dunnette (Ed.), *Handbook of inderstrial and organizational psychology.* Chicago: Rand McNally.

법제처 국가법률정보센터 https://www.law.go.kr/LSW/main.html

제**2**부
- - - - - - - - -
교사의 직무

예비교사의 수업과 실무를 위한 **최신 교직실무**

제5장

학교자율경영조직

학습개요

1. 단위학교책임경영제의 의미와 특징을 알아보고, 이를 정착시키는 방안을 찾아본다.

2. 학교운영위원회의 의의와 역할을 알아보고, 그 기능과 성과를 찾아본다.

3. 효율적인 학교경영에 도움이 되고, 진정한 수요자 중심의 학교교육을 위한 학교운영 위원회의 운영 방향을 제시해 본다.

1. 단위학교책임경영제

1) 단위학교책임경영제의 개념

지방교육자치제가 시행된 1991년을 시작으로, 단위학교 운영의 자율성을 확대해야 한다는 논의가 본격화된 이후 1995년에 '5·31 교육개혁방안'이 발표되었다. 이에 따라 학교교육의 효과를 극대화하기 위해 자율성과 책무성에 바탕을 둔 단위학교운영을 촉구하게 되었다. 이러한 정부 차원의 교육개혁의 방법으로 선진국에서 학교재구조화(school restructuring) 방안으로 실시하고 있던 '단위학교책임경영제(school-based management)'를 도입하여 운영하게 되었다. 이는 최근 들어 시행되고 있는 학교자율화 정책의 모태이기도 하다.

단위학교책임경영제는 '교육청에 의한 일방적인 지시로 이루어지는 학교운영방식을 지양하고, 일선학교에 학교운영에 대한 모든 권한을 부여할 때 학교교육이 가장 효과적으로 이루어질 수 있다.'는 가정에 바탕을 두고 있다. 이로써 학교조직 구성원들에게 권한을 위임하여 교육의 직접적인 수혜자인 학생과 학부모를 위한 학교경영이 이루어지게 함으로써, 궁극적으로 학교교육의 책무성을 향상할 수 있다는 것이다(Murphy & Beck, 1995).

단위학교책임경영제는 교육의 질적 향상과 학생의 학업성취도 향상을 목적으로 하는 학교재구조화 프로그램의 한 형태로 보고 있다. 이의 핵심개념은 교육의 질적 향상을 위한 각종 권한의 위임으로 학교의 자율성 증진, 교육수요자 중심의 다양한 교육과정 운영, 개별화학습을 지향하는 다양한 교수·학습방법의 도입, 교사의 전문성 신장을 통한 교육의 책무성 증대 등으로 요약할 수 있다(박세훈, 2000).

단위학교책임경영제라는 학교경영 모형은 단위학교가 학교를 자율적으로 운영하고, 그 결과에 대하여 책임을 지는 것이다. 이 제도의 구체적인 모습은 나라에 따라서 다소간 달리 나타난다. 그러나 그 구체적 모습에는 공통된 특징이 있다. 첫째, 중앙이나 지역 교육행정기관이 가지고 있던 교육과정·인사·재정에 대한 권한을 개별학교로 이양한다는 것(권한위임), 둘째, 위임·이양된 권한의 범위 내에서 단위학교가 자율적으로 결정하도록 한다는 것(자율성), 셋째, 자율적으로 결정할 수 있

는 권한의 부여에 따라 학교경영 성과에 대하여 운영주체에 책임을 묻는 것(책무성)
이다.

우리의 경우, 학교장이 단위학교 운영에 대한 실질적 책임을 지고 있다. 그러나
단위학교에서는 학교운영에 관한 주요한 사항을 심의하는 기구로 학교운영위원회
가 설치되어 있고, 학교운영의 주요한 사항은 특별한 사유가 없는 한, 반드시 학교
운영위원회의 심의를 거치게 되어 있다. 그리고 교육법령 체계에서는 학교장이 학
교운영위원회의 심의결과를 최대한 존중하도록 규정하고 있다. 우리나라의 현행
단위학교책임경영제는 '학교장 중심'의 단위학교책임경영제와 '공동체 중심'의 그
것이 결합한 것이라고 할 수 있다.

2) 단위학교책임경영제의 특징

단위학교책임경영제의 핵심개념은 교육과정·인사·재정에 대한 단위학교로의
권한 이양과 자율적 결정, 그리고 학교경영 성과에 대한 책무성 증대라고 할 수 있
다. 이 제도의 특징은 다음과 같다. 첫째, 학교의 권한을 학교조직 전체에 분산하고
의사결정 과정에 참여하는 여러 집단의 노력을 조정하기 위하여 위원회를 활용하
는 등 학교를 효과적으로 경영하기 위한 학교중심체제를 운영하고 있다. 둘째, 교직
원의 능력과 전문성을 신장하기 위한 노력이 지속해서 이루어진다. 셋째, 정보를 수
집하여 교수·학습활동을 개선하기 위하여 학교의 우선순위를 충족시키는 데 활용
한다. 또한 수집된 정보를 여러 경로를 통하여 학교의 관련 집단들에게 전달하고 공
유하여 구성원들 간에 신뢰를 형성한다. 넷째, 개인적이거나 집단별로 학교목표 달
성에 이바지할 때 이를 인정하고 격려하기 위해 경제적·비경제적 보상을 활용하
는 등 업적에 대한 적절한 보상체계가 있다. 다섯째, 교수·학습활동을 위한 공동의
방향설정 등 분명하고 실제적인 학교 발전에 대한 비전을 가지고 있다. 여섯째, 학
교장이 변화를 촉진하는 역할을 담당하고 학교를 학습공동체로 만들기 위해 노력
한다. 또한 지도적인 위치에 있는 교사들이 자기 자신의 의제보다는 학교경영에 적
극적으로 참여하는 공유된 지도성을 발휘한다. 일곱째, 전문기관들과의 적극적인
연계와 지역사회 기업들과의 협력을 통하여 학교 외부 기관들로부터의 자원을 적
극적으로 활용한다.

성공적인 단위학교의 책임경영을 위해서는 학교운영에 관련한 이들의 자발적 참여와 적극적 역할수행 등 많은 것을 요구하는, 결코 간단하거나 쉽지 않은 문제가 따른다. 이는 학교조직의 구조, 구성원의 역할, 직무수행 체제, 교수활동 방식, 인적자원의 운용, 구성원들의 기술과 전문성 등이 종합적으로 관련된다. 더욱이 구성원들의 학교운영 방식과 각자의 역할에 대한 이해에서 근본적인 변화가 있어야 한다.

3) 단위학교책임경영제의 목적

이 제도의 목적은 다음과 같다.

- 교육의 효율성 증진: 단위학교의 실정과 상황에 적합한 수요자중심교육으로 교육의 생산성과 효과성을 높이고 교육의 내실화를 기한다.
- 교육자치의 실현: 학교공동체 구성원의 의사결정을 바탕으로 적극적인 교육운영을 통하여 주인의식을 높이고, 교육자치를 실현한다.
- 민주적인 의사결정: 교육운영의 의사결정에 학부모와 지역사회 인사의 참여로 그들의 학교에 대한 지원확보와 학교교육 참여를 활성화한다.
- 교원의 책무성 강화: 교원의 책임만 강조하던 수동적인 역할로부터 권한과 책임을 함께 갖는 능동적인 역할로 직무만족과 전문가로서 자긍심을 높인다.
- 학교예산의 탄력적 운영: 학교운영계획과 재정운영계획 간의 연계를 강화하고 학교예산의 탄력적 운영을 통하여 책무성과 함께 교육효과를 높인다.

4) 단위학교책임경영제의 원리

단위학교책임경영제는 단위학교가 자율권을 가지고 학교 내부의 민주적이고 합리적인 의사결정 과정을 통하여 학교를 운영하며, 그 결과에 대하여도 책임을 지는 학교경영체제이다. 다음에서 이 제도의 원리를 살펴본다.

(1) 자율성
'자율성(autonomy)'이라는 개념은 학교경영의 기본원리임과 동시에 학교경영에서 학교운영위원회의 위치를 특징짓는 핵심개념이라고 할 수 있다. 학교경영에서의 자율성은 학교조직체가 효율적인 교육활동을 위하여 상부의 지시나 외부의 간섭 없이 자주적이고 주체적으로 의사를 결정해 나가는 원리를 말한다(정현웅, 1998). 학교운영의 자율권 확보를 위해서는 일차적으로 단위학교의 독자적인 의사결정 권한이 높아져야 한다. 즉, 상급행정기관으로부터 단위학교에 많은 권한이 이양되어 단위학교가 상당한 재량권을 가질 필요가 있다. 그리고 권한의 이양은 교육과정, 인사, 재정 등의 핵심사항이 포함되어야 한다.

학교운영의 자율화가 필요하다고 하지만 모든 권한이 단위학교에 위임될 수는 없다. 교육의 국가적 · 지역적 통합성이 유지되어야 하므로 단위학교는 중앙과 지방이 표방하는 정책 범위 안에서 자율권을 행사해야 한다. 중앙과 지방의 행정기관이 결정해야 할 권한과 학교가 결정해야 할 권한을 일률적으로 구분하기는 어렵다(신상명, 2000). 따라서 단위학교에 대한 각종 정책과 지침은 획일적이 아니라 융통성 있게 제시하는 방향으로 변화되어야 한다. 아울러 행정기관, 학교의 역할과 책임이 명확히 구체적으로 규정되고, 그 관계가 새롭게 정립될 필요가 있다. 이를 위하여 무엇보다도 상부의 요구와 외부의 간섭을 줄이고 자율성을 확보하는 단위학교의 자율적인 경영체제가 확립되어야 한다.

(2) 민주성

'민주성(democracy)'이란 관련된 조직구성원들의 자율적이고 적극적인 참여로 이루어짐을 뜻한다. 학교운영위원회 설치의 근본원리가 학교경영에서의 자율성이라고 한다면, 이 자율성을 보장하는 원리는 조직에서의 의사결정이 한 개인에 의하여 독단적으로 이루어지는 것이 아니라 집단적 과정을 통해서 이루어져야 한다. 따라서 단위학교에서 참여적 의사결정은 교육과정, 인사, 재정 등의 사안에 대하여 교장 · 교사 · 학생 · 학부모와 지역인사 등 학교구성원들이 참여하여 민주적인 절차에 의하여 의사결정이 이루어져야 한다(김부자, 2002).

일반적으로 조직구성원을 의사결정에 참여시키는 것은 다음과 같은 효과가 있다. 첫째, 더 많은 정보와 지식을 이용할 수 있다. 둘째, 더 많은 대안을 생성할 수 있다. 셋째, 최종 의사결정이 쉽게 받아들여진다. 넷째, 의사소통이 더욱 활발해진다. 다섯째, 더 정확한 의사결정이 이루어진다(유평수, 1996).

단위학교에 많은 재량권이 부여되어야 한다는 것은 학교의 특정 개인에게 권한이 집중적으로 주어지는 것이 아니라 중앙이나 상급 행정기관에 학교운영권이 집중되는 것을 지양하고 또한 학교 안에서의 권력집중을 경계하여 대표성이 확보된 참여적 의사결정 장치가 학교에 마련되어야 할 필요가 있음을 뜻한다. 단위학교의 독자적 의사결정의 권한증대와 참여적 의사결정 체제의 구축은 상호 보완적이다. 말하자면, 재량권이 없는 학교에서 참여적 의사결정 구조가 마련되거나, 참여적 의사결정 구조 없이 학교에 재량권이 부여되는 것은 모두 의미가 없다. 따라서 학교에 충분한 권한을 주고, 학교가 권한을 제대로 발휘할 수 있는 조직구조를 만드는 것이 필요하다.

(3) 책무성

'책무성(account abilities)'이란 맡은 직무에 따른 책임과 의무를 진다는 뜻이다. 학교경영에서의 자율성과 참여적 활동이 학교운영위원회의 자율적 측면을 부각한 것이라고 한다면, 책무성은 자율적 측면이 지닌 의무적 측면을 부각하는 것이라 할 수 있다. 교육에서의 책무성은 보통 교육업무를 담당하는 직원들이 그들이 행한 과업의 성과에 대하여 나름의 책임을 지며, 또한 그들이 수립한 교육프로그램의 결과에 대하여 책임을 지겠다고 공약하고, 입증되거나 깨달은 잘못에 대하여는 이를 기꺼이 시정할 수 있는 정도를 의미한다(김창걸, 1992). 교육에서 책무성을 강조하는 이유는 책임의 소재를 밝히려는 것보다는 학교교육의 효과를 구체적으로 분석하여 달성도를 평가하고, 원인과 책임, 개선방법 등을 찾는 데 있다.

최근 학교교육은 효과성 면에서 부모나 일반국민으로부터 많은 불만의 대상이 되기도 한다. 학교교육의 성과를 사회적 지위의 성취와 관련지어 생각할 때, 가정배경이 학교교육의 효과를 능가한다고 보는 관점은 상호 보완하는 입장에서 가정의 교육력을 더 주목하게 만든 반면에, 학교가 그 차이를 만든다는 견해는 그것이 학생의 실패이기보다는 학교교육프로그램의 빈곤, 교사의 실패 또는 학교의 잘못이라고 보는 관점에서 학부모나 지역사회에 대한 책무성의 문제를 학교경영의 중요한 과제로 부각했다(정태범, 2000). 따라서 단위학교책임경영제를 실현하기 위해서는 단위학교에 적절한 권한의 자율권을 부여하되, 학교경영의 결과에 대한 책임을 질 수 있도록 학교운영위원회의 책무성은 절실히 요구되어야 한다.

단위학교책임경영제를 정착시키기 위한 과제는 다음과 같다. 첫째, 교육행정기관이 교육과정 편성권과 인사권, 재정권을 단위학교로 폭넓게 이관해야 한다. 둘째, 이관된 권한이 학교공동체의 구성주체인 교장·교사·학부모·학생에게 적절히 배분되어야 한다. 셋째, 학교공동체 구성원이 배분된 권한에 대하여 책무를 이행하는 체제를 갖추어야 한다.

2. 학교운영위원회의 의의

1) 학교운영위원회의 개념 및 성격

학교운영위원회는 학생과 학부모 및 지역사회의 요구를 학교교육에 적극적으로 반영하여 학교운영에 대한 정책결정의 민주성·합리성·투명성을 제고하고, 학교의 자율성과 책무성을 강화하는 제도이다. 여기에서 민주성이란 학교운영위원회의 운영이 학교공동체 구성원들의 참여를 통해 이루어져야 하며, 합리성이란 학교교육과 관련한 법규에 어긋남이 없고 학교구성원들이 인정할 수 있는 방향으로 이루어져야 함을 뜻한다. 또한 투명성은 학교 행·재정을 공개하여 그 설정과 집행에 있어서 공정하고 분명하며 틀림없어야 함을 의미한다.

교육구성원들이 함께 학교운영에 대하여 논의하는 법정기구인 학교운영위원회는 모든 국·공·사립의 초·중·고등학교와 특수학교에서 설치·운영하고 있으며, 개별학교의 실정과 특색에 맞게 다양하고 창의적인 교육을 실현할 수 있는 터전을 제공하고 있다. 최근 학교자율화와 단위학교 중심의 다양한 교육정책이 추진됨에 따라 단위학교책임경영 체제의 기틀을 마련하는 제도로서 학교운영위원회 역할의 중요성은 더욱 커지고 있다.

이러한 학교운영위원회는 다음과 같은 성격을 가진다. 첫째, 학교운영위원회는 전국의 모든 초·중등 국·공·사립학교에 반드시 설치해야 하는 법정위원회이다. 법률, 시행령 및 조례에 근거를 두고 설치·운영되고, 이에 의하여 규정된 사항에 대해서는 반드시 학교운영위원회 심의를 거치게 되어 있다. 둘째, 학교운영위원회는 학교운영에 관한 사항을 심의하는 심의기구이다. 셋째, 학교운영위원회는 독립된 위원회이다. 학교장은 당연직 위원이지만 학교운영위원회 위원으로 참가하는 것이므로 학교운영위원회는 법적 성격상 학교장과 독립된 기구이다.

2) 학교운영위원회의 설치 배경 및 취지

학교운영위원회의 법적 근거는 「유아교육법」 제19조의3~제19조의6과 「초·중등교육법」 제4장 제2절(제31조~제34조의2)에 나타나 있다. 「초·중등교육법」 제31조(학교운영위원회의 설치) ①에는 "학교운영의 자율성을 높이고 지역의 실정과 특성에 맞는 다양하고도 창의적인 교육을 할 수 있도록 초등학교·중학교·고등학교·특수학교 및 각종학교에 학교운영위원회를 구성·운영하여야 한다."라고 하였다.

과거 우리 교육체제는 학교운영이 수요자 중심의 교육공동체적 학교운영체제가 아닌 공급자 위주로 설계되고 운영되었다. 따라서 교육서비스의 수요자인 학생과 학부모 및 지역사회의 다양한 요구나 의견이 학교운영에 제대로 반영될 통로가 없었다. 이에 1995년 교육개혁위원회는 학교공동체 중심의 교육운영체제 구축을 위해 '5·31 교육개혁방안' 중 하나의 과제로 학교운영위원회를 제안하였다. 즉, 학교운영위원회는 과거 공급자 위주로 설계되었던 우리의 교육체제를 학생·학부모·지역사회의 다양한 요구를 수렴하여 반영하는 수요자 중심의 교육체제로 변화시켜 학교운영의 자율성을 높이고 지역실정과 특성에 맞는 다양한 교육을 창의적으로 실시하기 위하여 도입한 것이다.

(1) 수요자중심교육의 정착

학교운영위원회는 교육수요자의 요구를 체계적으로 반영할 수 있는 방향으로 운영되어야 한다. 교육공동체적인 입장에서 학교경영에 관한 결과는 학교행정가뿐만 아니라 학교구성원 모두의 책임이 된다. 따라서 학교교육활동에 수요자의 요구를 적극적으로 반영할 수 있도록 공급자의 권한과 책임이 따라야 한다.

우수한 교육의 경쟁력 확보를 위해서는 공급자의 행정 중심, 편의성 위주의 소극적 학교운영에서 벗어나 수요자의 요구를 적극적으로 반영하는 학교경영이 이루어져야 한다. 교육수요자들의 요구를 합리적이고 체계적으로 반영함으로써 학생과 학부모, 지역주민이 체감할 수 있는 교육자치의 이념을 실현할 수 있을 것이다.

(2) 참여를 통한 학교공동체 구축

학교운영위원회는 학교와 지역사회 인사의 고른 참여를 통해 학교공동체를 구축하는 방향으로 설치·운영되어야 한다. 학교공동체란 단위교육기관으로서 학교의 교육행위에 대하여 권리와 책임을 지닌 구성집단들의 공동체이며, 구성집단은 교육활동을 수행하는 전문가집단, 학생, 학부모 등 학교교육의 수혜자집단이 모두 망라되어야 한다. 학교운영위원회는 학교교육에 대한 권한과 책임을 행사해야 하는 이들 집단의 참여를 적극적으로 유도함으로써 학교교육목적을 실현하고 기능의 효율성을 신장시키기 위하여 구성원 상호 간의 갈등을 해결하며 협력하는 공동체 정신을 높이는 방향으로 설치·운영되어야 한다.

(3) 단위학교책임경영제의 정착

학교운영위원회는 단위학교책임경영제를 정착시키는 방향으로 설치·운영되어야 한다. 이는 학교운영을 위한 의사결정에 있어 그 학교를 가장 잘 아는 구성원들이 내리도록 함으로써 학교 스스로 경쟁력 있는 경영체제를 구축하도록 하는 것이다. 따라서 단위학교가 조직관리, 인사, 재정과 교육과정 운영상의 자율권을 갖고 운영하며, 학교운영에 대해 스스로 책임지는 자율적 학교경영체제를 의미한다. 구성원들에게 책임만 부여하고 권한이 주어지지 않는 체제는 경쟁력 있는 운영체제가 될 수 없다. 학교운영위원회는 단위학교의 자치기구로 학교운영에 대한 권한과 책임을 학교 스스로가 행사함으로써 운영의 자율성 및 책무성을 증대시킬 수 있는 방향으로 설치·운영되어야 할 것이다.

(4) 참여를 통한 교육민주화의 정착

참여의 학교운영을 통하여 교육의 민주화를 도모할 수 있다. 따라서 학교운영위원회의 의사결정은 학교구성원, 즉 교장, 교사, 학부모, 지역인사 등이 참여하여 학교교육 발전을 위한 대안을 결정하는 과정을 말한다. 학교교육과정에 교사와 학부모의 참여가 중요함을 지적한 연구들은 대체로 이들의 참여가 구성원들의 발전을 도모하고, 이해를 증진하며, 그로 인해 학교교육 목표를 효과적으로 달성할 수 있다는 점을 지적하고 있다. 학교운영위원회는 바로 참여의 민주행정을 통한 학교운영의 민주화를 도모하는 데 큰 의의가 있다(유현숙, 1995).

(5) 지역사회의 공동체 구축

학교교육에 대한 교육수요자와 지역사회의 요구반응을 통하여 지역사회 공동체 의식을 고취할 수 있다. 학교운영위원회는 지역사회 인사들의 참여를 극대화하여 교육수혜자로서의 지역사회의 요구를 보다 체계적이고 제도적으로 반영하기 위한 것이다. 그 결과, 학교와 지역사회는 서로 분리되어 존재하고 있는 것이 아니라 학교가 지역사회의 일환으로서 존재할 수 있고, 지역사회 공동체의 하나로서 기능할 수 있도록 한다는 의의가 있다. 이러한 교육공동체의 형성은 열린교육체제를 가능하게 하는 것이며, 학교운영과정에 필요한 인적·물적 자원을 쉽게 지원받을 수 있다는 장점도 있다(이형행, 1995).

3) 학교운영위원의 역할

학교운영위원의 역할은 다음과 같다. 첫째, 학교운영위원회를 통하여 학교운영에 참여할 권리가 있다. 즉, 학교운영위원들은 개인적 지위에서가 아니라 각 분야의 대표라는 공적 지위에 있는 것이므로 자신이 대표하는 학부모, 교원, 지역사회의 다양한 요구를 수렴하여 학교운영위원회에 제안하고 건의하는 역할을 한다.

둘째, 학교운영위원은 「초·중등교육법」 제32조에 근거하여 학교운영에 관한 주요 사항을 심의하는 역할을 한다. 위원들은 학교운영위원회에 상정된 안건에 대한 질의, 토론과 표결과정을 통해 학교운영을 민주화하고 학교 실정에 맞는 다양한 교육을 시행할 수 있도록 하는 운영위원회의 본래의 취지를 실현할 수 있다.

셋째, 학교장이 학교행정을 투명하고 민주적으로 처리할 수 있도록 견제하는 역할을 한다. 학교장이 운영위원회의 심의·의결결과와 다르게 시행하거나 운영위원회의 심의를 거치지 아니하고 시행할 때는 그 사유를 바로 학교운영위원회에 보고하도록 요구할 수 있다. 공동체 구성원이 학교와 교육에 대한 바른 정보를 많이 가지고 있을수록 학교는 더 많은 지원을 획득할 수 있으며, 그들이 더 많은 정보를 갖게 되는 방법은 학교에의 참가를 통해서이다. 학교운영위원회는 학교운영에 참여적 의사결정의 전통을 세움과 동시에 회의 운영과정을 학교공동체 구성원들에게 공개하여 투명성을 확보해야 한다.

넷째, 학교운영위원회는 과거의 획일적이고 독단적인 학교운영방식에서 벗어나 융통성 있고 민주적이며 투명한 학교운영으로 창조적이고 다양한 학교를 만드는 임무에 충실해야 한다. 학교교육이 올바른 방향으로 가고 있는지 점검하고 확인하는 운영위원들의 역할은 매우 중요하다. 이를 위해 학교운영위원회 산하에 여러 소위원회를 구성하여 학교경영의 효율화와 전문성 제고에도 노력해야 할 것이다.

학교운영위원은 '회의 참여의 의무'와 '지위 남용 금지의 의무'와 같은 지켜야 할 의무가 있다. 학교운영위원회 회의는 성실히 참여하여야 한다. 학교운영위원회 위원이 지위를 남용하여 해당 학교와의 거래 등을 통하여 재산상의 권리·이익을 취득하거나 다른 사람을 위하여 취득을 알선한 경우에는 운영위원회 의결로 자격을 잃게 할 수 있다. 또한 학교운영위원회 위원은 학교운영위원회 활동의 대가로 보수나 수당을 요구할 수 없다.

「초·중등교육법 시행령」 제4장 제2절에 따라 학교운영위원회 위원들의 역할을 다음과 같이 설정할 수 있다. 첫째, 대표자 역할로서, 단위학교의 이익에 부합하도록 정확한 정보에 입각한 책임 있는 의사결정을 한다. 둘째, 여론을 수렴하는 역할로서, 민의를 반영하여 교육의 질을 개선할 수 있도록 한다. 셋째, 견제와 협조 역할로서, 잘못된 결정이 내려지는 오류를 최소화하고, 긴밀히 협조하여 교육의 질을 높이고 수요자들에게 교육혜택이 골고루 돌아갈 수 있도록 하는 역할을 한다.

3. 학교운영위원회의 구성 및 위원선출

1) 학교운영위원의 구성

「초·중등교육법 시행령」 제4장 제2절 제58조(국·공립 학교운영위원회의 구성)~제59의 4(의견 수렴 등)에 따르면, 학교운영위원회는 학부모위원, 교원위원, 지역위원으로 구성되며, 위원장과 부위원장 각 1인을 두게 되어 있다. 위원장은 학교운영위원회의 대표로서 의사정리 및 질서유지 책임자이다. 정기회·임시회 소집공고, 의사일정의 작성·변경, 의안의 담당소위원회 심의 회부, 집행부서의 심의의안 이송, 건의사항 처리결과 통보 등의 권한을 갖는다. 위원장은 회의록 작성 내용을 확인하고 서명하며 부위원장에게 위원장의 직무를 대행하게 할 수 있다. 간사는 학교운영위원회의 소집, 개최, 심의, 회의기록 등과 관련된 운영위원회의 제반 사무를 처리한다.

학교운영위원회는 안건에 대한 사전조사, 자료수집, 검토 등을 통하여 학교운영위원회 안건심사의 전문성과 효율성을 높이기 위하여 소위원회를 구성할 수 있다 (「초 · 중등교육법 시행령」 제4장 제2절 제60조의2(소위원회)). 소위원회는 다양한 영역의 안건을 심층적으로 검토할 수 있도록 하여 학교운영위원회 심의과정을 내실화할 수 있다. 필요하면 소위원회에 일반학부모, 외부 전문가의 참여가 가능하다. 학교급식소위원회는 반드시 설치 · 운영하여야 하며, 그 밖에 예 · 결산소위원회, 교육과정소위원회, 방과후학교소위원회 등 분야별 소위원회를 학교 실정에 맞게 구성 · 운영할 수 있다. 학교운영위원회는 학부모 등으로 구성되는 학교 내의 각종 자생조직을 산하단체로 둘 수 있다. 자생조직은 학교운영위원회와 유기적으로 협력하여야 하며, 그 대표자는 학교운영위원회의 허가를 받아 운영위원회에 출석하여 발언할 수 있다.

「초 · 중등교육법 시행령」 제58조에 의하면 학교운영위원회의 위원정수와 위원의 구성 비율은 〈표 5-1〉의 범위 내에서 당해 학교의 학교운영위원회 규정으로 정하게 되어 있다. 단, 학생 수 100명 미만의 소규모 학교의 경우, 학교운영위원회 위원의 구성 비율은 국립학교는 학칙으로, 공립학교는 시 · 도 조례로 정하는 범위에

표 5-1 **학교운영위원회 위원의 정수**

학생 수	위원 수
200명 미만	5~8명
200명 이상 1000명 미만	9~12명
1000명 이상	13~15명

* 출처: 「초 · 중등교육법시행령」 제58조(국 · 공립 학교운영위원회의 구성).

표 5-2 **학교운영위원회 위원의 구성 비율**

구분	일반학교	산업수요 맞춤형고 및 특성화고
학부모위원	40~50%	30~40%
교원위원	30~40%	20~30%
지역위원	10~30%	30~50%

* 출처: 「초 · 중등교육법시행령」 제58조(국 · 공립 학교운영위원회의 구성).

서 위원회 규정으로 달리 정할 수 있으며 이 경우 학부모위원, 교원위원과 지역위원
은 각 1명 이상 포함되어야 한다.

2) 학교운영위원의 선출

「초·중등교육법 시행령」제59조(위원의 선출 등)에 따르면 학부모위원은 민주적
대의(代議) 절차에 따라 학부모 전체회의를 통하여 학부모 중에서 투표로 선출한다.
이 경우 학부모 전체회의에 직접 참석할 수 없는 학부모는 학부모 전체회의 개최 전
까지 가정통신문에 대한 회신, 우편투표, 전자적 방법(「전자문서 및 전자거래 기본법」
제2조 제2호에 따른 정보처리시스템을 사용하거나 그 밖에 정보통신기술을 이용하는 방법)
에 의한 투표 등 위원회 규정으로 정하는 방법 및 절차에 따라 후보자에게 투표할 수
있다.

국·공립학교의 경우, 당연직 교원위원(학교장)을 제외한 교원위원은 교원 중에
서 선출하되, 교직원 전체회의에서 무기명투표로 선출한다. 교원위원은 교직원의
요구를 수렴하여 학교운영위원회에 전달하고, 학교가 투명하고 민주적으로 운영되
도록 노력하는 당해 학교교원의 대표자이다. 특히 교원위원은 개인이나 집단 이익의
대변자로서가 아니라 학교의 발전을 위해 교직원 전체의 의견을 수렴하여 학교운영
에 반영하고, 또한 학교운영위원회에서 결정된 사항을 교직원들에게 효과적으로 전
달하는 연결고리의 위치에 있다. 따라서 교원위원을 선출할 때는 교육에 관한 전문
지식뿐 아니라 학교운영 전체를 보는 안목과 균형감각 자질이 갖추어져야 한다.

지역위원은 학부모위원 또는 교원위원에게 추천받아 학부모위원과 교원위원이
무기명투표로 선출한다. 지역위원은 학교가 지역사회의 다양한 요구에 부응할 수
있도록 지역사회의 교육적 수요와 정보를 학교에 전달하고, 학교교육목표를 성취
하기 위해 다른 위원들과 함께 노력하며, 나아가 학교와 지역을 연계하는 위치에 있
다. 따라서 지역위원을 선출할 때는 학교에 관한 관심과 이해뿐만 아니라 지역사회
에 대한 식견도 고려해야 한다. 예산, 회계, 감사, 법률 등의 전문가, 지역을 근거지
로 하는 사업자, 당해 학교 졸업생 등 학교운영에 이바지하고자 하는 다양한 사람이
참여할 수 있도록 해야 하며, 단순히 학부모나 학교장과 친분이 있는 자를 선출하는
것은 바람직하지 않다.

위원장과 부위원장은 교원위원이 아닌 위원 중에서 무기명투표로 선출한다. 위원장과 부위원장의 임기는 시·도교육청 조례에 따라 차이는 있으나, 대부분 1년으로 하며 연임할 수 있다. 학교운영위원의 임기는 시·도 조례로 정하며, 지역에 따라 연임 여부, 신설학교의 위원 임기 등이 다르다. 학교운영위원의 임기개시일은 시·도교육청 또는 단위학교마다 차이는 있으나, 대부분 4월 1일로 정하고 있다. 위원 자리가 빈 경우에는 보궐선출하고 보궐위원의 임기는 전임자의 남은 기간으로 한다. 다만, 남은 임기기간과 위원정수의 비율에 따라 운영위원회의 결정으로 선출하지 않을 수 있다.

4. 학교운영위원회의 기능

학교운영위원회는 학교운영에 관한 주요 사항에 대해 심의하는 기구로, 다음 사항들을 다룬다.

1) 학교헌장과 학칙 제·개정

한 나라의 운영이 「헌법」과 법령에 따라 이루어지듯이 학교의 운영과 교육활동은 학칙에 따라 이루어져야 한다. 그러나 현재 대부분 학교의 학교규칙은 교사와 학부모의 의견을 수렴하여 반영한 것이 아니며 또 오랫동안 개정이 이루어지지 않아 현실에 부합하지 않는 규정이 존재하는 예도 많다. 학교규칙에 변화하는 교육환경을 탄력적으로 반영하고 교사·학생·학부모의 의견을 모아 실천할 수 있는 내용을 담을 수 있도록 제정 또는 개정되면 학교는 훨씬 안정되고 일관성 있는 교육활동을 펼 수 있을 것이다. 학교규칙이 제 역할을 다 할 수 있도록 규정을 만들고 고치는 일은 바로 학교운영위원회의 몫이다.

2) 학교예산안과 결산

학교운영위원회 제도가 도입되기 전에는 학교의 예산·결산 관련 업무를 학교장과 행정담당자가 처리하고 교사 또는 학부모에게 공개하지 않는 경우가 일반적이었다. 학교운영위원회가 예산을 심의하도록 한 것은 학교구성원들의 다양한 요구를 예산에 반영하고 학교재정의 운용을 투명하게 하여 궁극적으로 학교의 교육력을 높이고자 하는 데 취지가 있다.

예산 · 결산 심의가 형식적인 절차에 그치지 않고 실효성을 갖기 위해서는 운영위원들이 예산 · 결산에 대한 기본지식을 갖추고 학교재정 운용의 흐름을 이해해야할 뿐만 아니라 예산의 편성단계에서부터 교사와 학생들의 교육적 수요를 파악하고 이를 예산에 반영하기 위해 적극적으로 노력해야 한다.

3) 학교교육과정 운영방법

단위학교 수준에서의 교육과정 편성은 국가수준의 기준과 지역수준의 지침을 근거로 학교 설립 · 운영의 목적 · 목표를 구현하는 전문성을 필요로 하는 중요한 일이기에 각 학교를 경영하는 학교장에게 의사결정 권한을 부여하고 있다. 그러나 편성된 학교교육과정을 어떻게 효율적으로 운영하고 지원하여야 교육의 질을 높일 수있을 것인가에 관한 일은 지역사회와 학교의 교원 · 학생 · 학부모가 함께 실현해 나가야 할 사항이다. 따라서 학교운영위원회는 지역 특성과 학교 실정에 알맞은 학교교육과정의 운영방안에 관한 사항을 심의하여 학생이 창의적이고 자기주도적인 학습능력을 배양하면서 학교를 즐거운 배움의 장소로 여길 수 있도록 지원하는 것이필요하다.

4) 교과용 도서와 교육자료의 선정

교과서 선정에 학교운영위원회 심의를 거치도록 한 것은 교과용 도서의 선정을 둘러싼 여러 잡음과 부작용을 없애고 교과서 선정과정의 공정성과 타당성을 높이기위함이다. 그러나 자칫하면 심의과정에서 교과전문가로서의 교사의 권한이 침해된다고 느끼는 교사와 학교운영위원회 사이에 갈등이 생길 수 있다. 최대한 각 교과담당 교사들의 전문성을 존중하여 교과서 선정의 구체적인 사항은 교과협의회에 맡기고, 학교운영위원회는 선정과정의 투명성과 타당성을 높이는 데 주력해야 하겠다.

5) 방과 후 교육활동

방과 후 교육활동은 미래사회를 살아갈 학생들에게 국가 교육과정 이외에 다양한 학습기회를 제공함으로써 입시 위주의 획일화된 교육에서 벗어나 적성과 소질을 계발하도록 하려는 의의가 있다. 방과 후 교육이 활성화되면 사설학원 등 학교 밖에서 이루어져 온 교육활동을 학교 안으로 끌어들여 학교 시설 및 인력 활용의 효율성을 높이는 한편, 우리 사회의 고질적인 문제인 학부모들의 과중한 사교육비 부담을 줄이는 데도 이바지할 것이다. 그러나 이 제도에 대해 회의적인 시각도 있다. 즉, 현재 학교 대부분에서 실시 중인 방과 후 교육활동은 사실상 정규수업의 연장으로 운영되어 학생들에게 학업부담을 더 지우는 측면이 있다.

6) 공모교장과 초빙교사의 추천

초·중등교육의 자율성을 신장하고 교육수요자에게 더 민감하게 대항하는 학교교육을 실현하기 위하여 고등학교 이하 각급학교에서는 학부모 등 교육수요자가 원하는 사람이 당해 학교 교원으로 임용되도록 학교장, 임용권자 또는 임용제청권자에게 임용을 요청할 수 있게 하였다. 「교육공무원법」 제29조의 3(공모에 따른 교장 임용 등) ①에 따르면, "고등학교 이하 각급학교의 장은 학교운영위원회 또는 유치원운영위원회의 심의를 거쳐 다음 각 호의 구분에 따른 사람 중에서 공모를 통하여 선발된 사람을 교장 또는 원장으로 임용하여 줄 것을 임용제청권자에게 요청할 수 있다."라고 하였으며, 필요한 경우 학교운영위원회 산하에 '학교장추천위원회' 또는 '교사추천위원회'를 구성하여 초빙에 관한 사항을 담당하게 할 수 있다.

7) 학교발전기금의 조성·운용

학교재정의 부족분은 학부모로부터 각종 찬조금이나 기부금 등을 조성하여 충당하기도 하였다. 「초·중등교육법 시행령」 제64조(학교발전기금)에 따르면, 학교발전기금이란 학교의 교육활동을 지원하기 위하여 학교운영위원회에서 자발적으로 조성하는 재원으로, 이에 대한 조성뿐 아니라 사용처를 정하는 운용의 주체가 바로 학교운영위원회이다. 학교발전기금제도의 도입으로 기금조성 및 사용과정이 투명하고 공개적으로 이루어지면 찬조금, 기부금 등과 관련된 학교 부조리가 일소되는 계기가 될 것이다. 또한 자발적으로 조성된 발전기금이 학교의 부족한 교육활동비를 충당하는 데 사용되어 학교의 자율적인 발전도 좀 더 기대할 수 있을 것이다. 학교발전기금의 조성·운용에 관한 사항은 국·공·사립학교 모두 심의뿐만 아니라 의결사항이다.

8) 학교급식

「초·중등교육법 시행령」 제60조의2(소위원회) ①에는 "학교급식에 관한 사항을 효율적으로 심의하기 위하여 국·공립학교에 두는 운영위원회에 학교급식소위원회를 두며, 그 밖에 필요한 경우 예·결산소위원회 등 분야별 소위원회를 둘 수 있다."라고 되어 있다. 이렇게 학교운영위원회에는 그 산하에 소위원회를 둘 수 있으며, 그중 학교급식소위원회는 반드시 두어야 한다. 이로써 과거 「학교급식위원회」에서 이루어지던 급식의 형태와 비용, 업체선정 등 학교급식의 제반 사항을 '학교운영위원회'가 심의하게 되었다.

9) 학교운영에 관한 제안과 건의

학교장이나 운영위원은 법령에 열거되어 있지 않은 사항이라도 학교 발전과 내실을 위해 필요하다고 생각되는 사항은 언제든지 제안하고 심의할 수 있다. 은행출납제(school banking) 등의 재정 분야, 학생들의 학교 청소 부담을 덜기 위한 청소용역 의뢰 등의 복지 분야, 주민에 대한 학교시설 개방 등의 지역사회 분야, 외국학교와의 자매결연 등 기타 분야도 심의할 수 있다. 학교를 좀 더 민주적이고 합리적으로 운영하고 교육활동의 질을 높이며 교육여건을 더욱 개선하는 등 학교를 바람직한 방향으로 변화시키는 일은 교육주체들의 자발적인 의지와 노력을 통해 달성할 수 있을 것이다.

5. 학교운영위원회의 성과

1) 학교운영위원회의 위상과 기능

학교운영위원회가 성공적인 운영을 할 수 있느냐의 여부는 학교운영위원회가 단위학교의 의사결정 체제상에서 차지하는 위상에 따라 결정될 수밖에 없다. 학교운영위원회가 학교운영에 관한 내용을 결정할 수 있는 지위에 놓이느냐, 아니면 형식적인 기구로서 여겨지느냐에 따라 학교운영위원회의 성공 여부가 달라진다. 또한 다양한 성격의 심의사항에 대해 학교운영위원회의 각 구성주체들이 상대방의 고유한 의사결정 영역을 인정하고, 전문성에 따라 의사결정을 분업화하며, 분권적 책임의식에 따라 의사결정에 참여할 때 학교운영위원회는 성공할 수 있다. 학교운영위원회는 학교 구성주체들이 상대방의 의견에 대하여 열린 마음으로 받아들이고 함께 좋은 결정을 내리는 학교공동체이기 때문이다.

2) 학교운영위원회의 구성과정

학교운영위원회가 성공적으로 운영되기 위해서는 그것의 구성과정이 적법해야 한다. 학교운영위원회 구성과정에 포함되는 요인들, 즉 위원정수, 구성주체별 비율, 자격, 선출방법 등이 단위학교 학교운영위원회 규정에 구체적으로 명시되어 있고, 구성과정에서 규정이 어느 정도로 준수되느냐에 따라 학교운영위원회의 구성이 단위학교 구성원들로부터 정당성을 부여받느냐가 결정된다.

3) 학교운영위원회의 운영과정

학교운영위원회 회의운영 절차에 관한 것, 소위원회의 구성과 운영에 관한 것, 자생조직과의 관계 설정에 관한 것 등이 학교운영위원회 운영과정을 구성하는 요인들이다. 학교운영위원들에게 회의절차 공지여부, 회의 공개여부, 회의결과 공지여부, 학부모들이 체감하는 과제들이 의안으로 제출되는지의 여부, 심의과정의 활성화 정도, 소위원회 구성과 운영여부, 학부모회 등 자생조직들과의 협조적인 관계 설정여부 등이 학교운영위원회의 성공적인 운영에 영향을 미칠 수 있는 요인들이다.

4) 학교운영위원들의 역할수행 능력과 상호관계

학교운영위원회가 성공하기 위해서는 구성주체들이 학교운영위원회의 본래 취지에 걸맞는 역할을 다할 수 있는 자질과 능력을 갖추어야 한다. 학교운영위원들이 교육이나 연수를 통하여 학교운영위원으로서 필요한 관점, 자질과 의식 그리고 역할수행능력을 갖추어 나가는 것은 학교운영위원회의 성공적인 운영에 필수적이라고 할 수 있다. 학교운영위원회의 성공적인 운영을 결정짓는 요인 중 하나가 학교운영위원들이 어떻게 상호작용하면서 어떤 관계를 맺어 나가느냐 하는 것이다. 학교운영위원들이 서로 간에 개방적이고 쌍방적인 의사소통을 할 때 학교운영위원회는 성공적으로 운영될 수 있다. 학교운영위원회 활성화를 위한 행정지원을 수용하는 정도는 단위학교가 교육행정기관의 행정지원을 어느 정도로 수용하고 활용하느냐에 따라 학교운영위원회의 성공적 운영여부가 달라진다.

6. 학교운영위원회의 발전방안

1) 학교운영의 학생 참여 보장

수요자 중심을 표방하고 있는 교육개혁 추진상황에서 다양한 구성원을 학교운영에 참여하도록 보장하는 학교운영위원회에서 최우선으로 의견수렴이 이루어져야할 학생의 참여는 보장하고 있지 않다. 즉, 현재 학교운영위원회는 법적으로 학교장, 교원, 학부모, 지역사회 인사만이 참여할 수 있다. 수요자중심교육을 실현할 목적으로 학교운영에 구성원들의 참여를 유도한다는 교육개혁의 취지에서 볼 때, 학교운영에 직접적인 교육수요자인 학생의 참여를 허용할 필요가 있다. 또한 학교운영위원회가 단위학교의 자치기구로 활성화를 위하여 매우 중요한 위치에 있다고볼 때, 학교자치 실현과 학교운영위원회가 학교자치기구로서 제대로 기능하기 위해서는 학생의 참여가 보장되어야 한다. 즉,「초·중등교육법」 제31조 제2항의 내용에 '학생'을 포함하는 것을 검토할 수 있다. 학교운영에 있어서 직접 영향을 받는 사람은 학생들이기 때문에 이들을 배제함은 학교운영의 완전한 민주화에 미흡하고, 자칫 행정편의주의로 볼 수 있다.

비록 학생들이 성숙한 존재가 아니라고 할지라도 세상에 대하여 자신의 견해를 가질 수 있는 존재이다. 학부모가 학생들을 대변한다고 하더라도 어른의 관점에서 학생들의 욕구나 관심을 파악하는 경향이 있어서 학부모가 학생들의 욕구와 관심을 잘 파악하기에는 한계가 있다. 따라서 학생들 자신의 생활이나 복지와 관련된 사항에 대하여 학생회를 통하여 직접 의견을 모으는 것도 필요하다. 즉, 학생들의 의견은 학급회와 학생회를 통해 수렴하고, 학생대표는 수렴된 의견을 학교운영위원회에 제안할 수 있어야 할 것이다. 이러한 과정이 점차 정착되면 학교운영위원회는 학교장, 교원, 학부모, 지역사회 인사, 학생들이 자유롭게 대화와 토론을 하는 학교 발전의 마당이 될 수 있을 것이다.

2) 사립학교 학교운영위원회의 위상 격상

「초·중등교육법 시행령」 제63조(사립학교의 운영위원회)에 따르면, 국·공립학교뿐만 아니라 사립학교 학교운영위원회의 기능이나 위상, 권한이나 역할도 동등하게 주어져야 한다. 현재 우리나라 중등교육체제는 학생이나 학부모가 학교를 선택하는 것을 허용하지 않는다. 따라서 사립학교도 학생과 친권자인 학부모 그리고 교사 등과 관련된 기본권이 보장되어야 하며, 그 목적으로 학교운영에 국·공립학교와 마찬가지로 동등하게 참여할 권리가 보장되어야 할 것이다. 사립학교로 배정받은 학생이나 학부모도 권리추구에 있어서 국·공립학교와의 보편성을 요구할 수 있는 것이다.

대부분의 사립학교가 정부보조금으로 운영되기 때문에 학교운영위원회를 국·공립학교와 차등을 두는 것은 형평성에도 어긋난다. 1999년 「초·중등교육법」이 개정되면서 국·공립학교뿐만 아니라 모든 사립학교에도 학교운영위원회를 의무적으로 설치하도록 하였다. 또한 사립학교의 학교운영위원회의 역할과 기능도 국·공립학교의 그것에 따라 적용하도록 하였다. 이어 2022년 3월 1일부터 사립학교의 학교운영위원회도 법률 제18461호에 따라 심의기구로 격상되었다. 다만, 위원 구성에 있어서 교원위원은 교직원회의에서 추천한 이 중에서 학교장이 위촉하도록 하고 있어 아직 학교법인이 교원위원 선출에 관여하는 상황에서 완전히 벗어나지 못하고 있다.

3) 학교 내·외의 의사결정기구들과의 관계 정립

학교 안팎에 학교운영위원회 외에도 학교운영에 도움을 주는 여러 기구가 존재한다. 이러한 학교운영위원회와 단위학교의 다른 의사결정기구들과의 관계가 효율적으로 연계될 수 있도록 관계를 정립해야 할 필요가 있다. 학교 내의 조직을 학교구성원들이 공통된 관심을 가지고 유대관계를 결속시킬 수 있도록 하고, 급식소위원회처럼 일부는 학교운영위원회의 산하 조직으로 두는 것도 좋은 방법이 될 수 있다.

학교 내·외 조직과 관계 정립이 확고해야 학교운영위원회는 단위학교 자치활동을 함에 있어 참여적 의사결정의 효율성을 극대화할 수 있다. 학교운영위원회가 단위학교 자치활동을 하는 과정에서 학교의 모든 운영주체는 의사결정의 전 영역에 같은 방식으로 참여하여 모두 같은 의사결정 권한을 가질 수는 없다. 따라서 전문지식이 필요한 경우에는 각 주체의 전문성을 인정해 줄 수 있어야 하고, 비전문적인 사안일 경우에는 다양한 구성원의 의견을 수렴할 수 있도록 제도를 개선해야 할 것이다.

학교운영위원회와 교무회의, 학부모회, 학생회 등은 각기 다루어야 할 사항이 각 조직의 특성상 다를 것이다. 학교운영위원회에서는 학교운영 전반에 관한 구성원들의 공통적인 사항을, 교무회의나 학부모회, 학생회에서는 각각 교사집단이나 학부모집단, 학생집단의 문제를 주로 다룰 수 있을 것이다. 즉, 교무회의에서는 학교운영을 하는 데 있어서 교사나 전문행정가 등의 전문지식과 기술이 필요한 사항을 주로 담당하고 학부모회나 학생회에서는 비전문적인 사항에 대해 논의할 수 있다. 이렇게 각각의 사항들이 각각의 조직에서 논의되었다면, 학교운영위원회는 각각의 논의를 종합하여 다수결로 결정할 수 있어야 할 것이다.

4) 학교운영위원회 평가체제 구축

학교운영위원회의 운영실적에 대하여 자체적으로, 혹은 교육행정 당국으로부터 평가받아 실질적인 문제를 발견하고 그에 맞는 대응책을 마련하는 것이 중요하다. 따라서 학교운영위원회를 학교 최고의결기관으로 두는 것을 전제로 할 때, 책무성 이행을 강화하는 방안이 마련되어야 하며, 이는 학습자의 학습권을 보호하는 의미 뿐만 아니라 교직원의 사기진작 그리고 정당한 평가를 받고자 하는 교직원의 보호수단으로 활용되어야 한다는 전제하에서 이루어져야 한다.

외부로부터 평가받을 때는 형식적인 실적 위주의 학교운영위원회가 될 우려가 있으므로 해당학교의 운영위원을 포함한 자체평가위원회를 구성해야 한다. 자체평가를 담당하는 위원은 학교운영위원회의 구성원인 학부모, 지역사회 인사, 동문(同門)뿐만 아니라 교육행정기관의 장학담당자, 교육전문가 등으로 구성할 수 있다. 평가내용으로는 위원 선출과정, 심의과정 등 절차의 민주성과 결과의 투명성 · 공정성에 중점을 두어야 한다. 특히 단위학교 자치를 활성화하기 위해서는 다양한 구성주체의 의견이 적극적으로 수렴될 수 있도록 학교의 재량권이 확대되어야 하고, 이에 대한 책무성을 강화하기 위해 평가체제가 마련되어야 한다.

연구 및 토의 문제

1. 단위학교책임경영제가 갖는 의미를 알아보고, 이를 정착시키기 위한 다양한 방안에 대하여 논의해 보자.

2. 학교운영위원회의 의의와 역할의 중요성을 찾아보고, 이에 따른 학교운영의 기능과 성과에 대하여 토의해 보자.

3. 학교운영위원회의 바람직한 발전방안을 찾아보고, 진정한 수요자 중심의 학교운영위원회가 나아가야 할 길에 대하여 논의해 보자.

참고문헌

강원도교육청(1998). 학교운영위원회는 좋은 학교를 만듭니다.

교육과학기술부(2012). 2013 학교운영위원회 길잡이. 교육과학기술부.

김부자(2002). 학교운영위원회의 운영·실태와 성과분석. 경성대학교 대학원 박사학위논문.

김성열(2000). 성공적인 학교운영위원회의 특성에 관한 사례 연구. 교육행정학연구, 18(3), 243-269.

김창걸(1992). 교육행정학신론. 서울: 형설출판사.

박세훈(2000). 단위학교책임경영제의 조건과 성과에 관한 연구. 교육행정학연구, 18(4), 33-68.

성삼재(1997). 영국 학교운영위원회의 조직과 운영. 서울: 서울특별시교육연구원.

신상명(2000). 단위학교책임경영을 위한 학교운영위원회의 발전과제 탐색. 교육행정학연구, 18(1), 31-67.

오세윤, 배순기(2003). 학교운영위원회 역량 제고 방안. 한국사회와 행정연구, 13(4), 345-366.

유평수(1996). 의사결정에서 교사의 참여에 관한 탐색적 고찰. 교육행정학연구, 14(1), 161-187.

유현숙(1995). 학교운영위원회 정착의 지름길. 교육개발, 통권 97호. 한국교육개발원.

이형행(1995). 사학의 자율과 학교운영위원회. 사학, 가을호(74), 29-64.

정현웅(1998). 학교운영위원회 운영에 관한 분석 연구. 세종대학교 대학원 박사학위논문.

정태범(2000). 학교 학급경영론. 서울: 교육과학사.

Murphy, J., & Beck, L. G. (1995). *School-based management as school reform*. Thousand Oaks, CA: Corwin Press, Inc.

법제처 국가법령정보센터 https://www.law.go.kr/LSW/main.html

제6장

교원의 인사

학습개요

1. 교육인사행정의 개요를 알아보고, 교원의 효율적인 수급제도와 복무규정의 바람직한 방향에 대하여 생각해 본다.

2. 교원의 임용 관련 용어를 명확히 알고, 조직 차원에서 승진의 의미를 이해한다.

3. 교육공무원의 징계에 대해 알아보고, 징계가 신분상 어떤 조치를 취하는지를 파악한다.

1. 교육인사행정의 개요

1) 교육인사행정의 개념

교육인사행정은 교육조직의 목적을 효과적으로 달성하는 데 필요한 유능한 교육직원의 채용과 그들의 계속적인 능력개발 및 사기앙양을 도모하는 일련의 과정이라고 정의할 수 있다. 채용과정에는 인력계획, 모집, 시험, 임용 등이 포함되며, 능력개발에는 현직교육·훈련은 물론 근무성적평정, 승진, 전직, 전보 등이 포함된다. 사기앙양에는 보수와 근무환경을 포함하는 물리적 조건과 사회·심리적 요인이 포함된다.

교육인사행정은 교육에 관한 인사행정이다. 인사행정의 개념에 대해서 화이트(White, 1995)는 "조직원의 모집·시험·자격검정·직급·보수·직무분장·감독·훈련·근무평정·징계·면직·안전·복지시설·재해보상·퇴직·전문직단체·노동조합·사기(士氣)·신분보장·직업공무원제도창설 등에 관련된 문제를 다루는 것"으로 규정하였으며, 요더(Yoder, 1959)는 "조직원으로 하여금 그들의 직장에 대하여 최대의 공헌을 하는 동시에 최대의 만족을 얻을 수 있도록 도와주고 지도하는 활동"이라고 하였다. 또한 카스테터(Castetter, 1986)는 "조직의 목적을 달성하고 조직원의 능력개발을 극대화하며 개인의 목적과 조직의 목적을 조화시키기 위하여 인력을 유치·개발·유지·동기화시키는 것"이라고 하였다. 인사행정은 유능한 직원을 확보·배치하고 그들의 계속적인 능력개발을 도모하며, 높은 사기와 긍지를 지니고 직무에 최선을 다할 수 있도록 모든 여건을 조성하는 과정이다.

2) 교육인사행정의 기본원칙

교육인사행정의 원칙은 교육인사관리에 따라야 할 지침 또는 준거라 할 수 있으므로, 교육인사행정 과정에서는 그 원칙이 준수될 수 있도록 해야 한다.

서정화(1994)는 다음과 같은 다섯 가지 교육인사행정의 원칙을 제시하였다.

첫째, 전문성 확립의 원칙이다. 교직은 전문적이고 교원은 교육전문가이므로 교원의 전문적인 자질을 높이는 것은 교원임용체계나 교원교육에 있어 중요한 요건이다. 특히 교원의 승진, 자격, 전직, 전보 등을 포함하는 임용체계에 있어서 전문성이 요구된다.

둘째, 실적주의와 연공서열주의와의 적정배합의 원칙이다. 실적주의는 구성원의 직무수행능력을 강조하는 입장이고, 연공서열주의는 근무경력을 강조하는 입장이다. 전자는 구성원의 발전을 유도하고 능력 있는 사람을 활용할 수 있는 장점이 있으나, 본연의 직무에 집중하기보다는 승진을 위한 실적 쌓기에만 치중하게 할 우려가 있다. 후자의 경우, 객관성을 유지하고 행정의 안정성을 꾀할 수 있는 장점이 있으나 유능한 사람을 등용하는 데 제약을 받고, 행정의 침체성을 가져올 수 있는 단점이 있다. 따라서 교육인사행정에서는 이의 적정한 절충과 배합이 필요하다.

셋째, 공정성 유지의 원칙이다. 학교급별, 성별, 지역 등의 이유로 차등을 두지 않고 누구에게나 능력에 따라 동등한 기회를 주어 교원들의 불평과 불만의 소지를 없애는 것이다. 따라서 정실(情實)을 배제하고 구성원의 공감을 얻을 수 있으며 그들의 근무의욕을 북돋워 줄 수 있도록 공정하고 체계적인 인사관리가 이루어져야 한다.

넷째, 적재적소 배치의 원칙이다. 유능한 인력을 확보하고 그들이 주어진 직무를 잘 수행할 수 있도록 구성원의 능력과 적성, 흥미 등에 맞는 일을 맡기는 것은 조직의 능률향상 측면에서나 개인의 동기유발 측면에서 중요하다. 인력의 효율적인 배치와 활용은 조직의 생산성 향상과 구성원의 직무만족과 사기앙양에 직결되기 때문이다.

다섯째, 적정수급의 원칙이다. 교원의 수요와 공급을 적정하고도 원활하게 조절하여 교원양성과정의 운영과 교원자격 부여, 신규채용 등이 안정적으로 될 수 있도록 하는 것이다.

이러한 교육인사행정에서 전문성, 공정성, 적정배합, 적재적소, 적정수급의 문제는 정치, 경제, 사회 등 외부 환경에 의하여 그 가치와 원칙이 영향을 받을 수 있다는 점에서, 교육인사행정가들이 확고한 의지를 갖고 접근할 필요가 있다.

3) 교육직원의 분류

교육직원은 국·공·사립학교에서 직접 교육활동 등에 종사하는 자와 교육행정기관이나 교육연구기관에서 근무하는 모든 사람을 말한다. 교육직원은 교원, 교육공무원, 교육전문직원과 교직원 등으로 분류하며, 교원은 물론, 일반사무직원 및 교육전문직원을 총칭하는 말이다. 그리고 교직원은 국·공립학교, 국·공립계통의 교육행정기관과 교육연구기관에서 교육과 교육행정활동에 종사하고 있는 직원과 사립교육기관의 직원까지 포함한다. 공무원은 경력직공무원과 특수경력직공무원으로 분류하고, 교육공무원은 경력직공무원 중 특정직에 해당한다.

「국가공무원법」 제2조(공무원의 구분)에서는 다음과 같이 국가공무원을 분류하였다.

① 국가공무원은 경력직공무원과 특수경력직공무원으로 구분한다.
② '경력직공무원'이란 실적과 자격에 따라 임용되고 그 신분이 보장되며 평생 동안(근무기간을 정하여 임용하는 공무원의 경우에는 그 기간 동안을 말한다) 공무원으로 근무할 것이 예정되는 공무원을 말하며, 일반직공무원과 특정직공무원으로 구분한다.
③ '특수경력직공무원'이란 경력직공무원 외의 공무원을 말하며, 이에는 정무직공무원과 별정직공무원이 있다.

이러한 공무원의 분류를 나타내면 〈표 6-1〉과 같다.

표 6-1 공무원의 분류

경력직	일반직	기술·연구 또는 행정 일반에 대한 업무를 담당하는 공무원
	특정직	법관, 검사, 외무공무원, 경찰공무원, 소방공무원, 교육공무원, 군인, 군무원, 헌법재판소 헌법연구관, 국가정보원의 직원, 경호공무원과 특수분야의 업무를 담당하는 공무원으로서 다른 법률에서 특정직공무원으로 지정하는 공무원
특수 경력직	정무직	1. 선거로 취임하거나 임명할 때 국회의 동의가 필요한 공무원 2. 고도의 정책결정 업무를 담당하거나 이러한 업무를 보조하는 공무원으로서 법률이나 대통령령(대통령비서실 및 국가안보실의 조직에 관한 대통령령만 해당한다)에서 정무직으로 지정하는 공무원
	별정직	비서관·비서 등 보좌업무 등을 수행하거나 특정한 업무수행을 위하여 법령에서 별정직으로 지정하는 공무원

* 출처: 「국가공무원법」(법률 제19228호) 제2조(공무원의 구분).

(1) 교원(敎員)

각 학교에서 법령이 정하는 바에 따라 학생 또는 원아를 교육하는 자를 말한다. 구체적으로, ① 교원은 각 학교에서 근무하는 자를 뜻한다. ② 교원은 각 학교에서 원아와 학생을 직접 지도하고 교육하는 사람을 말한다. ③ 교원은 그 종별에 따른 자격을 가진 사람이어야 한다. ④ 교원은 법령이 정하는 일정한 합법적인 절차에 따라 임명되거나 승인된 사람이어야 한다.

교원에 속하지 않는 경우는 다음과 같다.

① 학교 이외의 교육기관 또는 교육행정기관 및 교육연구기관에서 교육의 성격을 띤 업무에 종사하고 있는 사람
② 각 학교에서 근무하는 직원이라 해도 원아와 학생을 직접 지도 · 교육을 하지 않는 행정직원
③ 「초 · 중등교육법」 제21조에 의한 법정자격을 갖추지 않은 사람
④ 합법적인 임명절차를 거치지 않은 사람

(2) 교육공무원

「교육공무원법」 제2조(정의) ①에 의하면, '교육공무원'이란 다음 각 호의 어느 하나에 해당하는 사람을 말한다.

① 교육기관에 근무하는 교원 및 조교
② 교육행정기관에 근무하는 장학관과 장학사
③ 교육기관, 교육행정기관 또는 교육연구기관에 근무하는 교육연구관 및 교육연구사

교원과 교육공무원의 개념에는 다음과 같은 차이가 있다. ① 교원은 국 · 공 · 사립의 각 학교에 근무하는 교원이 모두 포함되나, 교육공무원에는 사립학교 교원이 제외된다. ② 교원의 범주에는 시간강사나 조교도 포함되지만, 교육공무원에는 전임강사나 법령상 정원 내의 조교만을 포함한다. ③ 교원은 각 학교에 근무하는 교원만을 가리키나 교육공무원은 각 학교 이외의 교육행정기관과 교육연구기관에 근무

표 6-2 교원과 교육공무원의 차이

교원	교육공무원
국·공·사립의 각 학교에 근무하는 교원 모두 포함	국·공립학교에 근무하는 교원, 사립학교 교원은 제외
시간강사 및 조교 포함	전임강사 및 법령상 정원 내의 조교만을 포함
각 학교에 근무하는 교원	각 학교 이외의 교육기관인 교육행정기관 및 교육연구기관에 근무하는 교육전문직원을 포함

하는 교육전문직원을 포함한다. 교육전문직원은 교육행정기관 또는 교육연구기관에 근무하는 장학관·장학사·교육연구관과 교육연구사를 총칭하는 개념이다.

(3) 교육전문직원

교육행정기관 또는 교육연구기관에 근무하는 장학관·장학사·교육연구관과 교육연구사를 총칭한다. 교육인사행정에서 일반직공무원의 직군은 행정, 광공업, 보

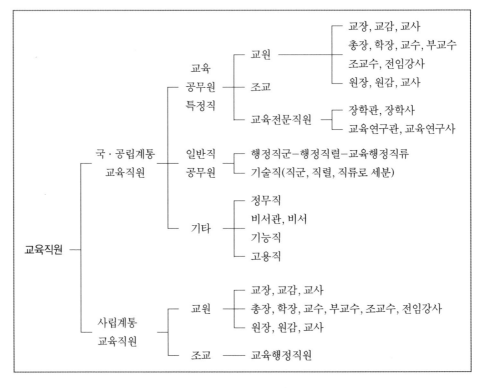

[그림 6-1] 교육직원의 분류

건의무, 시설, 정보통신 등이 있으며, 직렬로는 교육행정, 감사, 기계, 보건, 건축, 전산 등이 있다. 이같이 교육직원의 범위는 매우 넓고 다양하다. 그러나 교육인사행정에서 가장 중요하게 다루어지는 것은 교육공무원이며, 그중에서도 특히 교원이라고 할 수 있다.

앞에서 살펴본 각 교육직원 중 교원과 교육전문직원이 근무하는 곳을 기관별로 구분하면 〈표 6-3〉과 같다.

표 6-3 교원과 교육전문직원의 구분

구분	교육기관	교육행정기관	교육연구기관
교육직원의 분류	교육공무원 중 교원	교육공무원 중 교육전문직원	교육공무원 중 교육전문직원
기관명	각급학교	시 · 도교육청, 교육지원청 등	교육연구정보원, 교육연수원 등
소속 교육직원	교사, 수석교사, 교감, 교장	장학사, 장학관	교육연구사, 교육연구관

2. 교원의 수급과 복무

1) 교원의 수급제도

(1) 교원자격증제도

인사행정의 3대 변수는 적재(適材)의 충원, 지속적인 능력 발전과 높은 근무의욕의 유지라고 할 수 있다. 그 가운데 가장 중요한 변수는 합리적인 충원체제의 확립이다. 교육인사행정에서의 교원자격증제는 인사행정의 기본원리인 자격임용주의 또는 실적주의를 교직의 특수성에 적용한 제도로서 교원양성제도와 교원검정제도의 두 가지 방법에 따라 실시되고 있다. 이를 표로 나타내면 〈표 6-4〉와 같다.

표 6-4 교원양성제도와 교원검정제도

교원양성제도	직접양성제도	교육대학이나 사범대학과 같이 교육양성이 목적인 교육기관에서 이루어지는 제도	
	간접양성제도	일반대학에서 교직과목을 이수함으로써 교원자격증을 취득할 수 있는 제도	
교원검정제도	직접검정제도	시험검정	고시검정
			전형검정
	간접검정제도	무시험검정	

(2) 교원양성제도

　우리나라의 교사양성의 유형은 목적형(폐쇄형) 체제와 개방형 체제로 나눌 수 있다. 목적형은 대학이 교사양성이라는 단일목적에 의하여 설립·운영하는 초등교사양성을 위한 체제로, 전국의 각 교육대학교와 이화여자대학교 초등교육과, 한국교원대학교 초등교육과에서 이루어지는 목적형 체제로 되어 있다. 한편, 개방형은 교사양성만을 목적으로 하는 특정대학을 설치하지 않아도 일반대학에 교직과정을 설치·운영하거나 교육대학원에서 교사양성을 할 수 있도록 하는 형태이다(김기태, 조평호, 2006). 중등교사양성은 사범대학과 함께 이와 같은 다양한 과정을 통해 이루어지므로 개방형 체제라 할 수 있다.

　이와 같은 목적형과 개방형은 각각의 장·단점을 가지고 있다. 목적형은 국가 차원에서 교사양성의 양과 질을 통제하기 쉽지만, 교사양성의 직접 통제에서 오는 획일성과 편협성이 문제점으로 지적되기도 한다. 반면, 개방형은 다양한 분야에서 능력을 갖춘 이들에게 교사가 될 수 있는 길을 열어 준다는 장점이 있으나, 양성과정의 초기 단계에서부터 가져야 할 교직에 대한 목적의식이 부족할 수 있고, 교직전문

표 6-5 교원양성의 목적형 체제와 개방형 체제의 장·단점

구분	목적형(폐쇄형) 체제	개방형 체제
장점	국가 차원에서 교사양성의 양과 질 통제가 쉽다.	다양한 분야에서 능력을 갖춘 이들에게 교직입문기회를 제공할 수 있다.
단점	교사양성의 직접 통제에서 오는 획일성, 편협성 우려가 있다.	교직에 대한 목적의식이 부족할 수 있고 교직전문성이 경시될 수 있다.

2. 교원의 수급과 복무

성이 경시될 수 있다는 단점이 있다(정태범, 2000).

교원양성의 목적형 체제와 개방형 체제의 장·단점을 표로 나타내면 〈표 6-5〉와 같다.

(3) 교원인사제도

개방형 인사제도는 공직의 모든 계급이나 직위를 불문하고 신규채용이 허용되는 인사체제이며, 폐쇄형 인사제도는 공직에의 신규채용이 최하위계층에서만 허용되며 내부승진을 통해 상위계층까지 올라갈 수 있는 인사체제이다. 우리나라의 교육인사행정은 그동안 폐쇄성이 강했으나, 개방형 직위제도의 도입으로 혼합형의 인사체제를 운영하려고 시도하고 있다. 정부는 1999년 고위직에 공직 안팎의 전문가를 받아들이는 개방형 직위제도를 도입하였는데, 가끔 거론되는 교장 선출제도는 이러한 맥락에서 새로운 바람으로 볼 수 있다.

(4) 행정수요와 교원수급계획

인사행정은 개인에게는 자신의 능력과 잠재력을 활용할 수 있도록 예측기회를 제공하며, 조직에는 조직의 성과를 효율적으로 달성하기 위해 유능한 인력을 확보할 수 있는 바탕을 제공하기에, 행정의 목표와 수요에 대한 정확한 인력계획은 중요하다. 교육행정에서 인력은 주로 교육공무원이 대상이 된다. 인력은 그 형성 기간이 매우 길어서 장기 전망이 필요하다.

「초·중등교육법 시행령」 제3장 제2절(교직원에 관한 규정)과 제4장(학교의 편제기준)에 의하면, 교원의 정원은 학교의 학급 수를 기준으로 책정하고, 학생 수는 학교의 편제기준에 따라서 결정한다. 교원의 공급은 수요를 기초로 하여 적절하게 이루어져야 하며, 이는 교원자격증제도의 운영과도 직결된다. 보다 합리적이고 과학적인 교원수급계획을 수립하는 데 고려되어야 할 요인에 관한 종합적인 분석연구가 요구되며, 중등학교 교원은 수급계획에 상당한 신축성을 요구한다.

2) 교원의 임용

'임용(任用)'은 교육공무원 신분을 발생·변경 및 소멸시키는 행위로서 신규채용・승진・승급・전직・전보・겸임・파견・강임・휴직・직위해제・정직・복직・면직・해임 및 파면 등을 총칭하는 개념이다. 현행「교육공무원법」에서는 국립대학 졸업자 우선임용제도를 폐지하고, 교사임용후보자선정경쟁시험을 통하여 교원의 신규채용을 공개전형으로 하고 있다.

① 신규채용: 국・공립학교의 교사임용권자는 각 시・도 교육감으로, 공개전형에 의해 교사를 임용하고, 사립학교는 대체로 학교단위로 교사를 임용한다. 현행 교사임용시험은 제1차와 제2차 시험으로 구분하여 실시되며, 시험은 필기시험과 실기시험, 면접시험으로 구성된다.
② 승진임용: 초・중등학교의 경우 교사-교감-교장으로, 대학의 경우에는 전임강사-조교수-부교수-교수로 승진된다. 장학직에서는 장학사-장학관으로, 연구직에서는 교육연구사-교육연구관으로 승진된다.

표 6-6 임용 관련 용어의 정의

용어	정의
직위	1명의 공무원에게 부여할 수 있는 직무와 책임(일의 자리)
직급	직무의 종류・곤란성과 책임도가 상당히 유사한 직위의 군
승진	동종의 업무에 종사하는 바로 하위직에서 상위직으로의 수직적인 인사이동 [예] 교사 → 교감, 교감 → 교장, 장학사 → 장학관, 교육연구사 → 교육연구관
승급	일정한 재직기간이 경과한 이후 기타 법령의 규정에 의하여 현재의 호봉보다 높은 호봉을 부여하는 것
전직	교육공무원의 종별과 자격을 달리하는 임용 [예] 교사・교감・교장 ↔ 교육전문직, 교육연구사(관) ↔ 장학사(관) 　　　초등학교교원 ↔ 중등학교교원, 유치원교원 ↔ 초등학교교원
전보	교육공무원의 동일직위 및 자격 내에서의 근무기관이나 근무부서를 달리하는 임용. 즉, 동일 직급 내에서의 보직 변경 [예] 교육(지원)청 장학사(관) ↔ 교육(지원)청 장학사(관), 중(고등)학교 교사 ↔ 　　　중(고등)학교 교사, 중(고등)학교 교감・교장 ↔ 중(고등)학교 교감・교장
복직	휴직・직위해제 또는 정직 중에 있는 교육공무원을 직위에 복귀시키는 것
강임	동종의 직무 내에서 하위의 직위에 임명하는 것
추서	이미 사망한 자를 사망 당시 직급보다 상위직급으로 임용하는 것

③ 전직과 전보: 전직은 같은 종류의 직렬이 아닌 다른 직렬의 직위에 임용되는
것을 의미하며, 전보는 같은 직렬 안에서 현 직위를 유지하는 수평적 이동을
뜻한다.
④ 휴직과 복직: 휴직은 교육공무원으로서의 신분을 보유하면서 담당업무 수행
을 일시적으로 해제하는 행위이며, 복직은 휴직상태에 있는 교육공무원을 다
시 담당직무에 복귀시켜 종사하게 하는 임용행위를 말한다.

교육공무원의 임용 관련 용어를 정리하면 〈표 6-6〉과 같다.

3) 근무조건과 사기

공무원은 보통 신규임용 후 퇴직 때까지 여러 번의 지위이동을 하게 되는데, 지위
의 상승이동은 승진, 하강이동은 강임, 수평이동은 전직과 전보를 통해 이루어진다.

(1) 승진과 보수

'승진(昇進)'이란 특정한 직책에 가장 적합한 자를 선별해 내는 내부임용 방법의
하나로서, 상위직으로 이동하여 종전보다 무거운 직책을 담당하게 되는 것을 의미
한다. 승진은 조직 차원에서 효율적인 인력 활용에 기여하며, 개인적으로 승진을 위
해 제각기 자신의 능력발전을 도모하는 유인을 제공한다.
교육인사행정 영역에서 교원의 보수와 후생 또는 급여와 연금 및 교원공제회제
도는 영역 전반에 거쳐 중요한 부분일 뿐 아니라 교육재정과 연계되는 긴요한 분야
이다. 교원의 사기를 높이고 동기부여와 성과에 대한 보상이라는 측면에서 능률에
결정적인 영향을 미친다. 따라서 보수제도를 개선하고 복지시책을 강화해 나가야
한다.

(2) 근무조건과 근무부담

교원의 근무부담이란 좁은 뜻으로는 교원 한 사람당 학생 수나 맡은 수업시간 수
를 뜻하며, 넓은 뜻으로는 교원 자신이 수행하는 전문적인 직무와 관련한 시간과
노력의 투입이 필요한 모든 활동을 포괄하는 개념으로 파악된다. 교원의 근무부담

이 교육효과에 미치는 영향은 중대하다. 일선학교 교원의 근무부담이 적정하면 교수·학습활동 등의 효과도 향상되지만, 근무부담이 과중하면 그에 따른 불만과 사기저하가 교육에 역효과를 낼 수 있다.

교원의 근무부담을 결정하는 주된 요인으로는 담당수업시간 수, 학급당 학생 수, 담당과목 수, 학생 수준과 지도의 어려움 정도, 사무의 부담량 등을 꼽을 수 있다. 교원의 근무부담을 줄이는 방안을 찾는 것은 교육인사행정에 있어서 교육공무원의 사기와 좋은 근무조건 제공 등의 인사행정의 과제와 관련하여 의의를 지닌다. 일차적으로 교육의 제반 조건을 개선하고, 이차적으로 교원이 부담하는 일상적인 사무나 잡무를 최소한으로 줄이는 방안을 추진해 나가야 한다.

4) 교원의 복무

(1) 복무의 성격

「헌법」 제7조 ①에 의하면 "공무원은 국민 전체에 대한 봉사자이며, 국민에 대하여 책임을 진다."라고 규정하고 있고, 이 취지에 따라 「국가공무원법」은 공무원이 국민 전체의 봉사자로서 직무를 민주적이고 능률적으로 수행할 것을 규정하고 있다(「국가공무원법」 제1조, 제55조). 여기에 교원인 공무원 복무의 기본원칙이 표현되어 있다고 할 수 있다.

교원이 교육목적을 효율적으로 달성하기 위해서는 교원의 행동규범을 준수해야 하며, 공무원으로서 성실의 의무를 비롯하여 신분상 및 직무상 여러 의무를 진다. 이것은 국민 전체에 대한 봉사자라는 지위에서 우러나는 윤리적 성격에 바탕을 둔다. 따라서 교원이 국민의 신뢰를 얻기 위해서는 현실적으로 교육을 담당·수행하며 국민의 공복으로서 흠 없는 인격적 요소를 갖추고 그 바탕 위에서 직무를 수행해야 한다.

(2) 교원의 임무

「초·중등교육법」 제20조(교직원의 임무)에는 교직원의 임무와 관련하여 다음과 같은 내용을 규정하고 있다.

① 교장은 교무를 총괄하고, 소속 교직원을 지도·감독하며, 학생을 교육한다.

② 교감은 교장을 보좌하여 교무를 관리하고 학생을 교육하며, 교장이 부득이한 사유로 직무를 수행할 수 없을 때에는 교장의 직무를 대행한다. 다만, 교감이 없는 학교에서는 교장이 미리 지명한 교사(수석교사를 포함한다)가 교장의 직무를 대행한다.

③ 수석교사는 교사의 교수·연구 활동을 지원하며, 학생을 교육한다.

④ 교사는 법령에서 정하는 바에 따라 학생을 교육한다.

⑤ 행정직원 등 직원은 법령에서 정하는 바에 따라 학교의 행정사무와 그 밖의 사무를 담당한다.

(3) 교원의 임용 및 복무규정

「교육공무원법」 제2조(정의) ⑥에 의하면 임용이란 신규채용·승진·승급·전직·전보·겸임·파견·강임·휴직·직위해제·정직·복직·면직·해임 및 파면을 말한다.

교육공무원의 임용은 그 자격, 재교육성적, 근무성적, 그 밖에 실제 증명되는 능력에 의하여 한다(「교육공무원법」 제10조). 교원의 자격을 갖추고 임용을 원하는 모든 자에 대하여 능력에 따라 균등한 임용의 기회가 보장되어야 한다. 그러나 「교육공무원법」상 결격사유가 있거나 「공직선거법」 위반자는 교육공무원으로서 임용될 수 없다. 「국가공무원법」 제33조(결격사유)에 규정된 공무원의 결격사유는 다음과 같다.

1. 피성년후견인(질병·장애·노령·그 밖의 사유로 인한 정신적 제약으로 사무를 처리할 능력이 지속적으로 결여된 사람으로서 가정법원으로부터 성년후견 개시의 심판을 받은 사람(「민법」 제9조)

2. 파산선고를 받고 복권되지 아니한 자

3. 금고 이상의 실형을 선고받고 그 집행이 종료되거나 집행을 받지 아니하기로 확정된 후 5년이 지나지 아니한 자

4. 금고 이상의 형의 집행유예를 선고받고 그 유예 기간이 끝난 날부터 2년이 지나지 아니한 자

5. 금고 이상의 형의 선고유예를 받은 경우에 그 선고유예 기간 중에 있는 자

6. 법원의 판결 또는 다른 법률에 따라 자격이 상실되거나 정지된 자

6의2. 공무원으로 재직기간 중 직무와 관련하여 「형법」 제355조 및 제356조에 규정된 죄를 범한 자로서 300만 원 이상의 벌금형을 선고받고 그 형이 확정된 후 2년이 지나지 아니한 자

6의3. 다음 각 호의 어느 하나에 해당하는 죄를 범한 사람으로서 100만 원 이상의 벌금형을 선고받고 그 형이 확정된 후 3년이 지나지 아니한 사람

　　가. 「성폭력범죄의 처벌 등에 관한 특례법」 제2조에 따른 성폭력범죄

　　나. 「정보통신망 이용촉진 및 정보보호 등에 관한 법률」 제74조 제1항 제2호 및 제3호에 규정된 죄

　　다. 「스토킹범죄의 처벌 등에 관한 법률」 제2조 제2호에 따른 스토킹범죄

6의4. 미성년자에 대한 다음 각 목의 어느 하나에 해당하는 죄를 저질러 파면 · 해임되거나 형 또는 치료감호를 선고받아 그 형 또는 치료감호가 확정된 사람(집행유예를 선고받은 후 그 집행유예 기간이 경과한 사람을 포함한다)

　　가. 「성폭력범죄의 처벌 등에 관한 특례법」 제2조에 따른 성폭력범죄

　　나. 「아동 · 청소년의 성 보호에 관한 법률」 제2조 제2호에 따른 아동 · 청소년 대상 성범죄

7. 징계로 파면처분을 받은 때부터 5년이 지나지 아니한 자

8. 징계로 해임처분을 받은 때부터 3년이 지나지 아니한 자

아울러 「교육공무원법」 제10조의4(결격사유)에 의하면 다음 각 호의 어느 하나에 해당하는 사람은 교육공무원으로 임용될 수 없다(부록의 「교육공무원법」 참조).

교육공무원으로 신규 채용되거나 승진 또는 전보될 때는 임용권자는 당해 교육공무원에게 임명장 또는 임용장을 수여한다. 단, 대학의 교수 이하의 교원 및 각급 학교 교사의 전보는 인사발령통지서의 교부로써 임용장의 수요에 대신할 수 있다.

3. 교원의 휴가와 휴직

1) 휴가

(1) 휴가의 정의와 종류, 실시원칙

「교원휴가에 관한 예규」 제3조(휴가의 정의)에 "휴가라 함은 학교의 장이 일정한 사유가 있는 교원의 신청 등에 의하여 일정 기간 출근의 의무를 면제하여 주는 것으로, 연가·병가·공가·특별휴가를 총칭한다."라고 되어 있다. 휴가의 종류는 다음과 같다.

- **연가(年暇)**: 정신적·신체적 휴식을 취함으로써 근무능률을 유지하고 개인생활의 편의를 위하여 사용하는 휴가
- **병가(病暇)**: 질병 또는 부상으로 직무를 수행할 수 없는 경우 또는 감염병에 걸려 다른 교직원, 학생 등의 건강에 영향을 미칠 우려가 있을 때 부여받는 휴가
- **공가(公暇)**: 교원이 일반국민의 자격으로 국가기관의 업무수행에 협조하거나 법령상 의무의 이행이 필요한 경우에 부여받는 휴가
- **특별휴가**: 사회통념 및 관례상 특별한 사유(경조사 등)가 있는 경우 부여받는 휴가

이렇게 교원의 휴가는 연가·병가·공가·특별휴가로 구분한다. 학교의 장은 휴가를 허가함에 있어 소속 교원이 원하는 시기에 법정 휴가일수가 보장되도록 하되, 연가는 학생들의 수업 등을 고려하여 특별한 사유가 없는 한 수업일을 제외하여 실시하도록 하고, 휴가로 인한 수업 결손 등이 발생하지 않도록 필요한 조치를 하여야 한다. 교원이 휴가·지참·조퇴·외출과 「공무원 여비 규정」 제18조의 규정에 따른 근무지 내 출장을 가고자 하는 때에는 「위임전결규정」이 정한 허가권자에게 근무상황부에 미리 신청하여 사유 발생 전까지 허가받아야 한다. 다만, 병가, 특별휴가 등 불가피한 경우에는 당일 정오까지 필요한 절차를 밟아야 하며, 이 경우 다른 교원에게 이를 대행하게 할 수 있다(부산광역시교육연구정보원, 2020: 357).

(2) 연가

정신적·신체적 휴식을 취함으로써 근무능률을 유지하고 개인 생활의 편의를 위하여 사용하는 휴가를 말한다. 연가는 매년 1월 1일부터 12월 31일까지 1년 단위로 실시하며 이월은 금지한다. 교원의 연가는 학생수업 등을 고려하여 특별한 사유가 없는 한, 하계·동계방학 및 학기 말 휴업일에 실시함을 원칙(장기재직휴가도 동일)으로 한다. 연가는 1회 6일 이내로 허가(7일 이상은 분할하여 시행)하며, 공무 외 국외 여행, 병가기간 만료 후 계속 요양 시에는 예외이다. 결근·정직·직위해제 일수는 연가 일수에서 공제한다(부산광역시교육연구정보원, 2020: 356-359).

「교원휴가에 관한 예규」 제5조(연가) ①에 "학교의 장은 다음 각 호의 어느 하나에 해당한다고 판단할 때는 수업일 중 소속 교원의 연가를 승인한다."라고 되어 있다.

1. 본인 및 배우자 직계존속의 생일
2. 배우자, 본인 및 배우자 직계존속의 기일
3. 배우자, 본인 및 배우자 직계존비속 또는 형제·자매의 질병, 부상 등으로 일시적인 간호 또는 위로가 필요하다고 인정되는 경우
4. 병가를 모두 사용한 후에도 직무를 수행할 수 없거나 계속 요양을 할 필요가 있는 경우
5. 한국방송통신대학교 출석 수업 및 일반대학원 시험에 참석하는 경우
6. 본인 및 배우자 부모의 형제·자매 장례식
7. 본인 및 배우자 형제·자매의 배우자 장례식
8. 본인 자녀의 입영일
9. 기타 상당한 이유가 있다고 소속 학교의 장이 인정하는 경우

교원의 재직기간별 연가 일수는 〈표 6-7〉과 같다.

| 표 6-7 | 재직기간별 연가 일수 |

재직기간	연가 일수	재직기간	연가 일수
3월 이상 6월 미만	3일	3년 이상 4년 미만	14일
6월 이상 1년 미만	6일	4년 이상 5년 미만	17일
1년 이상 2년 미만	9일	5년 이상 6년 미만	20일
2년 이상 3년 미만	12일	6년 이상	21일

* 출처: 부산광역시교육연구정보원(2020). 교육실무편람. 부산교육총서 제30집, p. 358.

　　교원에게 연가 일수가 없는 경우 또는 당해 재직기간의 잔여 연가 일수를 초과하는 휴가 사유가 발생한 때는 그다음 재직기간의 연가 일수를 〈표 6-8〉에 따라 미리 사용하게 할 수 있다. 연가 미리 쓰기는 다음 연도 재직기간의 전 기간을 정상근무를 전제로 한 것으로, 복무승인권자는 다음 연도 휴직, 퇴직 등을 확인하여 연가 미리 쓰기 승인(별도의 사전 결재)이 필요하다.

| 표 6-8 | 미리 사용할 수 있는 연가 일수 |

재직기간	최대 연가 일수	재직기간	최대 연가 일수
1년 미만	3일	3년 이상 4년 미만	7일
1년 이상 2년 미만	4일	4년 이상 5년 미만	10일
2년 이상 3년 미만	6일		

* 출처: 「국가공무원 복무규정」(대통령령 제32172호) 제16조(연가계획 및 승인).

(3) 병가

　　「교원휴가에 관한 예규」 제6조(병가)에 따라 교원의 병가에 대하여는 「국가공무원 복무규정」 및 「국가공무원 복무·징계 관련 예규」에 따른다.

　　「국가공무원 복무규정」 제18조(병가)에 따르면, 행정기관의 장은 소속 공무원이 다음 각 호의 어느 하나에 해당할 때는 연 60일의 범위에서 병가를 승인할 수 있다. 이 경우 질병이나 부상으로 인한 지각·조퇴 및 외출은 누계 8시간을 병가 1일로 계산하고, 제17조 제5항에 따라 연가 일수에서 빼는 병가는 병가 일수에 산입하지 아니한다. 병가에 해당하는 경우는 다음과 같다.

① 질병 또는 부상으로 인하여 직무를 수행할 수 없을 때

② 감염병에 걸려 그 공무원의 출근이 다른 공무원의 건강에 영향을 미칠 우려가 있을 때

③ 공무원이 공무상 질병 또는 부상으로 직무를 수행할 수 없거나 요양이 필요할 때는 연 180일의 범위에서 병가를 승인할 수 있다. 그리고 병가 일수가 연간 6일을 초과하는 때는 의사의 진단서를 첨부하여야 한다.

(4) 공가

「국가공무원 복무규정」제19조(공가)에 따르면 공가에 해당하는 경우는 다음과 같다.

- 「병역법」이나 그 밖의 다른 법령에 따른 병역판정검사 · 소집 · 검열점호 등에 응하거나 동원 또는 훈련에 참가할 때
- 공무와 관련하여 국회, 법원, 검찰, 경찰 또는 그 밖의 국가기관에 소환되었을 때
- 법률에 따라 투표에 참가할 때
- 승진시험 · 전직시험에 응시할 때
- 원격지(遠隔地)로 전보(轉補) 발령을 받고 부임할 때
- 「산업안전보건법」제129조부터 제131조까지의 규정에 따른 건강진단,「국민건강보험법」제52조에 따른 건강검진 또는 「결핵예방법」제11조 제1항에 따른 결핵검진 등을 받을 때
- 「혈액관리법」에 따라 헌혈에 참가할 때
- 「공무원 인재개발법 시행령」제32조 제5호에 따른 외국어능력에 관한 시험에 응시할 때
- 올림픽, 전국체전 등 국가적인 행사에 참가할 때
- 천재지변, 교통 차단 또는 그 밖의 사유로 출근이 불가능할 때
- 「공무원의 노동조합 설립 및 운영 등에 관한 법률」제9조에 따른 교섭위원으로 선임(選任)되어 단체교섭 및 단체협약 체결에 참석하거나 같은 법 제17조 및 「노동조합 및 노동관계조정법」제17조에 따른 대의원회에 참석할 때
- 공무국외출장 등을 위하여 「검역법」제5조 제1항에 따른 검역관리지역 또는 중

점검역관리지역으로 가기 전에 같은 법에 따른 검역감염병의 예방접종을 할 때
- 「감염병의 예방 및 관리에 관한 법률」에 따른 제1급 감염병에 대하여 같은 법 제24조 또는 제25조에 따라 필수예방접종 또는 임시예방접종을 받거나 같은 법 제42조 제2항 제3호에 따라 감염여부 검사를 받을 때

(5) 특별휴가

특별휴가란 일반적으로 경조사 등이 있는 경우 부여받는 휴가를 말한다. 따라서 주로 결혼, 출산, 입양, 사망 등이 경조사휴가에 해당한다. 또한 학교의 장은 「교원의 지위 향상 및 교육활동 보호를 위한 특별법」 제15조(교육활동 침해행위에 대한 조치)에 따른 교육활동 침해의 피해를 받은 교원에 대해서는 피해 교원의 회복을 지원하기 위해 5일의 범위에서 특별휴가를 부여할 수 있다(부산광역시교육연구정보원, 2020: 363).

① 경조사휴가

경조사휴가는 그 사유가 발생한 날을 포함하여 전후에 연속하여 실시하는 것이 원칙(토요일·공휴일로 인하여 분리되는 경우를 제외하고는 분할하여 사용할 수 없음)이나, 본인 결혼휴가의 경우 30일 이내, 배우자 출산휴가의 경우에는 90일 이내의 범위에서 그 사유가 발생한 날부터 사용할 수 있다. 경조사 특별휴가 기간 중에 공휴일 및 토요일은 휴가 일수에 산입하지 않는다. 2일 이상의 경조사휴가 시 사유 발생일을 포함하여 경조사 전후에 연속 실시할 수 있다. 또한 휴가 일수가 1일인 경조사가 일요일 발생 시는 특별휴가가 불가능하다(부산광역시교육연구정보원, 2020: 364).

교원의 경조사별 특별휴가 일수는 〈표 6-9〉와 같다.

표 6-9 **경조사별 특별휴가 일수**

구분	대상	일수
결혼	본인	5
	자녀	1
출산	배우자	5
입양	본인	20

사망	배우자, 본인 및 배우자의 부모	5
	본인 및 배우자의 조부모, 외조부모	2
	자녀와 그 자녀의 배우자	2
	본인 및 배우자의 형제자매	1

* 출처: 「국가공무원 복무규정」 제20조(특별휴가) 제1항 관련 별표2.

② 기타 특별휴가

기타 특별휴가에는 출산 휴가, 여성보건 휴가, 수업 휴가 등이 있으며, 그 내용은 〈표 6-10〉과 같다.

표 6-10 기타 특별휴가

종류	대상	시기	일수
출산 휴가	• 임신하거나 출산한 교원	• 출산 전후(출산 후 45일)	• 90일 이내
여성보건 휴가	• 여자공무원	• 생리기와 임신한 경우의 정기점검	• 월 1회 1일 • 분리하여 사용 불가
육아시간	• 생후 1년 미만의 유아를 육아할 때	• 1일 1시간	• 출생 후 1년 동안(수업 등 학생지도에 지장이 없는 범위 내에서 허가)
수업 휴가	• 한국방송통신대학 재학 공무원으로 출석수업 시	• 출석수업 기간	• 법정연가를 먼저 사용한 후 부족한 일수에 한하여 인정됨
포상 휴가	• 「상훈법」에 의한 훈·포장 • 국무총리 이상 표창 • 모범공무원 선발 • 주요 업무의 성공적 수행	• 수상 후 3개월 이내 • 주요 업무의 성공적 수행 시는 즉시	• 6일 이내(휴업일 중 실시원칙)
재해 구호 휴가	• 재해·재난 피해공무원 • 재해·재난 발생지역에서 자원봉사활동 희망공무원	• 재해복구상 필요시	• 5일 이내
퇴직준비 휴가	• 정년퇴직 및 명예퇴직할 공무원	• 퇴직예정일 전 3월이 되는 날부터 퇴직 예정 전일	• 3월(명예퇴직수당지급 대상자로 결정되어 그 통보를 받은 날의 다음날부터 허가할 수 있음)

* 출처: 「국가공무원 복무·징계 관련 예규」, 인사혁신처 예규 제151호, pp. 167-181.

2) 휴직

(1) 휴직제도의 목적

교원의 휴직제도는 공무원이 재직 중 일정한 사유로 직무에 종사할 수 없는 경우에 면직시키지 아니하고 일정 기간 신분을 유지하면서 직무에 종사하지 않고 질병치료, 법률상 의무이행, 능력개발을 위한 연수기회를 부여하는 등 공무원의 신분을 보장하기 위한 것이다.

(2) 휴직사유 및 휴직기간
① 직권휴직

「교육공무원법」 제44조 ①에 따라 주요 직권휴직의 분류를 표로 나타내면 〈표 6-11〉과 같다. 이 중 제11호를 제외하고 본인의 의사와 관계없이 휴직을 명할 수 있다.

표 6-11　**직권휴직의 분류**

종류	질병휴직	병역휴직	생사불명	법정의무수행	노조전임자
근거	제1호	제2호	제3호	제4호	제11호
요건	• 신체 · 정신상의 장애로 장기요양을 요할 때	• 병역의 복무를 위한 징집 · 소집	• 천재지변, 전시 · 사변, 기타 사유로 생사나 소재 불명	• 기타 법률상 의무수행을 위한 직무 이탈	• 교원노동조합 전임자로 종사
기간	• 1년 이내(부득이한 경우 1년 연장) • 공무상 질병 또는 부상인 경우는 3년 이내	• 복무기간	• 3월 이내	• 복무기간	• 전임기간
재직 경력 인정	• 경력평정: 미 산입(단, 공무상 질병은 산입) • 승급제한(단, 공무상 질병은 승급 인정)	• 경력평정: 산입 • 승급인정	• 경력평정: 제외 • 승급제한	• 경력평정: 산입 • 승급인정	• 경력평정: 산입 • 승급인정
결원 보충	• 6월 이상 휴직 시 결원 보충	• 6월 이상 휴직 시 결원보충	• 결원보충 불가	• 6월 이상 휴직 시 결원보충	• 6월 이상 휴직 시 결원보충

보수	• 봉급 7할 지급(결핵은 8할) • 공무상 질병은 전액 지급	• 지급 안 함	• 지급 안 함	• 지급 안 함	• 지급 안 함
수당	• 공통수당: 보수와 같은 율 지급 • 기타 수당: 휴직 사유별 차 등 지급	• 지급 안 함	• 지급 안 함	• 지급 안 함	• 지급 안 함
기타	• 의사의 진단서 첨부				

* 출처: 부산광역시교육연구정보원(2020). 교육실무편람. 부산교육총서 제30집, p. 348.

② 청원휴직(「교육공무원법」 제44조 제1항, 제45조 제1항)

청원 휴직은 유학, 육아, 간병 등의 사유로, 교육공무원 본인이 원하여 휴직하는 것이다. 그 내용은 〈표 6-12〉와 같다.

표 6-12   청원휴직의 분류

종류	유학휴직	고용휴직	육아휴직	입양휴직	연수휴직	간병휴직	동반휴직
근거	제5호	제6호	제7호	제7호의 2	제8호	제9호	제10호
요건	학위취득 목적의 해외유학, 외국에서 1년 이상 연구·연수	국제기구, 외국기관, 대학·연구기관, 외국기관, 재외교육기관, 대통령령의 민간단체에 임시고용	만 8세 이하의 자녀 양육 또는 여성 교원의 임신·출산	만 19세 미만의 아동 입양	교육부장관이 지정하는 국내 연구기관·교육기관 등에서 연수	부모·배우자·자녀, 배우자의 부모 간병	배우자가 국외근무나 제5호에 해당된 때
기간	3년 이내(학위취득의 경우 3년 연장 가능)	고용기간	자녀 1명에 대하여 1년(여성 교원의 경우 3년) 이내	6개월 이내(입양자녀 1인당)	3년 이내	1년 이내(재직기간 중 총 3년)	3년 이내(3년 연장 가능)
재직경력인정	• 경력평정: 5할 산입 • 승급인정	• 경력평정: 산입(비상근 5할 산입) • 승급인정	• 경력평정: 산입 • 승급인정	• 경력평정: 산입 • 승급인정	• 경력평정: 5할 산입 • 승급제한	• 경력평정: 제외 • 승급제한	• 경력평정: 제외 • 승급제한

결원 보충	6월 이상 휴직 시 결원 보충	6월 이상 휴직 시 결원보충	6월 이상 휴직 시 결원 보충, 출산 휴가일부터 후임자 보충	6월 이상 휴직 시 결원 보충	6월 이상 휴직 시 결원 보충	6월 이상 휴직 시 결원 보충	6월 이상 휴직 시 결원보충
보수	봉급 5할 지급(3년 이내)	지급 안 함	지급 안 함	지급 안 함	지급 안 함	지급 안 함	지급 안 함
수당	수당규정에 따라 지급	지급 안 함	수당규정에 따라 지급	지급 안 함	지급 안 함	지급 안 함	지급 안 함
기타			출산휴가 별도 신청 가능				

* 출처: 부산광역시교육연구정보원(2020). 교육실무편람. 부산교육총서 제30집, p. 349.

(3) 휴직절차

직권휴직의 절차는 다음과 같다.

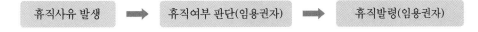

청원휴직의 절차는 다음과 같다.

(4) 휴직기간 중의 봉급

신체·정신상의 장애로 인한 장기요양 휴직은 봉급의 7할을 지급하며, 결핵성 질환으로 인한 휴직은 봉급의 8할 지급, 공무상 질병휴직은 봉급의 전액 지급, 외국유학 또는 1년 이상의 국외연수 휴직은 봉급의 5할 지급, 그리고 규정되어 있지 않은 휴직은 봉급을 지급하지 않는다.

(5) 휴직 시 유의사항

휴직기간 중 신분은 보유하나 직무에 종사하지 못하며, 6개월마다 소재지와 휴직 사유의 계속 여부를 기관장에게 보고하여야 하고, 휴직 중 사유가 소멸할 때에는 (30일 이내) 바로 복직조치를 하여야 한다. 휴직기간 만료 시 30일 이내에 복직신고를 하여야 하며(복직 시까지 기간은 휴직 처리), 휴직기간 연장 시에는 만료 15일 전까지 신청(「교육공무원 인사관리규정」제25조)하여야 한다. 경력이 인정되고 봉급받는 휴직(질병, 유학)은 복직 후 사직해야 호봉 재획정으로 퇴직금에 유리할 수 있다. 휴직기간의 만료 또는 휴직 사유 소멸 후 직무 미복귀 때에는 직권면직이 된다. 휴직 중의 징계, 직권면직(직제 조정 시), 직위해제, 명예퇴직이 가능하며, 가급적 학기단위 휴·복직이 이루어질 수 있도록 하여 학생의 학습권을 보호해야 한다. 그리고 정기전보 대상자가 전보일 현재 휴직을 원할 때는 전보대상자에서 제외된다.

4. 교원의 전보 · 승급 · 승진

1) 교원의 전보

'전보(轉補)'란 동일 직위 또는 자격 내에서 근무기관이나 부서를 달리하는 임용을 말한다. 전보는 교육감·교육장이 정하는 기간에 이루어지는 정기전보와 교육상 전보가 불가피하다고 인정할 때 동일직위 근속기간이 일정기간 이내라 하더라도 전보가 가능한 비정기 전보가 있다. 또 교육상 특히 필요하다고 인정할 때는 전보권자가 정하는 기간 동안 유예할 수 있는 때도 있다. 교원의 전보는 매년 3월과 9월— 교사의 경우는 대부분 3월—에 이루어지며, 학기 도중 전보는 부득이한 경우에만 이루어진다(김명수 외, 2010).

2) 교원의 호봉 및 승급

(1) 호봉의 획정

'호봉(號俸)'의 획정은 신규 채용되는 공무원에 한하며, 신규 채용일을 기준으로 이루어진다. 호봉계산은 다음에 따른다.

- 경력 = 환산경력연수 + (학령−16) + 가산연수
- 호봉 = 기산[1]호봉 + 경력

　경력계산은 구체적으로 다음과 같다. 여러 가지 경력이 있는 경우에는 각 경력을 계급별로 구분한 후 경력환산율별로 계산하여 합산한다. 그리고 환산율 적용 후의 경력기간은 12개월을 1년, 한 달을 30일로 계산한다. 기간 계산에 임용일은 산입하고 퇴직일은 제외한다(군 복무기간과 계약제 교원은 제외).

　둘 이상의 경력이 중복된 경우, 본인에게 유리한 경력 하나에 대하여만 계산한다. 석사 또는 박사학위 취득을 위하여 대학원에 다닌 경우는 경력으로 간주하며, 학력기간 산정은 학기단위로 한다. 초임호봉 확정 시 인정되는 임용 전 경력 중에서 특별승급 또는 승급제한 등의 사유가 있는 때에는 이를 가감한다. 두 개 이상의 교원자격증을 소지한 경우, 실제 채용된 과목의 소지자격증을 기준으로 기산호봉을 산정한다. 기산호봉은 〈표 6−13〉과 같다.

표 6−13　교원의 기산호봉

자격별	기산호봉	비고
정교사(1급)	9	교장, 원장, 교감, 원감, 교육장, 장학관, 교육연구관, 장학사 및 교육연구사에 대해서는 정교사(1급)의 호봉을 적용한다.
정교사(2급)	8	
준교사	5	
전문상담교사(1급)	9	
전문상담교사(2급)	8	
사서교사(1급)	9	
사서교사(2급)	8	
실기교사	5	
보건교사(1급)	9	
보건교사(2급)	8	
영양교사(1급)	9	
영양교사(2급)	8	

* 출처: 「공무원보수규정」(대통령령 제32980호) 제8조(초임호봉의 획정).

1) 기산(起算): 언제 또는 어디서부터 계산하기를 시작함.

‹

예를 들어, 초등학교 준교사자격증과 중등학교 국어과 2급 정교사자격증 소지자가 초등학교 교원으로 임용될 경우의 기산호봉은 5호봉이며, 중등학교 국어과 교원으로 임용될 경우 기산호봉은 8호봉이 된다. 중등학교 준교사자격증 소지자가 준교사로 재직하던 중 2급 정교사자격증을 획득한 경우에는 기산호봉을 8호봉으로 산정하고, 준교사 임용 시 적용받은 인정학력 및 가산연수는 1년을 그대로 적용한다.

(2) 승급

① 정기승급

정기승급의 대상은 정기승급일 현재 승급제한기간 중에 해당하지 아니하여야 하고 승급기간(승급에 필요한 기간)이 1년 이상이어야 한다. 승급기간 1년에 대하여 1호봉씩 승급시키며, 잔여승급기간은 다음 승급기간에 산입한다. 정기승급일은 매월 1일에 시행되는데, 구체적인 내용은 다음과 같다(「공무원보수규정」 제13조).

호봉 간 승급에 필요한 기간(이하 '승급기간'이라 한다)은 1년으로 한다. 「국가공무원법」 제26조의2에 따라 통상적인 근무시간보다 짧게 근무하는 공무원의 근무기간은 정상근무시간을 기준으로 근무시간에 비례하여 승급기간에 산입한다.

공무원의 호봉은 매달 1일자로 승급한다. 「공무원보수규정」 제13조 제3항에도 불구하고 제14조에 따라 승급제한을 받고 있는 공무원은 승급제한기간이 끝난 날의 다음 날에 승급한다. 이 경우 그 공무원이 제14조에 따른 승급제한 사유 없이 계속 근무하였을 때 획정되는 호봉을 초과할 수 없다. 그러나 다음과 같은 경우에는 승급이 제한되어 해당 기간 동안 승급할 수 없다(「공무원보수규정」 제14조).

- 징계처분, 직위해제 또는 휴직(공무상 질병으로 인한 휴직은 제외) 중인 사람
- 징계처분의 집행이 끝난 날부터 다음 각 목의 기간이 지나지 아니한 사람(강등·정직은 18개월, 감봉은 12개월)
- 법령의 규정에 따른 근무성적평정점이 최하등급에 해당되는 사람: 최초 정기승급 예정일부터 6개월

제1항에 따라 승급제한기간 중에 있는 사람이 다시 징계처분이나 그 밖의 사유로

승급을 제한받는 경우 승급제한기간은 제1항에 따른 승급제한기간이 끝난 날부터 기산한다.

공무원이 징계처분을 받은 후 해당 계급에서 훈장, 포장, 국무총리 이상의 표창, 모범공무원 포상 또는 제안의 채택으로 포상을 받은 때는 최근에 받은 가장 중한 징계처분에 대해서만 제1항 제2호에 규정한 승급제한기간의 2분의 1을 단축할 수 있다.

② 특별승급

특별승급은 법령 규정에 따른 제안의 채택 시행에 따른 인사상의 특전으로 승급시키고자 하는 경우에 해당한다. 제안이 채택되어 시행된 날이 속하는 달의 다음 달 1일 자로 승급한다. 다만, 승진 또는 승급의 제한을 받는 자는 승진 또는 승급의 제한이 만료된 날이 속하는 달의 다음 달 1일 자로 승급한다. 1호봉을 특별승급시키는데 특별승급일이 당해 공무원의 정기승급일인 경우에는 2호봉을 승급시킨다(「공무원보수규정」 제16조).

3) 교원의 승진

⑴ 승진의 의미

승진은 단순한 결원 보충의 의미를 갖는 것이 아니며, 구성원의 동기를 유발하고 사기를 진작시키는 수단이 된다는 의미에서 중요성이 있다. 승진은 책임과 의무의 증가에 비례하여 여러 가지 유 · 무형적 보상이 수반된다. 보수도 증가하고, 심리적으로 성공 또는 성취감을 느끼게 된다. 여러 경쟁자 중에서 승진자로 결정된 것은 또한 다른 교원들로부터 능력을 인정받는 계기가 될 수 있다.

승진은 조직 차원에서도 여러 가지 중요한 의미가 있다. 첫째, 어느 직위에 결원이 생겼을 때 전직, 전보의 수평적 이동과 함께 결원을 보충하는 중요한 수단이다. 둘째, 승진을 통해 경력목표의 달성과 자기성장을 확인할 수 있고, 직업에 대한 보람도 찾을 수 있다. 셋째, 승진은 동기를 유발하게 한다. 승진한 교원은 자기성취욕과 직무에 대한 만족감이 증가하면서 동기가 더욱 발전하고, 다른 동료나 부하직원에게는 하나의 자극요인으로 작용한다.

(2) 승진의 적용 대상

교육공무원의 승진은 「교육공무원법」 「교육공무원임용령」 「교육공무원 승진규정」 「교육공무원 인사관리규정」 「교원 등의 연수에 관한 규정」 「교원 등의 연수에 관한 규정 시행규칙」에 의한다.

「교육공무원 승진규정」 제2조(적용대상) ①에 따르면, 교육공무원에 대하여는 근무성적평정(교사의 경우에는 다면평가, 근무성적평정과 다면평가 결과의 합산을 포함한다)에 관한 규정에 한하여 이를 적용한다.

① 각급학교의 교감(원감)으로서 그가 근무하는 학교 또는 이와 동 등급 학교의 교장(원장)의 자격증을 받은 자
② 각급학교의 교사로서 그가 근무하는 학교 또는 이와 동 등급 학교의 교감(원감)의 자격증을 받은 자
③ 장학사 또는 교육연구사로서 장학관 또는 교육연구관의 자격기준에 달한 자
④ 제1호 내지 제3호 외의 교감·교사·장학사 및 교육연구사

여기서 ①(교감)과 ③(장학사와 교육연구사)에 해당하는 자에 대하여는 승진될 직위별로 나누어 승진후보자명부를 작성하되, 경력평정점 70점, 근무성적평정점 100점, 연수성적평정점 15점을 각각 만점으로 평정하여 그 평정점을 합산한 점수가 높은 승진후보자의 순서대로 등재한다.

앞의 ①항에 해당하는 교감의 근무성적평정 내용은 〈표 6-14〉와 같다.

표 6-14 교감의 근무성적평정 내용

평정사항	평정요소	평정내용
근무수행 태도	교육공무원 으로서의 태도 (20점)	교육자로서 품성을 갖추고 직무에 충실한가?
		공직자로서 사명감과 직무에 관한 책임감을 갖고 솔선수범하는가?

	교육활동 및 교육연구 지원 (40점)	학교가 처한 문제를 파악하고 개선하려는 노력이 적절한가?
근무실적 및 근무수행 능력		교사와 학생의 교육활동에 대한 교육적 배려가 적절한가?
		교사의 자질 · 능력 · 경험에 따라 학년 및 업무를 적절하게 배치하고 지원하는가?
		교원연구 · 연수 활동의 추진 및 지원을 효과적으로 실시하는가?
	교원지원 (20점)	교사들에게 필요한 장학활동의 추진 및 지원을 효율적으로 실시하는가?
		교직원의 복무 · 복지후생 등에 관하여 필요한 배려를 하고 있는가?
		수업개선을 위해 필요한 자원을 효율적으로 지원하는가?
		교원의 인사와 관련한 의견을 적절하고 공정하게 반영하고 있는가?
	행정 · 사무관리 (20점)	사무처리가 합리적이고 정확하며 적절한가?
		교내의 모든 규정을 적절히 적용하며 잘 정비하는가?
		교육시설 · 설비를 교육활동에 효과적으로 운영하는가?
		학교 안전관리 및 보안에 적절한 조치를 하고 있는가?

* 출처: 「교육공무원 승진규정」(대통령령 제33344호) 별지 제3호 서식.

앞의 ③항에 해당하는 장학사와 교육연구사의 근무성적평정 내용은 〈표 6-15〉
와 같다.

표 6-15 장학사 · 교육연구사의 근무성적평정 내용

평정사항	평정요소	평정내용
근무수행 태도	교육공무원 으로서의 태도 (20점)	교육자로서 품성을 갖추고 직무에 충실한가?
		공직자로서 사명감과 직무에 관한 책임감을 갖고 솔선수범하는가?
근무실적 및 근무수행 능력	교육활동 및 교육연구 지원 (40점)	교육정책의 추진 및 교육활동의 지원이 적극적이고 합리적인가?
		장학(연구)업무를 조직적으로 기획하고 효과적으로 추진하는가?

		교육현장에 필요한 장학(연구)활동을 자발적으로 추진하는가?
근무실적 및 근무수행 능력		장학(연구)활동에 대한 현장의 반응은 적정한가?
	교원지원 (20점)	교원의 교육활동에 대한 지원이 적절하고 공정한가?
		교원의 장학(연구)활동에 대한 지원을 적극적으로 추진하는가?
		교육현장에 대한 장학(연구)활동의 자세가 바람직한가?
		장학(연구)활동의 결과를 적절하게 평가하고 개선하는가?
	행정 · 사무관리 (20점)	모든 규정을 숙지하고 적절히 적용하는가?
		적극적이고 봉사적인 공무수행을 하는가?
		사무처리가 합리적이고 정확하며 공정한가?
		직무에 관한 전문적인 지식과 수행능력을 충분히 갖추고 있는가?

* 출처: 「교육공무원 승진규정」(대통령령 제33344호) 별지 제3호 서식.

앞의 ②에 해당하는 자(교사)에 대하여는 명부를 작성하되, 경력평정점 70점, 합산점 100점, 연수성적평정점 30점을 각각 만점으로 평정하여 그 평정점을 합산한 점수가 높은 승진후보자의 순서대로 등재한다. 앞의 ②항에 해당하는 교사의 근무성적평정 내용은 〈표 6-16〉과 같다.

표 6-16 교사의 근무성적평정 내용

평정사항	평정요소	평정내용
근무수행 태도	교육공무원 으로서의 태도 (10점)	교육자로서 품성을 갖추고 직무에 충실한가?
		공직자로서 사명감과 직무에 관한 책임감을 갖고 솔선수범하는가?
근무실적 및 근무수행 능력	학습지도 (40점)	수업교재 연구를 충실히 하는가?
		학생 수준에 적합한 수업계획을 수립하는가?
		학생들이 수업에 적극적으로 참여할 수 있도록 분위기를 조성하는가?
		학생의 능력과 수준에 적합한 질문을 제시하는가?
		학생들을 학습활동이나 과제수행에 적절히 참여시키는가?
		학생 특성과 요구에 적합한 수업자료 및 매체를 활용하는가?

근무실적 및 근무수행 능력		학생의 이해도와 참여도를 수시로 점검하는가?
		평가결과를 수업개선을 위한 자료로 적극 활용하는가?
	생활지도 (30점)	학생 개개인의 특성을 파악하기 위하여 노력하는가?
		상담을 통해 학생이 당면한 문제를 원만히 해결할 수 있도록 지원하는가?
		학생의 적성과 특기를 고려하여 진로 · 진학 정보를 제공하는가?
		학생들이 학급에서 친구들과 잘 어울려 생활하도록 지도하는가?
		안전사고 및 학교폭력을 예방하기 위한 교육을 실시하는가?
		학생들이 올바른 기본생활습관(언어, 행동, 예절, 질서 등)을 기르도록 지도하는가?
		학생들이 건전한 가치관과 도덕성을 갖추도록 지도하는가?
	전문성 개발 (5점)	전문성을 높이기 위한 연구활동에 적극적인가?
		전문성을 높이기 위한 연수활동에 적극적인가?
	담당업무 (15점)	담당업무를 정확하고 합리적으로 처리하는가?
		담당업무를 창의적으로 개선하고 조정하는가?

* 출처: 「교육공무원승진규정」(대통령령 제33344호) 별지 제4-3호 서식.

(3) 승진후보자 명부 작성

① 승진후보자 명부: 「교육공무원법」제14조에 따르면, 승진후보자 명부를 점수 순위에 따라 자격별로 작성 · 비치하여야 한다. 승진후보자 명부의 고순위자 순으로 결원된 직에 대하여 3배수의 범위 안에서 승진임용하거나 승진임용 제청하여야 한다.

② 평정요소 = 경력평정 + 근무성적평정(합산점) + 연수성적평정 + 가산점

③ 근무성적 평정점 등 산정기간

- **교감 승진후보자**: 최근 5년 이내의 기간 중 유리한 것 3개를 선택하여 반영 합산점 = 명부의 작성기준일부터 가장 가까운 학년도의 합산점 34% + 명부의 작성기준일부터 두 번째 가까운 학년도의 합산점 33% + 명부의 작성기준일부터 세 번째 가까운 학년도의 합산점 33%

- **교장 · 장학관과 교육연구관 승진후보자**: 최근 3년 반영 근무성적 평정점 = 최

근 1년 이내 평정점 34% + 최근 1년 전 2년 이내 평정점 33% + 최근 2년 전 3년 이내 평정점 33%

④ 명부 작성 시기: 매년 3월 31일 기준

⑤ 명부의 조정: 조정사유 발생으로 작성권자가 특히 필요하다고 인정하는 때에는 수시 조정 가능

⑥ 동점자의 순위 결정: 동점자가 2인 이상인 때에는 근무성적 우수자, 현직위 장기근무자, 교육공무원으로 계속 장기근무한 자 순서로 결정

⑦ 명부순위 공개: 명부에 등재된 교육공무원의 요구가 있는 때에는 본인의 명부순위 공개

⑧ 교감과정과 원감과정의 응시대상자 순위명부를 작성할 때에는 「사료의 수집ㆍ편찬 및 한국사의 보급 등에 관한 법률」 제18조에 따른 한국사 능력의 검정 결과가 3급 이상이거나 「교원 등의 연수에 관한 규정」 제2조 제2항에 따른 연수원에서 60시간 이상의 한국사 관련 연수를 받은 사람을 대상으로 함(부산광역시교육연구정보원, 2020: 382).

(4) 승진임용의 제한

「교육공무원임용령」 제16조(승진임용의 제한)에 따라 교육공무원이 다음 각 호의 어느 하나에 해당하는 경우는 승진임용될 수 없다.

① 징계의결 요구, 징계처분, 직위해제 또는 휴직 중인 경우

② 징계처분 집행이 종료된 날로부터 다음 기간이 지나지 아니한 경우(금품 및 향응수수, 성폭행, 상습폭행, 학생성적 관련 비위에 따른 징계처분의 경우에는 각각 6개월을 더한 기간, 공금의 횡령ㆍ유용에 따른 징계처분의 경우에는 각각 3개월을 더한 기간)
- 강등ㆍ정직: 18월
- 감봉: 12월
- 견책: 6월

③ 승진임용 제한기간 중에 있는 자가 재징계 처분을 받은 경우는 전 처분의 제한 만료일부터 새 처분의 제한기간을 가산한다.

④ 징계처분을 받은 이후 당해 직위에서 훈장·포장·모범공무원포상·국무총리 이상의 표창 또는 제안의 채택 시행으로 포상받는 때는 그가 받은 가장 중한 징계처분에 한하여 승진임용 제한기간의 2분의 1을 단축할 수 있다.

5. 교원의 상훈과 징계

1) 상훈

(1) 훈장

「상훈법」 제9조(훈장의 종류)에 따른 훈장의 종류는 무궁화대훈장, 건국훈장, 무궁훈장, 근정훈장, 수교훈장, 산업훈장, 새마을훈장, 문화훈장, 체육훈장, 과학기술훈장으로 나뉜다. 이 중 교육공무원이 받을 수 있는 것은 근정훈장이다. 같은 법 제14조(근정훈장)에 의하면 근정훈장은 공무원, 사립학교 교원 또는 별정우체국 직원으로서 그 직무에 부지런히 힘써 공적이 뚜렷한 사람에게 수여하며, 이를 5등급(상위부터 청조-황조-홍조-녹조-옥조)으로 한다.

(2) 포장

「상훈법」 제19조(포장의 종류)에 의하면 포장은 훈장에 다음가는 훈격(勳格)으로서 그 종류는 건국포장, 국민포장, 무공포장, 근정포장, 보국포장, 예비군포장, 수교포장, 산업포장, 새마을포장, 문화포장, 체육포장, 과학기술포장으로 나뉜다. 이 중 교육공무원에 해당하는 포장은 근정포장이다. 같은 법 제23조(근정포장)에 의하면 근정포장은 공무원, 사립학교 교원 또는 별정우체국 직원으로서 직무에 부지런히 힘써 국가의 이익과 국민의 행복에 이바지한 공적이 뚜렷한 사람에게 수여한다.

① 퇴직교원 정부포상 추천기준

퇴직교원의 정부포상은 「상훈법」 「상훈법 시행령」 「정부포상 업무지침」에 근거한다. 포상대상은 재직 중 직무를 자세히 살펴 국가발전에 기여한 교육공무원 및 사립학교 교원으로서 정년·명예·의원 퇴직자에 국한한다. 근정훈장은 재직 연수에 따라 5등급으로 구분한다.

교육공무원의 재직기간에 따른 포장 및 표창은 다음과 같다.

- **근정포장**: 재직기간 30년 이상～33년 미만
- **대통령표창**: 재직기간 28년 이상～30년 미만
- **국무총리표창**: 재직기간 25년 이상～28년 미만
- **교육부장관표창**: 재직기간 15년 이상～25년 미만

② 퇴직교원 정부포상 추천 제외 대상

- 재직 중 징계 또는 불문(경고) 이상의 처분을 받은 자
- 징계의결 요구 중인 자 또는 형사사건으로 기소 중인 자
- 재직 중 벌금형 이상의 형사처벌을 받은 자
  ※ 벌금형의 경우, 1회 벌금액이 200만 원 이상이거나 3회 이상의 벌금형 처분을 받은 자
- 수사 중이거나 각종 언론보도 등으로 사회적 물의를 일으켜 정부포상이 합당치 않다고 판단되는 자
- 재직 중 정부포상을 받은 자는 퇴직 시 동일 종류의 동급 및 하위등급의 훈·포장 및 표창을 받을 수 없다.

2) 징계

'징계(懲戒)'란 법령·규칙·명령의 위반에 대한 처벌로서 공무원의 신분을 변경하거나 상실케 하는 것을 의미한다. 「국가공무원법」 제78조는 징계의 사유를 다음과 같이 규정하고 있다.

① 「국가공무원법」 및 같은 법에 따른 명령을 위반하였을 때
② 직무상의 의무에 위반하거나 직무를 태만히 한 때
③ 직무의 내외를 불문하고 그 체면 또는 위신의 손상하는 행위를 한 때

이러한 징계 사유가 발생했을 때 행위자뿐만 아니라 감독자도 감독 의무를 게을리하였으면 징계책임을 면치 못하며, 의무위반 행위는 재직 중의 행위를 대상으로 하는 것을 원칙으로 하지만, 임명 전의 행위라도 그로 인하여 현재 공무원의 체면 또는 위신이 손상될 때는 징계 사유가 될 수 있다. 징계 사유의 시효는 징계 사유 발생일로부터 2년(금품 및 향응수수, 공금의 횡령·유용은 5년)을 지나면 징계의결 요구가 불가하다.

(1) 징계의 종류 및 신분조치
교원의 징계 종류와 신분조치는 〈표 6-17〉과 같다.

- 교육공무원 4대 비위(금품 및 향응 수수, 성폭행, 상습폭행, 학생성적 관련) 비위에 따른 징계처분의 경우에는 각각 6개월을 더한 기간, 공금의 횡령·유용에 따른 징계처분의 경우에는 각각 3개월을 더한 기간
- 최근에 징계 말소 기간이 초과하지 않은 경우 교장임용을 제한하고 있으며, 4대 비위의 경우에는 교장임용에서 영구 배제한다.

표 6-17 교원의 징계 종류 및 신분조치

종류		기간	신분	보수
중징계	파면		• 공무원 관계로부터 배제 • 5년간 공무원 임용 결격사유	• 퇴직급여액의 1/2 지급 • 5년 미만 근무자 3/4 지급 • 퇴직수당액의 1/2 지급
	해임		• 공무원 관계로부터 배제 • 3년간 공무원 임용 결격사유	• 퇴직급여 및 수당 전액 지급 • 금품 및 향응수수, 공금의 횡령·유용으로 해임된 경우 3/4 지급
	강등	3월	• 1계급 강등+정직 3월 　-3개월 직무에 종사 못함 • 18개월+정직 3월 승진 제한 • 처분 기간 경력평정에서 제외 • 징계기록말소 제한기간 9년	• 21월 승진·승급 제한 • 처분기간 중 보수 전액, 각종 수당 감

중징계	정직	1~3개월	• 신분은 보유하나 직무에 종사 못함 • 18개월+정직 처분 기간 승진제한 • 처분기간 경력평정에서 제외 • 징계기록말소 제한기간 7년	• 18월+정직 처분기간 승진 · 승급 제한 • 처분기간 중 보수 전액, 각종 수당 감
경징계	감봉	1~3개월	• 12월+감봉 처분기간 승진제한 • 징계기록말소 제한기간 5년	• 12월+감봉 처분기간 승진 · 승급 제한 • 처분기간 중 보수의 1/3 감 • 처분기간 중 각종 수당 감
	견책		• 6월 간 승진 제한 • 징계기록말소 제한기간 3년	• 6개월간 승급 제한

* 출처: 부산광역시교육연구정보원(2020). 교육실무편람. **부산교육총서 제30집**, p. 385.

(2) 징계양정의 기준

징계위원회는 징계혐의자의 ① 비위의 유형, ② 비위 정도의 경중, ③ 과실의 경중, ④ 평소 소행, ⑤ 근무성적, ⑥ 개전의 정, ⑦ 기타 정상(노부모) 등을 참작하여 징계양정의 기준에 따라 의결한다.

교원의 징계양정 기준은 〈표 6-18〉과 같다(「교육공무원 징계양정 등에 관한 규칙」).

표 6-18 　교원의 징계양정 기준

비위의 유형 ＼ 비위 정도 및 과실	비위의 도가 무겁고 고의가 있는 경우	비위의 도가 무겁고 중과실, 비위의 도가 가볍고 고의성	비위의 도가 무겁고 경과실, 비위의 도가 가볍고 중과실	비위의 도가 가볍고 경과실인 경우
1. 성실의무 위반 　① 공금횡령 · 유용 업무상 배임	파면	파면-해임	해임-강등	정직-감봉
② 직권남용으로 타인 권리침해	파면	해임	강등-정직	감봉
③ 직무태만 또는 회계질서 문란	파면	해임	강등-정직	감봉-견책
④ 학생성적과 관련한 비위 및 학교생활기록부와 관련한 비위	파면	해임	해임-강등-정직	감봉-견책
⑤ 신규채용, 특별채용, 승진, 전직, 전보 등 인사와 관련한 비위	파면	해임	해임-강등-정직	감봉-견책
⑥ 학교폭력을 고의적으로 은폐하거나 대응하지 아니한 경우	파면	해임	해임-강등-정직	감봉-견책

⑦ 연구 부정행위	파면	해임	해임-강등-정직	감봉-견책
⑧ 연구비의 수령 및 사용과 관련한 비위	파면	파면-해임	해임-강등	정직-감봉
⑨ 성 관련 비위를 고의로 은폐하거나 대응하지 않은 경우	파면	해임	해임-강등-정직	감봉-견책
⑩ 직무관련 주요 부패행위의 신고·고발 의무 불이행	파면-해임	강등-정직	정직-감봉	감봉-견책
⑪ 부정청탁에 따른 직무수행	파면	파면-해임	강등-정직	감봉-견책
⑫ 부정청탁	파면	해임-강등	정직-감봉	견책
⑬ 성과상여금을 거짓이나 부정한 방법으로 지급받은 경우	파면-해임	강등-정직	정직-감봉	감봉-견책
⑭ 그 밖의 성실의무 위반	파면-해임	강등-정직	감봉	견책
2. 복종의무 위반 ① 지시사항 불이행으로 업무추진에 중대한 차질을 준 경우	파면	해임	강등-정직	감봉-견책
② 그 밖의 복종의무 위반	파면-해임	강등-정직	감봉	견책
3. 직장이탈금지 위반 ① 집단행위를 위한 직장 이탈	파면	해임	강등-정직	감봉-견책
② 무단결근	파면	해임-강등	정직-감봉	견책
③ 그 밖의 직장이탈금지 위반	파면-해임	강등-정직	감봉	견책
4. 친절공정의무 위반	파면-해임	강등-정직	감봉	견책
5. 비밀엄수의무 위반 ① 비밀의 누설·유출	파면	파면-해임	강등-정직	감봉-견책
② 비밀분실, 해킹 등에 의한 비밀침해, 비밀유기 또는 무단방치	파면-해임	강등-정직	정직-감봉	감봉-견책
③ 개인정보 부정이용 및 무단유출	파면-해임	개임-강등	정직	감봉-견책
④ 개인정보 무단조회·열람 및 관리 소홀 등	파면-해임	강등-정직	감봉	견책
⑤ 그 밖의 보안관계 법령 위반	파면-해임	강등-정직	감봉	견책
6. 청렴의무 위반	비고 제6호에 따름			
7. 품위유지의무 위반 ① 성희롱	파면	파면-해임	강등-정직	감봉-견책
② 미성년자 또는 장애인에 대한 성희롱	파면	파면-해임	해임-강등	강등-정직
③ 성매매	파면	해임	강등-정직	감봉-견책
④ 미성년자 또는 장애인에 대한 성매매	파면	파면	파면-해임	해임

⑤ 성폭력	파면	파면	패면-해임	해임
⑥ 미성년자 또는 장애인에 대한 성폭력	파면	파면	파면	파면-해임
⑦ 공연음란 행위	파면	파면-해임	강등-정직	감봉-견책
⑧ 미성년자 또는 장애인에 대한 공연음란 행위	파면	파면-해임	해임-강등	강등-정직
⑨ 카메라 등을 이용한 불법촬영 또는 불법 촬영물 유포	파면	해임	해임-강등-정직	감봉-견책
⑩ 성 관련 비위의 피해자에게 2차 피해를 입힌 경우	파면	해임	해임-강등-정직	감봉-견책
⑪ 성 관련 비위를 신고한 사람에게 피해를 입힌 경우	파면	해임	해임-강등-정직	감봉-견책
⑫ 위에서 규정한 사항 외의 성 관련 비위	파면	해임	해임-강등-정직	감봉-견책
⑬ 학생에 대한 신체적·정신적·정서적 폭력 행위	파면-해임	해임-강등	강등-정직	감봉-견책
⑭ 음주운전	비고 제7호에 따름			
⑮ 그 밖의 품위유지의무 위반	파면-해임	강등-정직	감봉	견책
8. 영리업무 및 겸직금지의무 위반	파면-해임	강등-정직	감봉	견책
9. 정치운동 금지 위반	파면	해임	강등-정직	감봉-견책
10. 집단행위 금지 위반	파면	해임	강등-정직	감봉-견책

* 출처: 「교육공무원 징계양정 등에 관한 규칙」(교육부령 제293호) 제2조 제1항 관련 별표1.

① 징계 등 기록말소

징계사항으로는 교육공무원 인사기록카드에 기재된 정직, 감봉, 견책과 징계처분의 무효·취소로 확정된 파면, 해임 등이 있다. 직위해제사항은 「국가공무원법」 제73조의3에 의한 직위해제 처분이 해당하면, 불문(경고) 기록은 징계위원회의 의결 결과에 따라 인사기록카드에 등재된 불문(경고) 기록을 말한다. 교원의 징계처분 기록은 〈표 6-19〉와 같다.

표 6-19 교원의 징계처분기록

구분		말소 제한기간	기간 계산
징계	정직	7년	징계처분집행 종료일부터
	감봉	5년	징계처분집행 종료일부터
	견책	3년	징계처분집행 종료일부터
직위해제		2년	직위해제처분 종료일부터
불문(경고)		1년	경고처분을 한 날로부터

* 출처:「국가공무원 복무 · 징계 관련 예규」, 인사혁신처 예규 제134호, p. 252.

교원의 징계처분이 무효 또는 취소되는 경우가 있는데, ① 소청심사위원회나 교원징계재심위원회에서 원징계처분을 취소 또는 처분의 원인 자체가 무효임을 확인하는 결정이 내려진 때, ② 법원에서 취소나 무효확인의 판결이 있는 경우 등이 이에 해당한다.

징계의 말소는 말소 사유 발생 → 징계 등 처분기록 말소계획(신청)서 작성 → 말소권자의 결제 → 처분기록 말소 → 말소사실 통보(말소 사유 발생일부터 14일 이내) → 말소기록관리대장 정리의 절차를 거친다.

② 교원징계재심위원회

교원징계재심위원회는 교육부에 설치하며, 각급학교 교원의 징계처분, 기타 그 의사에 반하는 불리한 처분에 대한 재심을 하기 위한 것으로,「교원의 지위 향상 및 교육활동 보호를 위한 특별법」제7조~제10조,「교원소청에 관한 규정」에 근거한다. 처분이 있는 것을 안 날로부터 30일 이내에 청구해야 하며, 재심청구 → 피청구인의 변명서 제출 → 심사기일 통지 → 재심위원회의 심사(당사자 출석하여 진술기회 부여) → 결정서 작성 및 결정서 송부의 절차를 거친다.

재심의 결정은 재심청구를 접수한 날부터 60일 이내(불가피한 경우 30일 연장)에 각하, 기각, 처분의 취소 또는 변경, 무효 확인 등의 형태로 이루어진다. 재심결정은 처분권자를 기속함으로써 효력이 발생하며, 재심 결정에 대한 불복 시 결정서 접수 후 60일 이내에 행정소송을 제기할 수 있다.

(3) 징계의 감경

징계의 감경(減輕)이란 일정한 조건을 갖추었을 경우 정상을 참작하여 징계를 한 단계 낮추어 적용하는 것으로, 그 적용 대상과 감경기준 및 제한은 다음과 같다.

① 감경대상
• 훈·포장 및 국무총리 이상 표창 수상자. 다만, 교사는 중앙행정기관의 장인 청장(차관급 상당 기관장 포함) 이상 또는 교육감 이상의 표창을 받은 공적이 있는 경우
• 「모범공무원 규정」에 따라 모범공무원으로 선발된 공적이 있는 경우
• 성실하고 능동적인 업무처리 과정에서 과실로 생긴 것으로 인정되면 정상참작 가능
※ 감경 제외 대상 항목(「교육공무원 징계양정 등에 관한 규칙」 제4조)

② 감경제한
다음 각 호의 어느 하나에 해당하는 경우에는 징계를 감경할 수 없다.
[이 교재의 '제4장 교직윤리와 직무갈등'−'3. 교직윤리의 내용과 영역'−'1) 교직윤리의 내용'−'(2) 「국가공무원법」 등에서 본 교직윤리'를 참고]

③ 징계양정 감경기준
징계양정의 감경은 다음과 같이 이루어진다.

파면 → 해임, 해임 → 강등, 강등 → 정직, 정직 → 감봉, 감봉 → 견책, 견책 → 불문(경고)

(4) 직위해제
• 「교육공무원법」 제73조의3에 따른 직위해제는 징벌적 제재인 징계와 그 성질을 달리하나 직위해제 처분을 받은 자는 직무에 종사하지 못할 뿐만 아니라 승급, 보수 등에 있어서 불이익한 처분을 받게 되므로 인사상 불이익한 처분에 해당한다.

- 직위해제의 사유는 ① 직무수행능력이 부족하거나 근무성적이 극히 나쁜 자, ② 파면·해임·강등 또는 정직에 해당하는 징계의결이 요구 중인 자, ③ 형사 사건으로 기소된 자(약식명령이 청구된 자는 제외)로 ①, ②, ③이 경합된 때에도 ② 또는 ③의 직위해제 처분을 하여야 하고 직위해제 사유가 소멸된 때는 지체 없이 직위를 부여하여야 한다.

- 직위해제란 직위를 계속 유지시킬 수 없는 사유가 있어 직위를 부여하지 아니 하는 것으로서 징계와는 구분되는 성질의 처분이므로 직위해제 처분 후에 동 일한 사유로 징계처분을 하였다고 하여 일사부재리(一事不再理)의 원칙에 어긋 나는 것은 아니다.

- 징계의결요구 사유로 직위해제된 경우 징계의결이 되거나 징계의결이 취소될 때 직위해제 처분은 그 효력을 상실한다.

- 직위해제기간 봉급 8할 지급(「공무원보수규정」 제29조). 단, 직위해제 사유 ②, ③인 경우 3월 경과 시 5할 지급한다.

연구 및 토의 문제

1. 교육인사행정의 개요가 무엇이며, 또한 교원의 효율적인 수급제도와 복무규정의 바람직한 방향이 무엇인지 구체적으로 설명해 보자.

2. 교원의 휴가 종류와 휴직의 목적은 무엇이며, 진정한 의미의 휴가와 휴직을 어떻게 활용 할 수 있는지를 논의해 보자.

3. 조직 차원에서의 승진의 의미는 무엇이며, 교원의 징계가 신분상 어떠한 조치를 취하는지 에 대하여 토의해 보자.

참고문헌

경북대학교 사범대학 교육학과(2010). 예비 · 현직교사를 위한 교직실무의 이론과 실제. 서울: 교육과학사.

권기욱(2010). 교직실무. 서울: 보현사.

김기태, 조평호(2006). 미래지향적 교사론. 경기: 교육과학사.

김명수, 김보경, 김선혜, 박정환, 백영균, 이태상, 한상훈(2010). 교직실무. 서울: 학지사.

김정한, 박종훈, 우상기(2006). 교육행정 및 학교경영. 서울: 형설출판사.

김종철(1982). 교육행정의 이론과 실제. 서울: 교육과학사.

남정걸(2012). 교육행정 및 교육경영. 경기: 교육과학사.

오경환, 신정엽, 안효의, 임정수, 김효화(2012). 사회과 교직실무. 서울: 동문사.

박성식(1998). 교육행정관리론. 서울: 학지사.

부산광역시교육연구정보원(2020). 교육실무편람. 부산교육총서 제30집. 부산: 솔로북아트.

서정화(1994). 교육인사행정. 서울: 세영사.

송기창, 김민조, 김병찬, 김성기, 김용, 나민주, 남수경, 박수정, 오범호, 이정희, 이희숙, 정성수, 정제영, 조동섭, 조석훈, 주현준, 홍창남(2009). 중등 교직실무. 서울: 학지사.

인사혁신처. 국가공무원 복무 · 징계 관련 예규. 인사혁신처 예규 제134호.

왕기황(1997). 교육조직론. 서울: 집문당.

이상기, 옥장흠(2010). 신교육행정 및 교육경영. 서울: 형설출판사.

이학종(2011). 조직행동론—이론과 실제연구. 서울: 세경사.

임도빈(2004). 인사행정론. 서울: 박영사.

장택현(2010). 교육행정 및 교육경영 신강. 서울: 태영출판사.

정태범(2000). 학교 학급경영론. 서울: 교육과학사.

주철안, 오경희, 이상철, 이용철, 이지영, 한대동, 홍창남(2013). 교직실무. 서울: 학지사.

한국교육행정학회(1995). 교육재정론. 서울: 도서출판 하우.

Castertter, W. B. (1986). *The personnel function in educational administration.* New York: Macmillian Publishing Co, Inc.

White, L. D. (1995). *Introduction to the study of public administration.* New York: Macmillian Publishing Co, Inc.

Yoder, D. (1959). *Personnel Management and industrial relations* (4th ed.). NJ: Prentice-Hall.

법제처 국가법률정보센터 https://www.law.go.kr/LSW/main.html

제7장

교원평가

학습개요

1. 전문성 신장을 위한 교원평가의 참된 의미와 여러 가지 평가의 유형에 대하여 알아본다.

2. 공교육 신뢰를 높이기 위하여 도입된 교원능력개발평가의 목적과 의미를 알아보고, 교원능력개발평가를 통한 교원인사제도의 개선이 교원의 삶의 질에 미치는 영향과 교원인사의 공정성 확보를 위한 방안에 대하여 생각해 본다.

1. 교원평가의 의의

1) 교원평가의 개념

21세기는 평가의 시대라고 일컬을 만큼 그 어떤 기관이나 개인도 평가로부터 자유로울 수 없다. 평가는 성과와 산출물에 의해 사활이 결정되는 사안으로 민간 부분에서는 오래전부터 시행됐으며, 이제는 공공기관 종사자들에 대한 평가도 점차 강화되는 추세이다.

교원평가의 개념을 정의하기에 앞서 평가의 개념을 탐색할 필요가 있다. 평가에 대해서는 학자들마다 입장이 다양하며 한마디로 명확하게 표현하기는 어렵다. 이는 조직 차원과 개인 차원의 성장이라는 이중적인 목표를 달성하기 위한 것으로, 개인의 능력을 상대적으로 판단해야 하며 업무에 관한 능력과 성과는 객관적이고 공정하게 다루어져야 한다.

교원평가는 학교교육의 목적을 효과적으로 달성하기 위해서 교사의 직무수행 성과와 태도, 경력, 자질과 자격 등을 일정한 기준에 의하여 체계적으로 진단하고 사정하는 것이라고 정의 내리고 있으며(한국교육행정학회, 2003), 교원평가가 교사의 전문성 향상과 교육의 질 향상을 위해 도입되어야 하고, 그 목적이 교육의 질을 개선하려는 데 있기 때문에 교사 자신의 수준을 제대로 파악하고 부족한 부분을 보완할 수 있도록 기회를 제공해야 한다고 강조하였다(김경이 외, 2001).

우리나라의 교원평가는 교사 개개인의 자질, 태도 및 근무실적을 체계적·정기적으로 평가하여 인사행정상 여러 가지 결정을 내리기 위한 정보를 제공하고, 교수의 질 향상을 도모함은 물론 교사의 책무성 확인과 교사의 성장을 촉진하기 위한 작용을 말한다.

2) 교원평가의 목적

교원평가제는 오늘날 교원도 공정한 평가를 통해 신뢰받는 투명한 교직사회를 만들어 가야 한다는 사회적 요구가 확산함에 따라 국가수준에서 대책안을 마련하여 만들어진 제도이다. 이는 과중한 사교육비의 부담, 학업성적조작사건 등으로 인한 학부모와 학생들의 공교육에 대한 불신을 낮추기 위한 평가이기도 하다. 최근 세계교육개혁의 동향을 보면 새로운 학교조직 창출을 위한 노력이 강조되고 있고, 교육개혁의 초점을 교육인사평가의 질적 수준을 높이는 방향으로 가닥을 잡은 경향이 지배적이다.

비어 등(Beare et al., 1989)은 교원평가의 목적을 다음과 같이 제시하였다.

첫째, 교사의 능력개발을 위한 평가이다. 교사능력의 결손 부분을 보완하고 발전시켜 나아가게 할 뿐 아니라, 잠재능력을 개발하고 적극적이고 미래지향적인 자세를 확립하도록 돕는 기능을 한다.

둘째, 인사관리의 합리적 근거 마련을 위한 평가이다. 교원인사관리 담당자는 교원평가 자료를 근거로 교원의 승진, 승급, 전직, 전보 등의 인사를 관리한다.

셋째, 학교조직 개선을 위한 평가이다. 학교조직을 개선하고 학교의 주된 과업인 교수·학습을 촉진하고 교육의 질을 개선하는 데 초점을 둔 평가를 말한다.

넷째, 책무성 확보를 위한 평가이다. 자원을 제공하는 자가 투입된 자원이 어떻게 사용되었는지, 그 자원이 제공된 목적에 따라 이익을 산출하였는지 등에 관하여 결과를 묻는 평가이다.

다섯째, 연구목적을 위한 평가이다. 전문분야 인사들이 설정한 가설들을 검증함으로써 교수·학습의 질을 개선하는 데 적용할 수 있는 새로운 이론을 발전시키기 위해 사용된다.

이상과 같은 평가는 교원평가의 모형으로 평가자, 피평가자, 평가내용, 평가의 활용 등에 있어 그 성격과 역할이 다르다는 점을 〈표 7-1〉에서 보여 준다.

또한 교원평가의 평가활동 목적을 어느 곳에 초점을 두느냐에 따라 서로 다르게 정의되고 있다. 교원평가의 목적을 학생들에게 높은 교수의 질을 제공하고 교사의 전문적인 기술개발의 기회를 제공하며 지역사회가 교사의 신분을 계속 보장할 것인가에 대한 자료를 제공하는 목적을 갖는다(전제상, 2005).

또 다른 의견으로 교원평가의 목적은 학생을 보호하고, 교사들의 직업관과 인사문제와 관련된 의사결정을 도우며 교사교육에 대한 정보를 제공하고 교수활동의 내용과 방향을 안내하는 것으로 본다. 평가를 통한 구체적인 격려와 비판이 교사들의 자기 조절과 발전을 돕는다는 전제가 함축되어 있고, 교수활동 또는 교육활동 전

표 7-1   교원평가의 모형

교원평가모형	교사개선모형	교사승진모형	학교개선모형	책무성모형	연구/피드백모형
평가목적	교수능력 개선	교사의 승진 서열 및 신분상 이동 결정	수업팀/부서의 과업수행 개선	자원의 효율성 및 효과성 제고	학생의 성취 및 학습의 질 개선
활용자	교사	인사권자	수업팀/부서 관리자	학교의 소유자	전문직
평가자	전문적 조언자	외부 평가자	수업팀/부서 대리인	심사권자	전문적 분석가
평가의 성격	지도 조언	공식적 서열화 활용자에 조언	평가보고	효율성 및 생산성 검사	연구보고

* 출처: 박종렬 외(2003). 교육행정평가론.

반에 대한 개선을 도모하는 목적이 있다(김정환, 2000).

　김경이 등(2001)은 교사와 관련하여 구체적인 의사결정을 내리기 위하여 교원평가를 시행하며 교사의 교육활동 그 자체에 도움을 주려는 목적으로 이루어지는 교원평가를 생각해 볼 수 있다고 했다. 또한 교원평가의 구체적 목표와 궁극적 목적이 교육의 질 관리에 있음을 밝히며 〈표 7-2〉와 같이 정리하고 있다.

표 7-2   교원평가의 구체적 목표와 궁극적 목표

평가대상의 단위	구체적 목표	평가목표의 일반성	궁극적 목적	
개별교사	선발, 승진 등의 의사결정	평가의 개인적 목적	교사의 질 관리	교육의 질 관리
개별교사 혹은 전체교사	교육활동의 책무성 확인	평가의 교육적 목적	교사의 질 관리	
개별교사 혹은 전체교사	교육활동의 개선	평가의 교육적 목적	교육활동 자체의 질 관리	

* 출처: 김경이 외(2001). 교직의 이해.

　이러한 교원평가의 목적에 대한 의견을 종합해 보면, 개인적이든 교육조직이든, 평가의 궁극적인 목적이 교사의 질과 교육활동의 질을 관리하여 교육의 질을 향상하는 데 있음을 보여 준다. 결국, 교원평가는 교사 개인의 수업 개선이나 잠재능력개발과 같은 교사의 전문성 신장을 위해 실시되어야 한다는 것이다.

2. 교원평가의 유형

현직교사를 대상으로 한 목적에 따른 교원평가의 유형을 분류해 보면 다음과 같이 네 가지로 구분해 볼 수 있다(김이경 외, 2004).

첫째, 교원평가는 책무성 담보보다는 교사의 질을 향상시키기 위한 질 관리기제로서 그 중요성에 대한 인식이 높아지고 있다. 둘째, 능력과 자질이 현저하게 떨어지거나 문제가 있는 교사에 대한 대응조치에 관한 관심이 증대되고 있다. 셋째, 교원평가가 성공을 거둘 수 있도록 연구 · 개발과 인프라 확충에 힘쓰고 있다. 넷째, 목적이 모호하고 객관성이 떨어지며 한 가지 기제로 여러 가지 목적을 달성할 수 있도록 준거 및 방법과 절차 등을 신중하게 구안하는 교원평가제도 분화 방향으로 나아가고 있다. 이러한 요구를 바탕으로 교원평가의 유형을 각각 네 가지로 기술하면 다음과 같다.

1) 전문성 신장을 위한 평가

현직교사로 계속해서 남아 있기를 원하는 대다수 교사에 대해서 그들이 사회와 학생들의 요구에 부응하여 교사로서의 우수성과 경쟁력을 유지할 수 있도록 전문성 개발을 제도적으로 보장해 주어야 한다. 현행 '교원능력개발평가'의 목적이 교원의 전문성 신장을 통한 공교육의 신뢰 확보와 교육수요자의 만족도 제고에 있으므로 이러한 목적에 충실한 것으로 볼 수 있다. 이러한 평가는 교직전문성을 높이려는 데 그 목적이 있으므로 절대평가로 이루어진다.

2) 승진평정을 위한 평가

학교경영자인 교감이나 교장으로 승진하기를 원하는 교사에게는 승진평정을 위한 평가를 통하여 기회를 제공해 주어야 한다. 현행 '교원업적평가'의 결과 활용이 주로 승진 후보자를 가려내는 데 적용되고 있어 비교적 이러한 목적에 충실한 것으로 볼 수 있다. 이러한 평가는 교원 간 우열의 순위를 정해야 하므로 상대평가의 방식으로 이루어진다.

3) 우수교사 인정을 위한 평가

현직교사로 남아 있기를 원하되, 학생들과의 교감(交感)과 가르치는 업무를 즐기고, 이를 통하여 자아실현 및 성취동기를 충족시키기를 원하는 교사들에 대해서는 그들의 우수한 업무수행능력을 인정하고 보상함으로써 동기를 유발해 줄 수 있어야 한다. 현행 '교원능력개발평가'의 결과는 교원연구년제 희망 대상자의 지원 기준을 정하는 데 쓰이고 있다. 다만, 수석교사와 교육전문직 후보자와 같은 학교 장학의 선도자를 가려내기 위한 포괄적인 평가에서는 적용하지 않고 있다.

4) 부적격교사 판별을 위한 평가

퇴직에는 정년이나 개인적 사유로 인한 자발적 퇴직도 있겠지만, 교단에 서기에 매우 부적절할 정도로 자질, 능력, 태도 등에서 문제가 있는 교사에게 적용하는 강제퇴직도 있다. 소수의 부적격교사로 인한 교단 이미지 저하를 막고 학생의 학습권을 보호한다는 차원에서 극도의 부적격교사는 판별되어야 한다. '교원능력개발평가'의 취지에는 부적격 교사 판별에도 중요한 의미가 있다. 다만, 학교마다 평가방법과 평가문항이 다르고, 학교급별로 평가결과의 차이가 있어 일률적인 판별의 잣대를 적용하기에 무리가 있다. 부적격 교사의 판별은 매우 민감하고 조심스러운 것이기에 평가방법에 있어서 보다 신중한 접근이 필요하다.

3. 전문성 신장 평가의 특성

1) 교사전문성의 개념 및 평가의 필요성

일반적으로 교사의 전문성은 학교교육활동을 하는 데 필요한 전문능력을 말한다. 우수한 교사가 갖추어야 할 자질로는, 첫째, 가르치는 과목에 대해 잘 이해하고, 둘째, 그것을 학생과 잘 관련시키고, 셋째, 다양한 학습자의 요구에 부응하는 전략을 적용할 줄 알고, 넷째, 학생의 배경, 장점과 단점 등에 대한 지식을 이용해 학생들이 겪는 어려움이나 문제를 해결하고 동시에 그들의 장점을 증진시키는 방식으로 가르치고, 다섯째, 학생의 발달을 적절하게 평가할 수 있는 평가도구를 제작·활용할 줄 알며, 여섯째, 교사 자신의 지속적인 성장과 발달을 위해 노력하는 것으로 규정하고 있다.

교사로서의 도덕적·법규적·전문적 책무성을 성실히 수행하고 교육활동의 개선을 위한 창의적 노력을 지속하는 것이 교사의 전문성이다. 과거의 교원평가가 인사상의 의사결정을 위한 자료를 수집하고 교사의 직무수행능력을 판단하기 위한 정보를 수집하는 데 초점을 두었다면, 최근의 교원평가에서는 교사가 자신의 전문적 능력을 스스로 평가하고 개선하도록 지원하는 데 초점을 두고 있다.

이상의 논의를 기초로 교사의 전문성 신장을 위해 평가가 필요한 이유를 세 가지 측면에서 정리하면 다음과 같다(김이경 외, 2004).

첫째, 교직이 전문직이라는 본질적인 측면에서 찾을 수 있다. 교사전문성의 개념과 특성에서 검토한 바와 같이 개인적·조직적·사회적 차원에서 교사의 전문성은 지속해서 성장·발전해 나가는 것이다.

둘째, 단위학교 수준에서 교사의 전문성 신장을 위한 노력을 체계적·종합적으로 지원하고 유도하기 위해 필요하다. 교원평가는 교사의 전문성 개발이 지속적으로 필요한 영역이 무엇인가에 대한 피드백을 제공하고, 다양한 전문성 개발 프로그램을 마련하기 위해 활용될 수 있다.

셋째, 교원평가의 필요와 중요성에 대한 교사들의 인식을 새롭게 하고 모든 교사가 자신의 전문성 개발을 위해서 노력하도록 유도하기 위해 새로운 평가제도가 필요하다.

2) 평가의 구성요소

교사에 대한 평가, 즉 교원평가는 학교의 목적을 달성하고 교사 개개인의 전문적 성장과 발전을 촉진하기 위하여 교사들의 업무수행능력 정도를 가늠하고 적절한 조처를 함으로써 전반적으로 질을 체계적으로 관리하려는 제도를 말한다.

(1) 평가의 목적

전문성 신장 평가의 주된 목적은 교사에게 전문적인 성장과 자기수행능력을 개선할 기회를 제공하는 데 있다. 따라서 전문성 신장 평가를 통해 교사의 교직수행능력 신장에 도움을 줄 수 있는 정보를 수집하고, 모든 교사가 보다 잘할 수 있도록 격려하고, 교사가 성장할 수 있는 영역을 확인하는 것을 목적으로 한다.

(2) 평가의 내용

교원평가의 내용은 무엇을 평가해야 하는가에 관한 것이다. 교원평가의 타당성과 신뢰성은 평가의 목적과 관련하여 평가하고자 하는 영역과 그 내용이 제대로 구성되었느냐에 관한 것이라고 할 수 있다. 교원평가가 교사의 자기개발을 통한 전문성 신장에 초점이 주어진다면 평가의 내용도 이에 맞추어야 할 것이다.

(3) 평가의 방법

교원평가를 어떻게 할 것이냐의 방법에 관한 논의는 현행 근무성적평정과 같이 등급을 일정 비율로 구분하는 상대평가로 할 것인지, 그렇지 않으면 일정 기준을 중심으로 절대평가로 할 것인지의 문제로 귀착된다. 교원평가를 교직의 전문성에 초점을 맞춘다거나 부적격교사를 가려내기 위한 목적이라면 절대평가가 바람직하다(이윤식, 2004).

(4) 평가의 절차

평가절차는 개발·실시·개선의 단계로 구분된다. 먼저, 개발단계로서 평가목표 및 기준을 설정하고, 실시단계는 학급관찰(평가 전·후 협의회)과 평가자료를 수집하여 평가위원과의 협의회를 가지며, 개선단계에서는 평가결과에 대한 피드백으로 진행된다.

(5) 평가결과의 활용

교원평가의 결과는 인사자료로 활용될 수도 있고, 자질이 부족한 교사를 가려내

기 위한 자료로 활용될 수도 있다. 그러나 교원평가 결과는 본질적으로 교사의 자기
개발을 통한 전문성 신장에 맞추어져야 한다.

4. 교원능력개발평가

교원능력개발평가는 교원의 전문성 신장으로 공교육의 신뢰를 높이려는 목적을
가지고 있다. 평가대상자는 국·공·사립 초·중·고교의 모든 교원이며, 교원 전
체와 소속학교 학생 전체 또는 일부, 소속학교 학부모 전체 또는 일부가 평가에 참
여한다. 교사는 학습지도 및 생활지도에 관한 사항을, 교장·교감은 학교경영 전반
에 관한 사항을 평가내용으로 한다. 평가방법을 살펴보면, 교원은 평소관찰, 수업참
관 등을 종합하여 동료교원을 상호 평가하고, 학생은 교사의 학습지도 및 생활지도
에 관한 만족도 설문조사를 실시하며, 학부모는 자녀의 학교생활에 대한 만족도 설
문조사를 실시한다. 이러한 평가는 매년 1회 이상 실시되고, 평가의 결과에 따라 교
원은 자율연수 등 자기능력개발계획서를 작성·이행하고, 학교장·교육감은 능력
개발 프로그램을 제공하며 예산을 지원하고 연수를 부과한다.

1) 평가목적과 내용

교원능력개발평가의 평가목적은, 첫째, 교원의 학습 및 학생지도에 관한 전문성
을 진단하고 그 결과에 근거한 전문성 향상을 지원하며, 둘째, 교원이 자신의 수업
을 새로운 관점에서 검토·이해할 수 있는 자기발전에 필요한 자료를 제공하고, 셋
째, 공정하고 타당한 평가 실시 및 결과 활용을 통해 교원의 지속적인 능력개발을
유도하며, 넷째, 교원의 전문성 신장을 지원함으로써 학교교육의 질 향상 및 공교육
에 대한 신뢰를 높이는 것이다.

교원능력개발평가의 일반교사에 대한 평가내용은 〈표 7-3〉과 같다(교육과학기
술부, 2009).

표 7-3 일반교사에 대한 평가영역 · 요소 · 지표

평가영역	평가요소	평가(조사) 지표	
학습지도 (3요소, 8개 지표)	수업 준비	• 교과내용 분석	• 수업계획 수립
	수업 실행	• 학습환경 조성 • 교사 · 학생 상호작용	• 교사 발문 • 학습자료 및 매체 활용
	평가 및 활용	• 평가내용 및 방법	• 평가결과의 활용
생활지도 (3요소, 7개 지표)	상담 및 정보 제공	• 개별학생 특성 파악 • 진로 · 진학 지도	• 심리상담
	문제행동 예방 및 지도	• 학교생활적응 지도	• 건강 · 안전지도
	생활습관 및 인성지도	• 기본생활습관 지도	• 인성지도

교원능력개발평가의 종류에는 동료교원에 의한 평가, 학생에 의한 만족도, 학부모에 의한 담임의 학급경영만족도, 학부모에 의한 자녀의 학교생활만족도가 있다. 동료교원에 의한 평가는 교장 · 교감 및 동 학년 · 동 교과 교사들이 교사 각각의 학습 및 생활지도영역에 대하여 평가하는 것이다. 학생에 의한 만족도 조사는 학생들이 교사의 교육활동에 대한 만족도에 응답하는 것이고, 학부모에 의한 자녀의 학교생활만족도 조사는 학부모가 자녀의 학교생활 전반에 대한 만족도에 응답하는 것으로, 개별교사를 대상으로 하는 것이 아니라 교장 · 교감 · 교사들의 교육활동과 관련된 자녀의 학교생활 전반에 대한 만족도를 조사하는 것이다.

2) 평가방법

평가대상은 국 · 공 · 사립 초 · 중 · 고의 일반학교 및 특수학교의 교원으로, 보건교사 · 특수교사 · 영양교사 · 전문상담교사 · 사서교사 및 계약제 교원을 포함한다. 다만, 교육행정기관 및 연수기관 소속 및 파견교사의 평가대상 여부는 시 · 도교육감이 정하고, 전일제로 근무하지 않는 계약제 교원의 평가대상 여부는 해당 학교장이 정한다. 이때 2개월 미만 재직 교원 등은 평가결과 활용에서 제외한다(「교원능력개발평가 실시에 관한 훈령」 제5조 1~2항[교육부훈령 제157호, 2016.1.1., 제정])(교육부, 2016b).

이에 따라 교원은 동료교원평가에 참여하되, 구체적인 평가대상자별 평가참여자
구성은 평가관리위원회의 심의를 거쳐 학교장이 정하고, 평가대상자별로 교장·교
감 중 1인 이상, 수석교사(수석교사 미 배치교는 부장교사 1인 이상), 동료교사 중 포함
총 5인 이상의 교원이 참여하되, 소규모 학교는 전체 교원을 하나의 평가참여자그
룹으로 구성할 수 있다.

  학생은 초등학교 4학년~고등학교 3학년까지가 대상이 되나 2개월 미만 재학 학
생은 참여에서 제외하고, 학부모는 초등학교 1학년~고등학교 3학년까지가 대상이
되며 교장, 담임교사 외 1인 이상 총 3인 이상의 교원에 대한 만족도 조사에 참여하
도록 하되, 2개월 미만 재학 학생의 학부모는 참여에서 제외된다.

  아울러 평가 시기는 매 학년도마다 실시하되, 11월 말까지 종료하여야 한다.

  평가는 「초·중등교육법」 제30조의4와 제30조의5에 따라 교육정보시스템을 사
용하여야 하나, 학부모의 경우 종이설문지를 활용할 수 있다. 평가방법은 각 평가
지표에 대한 이해 및 수행수준을 5단계 척도(매우 우수, 우수, 보통, 미흡, 매우 미흡)
체크리스트 응답방식과 자유서술형 응답방식을 병행하여 제공하여야 한다. 다만,
중·고등학생은 5개 이상의 문항으로 구성하여야 하고, 초등학교 4학년부터 6학년
은 자유서술식 3문항 이상으로 구성하여야 한다. 응답자가 자유롭게 표기하는 자유

표 7-4 교원능력개발평가의 평가자 및 참여 범위

평가자		참여 범위	선정방식
교원	교장	소속학교 교장	
	교감	소속학교 교감	
	교사	소속학교 동 학년 교사 또는 전체	• 동 학년 교사가 참여하는 것을 원칙으로 하되, 학교 실정에 맞게 탄력적으로 운영 • 동료교사 평가자의 구체적인 참여 범위 등 학교 특성을 반영하여 평가관리위원회에서 결정
학생		담임 학급 학생 전체	• 평가대상은 피 평가자가 담당한 학급 중에서 3학급 이상을 표집하여 실시할 수 있음 • 학교 규모나 학년 특성을 고려하여 평가관리위원회에서 구체적 참여범위 결정
학부모		학부모 전체	• 한 학교에 다니는 학생이 2자녀 이상일 경우, 자녀의 학교생활만족도 조사에 중복참여하지 않음

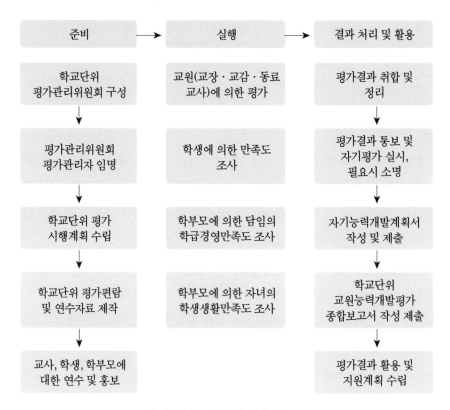

[그림 7-1] 교원평가 절차 흐름도

출처: 교육과학기술부(2009).

서술식 평가의 경우 평가영역·대상에 대한 구체적인 장·단점을 서술하거나 평가
결과를 종합적으로 자유롭게 서술할 수 있다.

교원능력개발평가의 절차는 [그림 7-1]과 같다(교육과학기술부, 2009).

평가실행단계에서 교원(교장·교감·동료교사)에 의한 평가는 평소관찰 및 공개
수업관찰, 비디오수업녹화분석, 수업활동자료(포트폴리오) 검토 등 다양한 방법을
활용하여 종합적으로 이루어진다. 학생에 의한 만족도 조사는 교사의 교육활동에
대한 학생의 만족도를 묻는 조사지를 활용하여 실시하며 수업결손 및 부담을 최소
화하도록 하되, 학교실정에 따라 연 1회 또는 2회 실시하도록 한다. 학부모에 의한
자녀의 학교생활만족도 조사를 위해서는 자녀의 학교생활 및 학교운영 전반에 대
한 풍부한 정보를 바탕으로 응답할 수 있도록 학부모회의 등을 통한 학교홍보 실시
후 조사 설문지를 배포하여야 한다.

3) 교원인사제도의 개선

교원인사제도의 개선은 학생의 교육적 성장, 교원의 전문성 신장, 교육공동체의 형성을 통한 학교의 혁신역량 확대, 교원의 책무성 확보, 교원의 삶의 질 향상, 교원 인사의 공정성 확보 등을 목적으로 이루어져야 하며, 이 목적은 곧 교원평가제도가 지향해야 할 궁극적 목적이기도 하다. 교원평가제도는 이와 같은 교원인사제도 개선의 목적을 충실하게 이행하는 방향으로 개선되어야 한다.

(1) 교원평가체제 간소화

교원평가 간소화 및 학교성과급평가 폐지로 현행 세 가지의 교원평가를 두 가지로 간소화 · 효율화한다(교육부, 2016a).

[근무성적평정, 성과급평가, 교원능력개발평가 ⇒ 교원업적평가(성과평가), 교원능력개발평가(전문성평가)]

교원업적평가(근무성적평정+다면평가)는 승진인사에 활용하고, 교원업적평가 중 다면평가는 별도로 개인성과상여금 지급에 활용한다.

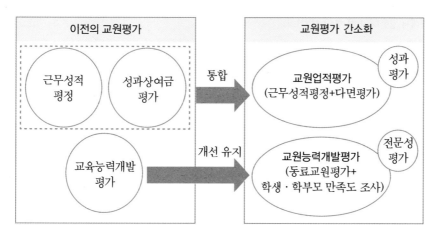

[그림 7-2] 교원평가체제의 변화

표 7-5 | 교원업적평가 반영비율

구분	(이전의) 근무성적평정				구분	(현행) 교원업적평가		
	근무성적평정		다면평가			근무성적평정		다면평가
	교장	교감				교장	교감	
비율	40%	30%	30%		비율	40%	20%	40%

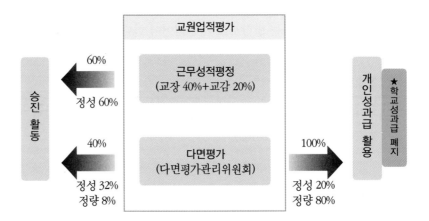

[그림 7-3] 교원업적평가 개념도

※ 교원업적평가 중 승진에 활용되는 근무성적평정: 다면평가 반영비율 = 60:40
※ 다면평가 합산비율
  (승진) 정성평가 : 정량평가 = 32:8, (개인성과급) 정성평가 : 정량평가 = 20:80
※ 평가기준: 정량평가의 경우 평가내용은 학교자율로 수정 및 추가할 수 있으며, 그에 따른 세부기준은 해당
  학교에서 정한다(별지 제4호의2서식).

① 교원업적 평가요소 정비 및 비율 변경

표 7-6 | 교원업적평가의 개선내용

항목	이전	현행	비고
근무성적평정 용어 정비	• 교육자로서의 품성 • 공직자로서의 자세 • 학습지도 • 생활지도 • 교육연구 및 담당 업무	• 교육공무원으로서의 태도 • 학습지도 • 생활지도 • 담당업무 • 전문성 개발	• 교육자로서의 품성, 공직자로서의 자세 → 교육공무원으로서의 태도 • 교육연구 및 담당업무 → 전문성 개발, 담당업무

| 생활지도 요소
비율 확대 | 20% | 30% | • 교육공무원으로서의 태도
비율 축소(20% → 10%) |

- (평정 용어 정비) 교원의 학습지도와 생활지도 전문성을 강조하고, 추상적 평가영역에 대한 용어 변경 및 비율 축소로 평가의 신뢰성을 제고한다.
- (생활지도 요소 비율 확대) 근무성적평정에서 생활지도 비율을 이전의 20%에서 30%로 상향 조정함으로써 생활지도의 중요성을 강조한다.

표 7-7　근무성적평정 평가요소별 배점

평가요소	구분	학습지도	생활지도	담당업무		전문성 개발
배점 (100)	현행	40	20	20		20
	개선	40	30	15	5	10

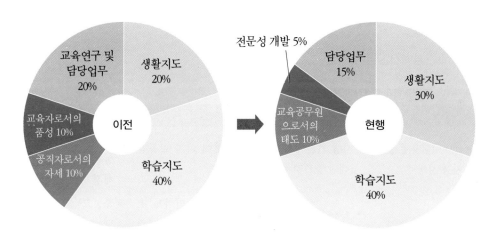

[그림 7-4] 근무성적평정의 요소별 비율 조정

② 교원평가체제 간소화 세부 내용

표 7-8　교원평가체제 개선내용

항목	이전	현행	비고
교원평가체제 이원화	3회 (근평, 성과급, 교평)	2회 (근평, 성과급 연계)	평가 간소화 · 효율화 학교성과급평가 폐지
업적평가 대상기간	연도 단위 (1. 1.~12. 31.)	학년도 단위 (3. 1.~2월 말일)	근무성적평정 다면평가
근무성적평정 합산비율	5:3:2	1:1:1	동일기간 동일비율 적용

평정가능 최소기간	1일 이상	2개월 이상	규정 제20조 관련

- (교원평가체제 이원화) 현재 3개의 교원평가를 '업적평가'와 '교원능력개발평가'의 2개로 간소화・효율화한다.
- (업적평가 대상기간) 현행 '연도 단위'에서 '학년도 단위'로 변경하여 교원평가 시기를 통일한다.
  - (경력평정) 연도 단위(1. 1.~12. 31.)에서 학년도 단위(3.1.~2월 말일)로 변경한다.
  - (연수성적평정) 연도 단위(1.1.~12. 31.)에서 학년도 단위(3.1.~2월 말일)로 변경한다.
    ※ 연수성적평정은 교육성적평정(직무연수성적 + 자격연수성적)과 연구실적평정(연구대회입상실적 + 학위취득실적)으로 구분한다.
    ※ 직무연수성적 평정 시 2025학년도 평정까지 제32조 제2항을 적용할 때에는 10년 2개월 이내에 이수한 60시간 이상의 직무연수성적을 평정대상으로 한다.
  - (가산점) 연도 단위(1. 1.~12. 31.)에서 학년도 단위(3.1.~2월 말일)로 변경한다.
- (합산점 반영비율) 승진후보자명부 작성 시 포함하는 근무성적평정점 합산점의 반영비율을 변경한다.
  - (교감 등) 최근 3년의 평정 합산비율을 현행 5:3:2에서 1:1:1로 변경하여 동일기간에 동일비율을 적용한다.
  - (교사) 최근 5년 근무성적평정점 중 유리한 3년의 평정 합산비율을 현행 5:3:2에서 1:1:1로 변경하여 동일기간에 동일비율을 적용한다.

(2) 교원능력개발평가 개선

표 7-9 교원능력개발평가 개선내용

항목	이전	현행	비고
• 시・도교육청 중심 자율 시행	• 시행 기본계획 안내 (매년 장관결재)	• 훈령에 의거 교육감 시행	• 「교원능력개발평가 실시에 관한 훈령」 제정
• 학생만족도 조사 개선	• 초등학생(4~6학년) 만족도 조사 실시 및 결과 활용	• 초등학생 만족도 조사는 개선하되, 교원 자기성찰 자료로만 활용	• 중・고등학생 만족도 조사는 양극단 값 5%(총 10%) 제외 후 결과 활용
• 평가결과 활용 맞춤형연수 개선	• 시・도별 교육과정	• 장기심화 능력향상 연수 표준교육과정 제공	• 연수의 질 담보
• 교원능력개발평가 지표 및 요소 개선	• (학습지도) 지표 12개 • (생활지도) 요소 2개	• (학습지도) 지표 8개 • (생활지도) 요소 3개	• 학습지도 지표 적정화 • 생활지도 요소 확대

- (시・도교육청 중심 자율 시행) 교원능력개발평가의 시행계획을 매년 교육부에서 시・도에 안내하는 방식에서 「교원능력개발평가 실시에 관한 훈령」을 제정하여 시・도 교육감 중심으로 실시한다.
  ※ (예산) 시・도교육청 자체 시행 예산확보가 필요하다.
  ※ (보고) 시・도교육청의 자체 시행 기본계획은 매년 3월 말, 결과는 그 다음해 1월 말까지 교육부로 보고한다.

- (초등학생 만족도 조사 개선) 평가결과의 신뢰성에 대한 문제가 제기되었던 초등학생 만족도 조사는 개선 (명칭·방법 변경 등)하되, 능력향상 연수대상자 지명에는 활용하지 않고 교원의 자기성찰 자료로만 활용 한다.
    - ※ 초등학생 만족도 조사 폐지 관련 의견수렴 결과: 일부 교직단체와 교원, 대다수의 학부모단체 및 교육전문 가들의 반대로 유지는 하되, 일부 개선하기로 결정한다.
    - ※ 단, 특수학교(급)는 초등학교 활용방식에 준하여 적용한다.
- (중·고등학생 만족도 조사 개선) 양극단값 5%씩 총 10%를 제외하고 결과를 활용한다.
    - ※ 단, 학생 참여자 수가 20명 이상일 때만 적용한다.
- (평가결과 활용 맞춤형연수 개선) 장기심화 능력향상연수의 표준교육과정을 제공하여 연수의 질과 실효성 을 담보한다.
    - ※ (연수 선택 범위 확대) '지표별 연수'뿐만 아니라 평가 '영역별 연수' 체제도를 인정한다.
    - ※ (학교단위 자율연수 활성화) 학교별 연수계획을 수립하여, 학교 차원의 체계적인 연수를 지원한다.
- (평가요소 및 지표 개선) 평가요소 및 지표를 일괄 정비하고, 학습지도 및 생활지도 영역을 중점적으로 개선 한다.
    - -(학습지도 영역) 수업준비, 수업실행, 평가 및 활용 등 세 가지 평가요소의 하위 평가지표를 총 12개에서 총 8개로 축소하여 평가의 신뢰성을 향상시키거나 편의성을 증진한다.
    - -(생활지도 영역) 실제 학생에 대한 상담활동이 이루어지는 내용 중심으로 2개에서 3개로 명료화하고, 그 하위의 평가지표도 함께 수정한다.

4) 평가결과의 활용

평가관리위원회는 평가대상자별, 과목별, 학년별, 응답반응별로 정리된 자료를 해당자 및 학교장에게 각각 1부씩 통보한다. 교사는 각 평가영역별로 자신의 평가 견해를 동료교원, 학생, 학부모의 평가 견해와 비교하여 종합의견을 기술하고, 향 후 개선계획 및 수업개선을 위해 필요한 지원요청사항을 포함한 자기능력개발계획 서(연수희망서)를 작성하여 제출한다. 평가관리자는 과목별, 학년별, 응답반응별로 정리된 자료와 교사별 평가결과 및 자기능력개발계획서(연수희망서) 등을 종합하여 학교단위 교원능력개발평가 종합보고서(안)를 작성하고, 평가관리위원회는 교사의 능력개발 등에 대한 의견 등을 반영하여 교원능력개발평가 종합보고서(안)를 심의 하여 학교장에게 제출한다. 이에 따라 학교장은 교육감(장)에게 단위학교 교원능력 개발평가 종합보고서를 첨부하여 교원능력개발평가 결과를 보고하여야 한다. 학교 장은 제출된 교원능력개발평가 종합보고서를 토대로 교내 자율장학을 지원하고 연 수희망 교사에 대한 행·재정적 지원을 제공하고 필요한 사항에 대해서는 교육청 에 지원을 요청할 수 있으며, 차기 학년도 교원연수계획 등에 반영하여야 한다. 교

표 7-10 교원능력개발평가 결과 활용 맞춤형연수 유형

대상	연수명	연수시간
우수교원	학습연구년 특별연수	1년
일반교원	평가지표별 직무연수	15시간 이상
지원필요교원	단기 능력향상연수	60시간 이상
	장기기본 능력향상연수	150시간 이상
	장기심화 능력향상연수	6개월 이상

육청은 연수수요 파악 및 연수계획 수립에 평가결과를 참고하여, 교사들의 능력개발을 위한 행·재정적 지원대책을 마련한다.

또한 평가자료는 개인별 원자료를 소속학교에 전자파일로 5년간 보관해야 하며, 학교장은 동료교원평가지, 학생 및 학부모만족도조사지, 교사에 대한 교원능력개발평가 등의 결과(학교 평균값)를 다음해 2월 말까지 학교정보공시사이트에 공개하여야 한다.

연구 및 토의 문제

1. 전문성 신장을 위한 교원평가의 참된 의미는 무엇이며, 여러 가지 평가의 유형에 대하여 토의해 보자.

2. 교원능력개발평가의 목적과 의미는 무엇이며, 교원능력개발평가를 통한 교원인사제도의 개선이 교원의 삶의 질에 미치는 영향과 교원인사의 공정성 확보를 위한 방안에 대하여 논의해 보자.

참고문헌

교육과학기술부(2009). 2009년도 교원능력개발평가 매뉴얼. 교육과학기술부.

교육부(2016a). 2016 교원평가제도 개선방안 시행계획. 교육부.

교육부(2016b). 교원능력개발평가 실시에 관한 훈령 157호. 교육부.

김경이, 박은실, 오은경, 채선희, 한유경, 김미영(2001). 교직의 이해. 서울: 문음사.

김이경, 유균상, 이태상, 백선희, 정금현, 박상완(2004). 교원평가 시스템 연구. 서울: 한국교육
    개발원.

김정환(2000). 교사평가의 문제와 개선방향. 교육마당 21.

박종렬, 권기욱, 김창곤, 배호순, 임연기, 정영수(2003). 교육행정평가론. 한국교육행정학회.

이윤식(2004). 교사평가제도의 쟁점 및 발전적 대안 탐색. 한국교원교육연구, 21(3), 329–361.

전제상(2005). 초 · 중등학교 교육력 향상을 위한 교원평가제의 개선방향과 과제. 창의력개발
    연구, 8(2), 81–104.

한국교육행정학회(2003). 교육행정평가론. 서울: 하우.

Beare, H., Caldwell, B., & Millikan, R. H. (1989). Creating an Excellent School. *Educational
    management series*. Routledge.

제8장

학교경영과 학급경영

학습개요

1. 학교단위의 학교행정과 학교경영 원리를 이해하고, 학교장의 지도성에 따라 학교를 효율적으로 운영할 수 있는 방법을 구체적으로 알아본다.

2. 학급경영의 개념 및 원리를 이해하고, 학급경영목표를 달성하기 위한 기본방향 설정에 대해 알아본다.

3. 학급경영의 과업과 영역을 구체적으로 알아보고, 담임교사로서의 학습지도와 생활지도, 학급관리, 인간관계에 대한 요소들이 어떤 것인지 생각해 본다.

1. 학교경영의 개념 및 원리

1) 학교경영의 개념

학교경영은 학교장을 중심으로 변화하는 환경 속에서 학교를 운영해 나가기 위한 활동으로 학교단위의 학교행정이다. 학교경영은 교육활동을 지원하고 교육활동을 위하여 봉사하는 학교조직 내에서의 집단적 협동행위(장이권, 1998)이며, 학교의 목적을 달성하기 위하여 인적·물적·기타 자원을 활용하여 계획·조직·지시·조정·통제하는 일련의 과정이다(박병량, 주철안, 2012). 단위학교의 교육목표를 설정하고 그것을 달성하기 위한 프로그램 및 인적·물적·기타 지원조건을 정비·확립하며, 목표달성을 위한 계획과 결정, 집행과 지도, 통제와 평가 등을 포함하는 일련의 봉사활동이다(진동섭 외, 2007).

이러한 학교경영의 구체적인 의미는, 첫째, 학교교육의 목표·이념 등을 명료하게 하고 그것을 구체적으로 정립한다. 둘째, 교육의 프로그램을 정비·확립하여 교육과정을 확정하고 구체적으로 운영하기 위한 일정과 시간표를 정하여 교재를 비롯한 제반조건을 마련한다. 셋째, 교사를 비롯하여 필요한 제반 사무요원과 보조원 등의 인적 조건을 정비·확립한다. 넷째, 재정을 지원하고 시설·설비를 마련하며 제반 관련 사물을 정비하여야 한다. 다섯째, 모든 업무의 추진에 있어서 기획과 결정, 집행과 지도, 통제와 평가 등의 과정을 거쳐 효율적으로 이를 추진한다. 여섯째, 학교경영 책임자로서 학교장의 지도성은 학교교육의 중요한 요인이 된다. 일곱째, 학교조직의 구성원은 학교장을 비롯하여 교사, 사무직원, 학생들이 있고, 이들과 관련된 학부모, 동창회로 구성되어 있다. 여덟째, 학교경영은 교육의 관련 법규나 상부의 지시·명령·기준에 의거하여 학교를 운영해 나가려는 것이 아니고, 보다 능동적이고 창의적·자율적으로 달성하고자 하는 뜻이 담겨 있다(장이권, 1998).

2) 학교경영의 원리

학교경영의 원리를 민주성의 원리, 합리성의 원리, 과학성의 원리, 조직성의 원리, 효율성의 원리, 지역성의 원리로 나누어 구체적으로 살펴보면 다음과 같다(장이권, 1998).

(1) 민주성의 원리

민주성의 원리는 교육목표 설정, 교육계획 수립 등 의사결정과정에 전 교직원이 참여하여 결정하고, 결정사항의 집행에 있어 권한의 위임이 과감하게 이루어져야 함을 말한다. 그뿐만 아니라 학교장은 학교교육에 관계되는 제반 문제해결과정에도 관계된 교직원들이 참여하여 문제해결에 대한 방안을 함께 모색하도록 권장해야 한다. 이를 위해서는 교직원들에게 권한의 일부를 과감하게 위임해야 한다. 교직원들의 참여에 의하여 의사결정이 이루어지고, 결정된 과업이 교직원들의 책임 아래 실행될 때 비로소 교직원들의 협조가 원만하게 이루어질 수 있다. 학교경영의 민주화는 무엇보다도 교장의 민주적 태도와 민주적 지도성의 발휘가 전제되는 것이다. 학교는 다원적 조직에 의하여 운영되는 것이다. 교직원조직, 학생조직, 학부모조직, 지역사회조직 등 여러 조직이 참여하여 민주적으로 운영될 때 교육의 효율성을 높일 수 있다.

(2) 합리성의 원리

합리성의 원리는 교육목적을 이상적으로 달성하기 위하여 합리적으로 체제를 개선해 나가는 것을 말한다. 합리성은 일체의 우연을 배척하고 논리적 필연성에 의하여 대상을 구성하는 일이다. 합리성은 어떤 생각이나 주장에 대하여 정당한 근거나 이유를 가지고 있어야 하며, 객관화할 수 있는 증거 혹은 이유를 수반하는 주장·판단·신념을 특징으로 한다. 이와 같은 합리성을 바탕으로 학교를 운영해 나가야 한다.

(3) 과학성의 원리

과학성의 원리는 교육목표를 달성하기 위하여 과학적으로 문제를 해결해 나가는 방법을 말한다. 과학적으로 문제를 해결해 나간다는 것은 사실에 근거를 두고 객관적 문제해결방법에 의하여 문제를 처리해 나가는 것을 말한다. 우선, 문제를 파악하고, 필요한 사실을 모아서 분류하며, 해결방법을 모색하는 등 일련의 과학적 방법을 취한다.

다음은 과학적 방법의 구체적 단계이다.

① 적절한 문제를 선택하여 파악
② 필요한 사실을 모아서 분석
③ 각종 해결방법을 모색하여 적절한 방법을 선정
④ 문제해결의 기준을 설정
⑤ 기준에 따라서 가설을 설정
⑥ 가설을 검증하고 해석
⑦ 지속적인 추후연구

(4) 조직성의 원리

조직성의 원리는 교육목적을 달성하기 위하여 학교의 인적·물적 자원을 조직하는 것이다. 학교경영에 있어서 조직은 학교장의 가장 중요한 기능 중 하나이다. 모든 교육활동은 조직을 통해서 이루어진다. 그러므로 교장은 일차적으로 조직을 구성하고, 조직을 통해서 그 기능을 수행한다. 교직원조직·학생조직·학부모조직·지역사회조직 등의 인적 조직과 교무·행정실 조직 등 사무조직과 각종 위원회에 이르기까지의 막료조직 등 다양한 조직이 중층화되어 있어 이들은 정교한 관계를 가지고 교육목표를 달성하기 위한 각각의 조직과업을 수행하는 것이다. 과업의 조직은 체제화되어야 하는 것이 현대 조직의 기본원칙이다. 하나의 과업은 몇 개의 하위체제로 분류됨으로써 그 과업의 성격이 명백해지며 또한 조정·통제가 수월해진다.

(5) 효율성의 원리

효율성의 원리는 교육의 대내외적인 능률성과 효율성을 증진시킴을 뜻한다. 물론, 이것은 교육의 외적 생산성과 내적 효율성을 확보함을 전제로 하고 있다. 여기서 교육의 능률성, 생산성, 효과성 등의 개념을 살펴본다. 능률성(efficiency)이란 경제적 원리로, 최소의 투입으로 최대의 산출을 얻자는 것이다. 즉, 투입(input)과 산출(output)의 비율로 나타낸다. 생산성(productivity)이란 각 개인의 시간당 산출량이며 여기에는 산출물에 대한 질적 수준의 향상도 고려된다. 효과성(effectiveness)이란 설정된 목표의 달성 정도를 의미한다. 교육은 목표달성에 일차적인 노력을 기울여야 한다. 그러나 경제원리인 능률성이나 생산성을 도외시할 수도 없다. 이같이 학교경영에서 교육의 능률성, 생산성, 효과성을 확보하는 것이 학교경영 현대화의 중요한 관건이 된다.

(6) 지역성의 원리

지역성의 원리는 학교가 위치하는 지역사회의 특성에 맞도록 조화롭게 학교를 경영해야 한다는 것이다. 학교와 지역사회의 협조적 관계에서 학교가 운영됨으로써 학교의 사회화, 교육의 생활화가 이루어질 수 있다. 학생은 일정한 지역에서 태어나서 그 지역의 자연적 · 문화적 환경 속에서, 지역의 특수한 조건 아래에서 성장 · 발달한다. 학교는 지역사회를 이해하고 지역사회의 인적 · 물적 자원을 교육에 활용하고, 학교가 가진 지식과 기술을 지역사회에 제공함으로써 학교와 지역사회는 상호 협조하는 지역사회학교로 발전할 수 있다.

2. 학교장의 학교경영

1) 학교장의 역할

학교장의 역할은 교장이라는 직책에 대하여 기대되는 행위로 교장직에 따른 역할은 교장 자신의 요구와 태도, 타인(학생, 교사, 학부모, 상급자)의 기대, 여러 가지 사회적 요인(인구변화, 경제상태, 정보의 영향, 뉴스매체와 교육공학)에 따라 크게 영향을 받는다. 학교장의 역할에 관해서는 「초 · 중등교육법」 제20조(교직원의 임무)에는 교장의 임무에 대하여 "교장은 교무를 총괄하고, 소속 교직원을 지도 · 감독하며, 학생을 교육한다."라고 되어 있다. 최재선(2000)은 이러한 학교장의 역할에 대해 자세히 설명하고 있다.

첫째, 학교장이 교무를 총괄한다는 것은 학교의 일을 모두 거느려 관할한다는 뜻으로, 구체적으로 기관의사를 결정하고, 이를 대내외에 표시하고, 집행하며, 책임구역을 관할하는 것을 의미한다.

둘째, 학교장이 소속 교직원을 지도 · 감독한다는 것은 소속 직원의 행위가 불법 또는 불합리한 입장에 빠지지 않도록 살피고, 필요한 경우에는 지도, 지휘, 명령 또는 제제할 수 있음을 의미한다.

셋째, 학교장이 학생을 교육한다는 것은 교장이 교육에 관한 의사결정을 하고 이를 시행하는 과정을 통해서 학생을 간접적으로 교육하거나 대화, 훈화, 특강을 통해서 직접 교육하는 것을 의미한다.

또한 교장의 역할은 교육청과의 효과적인 업무수행, 교육위원회와의 공동작업, 지역사회의 협력 얻기, 교감과 교사에 대한 장학, 학생의 학교 참여의 개선, 교원의 동기유발, 변화과정의 관리, 수업개선을 위한 교사와 지역사회의 지도 등이 있다(Dunn & Dunn, 1983).

이를 종합해 본다면 학교장의 역할은 교육자로서 학생을 교육하고 교사를 지도·감독 및 교육하며, 경영자로서 학교를 경영하는 것이라고 할 수 있다.

2) 학교장의 지도성

학교장은 학교에서의 교육활동을 경영하는 데 있어 매우 중요한 위치에 있다. 학교장은 교육과 행정을 모두 책임지고 있는 자리이다. 학교장은 교직원을 통하여 학교를 경영하고 학생을 교육하는 자이다. 따라서 학교교육의 성패는 학교장의 지도성에 달려 있다. 이러한 학교장의 지도성은 크게 행정지도성과 학습지도성으로 나눌 수 있다(강원근 외, 2008).

(1) 행정지도성
관리 차원에서 학교장은 학교가 처한 상황을 명확하게 논리적으로 분석·판단할 수 있어야 하고, 확실한 목표와 정책을 개발·제시하고 구성원들에게 행위의 결과에 대한 책임을 지게 하며, 교육조직의 과업을 계획·조직·조정·이행하기 위해 적절한 기술적 지원을 제공해야 한다.

(2) 학습지도성
학습지도성의 기본개념을 구체적으로 살펴보면, 첫째, 수업계획에 대한 새로운 목표, 구조 및 관계를 이끌어 내는 개인적인 행동을 말하며, 둘째, 주어진 학교상황에서 수업목표 달성을 위한 노력으로 개개의 교사나 교사집단의 활동에 영향을 주는 과정이며, 셋째, 학교에서 교수 · 학습의 개선을 위하여 교사와 학생들에게 방향, 자원, 지원을 제공하는 것을 의미한다(이병진, 2003).

3) 학교장에 대한 역할기대

(1) 교사가 기대하는 학교장의 역할

학교장의 역할에 대해 베커(Becker, 1980)는 교사들의 애로사항과 학생들의 훈육문제에 대해 교사를 지원해 주는 일이라고 하였고, 체이스(Chase, 1952)는 교사들을 관료적 관점에서 복종자이기보다는 행정가와 차이는 있지만 행정가와 동등한 역할을 수행하는 전문적인 동료로 취급하는 일이라고 하였다. 결국, 이러한 결과들은 교사가 학교직무를 수행하는 데 있어서 전문가로서 인식되기를 바라고 또한 그렇게 대접받기를 바라고 있음을 암시하고 있다.

(2) 학부모가 기대하는 학교장의 역할

학부모들은 변화하는 사회에 적응할 수 있는 개방적인 학교장, 교육과정을 철저히 이행하는 학교장, 그리고 교육자로서 품성과 자질 그리고 전문적인 능력이 높은 학교장을 원한다. 그러므로 대다수 학부모는 학교장이 교육자로서의 품성과 자질을 가지고 교육과정을 철저히 이행하며, 학부모집단과 함께 학생문제에 대해 협력하면서 학생에 대해 더욱 많은 관심을 보여 주기를 기대하고 있다.

3. 학급경영의 개념 및 원리

1) 학급경영의 개념

학급경영이라는 말은 1980년대까지 학급운영으로 불리다가 1990년대에 이르러서 등장했다. 학급운영과 학급경영의 어원을 각각 살펴보면(이상우, 2004), 학급운영은 학급담임교사가 학급의 모든 일을 경영해 나아간다는 의미로, 전통적으로 '학

급의 일을 처리하거나 관리하거나 지배하는 데 능란한 솜씨를 발휘한다.'는 의미가
내포되어 있다. 반면, 학급경영은 계획을 세워서 일을 다스린다는 뜻과 학급 일을
경제적으로 해 나간다는 의미와 함께 학급구성원을 위한 담임교사의 베풀기 · 보살
핌이라는 용어가 내포되어 있다. 대부분의 교육학자가 초기에는 학급운영과 학급
경영을 혼용해서 사용하다가 학급을 효과적으로 운영해야 한다는 의미가 강조되면
서 차츰 학급경영으로 용어가 정리되었다.

학급경영은 학교교육의 단위조직인 학급을 교육목적에 따라 효율적으로 운영하
기 위해 영위하는 일련의 행위 또는 학교생활의 기초가 되는 학급의 교육활동을 효
과적으로 실시하기 위해 학급 안의 여러 가지 일을 운영하는 일이다. 그러므로 학습
효과를 높이기 위한 조건을 정비해야 한다는 문제도 있지만 동시에 집단생활에 의
한 사회적 훈련이라는 고유의 교육적 문제도 가지고 있다. 학습조건의 정비와 아울
러 그것 자체가 교육이라는 이면성을 가지는 학급경영은 관용상 경영이라는 말을
사용하지만 실제로는 학급의 교육활동이라는 의미를 강하게 지닌다. 즉, 학급의 모
든 교육활동 중에서 직접적인 수업활동을 제외한 기타의 교육활동 전부가 학급경
영에 포함되는 것이다.

학급경영의 의미는 질서유지로서의 학급경영, 조건정비로서의 학급경영, 교육경
영으로서의 학급경영으로 분류할 수 있다.

첫째, 질서유지로서의 학급경영은 다시 세 갈래로 나뉘는데, 학급경영을 훈육과
동일시하는 견해, 상담활동을 통해 학생의 문제행동을 해결하려는 견해, 학급활동
에 학생을 참여시켜서 문제행동을 최소화하려는 교사의 행동으로 보는 견해이다.

둘째, 조건정비로서의 학급경영 개념은 훈육 차원에서 벗어나 수업을 위한 학습
환경 조성이라는 관점에서 학급경영을 파악한다.

셋째, 교육경영으로서의 학급경영이다. 이는 학급경영에 대해 경영 개념을 바탕
으로 학급을 효과적이고 효율적으로 운영하는 경영과정으로 여긴다. 교육경영으
로서의 학급경영은 학급의 목적을 수립하고 이를 효율적으로 달성하기 위하여 인
적 · 비인적 자원을 확보하고 활용하여 학급활동을 계획 · 조직 · 지도 · 조정 · 통제
하는 일련의 활동과정이다(박병량, 주철안, 2005).

학급경영의 중요성에 대해 강경석 등(2011)은 개인적 차원과 조직적 차원으로 분
류하였다. 개인적 차원에서 보면 학생은 학교에 머무르는 시간이 많아지면서 학생

들이 속해 있는 생활의 장(場)인 학급의 문화 혹은 풍토가 학생의 행동과 성격에 지대한 영향을 미치며, 교사의 입장에서 자신이 학급담임교사로서 갖춘 역량을 학급경영으로 발휘하고 이러한 경험과 반성적 실천을 통해 자신의 전문성을 신장시킬 수 있기 때문에 중요하다. 조직적 차원에서의 학급경영은 학교발전에 영향을 미친다고 하였다. 진정한 학교 변화는 교수·학습활동이 실제로 실행되고 있는 학급의 변화에서 시작되고 이는 곧 학교조직의 바람직한 개혁을 이끌 수 있다는 점에서 학급경영은 의의가 있다.

2) 학급경영의 원리

학급경영을 구상하고 전개하는 데 있어서 교사가 학급을 어떠한 원칙에 입각하여 어떠한 방향으로 운영하겠다고 하는 학급경영의 방침이나 원리가 필요하다. 많은 학자는 학급경영을 실천하는 데 지켜야 할 여덟 가지 기본원리를 다음과 같이 제시한다(권기옥, 2003; 김봉수, 1982; 박병량, 주철안, 2005).

첫째, 자유의 원리이다. 학급경영은 현대 민주교육의 기본적 특성의 하나로 학생의 인격을 존중하고 그들의 개성을 발전시켜야 한다.

둘째, 협동의 원리이다. 학급경영은 민주생활의 기본원리의 하나로 학급집단의 안전과 이익을 위해 협동생활을 할 수 있도록 지도해야 한다. 따라서 학생 간의 경쟁의식이나 대립 또는 분파적인 생활의식과 행동이 일어나지 않도록 해야 한다.

셋째, 노작의 원리이다. 노작은 자기 활동인 동시에 자기표현이다. 정신적·신체적 활동을 통해서만이 유형·무형의 창조물이 나온다. 그러므로 학습활동이나 과별 활동 등에서 스스로가 자기의 목표를 세우고 그것을 실현해야 한다.

넷째, 창조의 원리이다. 학급 내외의 생활이 언제나 과학적인 마음, 즉 자료의 수집과 분석, 통합, 정리, 활용하는 방법을 지도하고 그러한 실제 생활의 기회를 만들어 주어야 한다.

다섯째, 흥미의 원리이다. 흥미는 학습활동의 동기를 주며 원동력이 된다. 따라서 학생이 흥미를 갖게 할 수 있는 생활환경을 새롭게 해 주고 성공감과 자신감을 갖도록 하며 자율적 활동을 권장해 주어야 한다.

여섯째, 요구의 원리이다. 학교교육은 당면한 사회적 요구, 아동의 요구, 가정의 요구 등을 수용하여 교육적 가치가 있다고 생각되는 경우에는 가급적 충족시켜 주어야 한다.

일곱째, 접근의 원리이다. 교육의 성과는 교사와 아동이 거리감 없이 가장 친근했을 때 더욱 효과가 높아진다. 학급은 이러한 점에서 교사와 아동이 상호 접근하는 장이다. 담임교사와 학생, 학생과 학생이 서로 존중하고 인격적으로 대할 때 학급은 부드러워지고 전체의 발전을 기대할 수 있다.

여덟째, 발전의 원리이다. 담임교사는 꾸준히 자기 반성과 평가를 통해 일상에서 학습자의 생활실태, 학급의 교육적 제 환경조건의 관찰, 평가·반성하여 보다 나은 방향으로 변화될 수 있도록 해야 한다.

4. 학급경영의 구성요소

학급경영목표는 교육목표를 달성하기 위해 수행되어야 할 경영상의 기본방향을 제시한 것이다. 학급경영의 목표는 학년·학교 교육목표, 나아가서는 상위목표와의 연계성은 물론 학급현황이나 학생의 실태에 따른 치밀한 분석에 기초하고 학급담임의 교육관 등 종합적인 자료를 참고하여 목표를 설정해야 한다. 이것은 경영활동이나 결정이 합리적인가를 판단하게 하며 아울러 경영성과의 측정과 평가의 기준이 된다. 따라서 학급경영목표는 학급에서 학생을 교육하는 기본적인 단위경영제라는 입장에서 학급경영활동의 전 영역에 걸쳐서 포괄적으로 결정된다. 또한 이것은 학급경영에 참여하는 모든 학생이 투입하는 노력을 합목적적으로 유도하기 위한 경영의 기본방향이며, 이 과정에서 학생과의 협의를 거치는 민주적인 과정이나 학생에게 학급의 목표를 이해시키는 일도 매우 중요하며 교사의 교육철학 또한 학급경영에 영향을 줄 것으로 판단된다. 학급경영목표에는 교육청의 노력중점, 학교의 여건과 지역사회의 특성이 고려되어야 한다. 학급경영의 영역은 다섯 가지로 구분할 수 있다.

1) 학습지도

학교교육에서 가장 중요한 부분을 차지하고 있는 것은 학급에서 이루어지는 교사와 학생의 교수 · 학습활동이라 할 수 있다. 교사는 학교에서 학생을 가르치는 교수활동과 학생들의 학습활동을 효과적으로 지도하기 위한 활동에 가장 많은 시간을 보낸다. 따라서 교과지도활동이 교사의 제1차적인 역할이요, 임무이다. 특수교육의 교육목표가 근본적으로 일반교육의 교육목표와 다른 것은 아니다. 다만, 특수교육 대상아동은 일반아동에 비해 신체적, 정신적, 정서적 및 사회적으로 결손 및 장애가 있기 때문에 그 장애 및 결손에 적응된 교과과정과 교육방법이 필요하며 특수한 교육계획과 교재 및 자료가 필요할 따름이다. 물론, 교재의 특성이나 난이도에 따라 학습진단도 다양해야 한다. 개별화교육은 집단 속에서 상호작용을 하면서 개인의 능력 신장을 극대화할 수 있으며, 개인의 능력에 기초한 교육이기 때문에 더욱 중요하다.

2) 생활지도

생활지도는 각 개인에게 자기의 능력과 흥미를 이해시키고 최대한 그것을 발달시켜서 생활의 목표와 결부시키고 궁극적으로는 바람직한 민주사회의 시민으로서 완전하고 성숙된 자기 지도의 상태에 도달시키는 것으로, 학습지도 역할에 못지않게 중요한 것이다. 교사는 학생들의 학습활동 지도는 물론, 생활지도를 통하여 학생 자신의 문제를 해결할 수 있도록 지도와 조력을 해 주어야 한다. 학생의 건강 및 안전관리에 있어서 아동의 장애상태가 경감되도록 인적 · 물적 자원을 최대한 활용하고 생명의 안전을 위하여 각종 대책을 마련해야 한다. 중복장애인이나 계속 약을 복용하는 아동을 위하여 매일 건강을 진단하고 건강상담, 예방접종, 환경정화 등 학습과 학교 보건위생에 지장이 없도록 노력해야 한다.

3) 행정능력

교실은 학생들에게 학교 내 생활의 대부분을 차지하는 가장 중요한 생활의 장이다. 교실의 환경 및 시설을 학습자들에게 가장 평화롭고 명랑한 생활이 되도록 하면서도 높은 학습동기를 불러일으키도록 정비한다는 것은 교과학습과 일반생활 학급으로서의 학급생활을 풍부하게 한다는 뜻에서 더욱 교육적 의의가 크다고 하겠다.

따라서 교사는 시설관리, 비품관리, 게시물관리, 청소관리 등에 힘을 기울여야 할 것이며, 또한 업무파악을 세밀히 하여 학급 학생들에게 다양한 혜택을 줄 수 있도록 하는 것도 행정능력이라고 볼 수 있다.

4) 대인관계

상사나 동료교사 간의 긴밀한 협조체제를 가지고 있으며 학교 내 타 부서나 교육관련기관, 지역사회기관과도 공조체제를 이루어 나가는 것도 업무효율성을 높이는 것이라고 판단된다. 학교는 지역사회의 일부이므로 학교의 구성원인 학생은 지역사회의 구성원이 된다. 그러므로 학교교육의 목적과 내용은 그 지역사회의 교육적 요구에 부합해야 하며, 지역사회를 위한 보다 유능한 건설자와 그 지역사회의 당면 문제를 잘 해결할 수 있는 생활인을 육성하는 데 의의가 있다. 또 학교는 지역사회를 발전시킴과 동시에 지역사회의 원조와 협력을 얻기 위해 학교에 대한 지역사회인들의 깊은 이해가 필요하다. 그러기 위해서 학교는 교육목표와 교육계획 등에 대해 지역사회인들이 충분히 이해할 수 있도록 하는 방안을 강구하여야 한다. 이와 같은 일들을 원활히 하기 위해 교사는 먼저 지역사회의 실태를 조사하여 문제가 무엇인가를 파악하고 문제해결을 위한 여러 가지 측면에서 봉사해야 한다.

5) 교육철학

교육은 교사의 전문의식과 윤리의식을 토대로 하여 이루어지는 활동이다. 교사의 투철한 교직관과 윤리의식이 밑받침되지 않고서는 훌륭한 교사도 그리고 교육발전도 기대할 수 없다. 담임교사의 교육철학은 학생들에게 깊숙이 침투되어 담임교사가 지향하는 바가 무엇인지를 깨닫게 하며, 사랑과 봉사, 정직과 성실, 청렴과 품위, 준법과 질서에 바탕을 둔 교육철학은 학급경영에 많은 영향을 줄 것이다.

5. 학급경영의 실제

1) 학급경영의 영역 및 과업

학급경영의 과업을 영역별로 나누어 보면 다음과 같다.

- 학급경영계획의 수립: 목표설정, 학생·가정환경·지역사회 조사 등
- 집단조직 및 지도영역: 규칙 및 절차의 수립과 시행, 소집단 편성, 학급 분위기 조성 등
- 교과지도 영역: 교수·학습계획안 작성, 독서지도, 가정학습지도, 특수아지도 등
- 체험활동 영역: 자치활동, 동아리활동, 학교행사 등
- 생활지도 영역: 인성지도, 요선도학생·특수교육대상자의 관리, 진학·진로지도, 건강·여가지도 등
- 학급환경의 구성 및 정비 영역: 물리적 환경정비, 시설·비품·게시물관리, 청소관리 등
- 학급사무 영역: 학사물 관리, 학습지도에 관한 사무, 학생기록물·가정연락물관리 등
- 가정 및 지역사회와의 관계 관리영역: 가정·지역사회와의 유대, 교육 유관기관과의 유대, 지역사회 자원활용, 봉사활동 등이다.

2) 학급경영목표

학급경영은 학교의 교육목표를 구체화하고 학급단위에 주어진 목적을 효율적이고 효과적으로 성취하기 위한 조건을 정비하고 실천하기 위한 목표가 설정되어야 한다. 학교경영의 실천단위로서 그 활동은 학교경영의 일환으로 이루어지므로 학교-학년-학급 간의 협동행위라는 맥락 속에서 일련의 연계성을 갖는다. 그러므로 학급은 학교라는 조직체의 축소판이자 구성원들의 공동학습장이며 교육을 익히는 실천의 장이다. 이는 학교의 교육목표 달성을 위하여 학교경영목표가 설정되며, 학

교경영의 목표를 달성하기 위하여 학년경영의 목표가 설정되고, 학년경영의 목표를 달성하기 위하여 학급경영의 목표가 설정됨을 의미한다. 따라서 학교경영의 실천단위로서 학급경영은 그 목표를 설정함에 있어서 학교경영목표와 학년경영목표를 고려하여 일련의 연계성을 갖도록 설정하여야 함을 의미한다.

학급경영목표는 학급구성원과 학급환경 등의 실태에 대한 명확한 분석을 기반으로 하여야 하며, 학급경영활동이 합리적으로 운영되는가에 대한 학급경영평가의 측정과 기준이 된다. 학급경영목표는 학급구성원들의 지향해야 할 방향을 합목적적으로 유도하기 위한 경영의 기본방향이며, 이 과정에서 학생과의 협의를 거치는 민주적인 과정이나 학생에게 학급의 목표를 이해시키는 것이 매우 중요하다. 이러한 과정이 학급경영목표를 달성하는 데 중요한 요인으로 작용한다. 학급경영목표는 학생들에 관한 여러 정보를 수집·분석하여 실태에 맞으며 특색이 있도록 목표를 세워야 하며, 학생들의 행동이 바람직하게 변화되도록 수립되어야 한다.

3) 학급조직

학급에서 학급조직과 아울러 학급집단을 어떻게 구성하느냐 하는 것은 학급경영의 효율성과 협동성을 높이는 중요한 요소이다. 학교 형편에 따라서는 동일집단의 학급편성 혹은 능력별 학급편성, 복식학급편성 등이 있으나, 학급에서의 조직을 어떻게 형성하느냐가 학습지도와 생활지도 등의 학급경영활동에 크게 영향을 미친다. 학습조직에서는 구성원들의 학습효율성을 높이기 위한 지적 상호작용이 중요시된다. 교사와 학생 간의 지적 상호작용을 통해서 학습하기도 하며, 학생들 간의 상호작용을 통해서 배우기도 한다. 특히 급우들 간의 자극을 통한 학습은 상호 선의의 경쟁을 유도하여 학습의 효율성을 증대시킬 수 있으며, 긍정적이고 협동적인 학급을 형성하는 데 기여한다. 이에 따라 학급조직은 다른 학급과는 다른 고유한 학급특성이 형성되고 담임교사의 학급경영에 의하여 생성된 학급구성원 간의 관계가 상호작용하여 학급조직 내의 구성원들에게 영향을 주게 된다. 이는 학급구성원들의 학습태도나 생활태도에 영향을 주게 되어 학급조직은 담임교사의 학급경영방식에 따라 차이를 나타내게 된다.

학급조직은 민주적인 형태로 조직되어야 한다. 학급조직에서 여러 안건에 대한 의결 및 집행기능을 수행하는 과정에서 학급담임교사의 학급경영방식이 영향력을 미치게 되며 학급에 따라 다르게 나타난다. 학급구성원들은 결정한 내용을 실천하는 과정에서 학급내 서로 간의 상호관계를 형성하게 되며, 이로 인해 학급구성원 간의 상호 협력과 학급에 대한 소속감이 형성된다.

6. 학급담임교사의 역할

담임교사는 학생들의 생활에 매우 중요한 안내자로서 담임교사의 인생관, 가치관은 학생의 성장 발달에 직간접적으로 영향을 미치므로, 담임교사의 역할은 교육의 성과에 큰 역할을 하게 된다. 수업을 수행함과 동시에 생활지도자로서의 역할, 학급경영자로서의 역할을 하게 되어 담임교사의 역할은 비 담임교사에 비해 영향력이 매우 크다. 학생의 바람직한 학습활동과 성격 형성에 영향을 끼치게 되며, 학급을 경영하는 방법, 가정과의 연결방식, 지역사회와의 관계에서 생기는 여러 가지 문제를 처리하는 등 다양한 임무를 수행하고 있다.

주로 학생의 학업성취를 강조하며 담임교사의 학습지도자로서의 역할을 강조하던 예전과는 달리, 최근 학교폭력 등 학생생활지도에 대한 문제가 발생하면서 생활지도자로서의 역할도 중요하게 인식되고 있다. 이런 측면에서 담임교사가 학생의 학습지도와 생활지도를 할 수 있도록 기반을 마련해 주는 담임교사의 학급경영자로서의 역할은 무엇보다 우선시되어 중요하게 다루어지고 있다.

강경석 등(2011)은 학급경영자로서의 담임교사의 역할을 다음 세 측면에서 강조하였다. 첫째, 담임교사는 학생과의 관계에서 중요한 역할을 담당한다. 둘째, 담임교사는 학급경영에서 중요한 역할을 한다. 셋째, 담임교사는 학부모와의 관계에서 중요한 역할을 담당한다.

이칭찬과 주상덕(2009)은 담임교사의 역할을, ① 교육과정을 계획하는 일, ② 교수활동을 실천하는 일, ③ 생활지도를 담당하는 일, ④ 교육활동을 평가하는 일, ⑤ 특수아를 지도하는 일, ⑥ 학교 · 학급의 사무를 처리하는 일, ⑦ 학교경영 및 학교행정에 참여하는 일, ⑧ 지역사회와 협조하는 일, ⑨ 학급의 환경을 정돈하는 일 등으로 보았다. 담임교사의 가장 중요한 역할은 학생을 가르치는 것이므로 학습지도와 생활지도를 병행하고 이를 보다 효과적으로 운영하기 위해 학급경영의 역할도 강조되어야 한다. 학급경영자로서의 담임교사의 역할은 학급경영의 영역과 연관되어 있으며 이러한 활동을 수행하는 과정에서 나타나는 것이다.

1) 학습지도

학습지도는 담임교사의 학급경영 영역 중에서 가장 핵심적인 활동이다. 학습지도는 수업체제를 구안하고 실천하는 활동으로, 학습목표와 내용을 선정하고 학습조건을 갖추어 수업을 전개하는 일련의 교수·학습활동이다. 이를 세분화하면 학습지도를 계획하고 실시하며, 학습결과를 평가하는 일로 구분할 수 있다.

학습지도를 위해 노력해야 할 점은 다음과 같다. 첫째, 학습환경을 잘 정비한다. 둘째, 교과지도 계획을 면밀하게 세운다. 셋째, 학습자료의 선택과 활용을 잘해야 한다. 넷째, 효과적인 개별지도 방안을 강구해야 한다. 다섯째, 학력측정을 정기적으로 정확하게 실시하여 학생들에게 격려와 자극을 준다. 여섯째, 가정과의 유기적 연결을 통해 지도의 참고자료를 얻어 낸다.

학습지도를 성공적으로 이끄는 방법은 다음과 같다. 첫째, 학생 개개인에 대해 주의를 기울여 개별지도를 필요로 하는 학생들을 조기에 찾아내어 알맞은 처방을 하여 한 사람의 낙오자도 없도록 노력해야 한다. 둘째, 공통적인 문제는 일제지도를 하고 이질적인 문제는 개별지도를 하고, 나아가서는 완전학습이론도 시도해 본다. 셋째, 편견을 최대한 억제하고 학생의 잠재능력, 성장가능성을 충분히 고려해서 지도한다. 넷째, 학력측정을 정기적으로 정확히 실시하여 학생에게 자기의 결손과 진보 정도를 확인시켜 격려와 자극을 준다. 다섯째, 방문, 면담, 전화, 문서 연락 등의 방법으로 가정과의 유기적인 연락을 통하여 학교와 가정 간의 정보를 교환하여 학습지도에 참고자료를 얻는다.

2) 생활지도

학급담임교사의 역할 중에서 학습지도 못지않게 중요한 것이 생활지도자로서의 역할이다. 교사는 학생들의 여러 가지 문제에 대해 적절한 지도와 조언을 통하여 학생의 자발적인 활동을 선도하고 스스로 문제를 해결할 수 있게 지도와 원조를 해 주어야 한다. 생활지도를 위해서는 학생들의 특성과 문제를 정확히 파악해야 하며 학업·진로·성격 문제 등 주요 관심사에 대하여 상담자로서의 역할을 수행해야 한다. 신체적 안전과 긍정적 자아개념, 자아통제를 목적으로 하는 생활지도의 과업으로는 인성 및 진로지도, 학급의 문제지도, 보건위생 및 안전생활지도, 여가지도 등을 들 수 있다. 생활지도는 학급의 질서유지를 통한 효과적인 학급경영은 물론, 학생의 사회적 역할, 가치관, 태도 형성에 영향을 미치기 때문에 가치관이 빠르게 변화하는 현대사회에 중요성이 더해지고 있다.

3) 학급관리

학급담임교사는 학생들의 학교생활에 있어서 교육적 효과를 극대화하기 위하여 학급의 기본적인 활동방침과 실천목표를 결정하는 것을 비롯하여 학급의 제반 인적·물적 조직 및 학급의 교육계획을 정비하는 등 단위학급의 제반 조건을 관리하면서 학급이라는 집단을 이끌어 가는 역할을 하고 있다.

학급관리를 위한 교사의 역할은 다음과 같다. 첫째, 학급경영에 성공적인 교사가 되기 위해서는 다양한 요구를 가진 학생들을 고려하여 과업을 수행하고 다양성을 반영하여 학급을 경영해 가야 한다. 둘째, 교육적으로 긍정적 영향을 미칠 수 있도록 물리적 환경과 사회·심리적 환경을 조성해야 한다. 셋째, 연수 수행, 인격수양, 자기반성 등을 통하여 새로운 지식을 획득하여 다양한 요구를 가진 학생들의 발달과 성장을 촉진하기 위한 자기개발을 하여야 한다.

4) 인간관계

학급경영과정에서 가장 빈번하고 긴밀한 관계는 학급담임교사와 학생 간의 관계이다. 학급경영에서 학급담임교사와 학생 간의 관계는 성공적인 학급경영을 좌우하는 열쇠가 된다. 따라서 학급담임교사는 학생과의 인간관계가 모든 교육활동 및 학급경영을 효과적으로 이끌어 갈 수 있는 밑거름이 됨을 인식하여 학생과의 대화를 늘리고 공정한 태도로 학생들을 대해 올바른 인간관계를 조성해야 한다.

교육은 학급과 학교, 가정과 지역사회에서 각각 독립적으로 이루어지는 것이라기보다 서로가 유기적이고 긴밀한 협의와 협력관계 속에서 이루어지는 것이다. 학급과 학교, 가정, 지역사회의 연계성에 대한 의의는 학부모에게 학교와 학급에서 하는 일을 알리고 교육의 효과를 보다 높이기 위한 협력관계를 구축하는 데 있다. 이와 같은 관계는 학급업무를 효과적으로 수행하여 성공적인 학급경영을 이루는 데 도움이 된다. 따라서 학급경영을 위한 교사의 대인관계 중 학생을 비롯한 학급담임교사와 관리자의 관계, 학급담임교사와 동료교사의 관계, 학급담임교사와 학부모의 관계를 학급경영에 영향을 미치는 인간관계로 규정한다.

연구 및 토의 문제

1. 학교단위의 학교행정과 학교경영 원리가 무엇이며, 학교장의 지도성에 따라 학교를 효율적으로 운영할 수 있는 방법에 대하여 토의해 보자.

2. 학급경영의 개념 및 원리가 무엇이며, 학급경영목표를 달성하기 위한 기본방향을 설정하기 위한 방법에 대하여 설명해 보자.

3. 학급경영의 과업과 영역, 그리고 학급경영 목표설정 및 학급조직 방법이 어떤 것이며, 담임교사로서의 역할이 어떤 것들이 있는지 발표해 보자.

참고문헌

강경석, 박세훈, 이윤식, 고영남, 이일용, 홍후조, 권순달, 송경오, 신재흡, 임연기, 송선희, 박호근, 김명수, 전제상, 신상명(2011). 중등 교직실무. 경기: 교육과학사.
강원근, 고전, 김도기, 김용, 박남기, 박상완, 성병창, 유길한, 윤홍주, 정수현, 조동섭(2008). 초등교육행정론. 경기: 교육과학사.
권기옥(2003). 최신 학습경영. 서울: 원미사.
김봉수(1982). 학교와 교육경영. 서울: 형설출판사.
박병량, 주철안(2005). 학교 · 학급경영. 서울: 학지사.

박병량, 주철안(2012). 교육행정 및 교육경영. 서울:학지사.

이병진(2003). 새로운 교육의 패러다임 교육리더십. 서울: 학지사.

이상우(2004). 학급경영의 실제. 자격연수, 671-682.

이칭찬, 주상덕(2009). 교직실무이론. 서울: 동문사.

장이권(1998). 학교 · 학년 · 학급경영. 서울: 형설출판사.

진동섭, 이윤식, 김재웅(2007). 교육행정 및 학교경영의 이해. 경기: 교육과학사.

최재선(2000). 학교장의 역할과 자질. 한국교원교육연구, 17(3), 9-21.

Becker, H. S. (1980). *Role and career problems of the chicago public school teacher.* New York: Arno Press.

Chase, F. L. (1952). *The teacher and policy making.* Administrator's note book. Midwest Administration Center, University of Chicago.

Dunn, K., & Dunn, R. (1983). *Spiritual leadership for principals.* New Jersey: Prince Hall Inc.

제**3**부

교사의 성장

예비교사의 수업과 실무를 위한 **최신 교직실무**

제9장

장학의 이해

학습개요

1. 장학의 배경을 이루고 있는 장학의 개념, 장학의 기능과 그 변화, 장학의 기본적인 원리를 설명해 본다.
2. 장학담당자로서의 자격과 장학에 필요한 지식과 기술, 실무적 자질, 그리고 그 역할에 대해 알아본다.
3. 교육과정의 질적 관리를 통해, 교수효과성을 높이는 등 전반적인 교육환경을 개선해 나아가기 위한 장학과업의 노력에 대해 알아본다.
4. 임상장학, 동료장학, 자기장학, 약식장학, 수업컨설팅을 통해 들여다본 장학의 다양한 유형에 대해 알아본다.
5. 수업장학의 실제로, 수업장학의 과정과 수업관찰기법에 대해 알아본다.

1. 장학의 배경

1) 장학의 개념

장학의 개념은 연구자에 따라 다양하게 정의되어 왔는데, 국내외 연구자의 장학에 대한 개념을 정리해 보면 다음과 같다. 먼저, 국내 연구자들의 정의로는 "교육활동의 개선을 위하여 주로 교사를 대상으로 하여 이루어지는 제반 지도·조언활동"(이윤식, 1999), "교수행위의 개선을 위해 교사에게 제공되는 장학담당자의 모든 노력"(윤정일 외, 2008) 등이 있으며, 넓은 의미의 교육활동 개선에 관한 내용으로 되어 있다. 그러나 외국의 연구자들은 수업의 개선에 초점을 두어 "수업개선을 돕기 위해 교사에게 제공되는 전문적 노력의 한 방법"(Oliva & Pawlas, 1997), "수업의 효과성 요소들을 결집시키려는 범 학교적 노력"(Glickman et al., 2007), "학생의 성취를 높이기 위해 교사와 학교를 지원하는 것을 목적으로 하는 활동"(Sergiovanni & Starratt, 2007) 등으로 다양하게 표현하고 있다.

장학개념의 정의에서 보면, 장학에 공통적으로 포함되는 요소는 "교육활동의 개선과 조언활동"(김도기, 2005)이며, 관점은 조금씩 다르다고 할 수 있으나 궁극적으로 장학은 수업 또는 교육활동의 개선을 목적으로 하고, 교사를 대상으로 하고 있으며 (윤정일 외, 2008; 주삼환, 2003; 진동섭 외, 2008), "학생의 학습을 촉진하기 위한 교사의 수업, 교수·학습활동 개선을 지원하는 활동과 체제"(송기창 외, 2015)라 볼 수 있다.

장학의 본질은 정의를 내리는 관점을 통해서도 이해할 수 있는데, 이윤식(1999)은 장학의 관점을 '역할(role)과 과정(process)'으로 구분한다. 장학을 역할개념으로 보아 자격을 지닌 사람들의 고유한 활동으로 본 것이다. 따라서 장학의 담당자가 되기 위해서는 일정한 요건이 필요하며, 소수의 교육행정가에 의하여 공식적으로 이루어지는 활동만이 장학이라고 할 수 있다. 이에 반해 장학을 과정으로 보면, 교육현장에서 어떠한 형태로든지 교사의 수업개선과 관련하여 행해지는 공식적·비공식적, 전문적·일상적 지도·조언행위를 모두 장학으로 볼 수 있으며, 이러한 장학활동에 참여하는 사람들은 누구나 장학담당자가 될 수 있다고 본다.

진동섭과 김도기(2005)에 의하면, 장학의 목적은 교육활동의 개선이고, 대상은 교원이며, 방법은 지도·조언활동이다. 이들은 여기서 지도활동보다 조언활동에 주목하여 교원들의 자발적인 노력, 장학담당자의 전문성, 그리고 교원과 장학담당자 간의 평등한 관계가 전제되어야 한다고 본다. 즉, 도움의 필요성을 느끼지 못하는 교사들을 대상으로 교장·교감·장학사 혹은 교육행정가에 의해 이루어지는 지도활동 중심의 장학은 역효과를 불러일으킨다는 것이다. 따라서 장학의 본질 구현을 위해 '지도' 활동에서 '조언' 활동으로 초점을 옮기는 방법상의 변화가 요구된다고 주장하였다.

이러한 장학의 정의에 기초하여 알폰소, 퍼스와 네빌(Alfonso, Firth, & Neville, 1975)은 특히 수업과 관련된 수업장학의 특징을 다음의 세 가지로 정리하였다.

첫째, 수업장학은 공식적으로 계획된 조직의 필요와 공식적인 권위에 기초하여 이루어지는 활동이다.

둘째, 수업장학은 직접적으로 교사의 행동에 영향을 미치는 활동이다.

셋째, 수업장학의 궁극적인 목적은 학생들의 학습을 촉진시키는 것이다.

2) 장학의 기능

장학의 기능은 크게 세 가지로 나누어 생각해 볼 수 있다(박완성, 2012).

- 교원의 성장, 발달을 돕는 기능: 교원들로 하여금 교직생활과 관련한 제반 영역에서 필요한 가치관, 신념, 태도, 행동을 갖추도록 도와주는 기능
- 교육과정 운영의 효율화를 돕는 기능: 교육목표를 달성하기 위하여 학생들에게 제공되는 교육내용 및 교육활동에 대한 개발, 운영, 평가에 있어서 효과를 높이도록 도와주는 기능
- 학교경영의 합리화를 돕는 기능: 학교체제 내의 인적·물적·재정적 자원을 효과적으로 유지·통합·운영하고, 제반 교육활동 기능을 최적화하도록 도와주는 기능

특히 수업장학은 교사의 수업행위나 수업기술을 개선시켜 학습자들의 학습효과를 향상시키는 데 그 목적이 있기 때문에(안병환 외, 2008), 이들 기능 가운데 교육과정 운영의 효율화를 돕는 기능을 중심으로 하여 궁극적으로는 교원의 성장, 발달을

돕는 기능으로 확산되어야 할 것이다.

3) 장학의 원리

장학의 원리는 대체로 여섯 가지로 나누어 생각해 볼 수 있다(박완성, 2012).

- **학교중심성 존중의 원리**: 교육활동이 실제로 전개되는 학교현장의 인적 · 물적 조건 및 조직적 · 심리적 특성 존중
- **자율성 존중의 원리**: 학교의 자율성과 학교 내 구성원으로서의 교직원의 자율성 존중
- **협력성 존중의 원리**: 장학담당자, 학교관리자, 교직원, 기타 관련되는 외부 인사 모두의 협력적이고 참여적인 공동노력을 조성, 유도
- **다양성 존중의 원리**: 학교현장의 조건과 특성 및 교직원의 필요와 요구에 기초하여 다양한 내용과 방법을 활용
- **계속성 존중의 원리**: 장기적인 교육활동의 개선을 위한 기능 수행(일시적 · 단기적이 아닌 계속적 · 정기적 시행)
- **자기발전성 존중의 원리**: 학교의 발전뿐만 아니라, 학교의 구성원으로서의 교직원 개인의 발전, 나아가 장학담당자의 발전을 도모

2. 장학담당자의 자질과 역할

1) 장학담당자의 자질

(1) 장학담당자의 자격

장학담당자란 장학활동을 수행하는 모든 사람을 의미하기 때문에 장학사(관)라는 직위를 가진 자만을 지칭하는 것은 아니다. 장학담당자는 장학조직에 위치하면서 교수 · 학습활동의 개선을 위하여 교사들의 교수행위에 영향력을 행사할 수 있는 모든 사람을 의미한다.

「교육공무원법」에 의하면 장학직은 장학관, 장학사로 한정되어 있으나, 교육행정의 각 단계에서 계선 및 참모조직에 속하여 장학활동을 수행하고 있는 사람은 모두 장학담당자로 분류할 수 있다. 즉, 교육부의 장관, 차관, 관련 부서의 장학관, 교육연구관, 장학사, 교육연구사와 시·도교육청의 교육감, 장학관과 장학사, 교육지원청의 교육장과 각 장학관 및 장학사, 학교수준에서의 교장, 교감, 수석교사, 보직교사 및 동료교사 등을 포함한다.

(2) 장학담당자의 역량

자신이 맡은 역할을 전문가로서 수행해 나가기 위해서 장학담당자는 다음과 같은 지식과 기술을 갖추어야 한다.

첫째, 학교교육프로그램에 관한 전반적인 지식이 있어야 한다. 교수·학습 분야의 새로운 패러다임에 맞는 흐름을 파악하고 있어야 하며, 전략 수립에 관한 새로운 방법과 기술을 교사에게 알려 줄 수 있어야 한다.

둘째, 교육학에 대한 해박한 지식을 갖추고 있어야 한다. 교육과정을 이해할 수 있는 교육철학, 수업과 관련된 학습이론, 그리고 교육법규와 지역사회와의 관계에 대한 이해도 필요하다.

셋째, 교사들에게 필요한 자료를 제공하기 위해 항상 새로운 문헌, 교육자료 등을 찾아 학습하는 자세가 필요하다.

넷째, 새로운 교수법 및 평가에 관한 정보와 지식이 필요하다. 장학활동이 교사의 수업개선을 목표로 하는 지도·조언활동임을 직시하여, 장학담당자와 교사 간의 성숙된 상호관계 속에서 새로운 교수법 및 평가에 관한 정보와 지식의 습득이 지속적으로 이루어져야 할 것이다. 이렇게 준비하고 적용하며 수정·보완해 가는 흐름으로 장학활동에 관한 관점을 바꿔야 할 필요가 있다.

학교 수업개선을 위한 질 높은 교육을 제공하기 위하여 교사와 장학담당자는 현 교육과정에서 요구하는 수업개선에 관한 관점을 공유하여 이에 맞는 수업기술과 역량을 키워 나가는 것이야말로 장학활동의 근본이라고 생각해야 할 것이다.

(3) 장학담당자의 실무적 자질

장학담당자는 교육에 관한 지식, 교사와의 인간관계능력 그리고 학교조직 운영 전반에 관한 이해가 필요한데, 파약(Pajak, 1989)은 효과적인 장학을 하기 위한 열두 가지 차원의 실무적 자질을 제시하고, 각 차원에 필요한 지식을 중요한 순서대로 세 가지씩 열거하였다.

- 의사소통
  - 갈등 해소 전략에 대한 지식
  - 집단 내와 집단 간의 관계에 대한 지식
- 직원개발
  - 진행되고 있는 전문성 성장에 대한 헌신
  - 교직원 성장에 관계된 결정에 교사가 참여해야 한다는 신념
- 수업 프로그램
  - 수업자료나 자원에 대한 지식
  - 효과적 수업에 관련한 연구에 대한 지식
  - 수업방법과 전략에 대한 지식
- 계획과 변화
  - 새로운 생각 · 정보 · 비판에 대한 개방성
  - 변화에 대한 긍정적 태도
- 동기화와 조직화
  - 모두가 공유하는 비전 형성에 대한 신념
  - 민주적 원칙에 대한 헌신
- 관찰과 협의
  - 다양한 장학 접근법에 대한 필요 인식
  - 교사와의 동료관계 수립에 대한 필요 인식
  - 교사 개인의 교수형태 개발에 대한 인식
- 교육과정
  - 학생의 성장 · 발달에 관한 지식
  - 교육과정 개발 절차에 관한 지식
- 문제해결과 의사결정
  - 프로그램을 만들어 시행하는 것을 개선의 기회로 삼음

- 학생들에게 무엇이 가장 좋은가에 기초한 의사결정
- 교사에 대한 봉사
  - 교사의 동료가 되어 함께 일한다는 생각
  - 수업시간을 철저하게 보호해 줌
- 개인적 성장
  - 자신의 영향력에 대해 이해
  - 광범위한 경험의 소유
- 지역사회 관계
  - 학부모를 알고 그들과 대화하려는 욕구
  - 교육목표에 대하여 지역사회와 기꺼이 대화를 나눔
  - 학교의 문화적 · 사회적 · 경제적 환경에 대한 예민성
- 연구와 프로그램 평가
  - 다양한 평가전략에 대한 지식
  - 정보수집 기술에 대한 지식

2) 장학담당자의 역할

와일스와 본다이(Wiles & Bondi, 2000)는 장학담당자의 역할에 필요한 자질이 되는 여덟 가지 분야를 다음과 같이 설명하고 있다.

(1) 인간 개발자로서의 역할

모든 교육자의 주된 과제는 학생들을 위하여 가장 좋은 학습경험을 설계하는 것이다. 성장해 가는 아이들이 무엇이 필요한지를 알려면 그들의 발달과정에 대한 깊은 지식이 있어야 한다. 학생들의 학습준비도는 각기 다르며 각자의 재능과 흥미도 다르기 마련이다. 모든 학생은 적절한 시기에 발달과업을 성공적으로 이행해야 한다. 학생들은 배경이나 사회적 경험이 다르므로 학교에서 학습하는 능력도 각기 다르며 각자가 지닌 신체적 특징도 다르다. 장학담당자는 이렇게 다른 학생들이 고루 혜택을 받을 수 있는 교육과정과 교육프로그램을 계획하는 데 힘써야 한다.

(2) 교육과정 개발자로서의 역할

교육과정은 학생들이 학급수준에서 경험하는 모든 활동이다. 교육과정을 수업 안에서 실현하는 사람은 교사이고, 장학담당자는 수업의 개선을 위하여 교사와 함께 일하기 때문에 교육과정 개발에 직접 관련이 있다. 교육과정 개발은 순환적 작업이다. 장학담당자는 학교교육의 목적을 분석하고, 나아가야 할 철학과 목표를 분명히 하고, 우선순위를 정하고, 개발에 필요한 개념 또한 분명히 해야 한다. 장학담당자는 교육과정 개발 노력에 대한 평가와 새로운 요구에 대한 인식을 가져야 하며, 장학담당자는 교육의 질을 통제하는 집행자로서 교육과정 개발에 높은 식견을 지녀야 한다.

(3) 수업전문가로서의 역할

장학담당자의 주요 과업은 학생들의 학습기회를 높여 주는 것이다. 이를 위하여 장학담당자는 연구, 의사소통, 교수 등에 대한 전문성을 보여야 한다. 최근 연구에서 제시된 교수이론, 학교효과성, 학습형태, 학습자의 생리 등에 대한 지식이 있어야 한다. 장학담당자는 수업의 분석가이며, 수업에 관한 적절한 지식을 제공해 주는 자원인사가 되어야 한다. 장학담당자는 교과목 담당교사들과 교수·학습을 풍요롭게 할 수 있는 길에 대하여 의논하고, 학년 간, 학교 간의 교육활동을 조정하며, 같은 교과목을 가르치는 교사들이 서로 만나서 교과에 대한 이야기를 나눌 수 있도록 기회를 주선해 준다. 장학담당자는 수업전문가로서 그들에게 자신의 경험과 지식을 전해 주고, 교사들과 새로운 아이디어를 공유하고, 교수모형을 보여 주거나 교수의 실제를 시연해 보임으로써 교사를 도울 수 있다.

(4) 인간관계 전문가로서의 역할

장학은 대체로 인간관계를 다루는 업무가 많다. 장학담당자는 교사들과 함께 일하고, 행정가들과도 같이 일한다. 장학담당자는 같이 일하는 집단이나 개인의 요구에 민감해야 하며, 상대의 이야기를 잘 들어 주고 그 뜻을 정확하게 이해할 수 있어야 한다. 장학담당자가 교육계에 종사하는 전문인의 동기를 이해하는 것은 매우 중요하며, 이들의 동기를 조직목표와 연결시키는 기술이 매우 필요하다. 장학담당자는 교육의 질 향상을 목표로 하는 소집단이나 협의회 등의 문제를 분석, 해결방안을 모색하고,

성공적으로 회의하고 협의해 나가도록 이끌어 가는 인간관계 기술이 필요하다.

(5) 직원개발자로서의 역할

수업개선을 위하여 가장 중요한 것은 직원 개발계획을 세우는 일이다. 장학담당자는 교사들의 현직교육에 대한 훈련모형을 가지고 있어야 한다. 교사발달을 위한 개발계획은 교사 개인의 요구에 맞게 종합적이고, 장기적으로 고려하여 세워야 한다. 교사 개인의 결함이나 결핍을 교정해 주기 위한 것이 현직교육의 주목적이 되어서는 안 되며, 개인의 성장과 발달을 위한 계속적인 노력의 일환으로 직원개발 프로그램이 진행되어야 한다.

(6) 행정가로서의 역할

장학담당자는 많은 시간을 다른 행정가들과의 상호관계 속에서 보낸다. 학교체제는 상호 연결된 팀에서 의사결정을 하는 경우가 많으므로 장학담당자에게도 행정가로서의 업무처리 기술이 필요하다. 행정가들은 정보를 관리해야 하며, 기록을 보관하고 관리하는 일을 해야 한다. 장학담당자가 행정가와 함께 일하기 위해서는 행정가로서의 통합적인 사고를 할 수 있는 능력도 필요하다.

(7) 변화주도자로서의 역할

전통적으로 장학담당자는 수업개선을 위하여 교사들과 직접 일하는 경우가 많았으나, 교육조직의 규모가 커지고 책무성에 대한 압력이 높아지면서 사람을 만나고 직접 도와주는 역할보다 의미 있는 변화를 일어나게 하고, 이 변화를 효과적으로 관리하는 역할에 더 중점을 두게 되었다.

교육의 질 관리에 대한 요구가 증대되면서 교육프로그램 진행에 대한 공적 관심이 높아지고 이 일을 맡은 장학담당자들에 대한 법규적 책무성도 높아지고 있는 것이 현실이다. 컴퓨터 프로그램의 확산, 공학매체 활용, 예산의 과학적 사용, 교육과정 개발 등은 바로 장학담당자들의 근무수행 및 책무성과 연관되기 때문에 이러한 과업을 사회의 기대에 맞게 변화시켜 나가는 것이 장학의 경영적 기능이라 볼 수 있다. 장학담당자는 작은 부분을 꼼꼼히 살펴보아야 하는 동시에 이들을 묶어서 전체를 통합적으로 볼 수 있는 시각도 있어야 한다.

(8) 평가자로서의 역할

장학담당자는 교사의 수행을 평가하고 교육프로그램의 결과를 평가하며 수업의 과정과 질을 평가한다. 장학담당자는 필요조사를 수행해야 하며, 지역에 대한 교사와 졸업생에 대한 추후조사도 실시해야 한다. 장학담당자는 평가결과에서 얻은 정보를 정리하여 교육과정 운영계획에 필요한 자료로 활용하거나, 교사들의 성장을 위한 기초자료로 이용하거나, 학교발전 계획수립을 위한 정보로 사용할 수 있다. 교육의 질적 변화를 가져오기 위하여 장학담당자는 교사들의 능력을 개발하여 수업의 질을 높이는 방법에 대한 지식이 있어야 하고, 교사들과 변화지향적이고 긍정적인 관계를 맺어 나갈 수 있는 인간관계 기술이 필요하며 계획하고, 관찰하고, 협의하고, 교육의 변화를 평가할 수 있는 집행자로서의 자질이 있어야 한다.

3. 장학의 과업

1) 교육과정의 질적 관리

장학은 교육과정과 아주 밀접한 관계를 가지고 있다. 그동안의 교과중심교육과정, 경험중심교육과정, 학문중심교육과정, 인간중심교육과정을 거쳐 현재는 서로 다른 교과 간에 관련되는 요소를 새로운 교과로 조직하여 융합시키는 융합교육과정이라는 대안적 교육과정의 형태로도 나타나고 있다. 그러므로 장학담당자는 이러한 다양한 교육과정을 이해해야 함과 동시에 교사들에게 새로운 지식과 정보를 제공하고 이를 활용할 수 있도록 자극하고 격려해야 한다. 그리고 교과목과 주제에 맞게 다양한 교수전략을 적용하여, 효과적인 수업활동이 이루어질 수 있도록 교사들을 지원해야 한다.

2) 교수효과성

장학의 과업은 무엇보다도 교사를 지원하여 교수효과성을 높이는 일이라 할 수 있다. 교수효과성은 학생의 학습결과로 나타나는데, 교사가 통제하기 어려운 외적인 다양한 변인이 있을 수 있겠으나, 그중에서도 교사의 교수행동은 무엇보다도 큰 변수로 작용한다. 교수활동의 과정을 수행함에 있어서 교사가 이미 지니고 있는 능력과 특성에 대해서 전문적인 훈련과 지원에 의한 변화가능성을 인정하고, 추구해 나가려 하는 것이 장학활동이다. 이러한 관점으로 보면 장학은 교사의 교수활동 수행에 영향을 주어 교수효과성을 높이고자 하는 노력의 일부라 할 수 있겠다.

3) 교수능력개발

장학의 주요 과업의 하나로 교사의 능력을 발전시키는 것을 들 수 있다. 과거의 현직교육은 직원연수라는 형태로 주로 이루어졌으며, 행정적이고 관료적이며 통제 위주로 실시되어 왔다. 최근에는 이러한 형태가 교사들의 호응을 얻지 못함을 인식하여 현직교육이라는 표현은 능력개발이라는 발전된 개념으로 사용되고 있다.

주삼환 등(2015)은 능력개발과 현직교육의 개념을 다음과 같이 설명하고 있다. '능력개발'은 교사 스스로 교육적 성장을 위해 자신의 능력과 역량을 개발하는 것을 의미한다. '현직교육'은 교육당국이 지향하는 정책실현을 위해, 모든 교원양성과정을 거쳐 입직한 후의 변화하는 교육현장에 필요한 역량을 교원이 갖출 수 있게 하는 계획적인 보수교육이라 할 수 있다. 따라서 현직교육은 학교나 기관이 교사에게 제공하는 데 비하여, 능력개발은 교사가 자신을 위해서 행하는 것이며, 현직교육은 행정적·통제적·형식적인 데 비하여 능력개발은 성취적이고 종합적이다. 그리고 능력개발이 교사 개인을 다루는 데 비하여 현직교육은 학교의 변화를 위하여 협력적이고 체계적인 전략을 수행한다. 이러한 개념과 용어의 변화는 장학에 대하여 중요한 시사점을 준다.

4) 교육환경 개선

학생의 성취도를 높이기 위해서 학생들의 교육환경을 개선해 나가는 것 또한 장학의 주요 과업이다. 학생들의 성취로 장학의 성과가 나타난다고 볼 때, 교사의 교수행위, 교육과정과 아울러 반드시 검토되어야 할 부분은 그 바탕이 되는 교육환경일 것이다. 학교에서 머무는 시간이 많은 학생에게 학교환경과 학습과정은 쾌적하

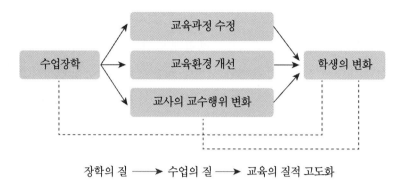

[그림 9-1] 장학 · 수업 · 교육의 질적 고도화

출처: 주삼환 외(2015). 교육행정 및 교육경영(5판), p. 345.

여야 하고, 보다 인간적이고 친환경적인 곳으로 개선되어야 한다. 가정과 사회의 전 반적인 환경 변화에 발맞추어 학교의 교육환경을 점차 변화시켜 나가는 것이야말 로 학생들의 보다 나은 학업성취를 지원하는 토대가 될 것이다.

수업장학은 교육과정의 수정, 교육환경의 개선, 교사의 교수활동 변화를 지원하 여 궁극적으로 학생의 변화를 유도하는 과정이라 볼 때, 장학의 질적 향상의 한 요 인으로서 교육환경의 개선은 학생의 성취를 기대할 수 있는 가장 기본요소가 된다 고 보아야 할 것이다.

4. 장학의 유형

수업이란 학교조직의 수행활동 중 핵심이 되는 활동이다. 대부분의 학교에서 행 정적 작용은 결국 양질의 수업을 제공하는 데 목적이 있으며, 수업장학은 이러한 수 업이라는 핵심활동을 지원하기 위한 지도 · 조언활동이다. 하지만 각 교사의 발달단 계와 특성이 다르고, 수업을 개선하려 함에 따른 개개인 교사의 요구가 다를 수 있 기 때문에 수업장학의 활동은 학교 내의 모든 교사에게 같은 내용으로 적용될 수 없 다. 글래트혼(Glatthorn, 1984)은 이러한 생각을 바탕으로 선택적 장학(differentiated supervision)이라는 아이디어를 제시하는데, 선택적 장학은 교사의 발달단계, 특성, 개인적 요구에 따라 다음 몇 가지 형태로 선택 · 적용되는 장학의 형태이다.

요즘 학교현장에서 이루어지는 장학은 주로 교내(자율)장학의 형태로 진행되는데, 이는 장학의 주체가 상부의 교육행정기관에서 일선학교로 전환되었다는 점에서 커다란 의의가 있다는 평가를 받고 있다.

1) 임상장학

임상장학(臨床獎學)이란 실제적인 교수행위를 직접 관찰하고 자료를 수집하여 수업개선을 위해 장학담당자와 교사의 대면적 상호작용 속에서 교사의 행위와 활동을 분석하는 수업장학의 한 양상이다(Goldhammer, Anderson, & Krajewski, 1980). 의학에서 주로 사용되는 임상(clinical)이란 단어가 보통은 의사가 환자를 다룬다는 의미로 쓰이는 표현이라는 데에서 문제가 있는 교사를 다룬다는 다소 부정적 의미로 인식될 우려가 있으나, 여기서 임상이란 이론이 아닌 실제 병상에서 환자를 관찰하고 치료에 임한다는 의미로, 실제 학습에서 수업상황을 관찰하면서 수업을 개선해 나간다는 의미로 봐야 한다. 그러므로 임상장학이란 장학담당자가 실제 교실상황에서 수업상의 문제를 직접 확인하여, 교사에게 전문적인 도움을 주며 수업개선을 위해 함께 노력한다는 것을 의미한다.

임상장학의 기본 전제는 다음과 같다.

첫째, 실제 교실수업의 현장에서 이루어진다. 마이크로티칭과 같이 교실이 아닌 곳에서 모의수업의 형태로도 가능한 것이 아니라 실제 수업의 진행이 이루어져야 함을 의미한다.

둘째, 교사와 학생, 장학담당자가 한 공간에서 대면하는 상황에서 이루어진다. 요즘은 빠르고 편리함에 따라 온라인 방식의 장학도 많이 이루어지고 있다. 그러나 임상장학은 이러한 형태가 아닌 현장의 대면 상황에서 실시간으로 이루어지는 장학을 말한다.

셋째, 수업의 전 과정을 진행하고 이를 관찰하고 협의함을 원칙으로 한다. 마이크로티칭이나 수업시연 등은 대개 수업과정을 압축하여 축소된 형태로 진행한다. 그러나 임상장학은 수업의 시작에서 끝까지 온전히 전개하는 것을 원칙으로 한다(김희규 외, 2021: 328).

임상장학은 교사와 학생 간의 상호작용에 초점을 둔 것으로 교사가 자신의 수업을 이해하고 개선할 수 있도록 지원하는 데 목적이 있으며, 교사와 장학담당자는 상호 협력적으로 과정을 이끌어 가게 된다. 임상장학의 최초 제안자인 코간(Cogan, 1973)은 효과적인 임상장학의 단계를 다음과 같이 구분하였다.

- 제1단계: 교사와 장학담당자 간의 관계 만들기
- 제2단계: 교사와의 협의를 통한 수업계획 세우기
- 제3단계: 수업관찰 전략 세우기
- 제4단계: 수업관찰하기
- 제5단계: 교수 · 학습과정 분석하기
- 제6단계: 교사와의 협의회 전략 세우기
- 제7단계: 교사와 협의하기
- 제8단계: 새로운 계획 세우기

이러한 단계를 압축하여 오늘날 주로 많이 사용하는 것은, ① 계획협의회, ② 수업관찰, ③ 피드백협의회(관찰 후 협의회)의 3단계이다(주삼환 외, 2015: 356).

- 제1단계: 계획협의회 단계에서는 장학담당자와 교사 간 친밀한 관계를 형성하여 교사, 학급, 수업, 장학의 필요성 등에 대하여 서로 이해하고, 사전계획을 세우며, 앞으로의 계획 추진에 관한 약속을 하여 일종의 계약을 맺는 단계이다.
- 제2단계: 수업관찰 단계에서는 계획협의회에서 약속한 대로, 약속한 도구로 필요한 객관적인 자료를 수집하기 위하여 교실을 방문하여 실제로 수업을 관찰하는 임상장학의 핵심적인 단계이다.
- 제3단계: 피드백협의회(관찰 후 협의회) 단계에서는 수집된 자료를 놓고 협의하여 수업개선과 수업기술 향상의 전략을 모색하는 단계이다.

2) 동료장학

동료장학이란 교사들이 서로 간의 전문성 개발을 위해 서로 협동하고 지원하는 장학의 형태를 말한다. 일반적으로 교사들은 행정적이고 관리적인 장학보다 동료와의 장학을 선호하는 편이다. 이는 전문직으로서의 교직의 특성과도 부합되며, 교사들의 수업에 관한 문제에 대해서는 누구보다도 가장 잘 이해하고 도와줄 수 있는 사람이 동료라는 인식에서 출발한다.

동료장학은 교사 간에 서로 경험을 공유하고, 협동적 인간관계 수립을 통해 동료 간 유대와 공동성취감을 향상시킬 수 있다는 점에서 중요성이 부각되고 있다(윤정일 외, 2008).

서지오바니와 스타랫(Sergiovanni & Starratt, 1993)은 동료장학을 "둘 이상의 교사가 서로 수업을 관찰하고 관찰한 내용에 대해 서로 피드백을 제공하며, 서로의 전문적 관심사에 대해서 토의함으로써 자신의 전문적 성장을 함께 추구하는 비교적 공식화된 과정"이라고 하였다. 글래트혼(1984)은 동료장학을 "교사들이 그들의 전문성 성장 발달을 위하여 같이 일해 나가기로 동의하고, 서로 관찰하고, 서로 조언하고, 전문적 관심사를 토의해 나가는 협동적 과정"이라고 하였다. 동료장학이 가져다줄 수 있는 이점에 대해 알폰소와 골즈베리(Alfonso & Goldsberry, 1987)는 다음과 같이 설명하고 있다.

첫째, 수업개선을 위해 교사들이 공동으로 노력함으로써 학교의 인적 자원을 최대한 활용할 수 있다.

둘째, 교사들에게 수업개선 전략의 실천에 대한 책임감을 부여하여 교사들로 하여금 수업개선에 크게 기여할 수 있다는 안정감과 성취감을 갖게 할 수 있다. 이는 결국 학교교육의 개선에 긍정적인 효과를 보일 것이다.

셋째, 성공적인 수업개선은 적극적인 동료관계를 증진시킬 수 있다. 교사 간의 적극적인 인간관계는 학교 및 학생교육에 대한 적극적인 자세와 개인교사의 전문적 신장을 도모하는 데 효과가 있다. 교사 상호 간의 협동적 노력은 학생들의 성취에도 긍정적인 영향을 줄 수 있다.

동료장학의 방법은 다양하게 나타날 수 있겠으나, 동일교과 · 동일학년 교사 간 또는 관심분야가 같은 교사들끼리 수업 아이디어나 기술을 공유하고 도와주는 것이 일반적인 형태이다. 아울러 동료장학은 중간 정도의 발달단계에 있는 교사, 동료와의 협력적인 관계의 교사, 관심분야가 같은 교사들에게 권할 만한 형태이다.

주삼환(2003)은 동료장학의 형태로 다음의 일곱 가지를 제시한다.

① 비공식적 관찰·협의: 피 관찰 교사의 희망에 따라 수업을 관찰하고 피드백을 제공

② 초점관찰 및 자료제공: 피 관찰 교사가 관심을 갖는 내용에 초점을 맞추어 수업관찰도구로 관찰한 후 관찰자료를 수업자에게 제공하여 분석이나 평가를 하도록 도움을 제공

③ 소규모 현직 연수위원회: 교사 3~5명이 집단을 이루어 집단의 요구분석에 따라 수업관찰, 분석, 피드백 제공, 관찰기록 공유 등을 통해 현직연수의 목표를 달성

④ 팀티칭: 팀티칭을 통해 자연스럽게 수업을 관찰하고 피드백 제공

⑤ 임상장학에 의한 동료장학: 훈련받은 동료교사를 통한 임상장학

⑥ 동료코치: 수업관찰을 통해 자료를 제공하는 자료 제공적 코치, 임상장학의 전 과정을 거치면서 공동으로 문제해결을 위해 노력하는 협동적 코치, 전문가로서 도움을 주는 전문적 코치 역할을 하는 세 명의 동료코치로 구성

⑦ 동료연수회: 유능한 동료교사의 강연, 실험 및 실기연수, 수업 촬영내용 시청

최근 들어서는 교육청의 소속 장학사(관)들이 장학업무보다는 행정업무를 주로 맡게 되고, 수업을 떠나 있는 장학사(관)들의 장학활동에 대해 교사들이 신뢰감을 가지지 않을 뿐만 아니라, 지원보다는 평가에 가깝게 생각하는 거부감을 가짐에 따라, 교육청 소속의 장학사(관)에 의한 장학활동보다는 교내외의 경력교사나 수석교사에게 수업컨설팅을 받는 사례가 늘고 있는 것이 현실이다. 특히 신임교사를 대상으로 하여 경력교사나 수석교사가 멘토(mentor)가 되는 수업컨설팅이 이루어지는 것이 일반화되고 있다.

동료장학은 학교 내의 수업전문성을 가진 경력교사를 최대한 활용할 수 있고, 동료교사 간에 보다 긍정적인 인간관계를 만들게 되며, 이를 계기로 교사의 전문성 신장을 위한 학습공동체를 만들어 갈 수 있다는 점에 의의가 있다.

3) 자기장학

자기장학이란 "교사 개인이 자신의 전문적 발달을 위하여 스스로 체계적인 계획

을 세우고 실천하는 과정"이라고 할 수 있다(김형관, 오영재, 신현석, 2000). 자기장학
은 자신의 교육활동의 질, 특히 수업의 질을 높이기 위해 교사 스스로가 반성적 사
고(reflective thinking)를 바탕으로 장학계획을 수립하여 실천하는 것을 말한다.

　교사들은 가르치는 일을 수행하는 전문가이기 때문에 급변하는 사회의 정보와
지식, 문화 등에 끊임없이 관심을 가지고 받아들여야 하는 과정이 필요하다. 아울러
전문가로서의 전문성과 자율성이야말로 자신이 필요한 정보와 지식을 선택하여 이
를 습득하는 능력으로 이어진다. 그러므로 어느 정도 성장할 수 있는 능력을 갖추었
다고 보는 발달단계 교사, 상당한 교직경험을 가진 유능한 교사, 혼자 나름의 수업
기술을 익히고자 하는 교사에게 적합한 장학의 형태라 하겠다.

　교사들이 자기 수업의 실태를 평가하기 위한 7단계 과정은 다음과 같다(Beach &
Reinhartz, 2000).

- 제1단계: 교사가 자신의 교수에 대하여 분석하고 성찰하는 단계이다. 교사가 자
  기의 수행에 대하여 알아보려고 할 때는 효과적인 교수행위 목록을 참고하는
  것이 좋다. 이 목록이 수업효율성에 관계된 중요한 결정을 내리고자 하는 교사
  에게 도움을 줄 것이다.
- 제2단계: 자기평가의 단계이다. 교사가 남겨 놓은 기록이 있는 정보와 자기 수
  업행위에 대한 목록을 점검한 뒤에는 자신의 수행이 얼마나 효과적이었는가를
  판단한다. 교사가 기록되어 있는 자신의 수행내용을 분석해 나갈 때 자신의 전
  문적 자아를 인식하기 시작한다.
- 제3단계: 교사가 타인으로부터 피드백을 받아 스스로를 평가해 보는 단계이다.
  피드백은 장학담당자, 동료교사, 학생들에게서 얻을 수 있다. 타인의 지각은
  교사가 전문적 자아상을 정립하는 데 큰 도움을 준다. 오디오와 비디오로 기록
  을 남기는 것은 교사의 교수 특성을 이해하는 데 크게 도움을 준다.
- 제4단계: 타인으로부터 받은 정보의 정확성을 결정하는 단계이다. 자기평가에
  서 가장 중요한 단계는 교사가 자신의 인성이나 전문적 특성에 대하여 정확한
  인식을 하게 되는 단계이다. 교사들은 자신의 비효과적인 교실행위에 대하여
  합리화하거나 이유를 설명하려 한다. 그러나 자기평가가 효과적으로 되려면
  교사들이 자신들의 교실행위를 정직하게 있는 그대로 인정하고, 필요하다면

행동을 변화시킬 수 있다는 자세를 가져야 한다. 교사는 모든 창구를 통하여 모든 자료를 객관적으로 비교할 수 있는 능력을 길러야 한다. 사람마다 다른 견해와 입장의 차이에서 나올 수 있는 정보의 격차를 발견해 낼 수 있는 지각도 필요하다.

- 제5단계: 개선을 위한 전략의 수립 단계이다. 교사는 자신의 수업행위를 향상시키고 전문적 성장을 가져다줄 수 있는 전략을 모색한다. 물론, 장학담당자에게 자문이나 제안을 받을 수 있다.
- 제6단계: 자신이 결정한 수업행위의 변화를 실행에 옮기는 단계이다. 교사들은 새로운 활동을 실천하면서 자신의 달라진 행동을 확인한다.
- 제7단계: 교사가 변화의 효과성에 대하여 재평가하고 추가적인 변화가 필요한지를 결정하는 단계이다.

자기장학을 위해서 교사는 다양한 자원을 활용하는데, 자신의 수업을 녹화하여 분석하거나, 학생들에게 수업에 대한 평가를 받기도 하고, 전문서적이나 웹사이트의 우수수업과 비교·분석과정을 거치기도 한다. 자기장학은 교사 본인이 선택할 수 있는 재량권이 넓은 장학의 형태이기도 하다. 그리고 대학원과정 이수, 교내외 교과협의회나 각종 연수에 참여하는 것 등이 이에 속한다.

자기장학의 기초를 다지기 위하여 일반적으로 학교에서 할 수 있는 방법과 기술은 다음과 같다(김정한, 2003).

- 일화기록, 반성적 일기, 시간계획표, 녹음이나 극화, 영상녹화 등의 기록을 분석·확인한다.
- 장학담당자, 동료교사, 학생과의 면담이나 의견조사 등을 통하여 수업, 생활지도, 학급경영에 대한 정보를 모은다.
- 교육학과 전문교과에 관련한 문헌, 연구물 등을 자료로 활용한다.
- 교육연구기관, 전문학술단체, 전문교사들의 팀을 통하여 교수·학습의 문제해결을 위한 조언과 정보를 획득한다.
- 대학에서 개설하는 교사전문성 신장을 위한 프로그램을 수강하고, 각종 교원 연수 프로그램에 적극 참여한다.

전문가로서의 교사에 대한 장학은 교사 자신에 의해 자율적으로 이루어져야 한다는 점에서, 자기장학은 이상적이고 바람직한 장학의 형태로 평가되기도 한다. 그러나 장학의 의미 자체가 우수한 전문가의 지도와 조언을 핵심으로 한다는 점에서 자기장학은 개념상 모순되는 것으로 평가되고 있다(윤정일 외, 2008). 그러나 자기장학을 교육활동, 특히 수업에 대한 교사 스스로의 반성적 사고를 바탕으로 한 전문성 신장 촉진의 한 방법으로 인정해야 할 것이며, 아울러 이러한 자율적인 노력을 격려해야 할 것이다.

4) 약식장학

약식장학이란 단위학교의 교장이나 교감이 간헐적으로 짧은 시간 동안 학급순시나 수업참관을 통하여 교사들의 수업 및 학급경영활동을 관찰하고, 이에 대해 교사들에게 지도·조언을 제공하는 활동을 말한다. 약식장학은 단위학교에서 일상적으로 자주 수행되기 때문에 '일상장학'이라고도 부른다(강영삼, 1995).

모든 교사가 받을 수 있는 장학의 형태이지만, 수업개선 목적이라는 측면보다는 관리와 통제라는 관료적인 장학의 형태로 받아들여지기도 하였다. 학교경영 차원에서 교장, 교감이 학교의 수업의 질 향상을 위하여 교사의 수업을 관찰하고 지도·조언한다는 것은 단위학교교육의 책임자로서 중요한 역할이기도 하지만 그 방법을 바꾸어야 한다는 지적의 소리는 높아지고 있다. 불시에 학급을 방문한다거나, 학교순시 차원의 간헐적인 수업관찰보다는 보다 체계적인 목적과 계획을 가지고 수행해야 한다. 가능하면 해당 학급의 교사에게 미리 수업관찰의 시기나 목적 등을 알려주는 것도 교사로부터 협조적인 자세를 갖게 하는 방법이 될 것이다. 아울러 해당 수업에 대한 전반적인 이미지, 수업 중의 교사와 학생 간의 상호작용 등에 관한 내용을 기록으로 남겨 두었다가 수업의 관찰내용에 관해 피드백을 해 주는 것도 효과가 있을 것이다.

5) 수업컨설팅

(1) 수업컨설팅의 개념

교사 스스로 자신의 수업방법 개선을 위해 수업을 공개하고, 수업전문가로 구성된 컨설턴트의 자문을 받아 가며 스스로의 문제점을 해결해 나가려고 하는 '수업컨설팅'이 학교현장에서는 호평을 받고 있다. 종전의 교육청 중심의 장학지도 형태에 컨설팅 개념을 도입하여 학교가 자율적으로 시행하고자 하는 노력으로 볼 수 있으며, 수업컨설팅은 그동안에 수행되어 왔던 장학형식에 맞서는 새로운 시도라 볼 수 있다. 행정적이고, 집단적이며, 형식적이었던 과거의 장학형식에서 벗어나 장학의 본질에 걸맞은 교수 · 학습활동으로의 질적인 향상과 교사들의 민주적 참여를 유도하는 형태로 바뀌어 나가야 한다는 요구의 결과이다. 수업컨설팅 개념은 다음과 같이 다양하게 정의되고 있다.

이화진 등(2006)은 "의뢰교사가 문제를 의뢰하면, 컨설턴트가 수업전문성 기준과 수업관찰이나 면담, 자료 등에 기초하여 문제점을 확인하고, 수집된 객관적 자료를 분석하여 문제와 관련된 교사의 수행수준을 진단하여 진단결과에 대해 적절한 조언과 처방을 내리는 일련의 문제해결력의 지원과정"이라고 하였다.

이용숙(2007)은 "수업능력이 이미 검증된 교사들이 동료교사들의 수업을 개선하도록 도와주는 활동으로 지도보다는 상담에 초점을 두고 있으며, 장학에 비해 의뢰교사와 컨설턴트가 보다 더 평등하면서 상호작용적 관계에 있는 것"을 수업컨설팅이라고 보기도 했다. 설규주(2007)는 실제 수업상황 속에서 수업의 한 주체로서의 교사의 고민, 필요, 딜레마 상황 등에 초점을 맞추어 "수업자 자신, 동료교사, 외부의 수업컨설팅 전문가 등이 협력하여 지속적으로 수업에 대한 진단, 처방, 실행을 통해 실질적인 개선을 이루어 가는 자기주도적인 전문성 신장의 과정"이라고 정의하였다.

끝으로, 진동섭은 수업컨설팅이란 "수업 관련 문제를 해결하기 위해 도움을 요청한 교원에게 교내 · 외의 수업컨설턴트들이 학교컨설팅의 방법과 원리에 따라 제공하는 자문활동"이라고 하면서 다음과 같은 여섯 가지 원리를 제시하였다(진동섭, 2003에서 일부 내용 수정 · 보완).

- **자발성의 원리**: 의뢰인의 필요나 요구에 의한 자발적인 의도에 의해 시작되는 활동이다.
- **자문성의 원리**: 컨설턴트는 의뢰인을 대신하여 교육활동을 전개하지 않으며, 컨설팅 결과에 대한 최종 책임은 의뢰인에게 있다.
- **전문성의 원리**: 전문성을 갖춘 컨설턴트에 의해 이루어져야 하며, 컨설턴트는 내용적 전문성과 방법적 전문성 그리고 전문 직업인으로서의 윤리를 갖추어야 한다.
- **학습성의 원리**: 의뢰인은 컨설팅 과정에서 과제해결에 필요한 지식, 기술, 경험을 습득하고, 컨설턴트는 지원 과정에서 자신의 내용적 전문성과 방법적 전문성을 심화시킨다.
- **한시성의 원리**: 컨설팅은 한정된 기간 동안 이루어지는 활동이며, 컨설턴트는 한정된 기간 내에 최선을 다해야 하고, 의뢰인은 컨설턴트에 대한 의존도를 줄이기 위해 노력해야 한다.
- **독립성의 원리**: 컨설턴트는 고용관계가 아닌 독립적인 관계로 활동을 유지해야 하며, 의뢰인과 컨설턴트는 상하관계나 종속관계가 아니어야 하고, 컨설팅 과정이 끝나면 언제든 각자의 역할로 돌아올 수 있는 독립적 관계를 유지하여야 한다.

로젠필드(Rosenfield, 1987)는 수업에 관한 컨설팅 개념을 도입하면서, 문제를 의뢰하는 의뢰자로서의 교사를 통해 학습문제를 가진 학습자에게 간접적 서비스를 하는 것으로 보았으며, 수업을 체계적 관점에서 접근하여 문제의 원인을 학습자나 교사에게서 찾는 것이 아니라, 학습자와 부적절한 수업 간의 잘못된 수업적 결합(instructional mismatch)을 진단하고 해결하는 데 초점을 두는 활동으로 보았다. 그러므로 수업장학은 초점이 학생의 학습문제해결을 위한 교사의 행동수정으로 교사들의 수업과 관련된 지식이나 수업기술의 향상에 있는 반면, 수업컨설팅은 교수·학습과정 문제의 원인에 따라 교사의 역량강화 이외에도 수행공학(performance technology)적 차원에서의 접근으로도 문을 열어 두고 있다.

수업장학과 수업컨설팅의 개념을 비교해 보면 〈표 9-1〉과 같다.

표 9-1 수업장학과 수업컨설팅의 개념 비교

준거	수업장학	수업컨설팅
영역	• 교사의 교수 · 학습 관련 영역	• 의뢰인이 요청하는 수업 관련 문제
참여자 간 관계	• 장학담당자 및 장학대상자의 상하 관계	• 의뢰인과 수업컨설턴트의 수평적 관계
구체적인 과업 및 과업 결정과정	• 문제 진단, 대안수립, 해결과정 지원 • 장학담당자가 사전계획을 세우거나, 장학담당자와 장학대상자의 협의를 통해 과업 결정	• 문제 진단, 대안수립, 교육훈련, 해결과정 지원, 자원 발굴 및 조직, 네트워킹 • 의뢰인과 수업컨설턴트가 협의하여 결정
역할의 특성	• 장학담당자가 가지는 지위와 역할에서 오는 형식적 전문성 중심	• 의뢰인의 문제해결을 도와줄 수 있는 실질적 전문성 중심
책임소재	• 장학활동의 최종 책임은 장학담당자에게 있음	• 수업컨설턴트는 자문과 지원의 역할을 수행할 뿐, 책임이나 지시의 권한은 없음 • 수업컨설팅의 최종 책임은 의뢰인에게 있음
결과의 활용	• 전문성 향상 및 교사평가 자료	• 의뢰인의 전문성 향상

* 출처: 김도기(2009). 학교 컨설팅의 이해와 활성화 방향.

수업컨설팅의 기본가정을 충족해 줄 수 있는 이론의 하나인 인간수행공학(Human Performance Technology: HPT)은 인간 수행의 개선에 초점이 있으며, 체제적 관점에서 체계적 접근을 의도하고 있는데, 여기서 체제적 관점이란 수업의 과정을 투입요소, 상위체제, 하위체제 그리고 산출물에 따른 순환적 피드백 차원에서 접근하여 수업에 영향을 미치는 총체적인 요소를 밀접한 상호관계성 차원에서 바라보는 것을 의미한다. 그리고 체계적 접근이란 문제해결을 위한 접근에서 보다 단계적이고 과학적인 접근방법을 사용함을 의미한다고 설명하고 있다(이상수, 2009).

수업컨설팅은 학교컨설팅의 원리와 방법을 장학에 적용한 것으로도 볼 수 있는데, 기존 장학의 한계를 극복하고 교원들의 자발적이고 적극적인 참여를 바탕으로 수업의 개선을 도모함으로써 학생들이 질적 향상을 가져올 수 있도록 돕는 장학의 본질에 더욱 가까워지는 장학의 형태이다.

(2) 수업컨설팅의 절차

수업컨설팅의 신청절차와 전체적인 흐름은 다음과 같다.

기본적으로 수업컨설팅을 의뢰하는 교사는 시·도교육청 또는 해당 지역 교육지원청 홈페이지의 학교컨설팅지원센터에 로그인한 후,
  ① 수업컨설팅 신청(의뢰과목과 단원이 들어가 있는 수업안과 신청내용을 기재한 후, 컨설턴트의 프로필을 참조하여 컨설턴트를 선택)
  ② 선택한 컨설턴트에게 문자메시지 발송
  ③ 컨설턴트가 수락/수락 불가 선택
  ④ 수락 시 컨설팅 진행(면대면 또는 사이버의 형태로)
  ⑤ 컨설턴트 답변 달기 또는 직접 대면하여 컨설팅하고, 학교컨설팅지원센터 홈페이지에 그 내용을 누가 기록(상호 만족한 과정이 이루어진 후, 답변완료 결정)
  ⑥ 컨설팅 의뢰자의 컨설턴트 평가 및 의견사항 기록(처리완료)
→ 수락 불가 시 두 번째 컨설턴트에게 SMS 발송
→ 두 번째 컨설턴트가 수락/수락 불가 선택
→ 수락 시 컨설팅 진행(면대면 또는 사이버의 형태로)
  ⑤~⑥ 과정 동일
→ 두 번째 컨설턴트도 수락 불가 시에는 그 외의 등록된 컨설턴트 중 선택 가능
→ 만약 선택된 컨설턴트가 모두 수락 불가 선택 시 각 영역별 담당자에게 SMS 발송

출처: 부산광역시교육청 학교컨설팅지원센터 홈페이지(2022)의 내용을 수정·보완.

아울러 수업컨설팅의 단계와 주요 내용을 크게 세 단계로 보아 준비, 실행, 평가로 나눈 PIE모형을 중심으로 살펴보면 다음과 같다(서우석 외, 2008).

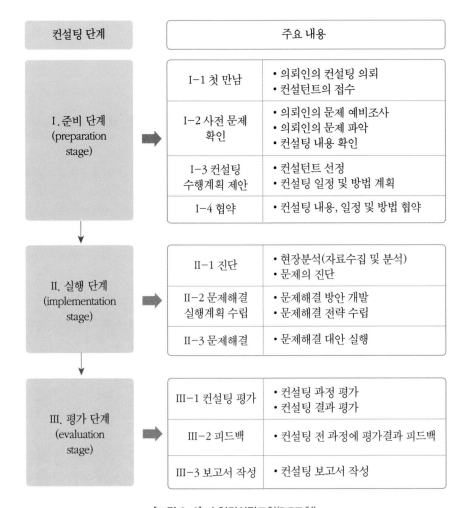

[그림 9-2] 수업컨설팅모형(PIE모형)

출처: 서우석, 류희수, 여태철(2008). 수업 컨설팅 이렇게 하라.

5. 수업장학의 실제

1) 수업장학의 과정

수업장학은 여러 형태를 띠고 그 과정도 학자마다 다양하게 제시하고 있으나, 일
반적으로 '관찰 전 협의회 → 수업관찰 및 분석 → 관찰 후 협의회'의 3단계 순환과
정으로 이루어진다(김형관, 오영재, 신현석, 2000; 변영계, 김경현, 2010).

표 9-2   수업장학의 단계

단계	주요 기능과 활동내용	주요 기법 및 요령	유의사항
관찰 전 협의회	• 교사와 장학담당자 간에 신뢰관계를 형성 • 교사에게 장학의 필요성을 이해시키고 긍정적으로 생각하게 함 • 수업장학의 과제 확정 • 관찰할 수업에 대한 수업관찰자의 이해를 높임 • 수업관찰을 언제, 무엇을, 어떻게 할 것인가에 대해 합의	• 수업과 관련한 교사의 관심과 문제점을 수시로 확인 • 교사의 관심사항을 관찰 가능한 진술문으로 표현하게 함 • 교사 자신이 개선방법을 선택하여 결정하게 함 • 관찰대상을 명세화하고 필요한 것만 관찰 · 기록 • 정보와 자료에 따라 관찰기록 도구 선택	• 대개 20~30분 정도로 하며 서로 부담을 느끼지 않는 장소에서 실시 • 단 한 번의 협의회로 모든 문제를 해결하려 하지 않음 • 처음부터 완벽한 장학을 기대하기보다는 점진적으로 수업장학의 범위와 수준을 높여 나가도록 함 • 교사와 장학담당자가 일대일 수평관계가 될 때 더욱 효과적임
수업관찰 및 분석	• 수업에 참관하여 관찰하고 기록 • 수업의 관찰과 기록을 분석하고 정리 • 관찰 후 협의회를 위한 자료 준비	• 일상적인 수업을 다른 모습의 수업으로 변화시키지 않아야 함 • 관찰 전 협의회에서 합의한 내용에 주요한 관심을 두고 관찰 • 다양한 방법과 기법 고려 • 언어 및 비언어적 수업행동도 관찰 • 가능한 한 수업상황을 그대로 재생시킬 수 있도록 기록	• 일상적 수업관찰을 위해 관찰대상 학습의 학생과 친숙하게 지내는 것이 중요 • 장학담당자는 수업분석 도구의 사용에 숙달되어야 함 • 양적 관찰법과 질적 관찰법 병행 • 관찰 후 협의회를 위해 가능한 한 객관적이고 사실 중심의 정보와 자료 준비
관찰 후 협의회	• 수업관찰 및 분석 자료를 활용하여 개선방안 탐색 • 대안적 방안을 결정 • 차기 수업장학을 위한 협의 • 수업장학 자체의 평가와 수업장학 기법에 대한 평가	• 장학담당자는 수업관찰 및 분석 결과를 비판 없이 사실 중심으로 제시 • 수업의 특징은 원인을 분명히 밝혀서 해석 • 관찰결과를 분석하여 교사에게 제시하고 문제의 규명과 대안의 탐색은 교사 자신이 하도록 권장 • 장학담당자는 교사의 입장을 이해하고 교사가 장학과정에 만족감을 느끼도록 노력 • 장학담당자도 수업장학 기법을 개선하기 위해 교사로부터 솔직하고 객관적인 정보를 얻어야 함	• 대개 30~40분 정도가 적당하며 두 사람만이 이야기할 수 있는 장소가 적당 • 교사가 소감을 먼저 이야기하고 객관적인 자료를 비교 • 장학담당자의 개인적 주장과 선호하는 방법으로 수업을 개선하도록 요구하는 것 지양 • 객관적이고 양적인 변화를 제시했을 때 교사가 자신의 수업개선에 더 강한 관심을 가짐

* 출처: 변영계, 김경현(2010). 수업장학과 수업분석, pp. 85-89.

〈표 9-2〉는 수업장학의 단계별 주요 기능과 활동내용, 주요 기법 및 유의사항을 정리한 것이다.

우선, 관찰 전 협의회에서는 장학담당자와 교사 간에 서로 신뢰관계를 형성하는 것이 중요하며, 교수장면에서 무엇이 문제이고 어디에 초점을 맞추어 관찰하며 어떤 결과를 도출해 낼 것인지를 합의하는 과정이다. 여기서 가장 중요한 것은 장학담당자와 교사 간의 라포(rapport) 형성이다. 교사와 장학담당자 간에 상호 신뢰가 형성되지 못할 경우에는 수업의 개선과 교사 자신의 전문적 발달로 향하는 목적을 달성할 수 없기 때문이다.

다음으로는, 수업의 관찰과 분석에 실제 수업의 정보가 필요하기 때문에 체계적인 관찰과 내용을 이해하기 쉬운 형식으로 분석하는 것이 중요하다. 교실현장에서 일어나는 교사의 수업방법에 따라서는 다양한 접근의 관찰과 분석기법이 필요하다. 끝으로, 관찰 후 협의회는 수업에 관하여 서술한(descriptive) 정보를 활용하여 수업의 문제점을 해결하기 위한 대안을 탐색하는 과정이므로, 교사에게 평가적 정보가 아닌 서술적 정보를 제공해야 한다. 이 과정의 결과는 다음 수업장학을 위한 기본 정보가 되어 또 다른 순환과정의 장학이 이루어진다.

2) 수업관찰 및 분석의 기법

수업관찰 기법은 진단 단계나 실행 단계에서 활용할 수 있는데, 진단 단계에서는 의뢰인이 해결하려고 하는 문제의 원인을 찾아내기 위하여 수업을 관찰하고, 실행 단계에서는 수업자에게 피드백하기 위하여 대안적 활동을 실행하는 수업을 관찰한다.

(1) 양적 기법

양적 기법은 교실 내에서 일어나는 사건이나 행동 등을 측정하는 기법의 하나로, 양적 기법으로 산출된 자료는 정확하게 측정되면 통계자료로도 사용할 수 있다. 양적 기법으로는 범주별 빈도(categorical frequency) 분석, 수행지표(performance indicator) 분석, 시각적 도표(visual diagramming) 분석, 공간 활용(space utilization) 분석 등이 있다(Grickman, Gordon, & Ross-Gordon, 1985: 신현석 외, 2014의 내용 일부 수정).

① 범주별 빈도분석

수업 중에 일어나는 특정한 사건과 행동의 빈도와 발생 간격을 체크하는 방법으로 교실에서 일어나는 거의 모든 수업 국면은 빈도로 체크할 수 있다. 예를 들면, 교사의 언어적 행동(정보부여, 발문, 응답, 칭찬, 꾸중 등)을 15분마다 체크한다.

② 수행지표분석

관찰도구의 목록에 있는 행동이 관찰되는지 그렇지 않은지를 기록하는 것으로, 예를 들면 협동학습의 기본요소들(면대면 상호작용, 긍정적 상호의존성, 개인적 책무성 등)이 각각 수업에 나타나는지, 나타나지 않는지를 체크하는 방법이다. 여기서 주의할 점은 관찰 목적으로 사용되는 수행지표들이 절대적 기준을 의미하는 것이 아니라는 점을 기억하는 것이다. 장학담당자와 교사가 수업과정을 둘러싼 환경에 대해 논의한 후라야만 관찰목록의 행동이 문제상황과 관련이 있다고 해석할 수 있다.

③ 시각적 도표분석

수업 동영상이 없어도 교실에서 일어나는 일들을 그림으로 묘사할 수 있는 방법이다. 예를 들면, 몇 시 몇 분부터 몇 분까지 일어난 교사와 학생 간의 언어적 상호작용을 그림으로 표현하는 것으로, 교사의 위치와 학생의 좌석표를 미리 준비한 후 정해진 시간 동안에 서로 주고받은 발문과 질문의 주고받음을 화살표로 기록해서 얻을 수 있는 정보이다. 교사와 학생 간의 상호작용이 주로 어디에서 일어나는지를 파악하여 정보를 얻을 수 있다.

④ 공간 활용분석

시각적 도표의 일종으로 교사가 교실 내 특정 공간에 머무는 시간이나 반복되는 보행패턴을 순서도로 나타내는 것이다. 예를 들면, 교사의 행동 하나하나에 시간에 따른 라벨을 붙여 감으로써 교사의 공간 활용 정도와 위치를 파악하여 학생에게 미치는 교사의 영향권을 파악하려는 것이다.

(2) 질적 기법

질적 기법은 장학담당자에게 교실수업 장면에 관한 더욱 광범위하고 복잡한 상황에 대한 자료를 제공할 수 있는 기법이다. 양적 기법으로는 얻어 낼 수 없는 수업 분위기 등의 질적 자료를 얻을 수 있어서 수업에 관한 정확하고 세밀한 이해를 도울 수 있다. 질적 기법으로는 축어(verbatim) 기록, 분리형 자유기술(detached open-ended narrative), 참여형 자유기술(participant open-ended narrative), 초점질문지 관찰(focused questionnaire observation), 교육비평(educational criticism) 등의 관찰기법이 있다(Grickman, Gordon, & Ross-Gordon, 2007: 신현석 외, 2014의 내용 일부 수정).

① 축어기록

장학담당자가 교실에서 일어나는 모든 언어적 상호작용을 노트에 기록하는 것으로, 수업시간 동안 개인 상호 간의 행동패턴을 확인할 수 있다. 보다 효과적인 기록을 위하여 단어를 축약하거나 의미 없는 말을 생략할 수도 있다. 축어기록은 기록 시간을 단축해 줄 수 있지만 관찰자가 매 순간 기록을 하느라 그 외의 수업상황에는 신경을 쓸 겨를이 없는 고된 과정이 될 수 있으므로 특별한 초점과 관련된 상호작용만 선택적으로 기록할 수도 있다.

② 분리형 자유기술

장학담당자가 교실 밖에서 교실 안에 있는 모든 사람, 모든 사건, 관심을 끄는 모든 것을 기록하는 것이다. 장학담당자의 관찰지는 처음에 어떠한 지표나 범주도 없이 비어 있지만 점점 채워지게 되는데, 이를 위해서는 사건의 흐름에 맞추어 속기가 가능해야 하고, 무엇이 중요한지를 결정하여 교실 전체를 끊임없이 자세히 훑어보아야만 한다.

③ 참여형 자유기술

장학담당자가 수업에 함께 참여하면서 수업행동이 잠시 중단된 사이에 수업상황을 기록하는 것이다. 분리형 자유기술에서는 장학담당자가 교사와 학생으로부터 떨어져서 모습을 나타내는 반면, 참여형 자유기술에서는 장학담당자가 교사, 학생과 이야기를 나누고 움직이며 수업을 지원한다. 수업 중에는 교실 내 상황이 단어와 절 등의 형태로 스케치되었다가 관찰이 종료되고 난 후에 더 자세하게 묘사된다.

④ 초점질문지 관찰

질적 관찰은 기록에 사용될 일반적인 주제를 통해서 좀 더 분명한 방법으로 수행될 수 있다. 특정한 수업모형이나 학습목표가 초점질문지로 사용될 수 있으며, 장학담당자는 세부 질문에 관계된 정보를 찾으려고 노력하게 된다. 초점질문지의 내용으로는 교실, 교사, 학생, 학습에 관한 것이 될 것이다. 예를 들면, 〈표 9-3〉과 같다.

표 9-3 초점질문지

주제	질문
1. 교실	교실환경은 어떻게 꾸며져 있는가?
2. 교사	교사가 학생들과 온화하고 우호적인 관계를 맺고 있다는 것을 보여 주는 지표는 무엇인가?
3. 학생	학생들이 현재 수행하고 있는 것과 그것을 왜 수행하는지 알고 있음을 나타내는 지표는 무엇인가?
4. 학습	수업과 숙제가 지역사회와 학생들의 실생활 간의 관련성을 고려하고 있음을 어떻게 나타내고 있는가?

* 출처: 신현석 외(2014). 교직실무의 내용 일부 수정.

⑤ 관찰기록부 활용법

수업관찰 및 분석을 위한 방법에는 여러 가지가 있으나 실제 학교현장에서 가장 많이 쓰는 방법은 수업관찰기록부를 활용하는 것이다. 수업관찰기록부는 10~20개 정도의 수업활동 영역에 따른 평가내용을 관찰자의 평가관점에 따라 기록한다. 체크리스트 방식으로 되어 있는 이러한 수업관찰기록부는 점수를 내는 데 주안점을 두는 것이 아니라, 교사와 학생의 교수 · 학습활동을 관찰하여 분석 · 기록하는 내용과 그 내용에 따른 협의에 주안점을 둔다. 관찰자의 평가관점에 따라 기록한 내용은 이후 피드백협의회(관찰 후 협의회) 단계에서 교수 · 학습활동에서의 문제점을 발견하고 해결방안을 찾아 나갈 중요한 자료가 된다(김희규 외, 2020: 354).

〈표 9-4〉는 수업관찰기록부의 한 예시이다.

표 9-4 │ **수업관찰기록부 예시**

일시	년 월 일 제 교시		장소	
수업 교사		과목	학반	
학습 주제				

순	영역	관찰 관점	분석 결과
1	학습자 및 교과내용	수업준비는 학생의 단계와 능력에 알맞으며, 전시학습을 복습하고 본시학습과 잘 연관시키고 있는가?	
2	수업의 도입	교과내용을 학습목표에 맞게 창의적으로 재구성하였으며, 학습목표를 분명하게 알려 주고 학습 호기심을 자극하여 학습동기를 유발하는가?	
3	교사의 설명	발음이 분명하고 친밀감을 주며, 중요한 내용을 이해하기 쉽게 요약하여 설명해 주어 수업에 관심을 집중시키고 있는가?	
4	교사의 태도	수업시간 내내 자신감 있고 열정적으로 가르치고 학생들에게 고른 시선과 밝은 표정으로 대하며 흥미진진한 수업을 이끌고 있는가?	
5	발문	사고를 촉진하는 창의적이고 개방적인 발문을 학생들에게 골고루 제공하고, 응답을 잘 수용하며 발문 이후 칭찬과 격려가 적절한가?	
6	교사-학생 상호작용	학생들이 의견이나 생각을 자유롭게 발표할 수 있는 기회를 주고, 귀 기울여 들어 주며, 질문에 친절하게 응답해 주는가?	
7	학생활동	학생 상호 간의 다양하고 창의적인 토의 · 토론 활동 및 발표를 활발하게 전개하여 학생 중심의 역동적인 학습이 이루어지는가?	
8	학습자료의 활용	학습자료는 본시 학습내용 및 학생수준과 일치하며, 자료의 제시 시기와 방법은 적절한가?	
9	학습정리	학습활동 결과를 요약 · 정리해 주고, 지도 · 조언으로 생활화와 내면화를 통한 자신감과 성취감을 심어 주고 있는가?	
10	평가내용 및 방법	평가문항은 창의적이고 다양하며, 학습목표와 연계되어 도달도를 확인하는 내용과 방법으로 적절하게 제시되고 있는가?	
종합 의견			
관찰자	직급 : 성명 : (인)		

연구 및 토의 문제

1. 장학의 개념이 변화되어 가는 이유와 그에 따른 장학의 유형 변화에 대하여 생각해 보자.

2. 장학담당자로서 요구되는 자질과 역할에 대해 생각해 보자.

3. 교육환경을 개선해 나아가기 위한 장학의 과업에는 어떤 것이 있는지 알아보자.

4. 교육현장에서 이루어지고 있는 장학의 다양한 유형에 대해 알아보자.

5. 수업장학이 이루어지는 과정과 다양한 수업관찰 기법에 대하여 알아보자.

참고문헌

강영삼(1995). **장학론**. 서울: 하우.

김도기(2005). 컨설팅 장학. 서울대학교 대학원 박사학위논문.

김도기(2009). 학교 컨설팅의 이해와 활성화 방향. 한국교육행정학회소식지, 100, 6-12.

김정한(2003). **장학론: 이론, 연구, 실제**. 서울: 학지사.

김형관, 오영재, 신현석(2000). **신장학론**. 서울: 학지사.

김희규, 김순미, 김효숙, 안성주, 최상영(2021). **교육행정 및 교육경영**. 서울: 학지사.

박완성(2012). **신세대 교사를 위한 교직실무의 이론과 실제**. 서울: 학지사.

변영계, 김경현(2010). **수업장학과 수업분석**. 서울: 학지사.

서우석, 류희수, 여태철(2008). **수업컨설팅 이렇게 하라**. 경기: 교육과학사.

설규주(2007). 사회과 수업컨설팅 모형 개발. 학교 컨설팅과 수업컨설팅의 과제와 전망. 경인교육
　　대학교 산악협력단 · 서울대학교 학교컨설팅연구회 공동 세미나 자료집.

송기창, 김도기, 김민조, 김민희, 김병주, 김병찬, 김성기, 김용, 나민주, 남수경, 박상완, 박수
　　정, 오범호, 윤홍주, 이정미, 이희숙, 정성수, 정수현, 정제영, 조동섭, 조석훈, 주현준, 홍
　　창남(2015). **중등교직실무(2판)**. 서울: 학지사.

신현석, 이경호, 가신현, 김병모, 김재덕, 김희규, 박균열, 박정주, 박종필, 박호근, 안선희, 이
　　강, 이일권, 이준희, 전상훈(2014). **교직실무**. 서울: 학지사.

안병환, 가영희, 성낙돈, 임서우(2008). **교육행정 및 교육경영**. 서울: 학지사.

윤정일, 송기창, 조동섭, 김병주(2008). **교육행정학원론(5판)**. 서울: 학지사.

이상수(2009). 학습부진 해소를 위한 수업 컨설팅. 교육사상연구, 45, 1-15.

이용숙(2007). 수업컨설팅의 방향. 열린교육실행연구, 10, 3-30.

이윤식(1999). 장학론: 유치원 · 초등 · 중등 자율장학론. 경기: 교육과학사.

이화진, 오상철, 홍선주(2006). 수업컨설팅 지원 및 활성화 방안—문제점, 프로그램 지원, 정책 제언을 중심으로. 열린교육실행연구, 10, 33-63.

주삼환(2003). 교육의 질 향상을 위한 장학의 이론과 기법. 서울: 학지사.

주삼환, 천세영, 김택균, 신붕섭, 이석열, 김용남, 이미라, 이선호, 정일화, 김미정, 조성만 (2015). 교육행정 및 교육경영(5판). 서울: 학지사.

진동섭(2003). 학교 컨설팅. 서울: 학지사.

진동섭, 김도기(2005). 컨설팅 장학의 개념 탐색. 교육행정연구, 23(1), 1-25.

진동섭, 이윤식, 김재웅(2008). 교육행정 및 학교경영의 이해. 경기: 교육과학사.

Alfonso, R. J., Firth, G. R., & Neville, R. F. (1975). *Instructional Supervision: A Behavior System*. Boston, MA: Allyn & Bacon.

Alfonso, R. J., & Goldsberry, L. (1987). Colleagueship in Supervision. *Educational Supervision, Vol. 2*(ASCD).

Beach, D. M., & Reinhartz, J. (2000). *Supervisory leadership: Focus on instruction*. Boston: Allyn & Bacon.

Cogan, M. L. (1973). *Clinical Supervision*. Boston, MA: Houghton Mifflin.

Glatthorn, A. A. (1984). *Differentiated Supervision*. Alexandria, VA: Association for Supervision and Curriculum Development.

Glickman, C. D., Gordon, S. P., & Ross-Gordon, J. M. (1985). *Supervision of Instruction: A Developmental Approach*. Boston, MA: Allyn and Bacon.

Glickman, C. D., Gordon, S. P., & Ross-Gordon, J. M. (2007). *Supervision and instructional leadership: A Developmental approch* (7th ed.). Boston: Ally & Bacon.

Goldhammer, R., Anderson, R. H., & Krajewski, R. (1980). *Clinical Supervision* (2nd ed.). New York: Holt, Rinehart, & Winston.

Oliva, P. E., & Pawlas, G. E. (1997). *Supervision for today's school* (5th ed.). New York: Longman.

Pajak, E. (Ed.). (1989). *Identification of supervisory proficience project*. Washington D. C.: Association for Supervision and Curriculum Development.

Rosenfield, S. (1987). *Instructional consultation*. Hillsdale, NJ: Lawrence Erlbaum Associates.

Sergiovanni, T. J., & Starratt, R. T. (1993). *Supervision: A redefinition* (5th ed.). New York: McGraw-Hill, Inc.

Sergiovanni, T. J., & Starratt, R. T. (2007). *Supervision: A redefinition* (8th ed.). New York: McGraw-Hill.

Wiles, J., & Bondi, J. (2000). *Supervision: A guide to practice* (5th ed.). Upper Saddle River, New Jersey: Prentice Hall.

부산광역시교육청 학교컨설팅지원센터 https://consulting.pen.go.kr

제10장

교직문화와 학생생활문화의 이해

학습개요

1. 교직문화의 이해를 돕기 위한 교직문화의 개념과 기능, 영역, 유형 및 생성과정, 특징, 변화를 위한 지원에 대해 알아본다.

2. 청소년기의 발달단계와 특징의 이해를 바탕으로 한 학생생활문화의 의미, 유형 및 특징에 대해 알아본다.

1. 교직문화

　교사에게 있어서 학교란 직업인으로서의 삶의 장이 되는 하나의 조직사회이다. 교사는 학교라는 조직사회에서 조직구성원들과 영향을 주고받는 관계에 있다. 우리는 새로운 비전이 요구되는 격동적인 시대를 살아가고 있다. 그러므로 오늘날의 지식사회가 대변하는 극적인 사회변화를 이해할 수 있어야 하고, 또한 이 흐름에 동참할 수 있는 학생과 교사를 요구하고 있다. 교사는 이러한 지식사회가 인간의 삶에서 어떤 것을 요구하는지를 미리 알아내어 학생들의 삶의 개척에 지원자가 되어 주어야 하며, 교사 자신도 적극적인 삶을 살아갈 수 있는 발판을 만들어 가야 할 것이다. 그러기 위해서는 먼저 교사의 내적 동기를 유발하는 교사들의 문화인 교직문화를 이해해야 할 것이다.

1) 교직문화의 개념과 기능

(1) 교직문화의 개념

　현대사회에 요구되는 교사상은 사회의 빠르고 다양한 변화에 적응할 수 있는 모습이어야 한다. 지금까지 이어져 온 보수적 관념의 교사상과 함께 직업인으로서의 유능함, 변화해 가는 사회발전에 부응해 나갈 수 있는 지성인, 그리고 현 사회의 요구를 교실에 접목할 수 있는 열정에 이르기까지 그 요구는 다양하다. 학교교육을 효과적으로 바람직하게 이끌어 가기 위해서 현직교사들은 어떤 문화에서 생활하고 있고, 그 문화는 학교교육에 어떤 영향을 미치고 있으며, 또한 어떤 모습으로 발전해 가야 하는지 알아보아야 한다.

　조직은 어떤 것이든 나름의 고유 특성을 가지고 있는데, 이러한 조직의 특성을 일반적으로 '조직풍토'라고 부르며(Sergiovanni & Starratt, 1998), 넓은 의미로는 '조직문화(organizational culture)'라고도 한다(정주영, 2013).

　문화(culture)의 정의는 다양하게 표현하고 통용되고 있지만, 일반적으로 한 사회의 주요한 행동의 기저가 되는 생활양식과 상징구조를 의미한다. 문화를 구성하는 요소로는 언어, 관습, 규범, 가치관, 예절, 의상, 종교, 법률, 도덕 등을 들 수 있다. 유네스코에서는 "한 사회 또는 사회집단에서 나타나는 예술, 문학, 생활양식, 가치관, 전통, 신념 등의 독특한 정신적 · 물질적 · 지적 특징"으로 문화를 정의하였다. 문화의 개념에 대하여 샤인(Schein, 1985)은 "어떤 집단이 외부로의 적응과 내부의 통합이라는 과제에 대처하기 위하여 학습한, 즉 집단이 창조하고 발견하고 발전시켜 온 기본적 전체의 패턴"으로 정의하였다. 그리고 조직문화에 대하여 숄츠(Scholz, 1987)는 "개인의 행동을 유도하고, 또 행동으로부터 의식 자체를 형성하는 암묵적인, 눈에 보이지 않는, 본질적인, 동시에 비형식적인 조직의식"으로 정의하였다.

박병량과 주철안(2012)은 조직문화를 설명함에 있어 구성원들의 생각과 감정 및 인식에 영향을 미친다고 보았다. 이러한 조직문화는 구성원들 간에 규범과 가치의 공유를 통해서 조직의 기능수행에 긍정적 또는 부정적으로 기여한다고 하면서 다음과 같은 특징을 가진다고 설명하였다.

첫째, 조직 안팎에서 발생하는 여러 가지 불확실성과 모호성을 감소시켜 구성원들에게 안정감과 확실성을 부여하며, 질서와 예측성을 제공해 준다.

둘째, 문화는 구성원들이 수행하는 활동에 대하여 의미를 부여해 준다.

셋째, 구성원들은 조직 내에서 함께 공유하는 가치와 가정, 신념, 규범들을 통해서 동질감을 느끼며, 나아가 서로 연대감을 갖게 된다.

넷째, 조직 내 구성원들 간에 문화가 단단하게 형성되어 있는 경우, 이런 문화를 변화시키기가 매우 어렵다.

우리나라에서의 교직문화에 대한 정의는 "교사가 아이들과 학교교육에 헌신하며 이를 변화시키고자 하는 사명감과 열정을 지속하고 증진시킬 수 있으며, 이 가운데 발생하는 갈등을 성숙하게 해결할 수 있게 해 주는 분위기와 내적인 힘"으로 기술되거나(정병오, 2003), "기존의 학교교육의 틀 속에서 바람직하다고 인정되는 제반 신념체계나 가치체계를 통칭하는 말"로 제시된(김희규, 2003) 바 있다.

박영숙(2003)은 교직문화의 내용과 전달체계, 관리관행을 모두 포함하는 것으로 "교직사회 전반에서 인식 가능한 분위기와 느낌, 교직사회 구성원의 일상적 활동과 행위, 가치, 신념체계 등을 종합하는 교직사회의 이미지, 구성원의 의식 및 가치체계, 이것의 관리체계"로 정의하고 있다.

학교조직 문화와 유사한 용어인 교직문화는 교사문화와 명확한 구분 없이 사용되고 있으나, 학교기관에서 가르치는 입장에 있는 사람들, 즉 교사, 교감, 교장 등 교원이 중심이 되는 문화라고 할 수 있다(이정선, 2000). 교직문화는 교육조직의 문화로, 학교문화의 하위인 교사문화로 볼 수 있다. 교사들이 공유하는 신념과 가치, 행동양식이기도 하고, 조직의 문화로 나타나는 상징적 요소를 가지고 있는 전달체계이면서, 교직의 전체적인 특징이라 할 수 있다. 교직문화는 교직에서만 나타나는 분위기를 가지며, 사회가 바라는 기대에 부응하고자 하는 규범지향적 특징을 가진다. 이런 교직문화는 학교문화, 조직문화, 직업문화로 규정될 수 있다.

① 학교문화

교직문화를 학교문화의 하위요소로 보는 문화이다. 학교문화는 학교 특유의 행동양식, 즉 학교구성원들이 공유하고 있는 가치와 집단규범을 말하는데, 구성원을 기준으로 교사문화, 학생생활문화, 학부모문화 등으로 구분할 수 있다(박병량, 주철안, 2005: 송기창 외, 2015: 26 재인용). 여기서 교사문화, 즉 교직문화란 "교사들이 교무실을 중심으로 동료교사와 긴밀하게 상호작용하면서 일련의 행동양식을 형성하며, 교사집단의 특유한 가치유형과 규범을 형성하는 것"으로 정의하고 있다.

② 조직문화

교직문화를 교육조직의 문화로 보는 문화이다. 조직문화에서는 구성원 간에 공유된 규범(norm), 가치(value), 암묵적 가정(assumption)을 강조한다(송기창 외, 2015). 또한 교육조직은 관료제의 속성과 이완결합체제의 속성을 공유하는 이원적이고 전문적인 조직으로 이해되고 있다(진동섭 외, 2005). 그러므로 전문적 조직의 특성상 교육조직은 규범적 권력을 주로 사용함으로써 조직구성원들의 헌신을 이끌어 내려 한다. 교육조직은 일반기업과 여러 면에서 차이가 있다고 볼 수 있는데, 강제적 권력이나 외적 보상이 따르지 않는 상황에서도 봉사하고 헌신하는 자세를 보이는 편이다.

〈표 10-1〉은 교사평가제 도입과정에서 나타난, 교사들이 생각하는 기업적 사고와 교육적 사고의 차이를 요약하여 비교한 것이다.

표 10-1 기업적 사고와 교육적 사고의 차이

구분	기업적 사고	교육적 사고
목표	분명한 목표 효과의 단기성 경쟁에서의 승리	불분명한 목표 효과의 장기성 따뜻한 인정
가치	경쟁, 보상	화합, 인화, 헌신
인간관계	냉정한 인간관계 수직적 인간관계 하향적 의사소통	개인의 성장 지원 수평적 인간관계 상향적 · 수평적 의사소통
업무	표준화, 획일화, 세분화	개성 중시
풍토	상호경쟁 보상, 격차, 위계 당근과 채찍에 의한 통제 결과 중시	온정주의 풍토 보상의 평준화 자발적 · 문화적 통제 과정 중시
환경에의 적응	신속한 적응 중시	보수적 대응

* 출처: 진동섭 외(2005). 한국 학교조직 탐구, p. 345.

③ 직업문화

교사라는 직업의 문화로서의 교직문화이다. 교사의 직업으로서의 특성이 학생의 성장을 추구하는 봉사적이고 희생적인 성격을 지니고 있으므로, 이러한 특성은 교직문화에 기본적으로 많은 영향을 미친다. 성직관이나 전문직관의 시각으로 본다면 교직은 그에 맞는 소명의식을 가진 자가 맡게 되는 직업의 하나로 그에 걸맞은 직업의식을 가져야 할 것이며, 또한 전문성을 갖추어 임해야 하므로 교사가 되기 위해 준비하는 기간을 거치면서 나름대로 교사로서의 사명감을 키워야 할 것으로 보인다.

(2) 교직문화의 기능

교직문화의 기능을 제대로 이해하기 위해서는 일반적인 조직문화의 기능을 먼저 살펴볼 필요가 있다. 조직문화는 대략 다음 네 가지 기능을 수행한다(노종희 외, 2009).

첫째, 조직문화는 조직구성원들에게 소속 조직원으로서의 정체성(organizational identity)을 제공한다. 조직원들이 일반적으로 공유하는 행동적 · 심리적 또는 지식이나 사고에 있어서의 독특한 동질성을 뜻하는 말이다.

둘째, 조직문화는 집단적 몰입을 가져온다. 조직문화는 가치관, 믿음, 행동의 통일을 가져옴으로써 조직구성원들의 집단에 대한 몰입의 결과를 낳는다. 일종의 집단학습효과라고 볼 수도 있다.

셋째, 조직문화는 조직체계의 안정성을 높인다. 따라서 많은 경우, 문화적 동질성을 강화하기 위한 규범과 통제가 증가하며, 한계를 벗어난 행동에 대해서는 제재가 가해진다. 그리고 조직구성원들은 이 같은 강한 통제에 대하여 일종의 감정적 애착을 갖게 된다.

넷째, 조직문화는 구성원들의 행동을 원하는 방향으로 만들어 나간다. 즉, 조직문화는 구성원들로 하여금 조직의 이모저모에 대하여 학습하도록 하는 일종의 학습도구로서의 기능을 수행한다. 이러한 사회화과정을 통하여 조직에서의 관행과 의미체계에 대한 구성원들의 인지적 스키마(schema)—각 개인의 과거 경험에 의해서 형성된 개인의 인지구조(한국기업교육학회, HRD용어사전, 2022.12.10. 검색)—를 다듬어 나간다.

이를 바탕으로 교직문화의 기능을 살펴보면 다음과 같다.

첫째, 교사들이 교직수행을 하는 행동의 이유를 알고 의미를 깨닫게 한다. 교사들이 교실, 학교에서 직무를 수행하는 방식은 함께 일하는 동료들의 관점과 공유하는 규범에 큰 영향을 받기 때문이다(이혜영 외, 2001). 교사들은 자신의 환경과 여건에서 형성된 나름의 문화를 갖고 있다. 교사들의 실제 삶을 심층적으로 이해하기 위해서는 교직문화를 알고 이해해야 한다(김병찬, 2003).

둘째, 동료교사와 관점을 공유하고 상호 연결하며, 의사소통을 활성화한다. 조직문화는 오랜 기간 조직 안팎의 문제를 해결해 가는 과정 속에서 만들어진 조직 특유의 사고방식이나 신념, 행동 등의 체제를 말하는데, 이를 바탕으로 구성원들은 자신들의 행동에 질서와 의미를 부여하며, 안정감도 느끼게 된다. 이렇게 공유된 문화는 구성원들의 일체감을 형성하고 의사소통을 활성화시키기도 한다.

셋째, 교직문화는 교사들이 직면하는 문제에 대응하는 전략을 수립하는 데 도움을 준다. 교사들은 교수과정의 불확실성과 불안정성, 학교 내외의 구조적 제약조건으로 여러 가지 딜레마와 갈등상황을 겪게 된다. 그러나 교사는 이러한 딜레마와 갈등을 혼자서 대면하지 않는다. 많은 딜레마와 갈등은 교사집단 속에서 구성되고 정당화되는, 적절한 행동에 관한 규범과 지식을 통해서 해결될 수 있다. 교사들은 집단적으로 구성하고 공유하는 교직문화를 통해서 자신의 교직활동에 의미를 부여하고, 교직생활에서 야기되는 긴장을 해소한다(송기창 외, 2015; 이혜영 외, 2001).

2) 교직문화의 영역과 요소

문화는 각 차원에서 다양한 영역과 요소로 구성된다. 샤인(1985)은 문화의 수준을 가시적인 인공물 수준, 가치 및 믿음의 수준, 숨겨진 가정의 수준 등 세 가지 차원으로 구분하였다. 또한 내재적 문화는 명시적이거나 표출된 문화를 통해 측정될 수 있다고 보고, 문화의 영역을 문화의 내용, 문화의 전달수단, 문화의 실행 등 세 영역으로 구조화하였다([그림 10-1] 참조).

교직문화의 세 가지 영역에 관하여 살펴보면, 제1영역인 문화의 내용에는 기본가정, 가치, 신념 및 이념 등이 해당된다. 이것들은 조직의 고유한 특성을 나타내는

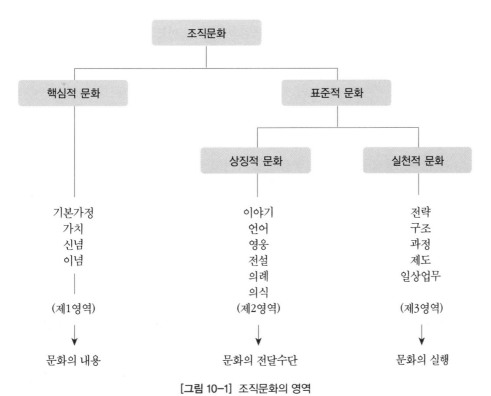

[그림 10-1] 조직문화의 영역

출처: 서린덕(1986). 한국기업의 조직문화 유형과 조직특성 간의 관련성 연구, p. 15.

핵심적 문화로, 구성원들의 공동체의식과 공통적인 행위패턴을 갖게 하는 데 영향을 미친다. 제2영역인 문화의 전달수단은 이야기, 언어, 영웅, 전설, 의례, 의식 등을 통하여 핵심적 문화를 표출하고, 이것을 전달하는 매체 혹은 수단(도구)으로 제시된다. 제1영역인 문화의 내용을 핵심적 문화로 보고, 제2영역인 문화의 전달수단을 상징적 문화로 볼 수 있다면, 제3영역인 문화의 실행은 실천적 문화로 볼 수 있다. 실천적 문화는 핵심적 문화가 조직의 관리 및 설계에 영향을 미쳐서 구체적인 관행으로 나타난 것이다. 실천적 문화는 조직문화를 더욱 넓은 개념으로 확대한 것으로 볼 수 있다. 이와 같이 조직문화는 상징과 제도를 통해서 나타나고, 경영제도와 인간자원 관리 등과 같은 관리관행을 통해서 강화되어 간다(서린덕, 1986).

조직문화의 영역을 교육조직에 적용해 보면, 교육조직에도 경영구조와 경영방법, 경영과정 등이 있을 뿐만 아니라, 다른 조직과 비교하여 독특한 문화유형이 있으므로, 교직문화의 개선이나 변화전략을 세우는 과정에는 조직문화 실천의 영역을 감안해야 할 필요가 있다. 또한 조직문화를 구성하고 있는 요소를 살펴보는 것도 조직문화를 이해하는 데 도움이 될 것이다. 파스칼과 아토스(Pascale & Athos, 1982)는 조직문화를 구성하고 있는 요소를 7S로 개념화하였다. 이는 공유가치(Shared Value), 기술(Skills), 전략(Strategy), 구조(Structure), 구성원(Staff), 관리 시스템(System), 리더십 스타일(Style)이다.

조직문화를 구성하는 이들 각 요소를 설명하면 다음과 같다(이학종, 2003).

- **공유가치**: 조직구성원들이 공동으로 가지고 있는 가치관으로서 조직문화의 다른 구성요소에 지배적인 영향을 주는 핵심요소이고, 조직문화 형성에 가장 중요한 역할을 한다.
- **기술**: 조직체의 각종 물리적 하드웨어 기술과 이를 작동시키는 소프트웨어 기술, 그리고 이외에 조직에 활용되는 각종 경영기술과 기법들을 포함한다.
- **전략**: 조직의 장기목적과 계획, 그리고 이를 달성하기 위한 자원배분의 패턴을 포함하는 등 조직의 장기방향과 기본성격을 결정하고 조직문화의 다른 구성요소들에 영향을 미친다.
- **구조**: 조직의 전략수행에 필요한 틀로, 조직구조와 직무설계, 그리고 권한한계 등 구성원들의 역할과 구성원들 간의 상호관계를 지배하는 공식요소를 말한다.

- **구성원**: 조직체의 인력구성과 구성원들의 능력, 전문성, 신념, 욕구와 동기, 지각과 태도 그리고 행동패턴 등을 포함한다.
- **관리 시스템**: 조직경영의 의사결정과 일상 운영의 틀이 되는 경영정보와 의사결정 시스템, 경영계획과 목표설정 시스템, 결과측정과 조정·통제, 보상제도와 인센티브제도 등 경영 각 분야의 관리제도와 절차를 포함한다.
- **리더십 스타일**: 구성원들을 이끌어 나가는 경영자들의 관리 스타일로, 구성원들의 동기부여와 상호작용 그리고 조직 분위기, 나아가 실무성과에 직접적인 영향을 준다.

3) 교직문화의 유형

교직문화의 유형도 조직문화의 유형을 크게 벗어나지 않으므로 조직문화의 유형을 중심으로 알아보고자 한다. 조직문화의 유형을 학자에 따라 다양한 관점으로 나누어 분석하고 있으나, 여기서는 교사조직을 분석하기에 적합한 '사회적 거래에 따른 유형'과 '인간자원 지향성에 따른 유형'으로 다루어 본다(노종희 외, 2009).

(1) 사회적 거래에 따른 유형

문화의 핵심요소를 사회적 거래의 형성에 있다고 보고, 조직 내 상호작용의 기저에는 사회적 거래 개념이 자리 잡고 있다고 보는 견해이다. 퀸과 맥그래스(Quinn & McGrath, 1985)는 조직문화를 사회적 거래의 유형에 따라 합리적 문화(rational culture), 발전적 문화(developmental culture), 합의적 문화(consensual culture), 계층적 문화(hierarchical culture)로 유형화하였다.

- **합리적 문화**: 권력이 상부에 집중되어 있고 활동이 통합되어 있으며, 다른 조직과의 경쟁에 역점을 두고, 효율성과 생산성이 핵심가치가 된다. 조직의 성과를 극대화하기 위해서 목표지향적이며 지시적인 지도성이 발휘되고, 권력의 기반은 상사의 능력에 두고 있으며, 의사결정도 상사에 의해 독단적으로 이루어진다. 구성원들은 체결된 계약에 순응한다.
- **발전적 문화**: 권력이 분산되어 있고, 다른 조직과의 경쟁에서 자원과 외부 지원

을 확보하는 데 역점을 둔다. 창조적이며 혁신지향적인 지도성이 발휘되고, 권력의 기반은 조직 가치에 두며, 의사결정도 상사의 직관적 통찰에 의존한다. 구성원들은 조직 가치에 순응하며, 권한의 소재는 상사의 카리스마에 있다.

• 합의적 문화: 권한의 분산과 활동의 분화, 그리고 집단유지에 관심을 둔다. 구성원들의 참여를 통해 의사결정이 이루어지며, 조성적 · 지원적 지도성이 행사된다. 권한의 소재는 구성원들에게 있으며, 권력의 기반을 비공식적 지위에 두고 있다. 토론과 참여, 합의에 기초해서 사회적 거래가 이루어지며, 따라서 팀워크, 높은 사기, 신뢰를 북돋우는 협동적이며 친밀한 교환관계가 성립된다. 오우치(Ouchi)의 Z문화—일본기업의 장기고용, 집단적 의사결정, 구성원과 가정에 대한 포괄적인 관심 등을 미국의 기업에 적용시킨—와 유사하다고 할 수 있다.

• 계층적 문화: 권력의 집중, 활동의 통합, 그리고 집단유지에 관심을 둔다. 권한의 소재는 공식적 규칙과 규정의 집행에 있으며, 권력의 기반을 상사의 전문지식에 두고 있다. 안정성, 통제, 예측성, 조정, 책무성 등이 중요한 가치가 된다. 의사결정은 사실분석에 의존하며, 지도성은 보수적 성향을 띤다. 구성원들은 감독과 통제에 순응한다.

(2) 인간자원 지향성에 따른 유형

이 문화유형은 '인간에 대한 관심(concern for people)'과 '성과에 대한 관심(concern for performance)'을 두 차원으로 하여 네 가지로 구분된다. 여기서 인간에 대한 관심은 조직이 구성원의 복지향상과 존엄성 보장에 관심을 기울이는 것을 뜻한다. 반면에 성과에 대한 관심은 조직이 구성원들로 하여금 최선을 다해서 직무수행을 하도록 기대하는 것을 의미한다(노종희 외, 2009).

① 보호문화(caring culture)

구성원들의 복지에 대해서는 높은 관심을 나타내지만 성과에 대해서는 높은 기준을 설정하지 않는다. 환경이 위협적이지 않는 한 보호문화를 가진 조직은 원만하게 운영된다. 왜냐하면 구성원들이 조직의 리더에게 순응할 자세가 갖추어져 있기 때문이다. 또 조직의 발전과 번창은 구성원들의 '확고함과 충성심' 때문이라고 보는 관점이다. 비록 구성원들이 매일매일의 직무에 최선을 다할 것이 기대되지만 팀워크, 협동, 동조, 그리고 상사에 대한 순응이 중요한 조직 내 가치가 된다. 사실상 이들 가치는 성과보다 더 중요하게 취급된다.

② 냉담문화(apathetic culture)

인간과 성과 모두에 대해 무관심을 나타낸다. 환경에 의해 특별히 보호받지 않으면 조직의 생존이 문제가 되며, 냉소주의가 조직 내에 스며들게 되고, 작당, 내분, 분열이 일어나며, 불신, 언쟁, 불확실, 혼란 등이 냉담문화를 형성한다. 이러한 문화를 가진 조직은 효과성 및 효율성보다는 기득권과 정치에 의해 더 많은 영향을 받는다. 정치놀음을 하고, 규칙과 인간을 조작하며, 인상을 관리하는 것이 이 문화 내에서 성공하는 길이다.

③ 실적문화(exacting culture)

구성원들의 복지에 대해서는 거의 관심을 보이지 않지만 그들에게 높은 성과를 요구한다. 인간은 소모품이며 성과만 따지고 보상은 개인별 성과와 직접 연결되어 있다. 성공, 경쟁, 모험, 혁신, 적극성 등이 기본 가치다. 비록 모험과 창의성이 가치 있기는 하지만, 실패에 대해서는 엄한 처벌이 주어진다.

④ 통합문화(integrative culture)

인간에 대한 높은 관심과 성과에 대한 높은 요구를 나타낸다. 여기서 인간에 대한 관심은 가부장적인 것이 아니라 오히려 인간의 존엄에 대한 진지한 관심이다. 인간은 조직발전에 기여할 수 있다고 가정하며, 또 그렇게 기대한다. 사람들에게 그들이 할 수 있는 일을 하도록 자율을 허용하는 것이 중요한 원리가 된다. 성과는 이 문화에서 매우 중요한 핵심가치이며 보상은 성과에 따라 좌우된다. 그러나 실적문화와

		성과에 대한 관심	
		낮음	높음
인간에 대한 관심	높음	보호문화	통합문화
	낮음	냉담문화	실적문화

[그림 10-2] 인간자원 지향성에 따른 문화의 유형

는 다르게 개인이 아니라 집단의 성공에 강조점이 주어진다. 협동, 창의성, 모험, 자기지시 그리고 실험은 통합문화에 매우 중요한 가치이다.

4) 교직문화의 생성과정

문화는 일반적으로 집단생활 속에서 형성되어 가는데, 구성원의 수가 증가하고 활동영역이 넓어지고 다양해짐에 따라 전체와의 소통보다는 일부 구성원끼리만의 접촉에 그치는 경우도 있다. 이러한 현상은 지역이나 연령층, 직업, 정치성향, 종교 등을 중심으로 이루어지며 나름의 하위문화를 만들어 가기도 한다. 또한 조직 외부의 환경특성의 변화와 내부의 다양한 이유로 생성과 사라짐을 반복하며 성장해 간다고 볼 수 있다.

이윤식 등(2009)은 교사문화의 생성과정을 다음과 같이 설명하였다. 제1단계에서는 교사집단이 직무상의 문제해결을 시도하는 과정에서 수많은 제약이나 딜레마 등에 직면하게 되며, 제2단계에서 교사집단은 이런 제약과 딜레마를 극복하기 위해서 여러 수단과 방법, 즉 일련의 전략을 채택한다. 이런 전략은 교사가 고심해 내놓은 해결책이며 제도화된 것으로, 그 속에는 공통인식과 요인이 포함된다. 제3단계에서는 공통요인이 공통시각으로 발전된다. 교사, 사회, 학교의 구조적 제약 간의

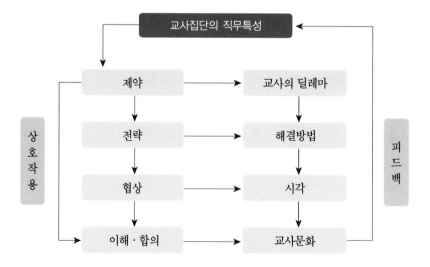

[그림 10-3] 교사문화의 생성과정

* 출처: 이윤식 외(2009). 교직과 교사, pp. 166-167.

상호작용 과정에서 교사집단이 직면한 상황이 오랫동안 계속되면 더욱 응집된 공통시각이 형성된다. 공통시각이 상당한 결속력을 얻게 되기까지 여러 가지 협상과 타협의 과정이 선행된다. 제4단계에서는 교사구성원 간의 이해가 넓어져서 합의를 이루게 되어 비로소 교사문화가 생성된다([그림 10-3] 참조).

이러한 단계를 거치면서 교사들의 문화가 생성되어 가는데, 급변하는 사회의 흐름에 부응할 수 있는 교직사회의 바람직한 문화형성을 위해 다양한 접근방법과 프로그램 등이 절실히 요구된다.

5) 교직문화의 특징

(1) 교직문화의 일반적 특징

일반적으로 우리나라 교사들이 가지고 있는 문화의 특징은 인간관계 지향적, 개인주의적, 보수주의적 그리고 현재주의적이라고 할 수 있다(김용정, 2009; 류방란, 이혜영, 2002; 박병량, 주철안, 2012; 오영재, 2001; 이혜영 외, 2001; 주철안 외, 2013; Lortie, 1975).

첫째, 교사문화는 인간관계 지향적이다. 교사는 교육활동에서 학생들과 적절한 인간관계를 유지하는 일과 교과수업을 효과적으로 수행하는 역할을 병행한다. 교사는 이 두 가지 역할 중에서 학생들과 좋은 관계를 유지하는 일에 더 큰 비중을 둔다. 또한 교사는 학생들과의 관계뿐만 아니라 동료교사들과의 관계에서도 인간관계 지향성을 나타낸다. 교사들과의 관계에서는 학생교육이나 공식 업무를 위한 협력이 상당히 제한되어 있는 반면, 사회적 친교나 친목활동은 중시된다. 이러한 현상은 교육활동의 대부분이 개별교실에서 교사와 학생 간의 활동으로 이루어지고, 수업활동의 준비와 과다한 행정업무를 동시에 해결하여야 하는 교사들에게 시간적 여유가 없어짐으로써 교사들은 개인주의를 지향하고 있다고 볼 수 있다. 교사들은 학생들과의 관계를 유지하며 수업활동을 전개해야 하므로 학생들과의 적절한 관계 유지에 늘 관심을 가지게 된다. 또한 동료교사들과의 사이에서도 수직적·수평적 관계를 원만하게 유지하여 일터인 학교생활이 유지되도록 힘쓰며 생활하려고 한다. 그러므로 학생들이 좋아하는 학교의 근간에는 교사와의 관계를 생각하지 않을 수 없게 되고, 이는 학업성취와도 이어진다고 볼 수 있다. 또한 교사와 교사 사이의 원만한 인간관계는 학교조직의 직무효과성을 높여 직업인으로서의 교사의 직무만족도와도 직결된다고 볼 수 있다.

둘째, 교사문화는 개인주의적 성향을 띤다. 교사는 일반적으로 자신의 교육활동에 간섭받기를 꺼리고 동료교사의 교육활동에도 관여하려 하지 않는 특성을 지닌다. 즉, 교사는 자신의 교육활동에 대해 타인과의 경계를 분명하게 유지하고 독자적인 길을 가려고 한다. 그래서 중등학교에서 같은 교과의 교사들의 협의회에서는 진도 확인이나 시험문제 출제범위 논의 같은 활동으로 제한되고, 같은 학년의 협의회에서도 행사나 생활지도 등을 위한 협의에 그치는 경우가 많다. 이러한 이유로 교사는 자신의 전문성을 유지하기 위해서 스스로의 힘으로 노력하려 하는 경향이 강하다. 이러한 교사들의 개인주의적 특성은 경력이 많을수록 강해지는 경향이 있고, 수업전문성 쌓기 등에 대해서도 공식적·제도적 협의보다는 동료교사끼리의 비공식적인 조언을 선호한다.

셋째, 교사문화는 보수주의적 성향을 띤다. 교사는 가르치는 일의 효과를 측정하기 어렵고 학생들과의 관계 확립 및 유지가 어렵기 때문에 과거의 전통적인 교수방법에 많이 의존한다. 가르치는 일의 복잡성, 불안감 등으로 보다 나은 해결방안의 탐색을 포기하고 전통적인 방식에 집착하며, 교육목표가 교사 개인의 신념에 의존한 가치로 대치되어 과거의 경험에 따른 영향을 강하게 받는다. 또한 교직은 오랜 교직경험을 가지고도 완전하게 숙달되었다는 느낌을 갖기가 어렵다. 이러한 현상은 교수활동에 대한 보상의 유인가 부족과 교수활동의 불확실성에 의해 전문적인 기술문화를 형성하기 어려운 데서 기인한다. 이와 함께 교육성과 산출이 장기적이고 불확실하기 때문에 단기적인 결과를 선호하는 교직의 보수주의적 특성을 강화시킨다.

넷째, 교사문화는 현재주의적 특징을 지닌다. 로르티(Lortie, 1975)가 지적한 것처럼 현재주의는 교직의 보상체제가 교사 개인의 능력과 노력 정도에 부응하지 못하는 것에서 비롯한 것이다. 교직의 보상체제는 교직에 열정을 다하는 교사보다는 오히려 열정이 부족한 교사들이 만족하는 구조다. 교직은 다른 전문직에 비해 경력에 따른 승진기회가 비교적 적은 편으로, 교직경력의 단계가 부족하기 때문에 교사 개인이 투입하는 노력과 성취 및 보상이 불일치하는 문제가 발생한다. 더욱이 교직의 승진제도는 비교적 소수자에게 기회가 돌아가기 때문에 대다수의 교사가 상위직급으로의 승진을 포기한다. 승진을 포기한 교사는 미래보다는 현재에 만족하고 건강한 생활을 영위하는 데 관심을 갖는 풍토를 형성한다.

　우리나라 중등학교 교사들에게서 나타나는 인간관계 지향성과 개인주의적 특성의 병존현상은 개인주의적 공동체로 묘사된다(정수현, 2000). 즉, 교사의 공식적인 직무수행과 관련하여 강조되는 가치는 독립성을 나타내는 반면, 동료교사들과의 사회적 친교와 관련하여 강조되는 가치는 상호의존성이다. 교사는 하루의 대부분을 학교에서 보낸다. 학교에서는 학생을 가르치는 일 외에도 동료교사들과의 일상 대화, 친교, 취미활동 등에 참여한다. 교사에게 동료교사들과의 인간관계 활동은 학생을 가르치는 일 못지않게 중요하다. 교사에게는 학교가 교육의 장인 동시에 생활의 장이기 때문이다. 교육의 장으로서 공식적인 직무수행에 대해서는 독립성과 같은 개인주의적 가치가 강조되며, 생활의 장으로서 동료교사들과의 관계에서는 상호의존성이 강조된다. 상호의존성을 강조하는 공동체에서는 평등의 이념이 작용하여 보상의 평준화, 직무수행에서의 평균주의 등이 나타난다.

(2) 중등학교 교직문화의 특징

　교직문화는 학교급별, 소재지역, 학교규모, 설립유형, 역사 등과 같은 학교특성과 담당과목, 성별, 경력 등과 같은 교사요인에 따라 다양하게 차이가 나타난다. 학교급별 간의 중등학교는 초등학교에 비해 교과별, 담임·비담임의 역할이 분명하게 구분되어 있기 때문에 선·후배 교사 간 위계질서 의식이 비교적 희박하다. 또한 중등학교 교사는 초등학교 교사와 달리, 자기 교과에 대한 전문성을 갖추고 단일과목만을 가르치기 때문에 동료의식이나 집단의식이 약하다(김경미, 2004; 송기창 외, 2015).

　중등학교 교직문화는 초등학교와의 교육내용 수준 차이가 확연하기 때문에 문화도 다를 수밖에 없는데, 교육대상인 학생의 수준이 다르고, 학부모의 관심과 영향력도 다르기 때문이다. 또한 초등학교는 대부분의 교사가 담임을 맡기 때문에 동 학년 중심성이 강하지만, 중등교사는 교과목별 전문성 존중으로 상당한 자율성을 갖고 있다(한상길, 2011).

　학교조직의 응집력 측면에서 보면, 중등학교 교사는 다양한 출신학교와 출신지역, 교과의 전문성 중심으로 결속되어 있어서 초등학교 교사에 비해 응집력이 낮으나, 초등학교 교사는 출신학교와 출신지역이 대체로 같은 지역에 한정되어 있고 같은 학년 중심으로 활동이 전개됨에 따라 응집력이 높다.

　소재지역, 학교규모 등에 따라서도 교직문화는 차이가 있을 수 있다. 지역에 따라 학교운영방식, 의사결정과정, 동료 간의 인간관계, 상급자와의 인간관계, 학부모와의 관계, 교과와 비교과활동, 생활지도의 양상이 달라지고, 이러한 지역환경 속에서 교사들의 적응방식도 달라지기 때문이다(송기창 외, 2015). 대도시의 규모가 큰 학교에서는 교사들의 의견수렴과 상호작용이 학년이나 부서 또는 교과와 같은 작은 단위로 이루어지는 경우가 있으나, 소도시나 시골지역의 규모가 작은 학교에서는 의견수렴과 상호작용이 주로 전체교사 단위로 이루어져 학교단위의 결속력이 높아질 수 있다. 따라서 도시지역 교사들은 대부분 개인주의적이고 형식주의적인 데 반해 시골지역 교사들은 집단주의적이고 인화(人和)지향적인 특징이 나타난다.

　그 외에 학교 설립유형에 따라서 공립학교에 근무하는 교사와 사립학교에 근무하는 교사 간에 서로 다른 문화를 형성한다(김용정, 2009). 공립학교 교사에 비해 사립학교 교사는 학교에 대한 주인의식이 높고, '내 학교'라는 강한 소속감과 교직원 간에 가족과 같은 강한 유대감이 있다. 이것은 사립학교가 가지는 설립형태에 따른 학교법인의 특성, 독특한 전통과 문화가 복합적으로 융합된 결과이다. 평균 3~4년마다 학교를 옮기는 공립학교 교사에 비해 사립학교 교사는 평생 한 직장에서 근무하게 되는 경우가 많다. 따라서 동료교사는 평생 한 직장에서 함께 지내야 하는 경우가 많기 때문에 연령이나 직위 등에 따른 위계질서를 존중하고, 동료들과 협조하며, 별로 내키지 않는 일도 따르게 되어 사립학교 교사가 공립학교 교사보다 더 '공동체 지향적'인 특징을 나타낸다. 교사들이 학교관리자에게 받는 영향력이나 근무환경도 다르게 나타난다.

6) 교직문화의 변화를 위한 지원

(1) 변화전략의 기본방향

　학교에서 실제로 교사는 동료교사들로부터 사회적 상호작용, 자신감, 심리적 지원과 같은 개인적인 지원, 가르치는 과목의 전문적인 지식에 대한 교수·학습 차원의 지원, 그리고 학생의 학습과정을 조정하고 지도하기 위한 표준에 대한 조직 차원의 지원 등을 필요로 한다(주철안 외, 2013).

그러므로 교사들은 개인적인 필요와 교수·학습 차원의 필요에 따라 동료와의 소통관계를 가지게 된다. 이럴 때 교사들은 협력적 관계의 상호작용을 추구하게 되며, 이를 증진시키는 요인으로는 긍정적인 조직규범과 시간적 여유 및 유연한 학교행정이 작용하게 된다.

교사문화의 변화지원과 관련한 일본과 미국, 영국 및 호주의 사례는 다음과 같다(이윤식 외, 2009).

일본은 단위학교자율경영제 확립을 지원하는 정책을 추진하면서 변화를 위한 전략으로 학교로 하여금 개선에의 책임을 지게 하였고, 학교조직을 학습하는 조직으로 육성하는 전략을 추진한 바 있다.

미국은 1983년 '미국교육의 위기(A Nation at Risk)'를 발표한 후 학생의 학업성취도를 높이는 데 관심을 기울이고 학교조직을 효과적인 학교로 만들기 위한 노력을 기울여 왔다. 효과적인 학교로 변화시키는 과정에서 추진한 주요 전략으로는 학교조직의 목표를 효과적으로 달성하기 위해 교직원 발달에 주력한 점과 교직원 발달을 촉진하기 위해서 학교장의 변혁적 지도성과 문화적 지도성을 지원한 점 등이 부각된다. 이와 더불어 교사공동체를 구축한 전략이 부각된다.

영국은 정부 차원에서 교직발전을 성공적으로 유도하기 위하여 교직발전 계획을 수립하고 학교장과 교감, 교사들에 대한 훈련지원을 통하여 변화를 시도한 정책이 주목할 만하다.

호주는 단위학교의 정책개발과 교수전략 개발에 교사의 권한을 확대하고, 교사의 전문성 신장에 많은 노력을 기울인 사례로 부각된다.

여기서 우리는 교직문화가 왜 변화해야 하는지, 또한 변화를 위해서 어떤 노력이 필요한지 분석해 봐야 할 것이다. 학교구성원이 공유하는 교직문화의 변화를 추진하기 위해서는 단위학교에서부터 교사들의 내적 동기가 생기게 하는 자극이 필요할 것이다. 이를 위해서는 교육정책의 실행과정의 의사결정방식에 교사의 참여를 확대시켜 나아감과 동시에 보다 많은 권한을 부여하는 접근이 검토되어야 할 것이다.

(2) 변화를 위한 지원과제

학교교육 조직은 구성원과 무관하게 따로 존재하는 것이 아니라 교육활동에 직·간접으로 참여하는 구성원들의 의미구조가 매우 중요한 인간 구성체이다. 그러므로 학교교육 조직의 문화 자체를 변화시키기 위해서는 그 구성원들의 의미구조를 변화시키기 위한 전략이 필요하다.

오영재(2009: 283-290에서 요약·재정리)는 교사문화를 변화시키기 위한 정책을 제시하면서, 교사문화의 특성을 '입시를 위한 도구성(수업)' '위계적이고 폐쇄적인 개인주의(인간관계)' '심리적 보상주의(평가와 보상)' '선택적 순응성(환경변화)' 등을 들면서 이는 대부분 교육정책과 밀접한 관련이 있다는 점에 주목했다.

바람직한 교직문화 정착을 위해서는 다음과 같은 변화가 필요하다.

첫째, 교육활동에 대한 동료평가 강화이다. 동료교원들의 온정주의적이고 무비판적인 의식에서 벗어나 이성적인 판단에 따른 냉철한 지적과 공정한 평가가 이루어질 때 비로소 교직발전을 기대할 수 있다. 특히 수업활동과 관련하여 그러하다. 예컨대, 동료장학협의회에서 칭찬 일색보다는 과감한 지적과 조언을 제공하고, 교원능력개발평가에서 동료교원에 대한 공정하고도 엄격한 잣대에 의한 평가가 주어져야 한다.

둘째, 행정업무의 획기적 감축과 교육기관의 기능조정이다. 현장교사들의 가장 큰 불만 중의 하나가 바로 수업 이외의 행정업무가 많다는 것이다. 행정업무가 많을수록 교사 본연의 일인 수업과 연구활동에 집중할 수 없음은 당연하다. 교사들이 느끼는 업무부담감이 대부분 불필요하다고 인식되는 행정업무를 과다하게 요구하는 데서 비롯되는 것이라고 보기 때문에, 그 문화를 바꾸는 변화의 열쇠도 다분히 국가와 상급교육기관의 행정문화 변화에 달려 있다고 보았다.

셋째, 개방적 협동주의 문화 형성이다. 단위학교에서 교사 간, 교사와 학부모 간, 학교행정가와 교사 및 학부모 간에 열린 공동체 구축전략이 중요하다. 이를 위해서는 학교행정가가 의사소통의 기회를 늘리고 대화의 문을 적극 개방하여 교사들의 의견을 적극 수렴하는 자세가 필요하다. 교사 입장에서도 학교경영에 적극 동참하려는 교육 주체적 의식을 가지고 각종 교내 위원회나 협의회 등에 참여하여 의견을 개진해야 한다.

넷째, 교사의 전문적 재량권 확대와 책무성 평가의 강화이다. 교사들을 교육전문가로서 존중해 주고 인정해 주며 교육활동에 대한 재량권을 가능한 많이 부여하고, 다른 한편으로는 교육에 대한 성과와 책임을 평가하는 체제를 구축하는 일이라 하겠다.

다섯째, 교육정책의 전략적 단계화와 상황적합적 집행이다. 교육정책의 성공 여부는 그 정책의 교육적 진정성과 교사문화에 적합한 집행속도 조절에 따른 단계적 전략 수립 및 유연한 집행과정에 달렸다고 보았다.

제아무리 좋은 교육정책도 교육의 주체인 교사들이 동의하고 동참하지 않으면 효과를 거둘 수 없다. 지금까지 교육행정기관에서 내려온 수많은 교육정책들이 현장에서 큰 효과를 거두지 못함은 바로 그 때문이다. 따라서 행정기관에서는 일방적이고 획일적인 밀어붙이기식의 정책 집행이 아닌 교원의 자발적인 참여를 이끌어 내는 노력이 필요하다.

개인은 자신이 속해 있는 조직과 그 문화를 분리하여 생각할 수 없다. 교사 개개인의 경쟁력이 모여서 학교경쟁력을 만들어 가게 되므로, 교사 개개인의 경쟁력을 키워 가는 것이야말로 학교조직, 더 나아가 교육활동을 통한 사회의 경쟁력을 키워 가는 것이 된다. 따라서 학교조직은 교사 개개인이 잠재력을 키워 갈 수 있는 교사문화로 이끌어 주어야 할 것이며, 그러한 교사 개개인의 전문성 심화와 자율성 확대라는 과제를 갖고 부단한 동기부여에 노력을 기울여야 할 것이다.

미래에는 가치 있고 매력적인 문화를 만들어 낼 수 있는 사람이 자신의 존재감을 살릴 수 있게 될 것이고, 또한 자신의 삶에 동기를 부여할 수 있을 것이며, 이 또한 그런 개인을 품고 있는 조직을 활성화시켜 갈 수 있는 요인이 될 것이다. 교직문화도 외부의 개방적이고 수평적인 분위기에 젖어 가야 할 시기가 되었다. 기존의 수직적 관념과 체제 사이에서 조화를 찾아가는 것이 앞으로의 교직문화의 중요한 과제가 될 것이다.

2. 학생생활문화

학교는 학생들이 하루 일과의 대부분을 보내는 곳이면서, 그들이 내뿜는 넘치는 에너지로 새로운 문화를 만들어 가고 있다. 학생들의 문화는 주로 부모의 문화를 기저로 한 기성문화를 본받아 재생산하기도 하지만, 때로는 그 문화를 거슬러 형성되기도 한다. 그래서 교사를 비롯한 기성세대는 이들의 문화를 이해하고 대처함에 어려움을 겪고 있다.

인간이 타인들과의 공존관계에 의존하는 사회적인 존재라는 것은 항상 자신이 몸담고 있는 사회환경의 타인과의 공유된 문화 속에서 살아갈 수밖에 없음을 의미한다. 인간은 외적인 물리적 환경뿐만 아니라 정서적인 면에서도 안정감이 필요한 존재이기 때문에 끊임없이 변화에 적응하고 살아가야 하며, 언제나 관계 맺음을 필요로 한다. 또한 인간적으로 살아가기 위해 사회화를 통해서 필요한 지식을 학습하게 된다. 학생을 둘러싸고 있는 가장 영향력 있는 환경은 크게 나누어 가정과 학교 그리고 교사라고 할 수 있다. 그러므로 학생들에게 사회구성원으로서의 보다 균형 잡힌 성장을 할 수 있게 지원하기 위해서는 이 세 가지 환경의 균형과 조화가 매우 중요하다. 그러므로 사회구성원으로 성장해 가는 한 인간의 모습에서부터 살펴보는 관점이 중요한데, 사회적 존재로서의 인간의 모습을 다음과 같이 세 가지로 구분하여 설명하고 있다(이인학 외, 2020에서 내용 일부 수정).

첫째, 인간은 단독으로는 생존할 수 없고, 따라서 다른 인간들과의 공동생활에 의존하는 존재이기 때문에 사회적인 존재이다. 인간은 본질적으로 다른 인간들과 더불어 공존하는 존재이다.

둘째, 인간은 경험과 행동에 있어서 언제나 초개인적인 질서들과 공동생활의 규범들을 통해서 제약되고 결정된다. 이러한 질서들과 규범들을 포괄해서 문화라고 할 수 있다. 그리고 이런 의미에서 인간은 문화적인 존재라고도 한다.

셋째, 인간은 또한 그의 경험과 행동에 있어서 그가 속하는 사회구조 안에서의 그의 위치와 역할을 통해서 성장한다. 모든 위치와 역할은 언제나 그 인간에게 특수한 태도와 성품과 행동을 요구한다. 따라서 인간은 사회적인 존재이다.

현대사회에서 교육격차를 유발하는 요인의 하나로 부모의 사회 · 경제적 배경이 강력하게 지지되고 있다. 이것은 달리 표현하면 학생 가정의 문화적 환경, 언어적 그리고 지각 · 태도적 배경 차이의 상대적 결핍으로 인해 다른 학생에게서 상대적 결핍감을 느끼게 되고, 결과적으로 학업성취의 차이에도 영향을 미친다는 것이다.

대중매체가 사회적 · 교육적으로 많은 영향력을 미치고 있다는 내용이 거론될 때마다 청소년층이 거론되는데, 이는 청소년이 성인에 비해 가치관, 태도, 언어표현 등에 미숙하고, 자아발달의 정도가 아직 성숙해 가는 과정에 있기 때문에 성인에 비해 더욱 큰 영향력을 가지기 때문일 것이다. 대중매체의 영향력과 효과가 청소년의 사회화에 가장 큰 반향을 일으킨다는 관점은 청소년이 대중매체를 통해 공격성향이나 폭력행위, 비뚤어진 언어사용을 습득하는 경향이 크기 때문에 이루어졌다.

사회·문화가 급격히 변해 감에 따라 다양하고 복잡해진 문화 속에서 청소년의 정서적 갈등과 사회 부적응 양상이 곳곳에서 발생하고 있다. 이 같은 청소년문제를 이해하고 대처하기 위해서는 무엇보다도 먼저, 문제의 개념과 발생원인을 찾아 청소년문제에 대처하기 위한 올바른 시각을 가져야 할 것이다. 이러한 새로운 문화로의 변화는 교육현장 속에서 반영되어 가야 할 것이며, 또한 교육활동은 새로운 문화의 발전과 형성을 지원하게 될 것이다.

1) 청소년기의 발달단계와 특징

(1) 청소년기의 발달단계

우리 사회가 민주적인 사회로 점차 발달해 옴에 따라 학생들에게도 비슷한 또래로부터 인정을 받는 것이 어른이나 부모, 교사들의 인정보다 훨씬 더 중요하게 여겨지고 있다. 그러므로 한 학급에서의 또래관계와 그 속에서의 상호작용이 청소년기의 발달단계 성숙에 큰 영향을 주고 있다. 청소년을 연령으로 명확하게 구분하는 데는 영역에 따라 차이는 있을 수 있으나 일반적으로 12~13세부터 21~25세에 이르는 시기가 아동에서 성인으로 성장해 가는 과도기이다. 그러므로 청소년은 아동과 성인의 특성을 동시에 가질 수 있다.

① 신체적 특성

청소년기는 급속한 신체적 발육이 일어나는 시기이다. 성(性)적인 성숙의 질적·양적 변화와 전반적인 신체의 발육속도가 빠른 시기이다. 이 시기에 가장 뚜렷한 변화로는 성적인 성숙 및 성의식의 변화를 들 수 있으며, 생식기능이 발달되는 과정에서 남자는 더욱 남성다워지고, 여자는 더욱 여성다워져 남녀의 차이가 확연히 두드러지게 된다.

② 정신적 특성

청소년기는 지적 능력의 발달이 거의 최고수준에 이르는 시기이며, 통찰력과 판단력, 추리력, 기억력 및 사고력을 갖추게 되어 추상능력과 논리적인 사고와 태도가 두드러지게 나타난다. 또한 선·악을 포함하는 가치추구나 이상(理想)을 찾고 철학이나 예술, 문화, 사상에 대한 흥미가 높아지고, 자신의 인생관이나 세계를 바라보는 시각을 확립하는 시기이기도 하다. 이처럼 이 시기가 적극적이고 진취적인 반면, 그들의 생각이나 관념이 극히 이상적이고 추상적으로 흐를 수도 있기 때문에 때로는 독선적·자기중심적으로 흐르는 극단을 보일 수도 있다.

③ 사회적 특성

부모나 어른에게 의존하던 아동에서 정신적 독립과 사회적 발달을 추구하는 시기이다. 교우관계가 다양해지고, 사회적 활동에 참가하려고 시도하는 과정에서 사회화가 이루어져 부모나 교사들이 가진 기성세대 문화와 갈등이 표출되기도 한다. 또한 이 시기에는 '우리'라는 연대의식이 매우 강해지며, 부모나 교사의 간섭에서 벗어나려는 태도를 보이고, 어려움이 있을 때에도 부모나 교사보다는 친구들의 이해를 구하려고 하며, 서로 격려함과 아울러 심리적 안정과 소속감을 가지려 한다.

하비거스트(Havighurst)는 발달단계를 유아기, 아동 및 소년기, 청년기, 성년 초기, 중년기, 노년기로 나누고, 각 단계에서 꼭 습득해야 할 발달과업을 설명하였는데, 그중 청소년기의 발달단계에 맞는 과업을 〈표 10-2〉와 같이 밝혔다(한상철 외, 1999).

표 10-2 하비거스트의 청소년기 발달과업

헤비거스트의 청소년기 발달과업
① 같은 연령의 남녀와 좀 더 성숙하고 새로운 인간관계 학습
② 신체 변화 및 남성, 여성으로서의 사회적 역할 학습
③ 자신의 신체구조를 이해하고 신체를 유용하게 사용하는 일
④ 부모 또는 다른 성인으로부터 정서적으로 독립하는 일
⑤ 경제적인 독립에 대하여 자신을 갖는 일
⑥ 직업을 선택하고 준비하는 일
⑦ 시민으로서 필요한 지식과 태도를 발달시키는 일
⑧ 사회적으로 책임 있는 행동 추구 및 수행
⑨ 결혼과 가정생활에 대한 준비
⑩ 행동지침이 될 수 있는 가치와 윤리체계의 학습

* 출처: 한상철, 조아미, 박성희(1999). 청소년심리학.

청소년기는 아동에서 성인으로 성장해 가는 과정에 있기 때문에 많은 신체적 · 인지적 · 정서적 · 사회적 변화를 경험한다. 사회에 널려 있는 많은 자원과 정보에 접한 경험을 통해 성인으로 성장해 가는 방법을 배우며, 이 성장과정에서 배운 다양한 정보와 경험은 향후 인생을 살아가는 과정에서 여러 상황에서 문제를 해결하는 데 중요하게 작용할 것이다.

　청소년의 문제가 심각한 사회문제로 떠오르기 시작한 것은 최근 일이 아니다. 이에 청소년문제에 대한 개념의 전환과 논의도 활발하게 이루어지고 있으나 이 논의의 대부분은 일반적인 청소년문제를 다루는 것이 아닌 청소년비행에 관한 내용을 주로 언급하는 경향이 있다. 청소년비행은 살인, 강도, 폭력, 절도 등 형법에 위배되는 범죄뿐만 아니라 음주, 흡연, 불건전 이성교제 등의 광범위한 개념으로 활용되고 있다. 그러므로 청소년비행은 범죄행위를 포함하여 청소년에게 바람직하지 못하다고 하는 모든 행위를 말한다. 그러나 비행청소년은 일반적인 다수의 청소년에 비해 극히 일부분이고 제한적이므로, 이제부터는 비행청소년을 포함한 일반적인 청소년 전체의 문제를 중심으로 하여 청소년문제를 사회문제의 하나로 간주하여 관심을 가져야 할 것이다.

　사회문제의 하나로 자리 잡은 청소년문제는 원인이 다양하지만 가장 먼저 과중한 입시 압박감, 핵가족화, 결손가정, 빈부격차에 따른 상대적 소외감, 사회의 여러 유해환경 등을 들 수 있겠다. 이런 원인으로 오늘날의 청소년문제는 각종 범죄, 반항행동, 가출, 등교거부, 음주, 흡연 등 다양한 형태로 나타나고 있다. 사회문제가 개인문제와 다른 점은 그것이 공공의 문제에 관한 것이며, 문제의 원인과 해결이 사회의 움직임과 연관되며 사회구성원이 믿고 따르는 가치를 위협한다는 데 있다.

(2) 청소년기의 특징

　우리는 살아가면서 많은 사람과 만나고 함께 일하며, 또한 자신의 의견을 드러내기도 하고 관철시켜 나가기도 한다. 그런 가운데 때로는 잘 해낼 수 있을 것인지에 대해 걱정하거나 불안해하기도 하고, 때로는 자신감 있게 도전하기도 하며 자신의 효능감을 키워 나간다. 특히 청소년기의 친구나 또래와의 관계는 이런 개인적 효능감을 발달시켜 가는 데 매우 중요한 역할을 한다. 아울러 이 또래관계는 청소년기의 자아정체감 발달에도 큰 역할을 하고, 사회구성원으로서의 자아독립에 영향을 준다.

청소년기는 발달단계의 특징에 의하여 친사회적 행동이 보다 자발적이며 정교화 되고, 효과적으로 다른 사람을 도울 수 있는 능력이 발달한다. 이 시기에 친사회적 행동의 발달을 이해하는 이론적 틀로는 정신분석이론, 인지발달이론, 정서발달이 론, 사회학습이론을 들 수 있다(박서영, 2012).

정신분석이론에 의하면, 유아기에 부모와의 동일시를 통해서 초자아(도덕성)가 발달하기 때문에 부모와의 초기 경험과 연령의 증가에 따른 내면화를 통해 친사회 적 행동이 발달한다.

인지발달이론에 비추어 보면, 아동 후기가 되면서 자기중심성을 탈피하여 점차 역할수용 능력이 발달하기 때문에 이타적으로 행동하게 된다.

한편, 정서발달이론에 의하면, 다른 사람의 정서상태에 대한 인식과 타인의 정서 에 대해 반응하는 감정이입 능력, 즉 공감의 발달에 따라 친사회적 행동이 발달한 다. 또한 청소년기가 되면 보다 공감적으로 반응하려는 경향성이 커진다.

이 외에도 사회학습이론에 의하면, 친사회적 행동은 직접적인 사회적 경험이나 다른 사람의 행동을 관찰하여 학습된 결과로 나타난다. 따라서 친사회적 행동은 인 간의 행동이 습득되듯이 자극에 대한 반응의 결과로 일어나며 긍정적 보상에 의한 반응행동이 강화되거나 모델링을 통한 관찰학습에 의해 바람직한 행동인 친사회적 행동을 형성한다.

2) 학생생활문화의 이해

(1) 학생생활문화의 의미

예민한 시각으로 학생들의 실수나 실패를 바라보는 문화는 학교교육이 넘어야 할 과제 중 하나이다. 어떤 학교라도 학생생활문화의 가치를 인식하고 긍정적으로 바라보고자 한다면, 학생들의 문화의 질을 높여 나가는 노력이 필요하다. 또한 그 렇게 되기 위해서는 그들을 바라보는 교사들의 문화적 잠재력 역시 개발되어 병행 되어 가는 노력이 필요하며, 그 답은 교사들이 가진 학생들에 대한 지식과 열정일 것이다.

주철안 등(2013)은 '또래집단(peer group)' 또는 '청소년집단'이라는 용어가 자주

혼용되고 있다고 설명하면서, 청소년문화에 대해 다음과 같이 덧붙인다. 즉, '또래집단'은 연령, 성, 인종, 사회적 지위 등과 같은 사회적 요인들과 특성을 공유한 사람들의 집단으로 비교적 수평적 관계를 맺고 있는 느슨한 결합체이며, '청소년문화'는 사회적 범주로서 청소년층을 특징짓는 하위문화를 가리킨다고 하였다. 청소년문화는 구성원들이 유행, 취향, 믿음, 가치관, 레크리에이션, 취미, 행동, 언어, 의식 등을 공유하며, 집단 내에서는 연대의식을, 타 집단과는 다른 문화적 양식을 가짐으로써 자신만의 독특한 문화적 양식을 나타내는 것을 말한다.

그러나 일반적으로 또래집단은 동일연령뿐만 아니라 주거지역, 의복, 학문적 역량, 사회적 지위, 관심사 등과 같은 다른 요인에 의해 다양한 집단을 만들어 낸다는 점에서 '청소년집단'을 포괄한다. 특히 우리 사회에서는 또래문화, 청소년문화, 학생생활문화가 거의 동일한 의미로 사용되고 있는데, 이는 우리의 높은 교육열에 기인한 학생들의 또래문화가 항상 교육적 또는 사회적 관심의 대상이 되어 온 것에서 이유를 찾을 수 있다.

(2) 학생생활문화의 유형

우리나라에서는 학생생활문화에 대한 연구가 그리 많지 않다. 그러나 사회발달에 따른 변화의 하나로 청소년문제에 대해서 사회적 관심이 많아지자 청소년문화에 대한 연구가 활발하게 전개되고 있다. 오늘날 학생생활문화의 유형은 연구자에 따라 차이가 있지만 대체로 다음 세 가지 유형으로 요약해 볼 수 있다(김병성, 2011). 진학을 위해 오직 부지런히 공부하는 '학습지향형'과 학교가 지향하는 공식적인 규정이나 규칙에 반항하는 '저항형' 및 '놀이지향형'으로 나누어 생각해 볼 수 있다.

첫째, '학습지향형'은 교칙을 잘 준수하지만, 어떤 면에서는 대단히 개인주의적이고, 학교에서 이루어지는 집단활동에 참여하는 일이 거의 없다. 다른 유형의 학생들에 비해 또래집단을 형성하는 일도 적다. 그들이 가진 가치패턴의 특징은 금욕과 미래지향성이다.

둘째, '저항형'은 어떤 학교에서도 소수파의 자리를 차지하나 어느 학교에서나 존재한다. 각종 조사에 의하면 저항형 학생은 학업성적이 낮은 편이고, 교칙에 의한 행동규제에 강하게 반발하며 사회규범 전반에 대해서도 반항적이다.

셋째, '놀이지향형'은 양적으로 가장 많은 학생이 속하는 유형이다. 이 유형에 속

하는 학생들은 사회생활에 필요한 규칙을 습득하고 공식적인 집단활동에 참여하려
는 의욕도 비교적 높고, 유행과 패션 등 상업적 문화에 관심이 매우 높을 때도 있다.
어떤 때에는 저항형과 마찬가지로 교칙에 의한 구속에 반발한다. 그러나 그 반발은
주로 복장이나 헤어스타일과 같은 외모에 관한 규칙에 대한 것이며 전면적인 일탈
로 진행되는 경우는 드물다.

(3) 학생생활문화의 특징

'청소년문화'란 청소년에게 독특한 형태로 존재한다고 보는 행동양식이나 가치
관, 태도 등을 말한다. 청소년문화에는 외부로 관찰되는 행동이나 복장, 언어 등이
있으며, 정신적인 방향을 제시해 주는 이념이나 가치관 등이 있다. 청소년문화는 기
성세대의 문화를 바꾸고자 하거나 현실을 비판하고자 할 때는 기존의 문화와 대립
되거나 아예 다른 형태의 문화를 만들기도 한다. 청소년문화의 특징 가운데 하나인
기성세대가 가지고 있는 문화에 대한 비판과 저항의식은, 기성문화에 대한 수정을
요구하면서 기성문화와는 다른 독특한 행동양식이나 가치관을 가지고자 한다. 하지
만 어느 정도의 비판과 저항의식은 현실을 개선하기 위한 미래지향적인 성격을 가
지고 있기 때문에, 부분적으로 받아들이면서 서로 발전해 나가야 하리라 생각한다.

그러기 위해서는 우선, 학생들의 문화에 대한 이해가 수반되어야 하는데, 학생들
의 문화적 특징으로 볼 수 있는 또래집단에 대해 다음과 같이 설명하기도 한다(주철
안 외, 2013). 과도한 입시경쟁 문화, 유예된 성인기와 장기간 학업에 머물러 있는 청
소년기로 인해 발생되는 무력감, 욕구불만, 상대적 박탈감을 가지는 소외문화, 전통
적인 이성(理性) 중심의 사고에 대한 반항으로써 나타나는 감각지향적 문화, 컴퓨터
및 인터넷의 발달과 확산으로 인해 형성된 디지털 문화(N세대 문화), 대중매체 편식
문화, 맞춤법 무시 및 언어축약 사용과 같은 은어와 축약형 언어들의 조어(造語) 문
화, 과소비 또는 불필요한 지출과 같은 소비성 문화, 개별적 취향과 개성에 따른 욕
구충족의 다양화 · 개별화 특성을 나타내고 있는 자기표현주의 문화, 인생의 목표
를 사회에 대한 기여보다는 자신의 즐거움과 만족에 두는 개인주의 문화 등을 들 수
있다.

학생들은 새로운 경험을 대부분 대중문화를 통해 얻게 된다. 이러한 경험은 성장
기의 인격 형성과 인간적 성숙에 많은 영향을 미칠 수 있다. 미래사회를 살아갈 학

생들이 대중문화의 다양성에서 올바른 인격 형성의 기회를 얻을 수 있도록 지원해 주는 일 또한 미래사회를 위해 학교가 맡아야 할 일이다. 학교는 학생들로 하여금 다양한 문화적 체험을 통해 사회의 '공적인' 가치체계를 배워서 올바른 가치체계를 형성할 수 있도록 해야 하며, 이를 통하여 미성숙한 아동에서 성숙한 한 사람의 사회인으로 커 갈 수 있도록 도와야 한다. 이러한 사회적인 가치체계의 습득을 통하여 각각의 개인은 보다 건전한 의식과 가치관을 가지고 사회에 적응하기 때문이다. 학교에서 배운 문화에 대한 의식과 안목은 학생 개개인이 수준 높은 문화를 즐길 수 있게 해 줄 것이며, 또한 그 각각의 개인과 더불어 사회 전체가 문화적으로 성숙할 수 있을 것이다. 학교교육에서 교사가 학생들의 문화를 이해하려는 것은 학생들을 지도하기 위해 무엇보다도 중요하다. 따라서 학생생활문화에 대한 이해는 학교조직에서의 학생들의 행동과 사회화의 관계를 이해하기 위한 교사의 교육적 행동에 대한 방향을 제시할 것이다.

(4) 바람직한 학생생활문화 형성

학생들의 바람직한 성장을 기대하는 학교교육에서는 무엇보다도 학교, 학생, 교사, 학부모가 하나의 공동체의식을 갖고 생활함을 기본으로 한다. 맥밀런과 차비스(McMillan & Chavis, 1986)는, 학교공동체의식은 주인의식(membership), 영향력(influence), 욕구충족(fulfillment of needs), 유대감(shared emotional connection)의 네 가지 요소에 의해 형성된다고 하였다.

- **주인의식**: 학교교육이 곧 내 일이 된다는 의식을 바탕으로 모두가 학교를 중심으로 소속감 및 개인적 헌신, 울타리의식(a sense of boundaries)을 가지는 것
- **영향력**: 학교와 개인 혹은 집단은 서로 영향을 주고 영향을 받는 관계에 있기 때문에 이런 관련성을 인식하는 것
- **욕구충족**: 학교 및 학교교육 관련자 및 기관들이 서로 유사한 욕구와 가치관을 가지고 그 욕구와 가치관을 충족하게 되어 응집력을 가지는 것
- **유대감**: 모든 구성원이 긍정적인 방식으로 상호작용하고, 중요 사건을 공유하며, 사건을 해결할 긍정적인 수단을 제공하고, 구성원들을 존중할 기회를 가지면서 공생관계를 형성하는 것

각 개인은 나름대로 독자적인 믿음이나 신념, 가치관을 가지고 있다. 마찬가지로 어느 조직이나 독특한 의사결정방식, 가치관이나 행동양식, 그리고 조직분위기를 갖고 있다. 조직마다 가지고 있는 특성을 조직문화라고 부를 때, 이러한 문화는 각 조직의 존립목적을 달성하는 데 결정적인 영향을 미칠 수 있다. 이른바 소프트웨어 사회가 성숙되어 가면서, 조직문화의 영향력은 더해 갈 것으로 예상된다. 조직문화의 특성을 파악하고, 이러한 문화적 전통에 얼마나 잘 맞는 조직관리를 할 수 있는 가가 문화의 시대에 각 조직의 과제가 되고 있다(한홍진, 2009). 이 개념을 학생생활문화에 접목시켜 보면, 학교조직 문화 속의 학생생활문화의 특성을 파악하고 그 영향력을 감안한 학생생활문화를 키워 가는 것이야말로 학교조직, 더 나아가 사회 전체의 성숙도를 높여 나갈 수 있는 방법이 될 것임에 틀림없다. 시대가 바뀌어 문화의 내용에도 변화가 일어나고 있지만 인간 사회의 기본적인 규범, 자유, 인권과 같은 보편적인 가치는 문화 속에 내재되어 있기 마련이고, 이러한 가치는 문화의 변화를 넘어서 모든 사람에게 수긍될 수 있는 합리성을 가지고 있어야 한다.

이정호(1995)는 포스트모더니즘이 드러나는 문화의 특징으로 '불균형의 조화'를 강조했다. 그는 이에 대해 이 시대에는 하나의 지배적인 문화가 전반적으로 모든 흐름을 주도하는 것이 아니라, 개별화·차별화된 작은 문화권이 형성된 시대라고 주장한다. 이제부터는 개별적이면서도 서로 다른 가치관과 개념이 정체성을 가지고 있으면서 그것을 기저로 이루어지는 다양한 문화가 요구되는 시대가 올 것이다.

다양한 문화적 접촉이 증가하고 있다. 이에 따라 다른 문화를 포용하는 자세가 필요한 동시에 자신이 속한 문화에 대해 정체성을 확보하는 일이 중요해질 것이다. 다양한 문화가 어우러지는 사회에 대해서 이를 긍정적으로 보고 서로 존중하는 풍토가 필요할 것이다(한홍진, 2009). 청소년들이 진취적이고도 다양한 문화를 만들어 나가기 위한 활동의 일환으로 청소년활동을 위한 프로그램 공모도 실시되기 시작하였다. 2013년부터는 학교교육과정에 창의적 체험활동 전면시행, 자유학기제 시범운영에 따라 청소년이 여유시간을 활용할 수 있도록 하기 위하여 다양한 청소년활동 참여 기회를 제공하고, 소외계층 청소년의 건전한 성장을 돕기 위한 동기부여 프로그램을 발굴·지원하려고 노력하여야 한다. 이에 따라 청소년의 눈높이에 맞는 프로그램을 발굴·보급하고 이에 필요한 인적·물적 제반 자원의 경제적인 활용방향을 확립하여 청소년이 진로, 역사·문화, 예술, 가족·인성, 과학·환경, 모험개

척, 봉사 등의 활동을 통해 잠재역량을 개발하고 국제경쟁력을 갖출 수 있도록 지원하고 있다.

　다변화해 가는 현대에서 진정한 교육이란 다원주의가 근간을 이루어야 할 것이며, 학교교육은 서로 다른 성장배경과 문화규범을 가진 학생들이 모여 올바른 사회구성원으로서의 삶을 준비해 가는 곳이므로, 개개인의 학생이 가진 서로 다른 문화를 수용하고 인정해야 할 필요가 있다. 교사와 학생은 각자의 고유성을 인정하고 받아들이면서 상호 교류의 폭을 넓혀 가야 할 것이다.

연구 및 토의 문제

1. 교직문화의 개념과 기능에 대해 알아보고, 교직문화가 생성되어 가는 과정 및 교직문화의 특징에 대해 알아보자.

2. 학생생활문화의 유형과 특징에 대해 알아보고, 학생생활문화를 바람직한 방향으로 변화시키기 위해서 어떠한 방향성을 가지고 접근해야 할 것인가에 대해 생각해 보자.

참고문헌

김경미(2004). 중등학교 교직문화 특성에 관한 연구. 창원대학교 대학원 박사학위논문.

김병성(2011). **교육과 사회.** 서울: 학지사.

김병찬(2003). 중학교교사들의 교직문화에 대한 질적 사례연구. 교육행정학연구, 21(1), 1-28.

김용정(2009). 교사문화의 진단도구 개발 및 특성 분석. 부산대학교 대학원 박사학위논문.

김희규(2003). 교직문화의 변화전략 및 지원과제. 교직문화 변화를 위한 학교실천 사례 및 지원과제 탐색 워크숍 자료집. 연구자료 RM 2003-39, 141-160.

나동진(2000). **교육심리학-인지적 접근.** 서울: 학지사.

노종희, 정영수, 백정하, 양승실, 이상주(2009). **교육지도성 이론과 실제.** 서울: 학지사.

류방란, 이혜영(2002). **초등학교교사의 생활과 문화.** 한국교육개발원.

박서영(2012). 청소년의 정서 및 개인주의-집단주의 문화성향과 친사회적 행동 간의 관계. 이화여자대학교 대학원 박사학위논문.

박영숙(2003). 교직활성화를 위한 교직문화 변화전략 개발연구. 한국교육개발원.

박병량, 주철안(2005). 학교 · 학급경영(2판). 서울: 학지사.

박병량, 주철안(2012). 교육행정 및 교육경영: 학교 · 학급경영 중심. 서울: 학지사.

부산시교육청(2020). 교육실무편람. 부산교육총서 제30집, 5-8.

송기창, 김도기, 김민조, 김민희, 김병주, 김병찬, 김성기, 김용, 나민주, 남수경, 박상완, 박수정, 오범호, 윤홍주, 이정미, 이희숙, 정성수, 정수현, 정재영, 조동섭, 조석훈, 주현준, 홍창남(2015). 중등교직실무(2판). 서울: 학지사.

서린덕(1986). 한국기업의 조직문화유형과 조직특성 간의 관련성 연구. 서울대학교 대학원 박사학위논문.

오영재(2001). 교단일기를 통해 본 중등교사들의 삶과 문화. 교육학연구, 39(4), 207-230.

오영재(2009). 한국의 중등학교문화와 교육정책. 서울: 문음사.

이윤식, 김병찬, 김정휘, 박남기, 박영숙, 송광용, 이성은, 전제상, 정영수, 정일환, 조동섭, 진동섭, 최상근, 이인학, 이기영, 김규태, 최성열, 신성철, 박지은, 류관열, 김도진(2014). 최신 교육의 이해(2판). 서울: 학지사.

이인학, 이기영, 박지은, 최성열, 김무영, 류관열, 김용성, 박아청(2020). 교육학개론. 경기: 지구문화.

이정선(2000). 초등학교 교직문화에 대한 이해. 교육인류학연구, 3(5), 51-87.

이정호(1995). 포스트모던 문화읽기. 서울대학교 출판부, 16.

이학종(2003). 조직행동론. 서울: 세경사.

이혜영, 류방란, 윤여각(2001). 중등학교교사의 생활과 문화. 한국교육개발원.

정병오(2003). "교직문화 개선 어떻게 할 것인가?" 교직문화 변화를 위한 학교실천사례 및 지원 과제탐색 워크숍 자료집. 연구자료 RM 2003-39, 109-140.

정수현(2000). 학교현실에 대한 교사들의 인식−교원평가에 대한 반응을 중심으로. 서울대학교 대학원 박사학위논문.

정주영(2013). 이론과 실제가 함께 담긴 교직실무. 서울: 학지사.

주철안, 오경희, 이상철, 이용철, 이지영, 한대동, 홍창남(2013). 교직실무. 서울: 학지사.

진동섭, 정수현, 박상완, 나민주, 김병찬, 박진형, 박인심, 김민조, 김진수, 박지웅, 이승복, 이은주, 한점숙(2005). 한국 학교조직 탐구. 서울: 학지사.

한국기업교육학회(2022). HRD용어사전. 중앙경제.

한상길(2011). 교직실무. 경기: 공동체.

한상철, 조아미, 박성희(1999). 청소년심리학. 경기: 양서원.

한홍진(2009). 미래사회의 5가지 기반. 서울: 도서출판 두남.

황기우(1992). 한국 초등학교의 교사문화에 관한 해석적 분석. 고려대학교 대학원 박사학위논문.

Lortie, D. C. (1975). *School teacher: A sociological study*. Chicago: University of Chicago Press.

McMillan, D. W., & Chavis, D. M. (1986). Sense of community: A definition and theory. *Journal of Community Psychology, 14* (1), 6-23.

Pascale, R. T., & Athos, A. G. (1982). *The Art of japanese management*. NY: Warner Books.

Quinn, R. E., & McGrath, M. R. (1985). The transformation of organizational cultures. In Peter J. Frost et al. (Eds.), *Organizational culture*. Beverly Hills, CA: Sage Publications.

Schein, E. H. (1985). *Organizational Culture and Leadership*. San Francisco: Jossey-Bass.

Scholz, C. (1987). Corporate culture and strategy: The problem of strategic fit. *Long Range Planning, 20*, 78-87.

Sergiovanni, T. J., & Starratt, R. J. (1998). *Human perspectives* (2nd ed.). New York: McGraw-Hill Books Co.

제11장

인성 및 진로교육

학습개요

1. 학생생활지도가 어떤 원리와 내용으로 되어 있는지 알아보고, 특히 그중 핵심인 상담자의 태도와 기술을 익힌다.

2. 인성교육이란 무엇이고, 왜 필요하며, 학교교육활동에서 어떻게 지도해야 하는지 알아본다.

3. 학교안전사고란 무엇인지 알아보고, 안전한 학교를 만들기 위한 방안을 찾아본다.

4. 학교현장에서 문제가 되는 학교폭력의 정의와 유형, 대처방안에 대해 알아본다.

5. 교육과정과 연계한 학생들의 발달단계에 맞는 진로교육에 대해 알아본다.

제11장 인성 및 진로교육

1. 생활지도의 이해

1) 생활지도의 의미와 원리

(1) 생활지도의 의미

생활지도의 일반적인 개념은 지도(guidance), 지시(direction), 안내(pilot), 관리(management) 등의 의미로 해석되고 있으며, 학생들에게 이런 의도의 노력을 제공하는 것을 의미한다. 이 개념을 교육적인 의도를 담아 해석해 보면, '학생들 스스로에게 자신의 문제를 이해할 수 있도록 도와주어 자신이 접하게 될 여러 문제에 대한 해결력을 가질 수 있도록 돕는 과정'이라 할 수 있다.

생활지도(guidance)란 학생들이 일상생활을 하는 가운데 해결하여야 할 여러 가지 문제에 접하게 될 때 스스로 그 문제들을 해결해 갈 수 있도록 도와주고 또한 지도하기 위한 조직적인 봉사활동이라고도 할 수 있다. 생활지도는 교육과정, 학습지도와 밀접한 관련을 가지는 일련의 교육활동이라는 통합적인 과정이라고도 할 수 있다. 학습지도는 주로 지적(知的) 활동을 도와주고 생활지도는 인격의 완성에 역점을 두므로, 이 둘이 합쳐져야 비로소 진정한 교육으로 이어진다.

생활지도란 인간 개개인의 인지적 · 정의적 · 신체적 특성과 잠재가능성을 바르게 이해하고 발달시켜서 개인이 교육적 · 직업적 · 사회적 · 심리적 발달의 가능성을 최고수준까지 도달할 수 있도록 자아실현을 지원하는 봉사활동을 가리키고, 이 봉사활동의 과정과 절차를 모두 포함하게 된다고 보았으며, 그러한 목적을 달성하기 위해서 제공하는 모든 교육적 경험을 아우르게 된다고 하였다. 또한 개인이 스스로 자신이 처해 있는 세계를 이해하고 더 나아가 직면한 문제를 해결하는 능력을 함양하도록 조력하는 과정으로 보기도 했다(박완성, 2012).

최근 청소년들의 규범에서 벗어난 행동들이 일반화되고, 학교폭력 행동이 사회문제로 대두되고 있다. 이에 따라 학생들의 일탈과 비행에 대한 예방 차원, 올바른 가치관 형성, 민주시민으로서의 태도 형성 등이 중요한 과제로 다루어지면서 학교에서의 생활지도 강화가 더욱 요구되는 실정이다.

생활지도는 학생이 학교생활과 그들이 속해 있는 사회 속에서 올바르게 적응하기 위해서 필요하다. 점차 다원화되고 복잡해지는 현대사회의 여러 상황에서 접하게 되는 문제를 스스로 해결해 나갈 수 있도록 도와주어야 한다. 아울러 오늘날 우리 사회의 인권의식이 높아지고 사회 전반에 걸쳐 민주화가 이루어짐에 따라 학교에서의 생활지도방식에도 변화가 요구되고 있다. 그러므로 학교공동체 구성원들은 모두 민주적인 절차와 방법에 따라 생활지도규정을 만들어 대처해 나가야 할 것이다.

(2) 생활지도의 원리

일반적으로 훈육은 일방적인 규칙이나 체벌을 강요하고 중시하나, 생활지도는 학생들의 문제를 이해하고 이를 예방하는 것을 목적으로 하고 있다. 생활지도에서 교사가 고려해야 할 일반적인 원리는 다음과 같다(김진한, 2016).

첫째, 생활지도는 문제의 예방을 목적으로 한다. 교사는 생활지도를 통해 학생이 일상생활에서 당면하는 여러 문제를 사전에 합리적으로 해결하도록 도와준다. 심리적인 문제를 제거하거나 교정하는 것도 생활지도의 중요한 부분이지만, 자라나는 세대의 바람직한 성장을 조성하기 위해 올바른 방향으로 유도하는 것도 중요한 일이다.

둘째, 생활지도는 모든 학생을 대상으로 한다. 학습능력이 떨어지고 문제행동을 일으키는 학생이나 정신적 혹은 신체적 결함 때문에 고립된 학생만이 생활지도의 대상이 아니라, 일반적인 학생 전체가 대상이 되어야 한다.

셋째, 생활지도는 학생의 자율적 · 자발적 판단과 행동을 돕는 데 목적이 있다. 조언과 조력을 통해 학생 스스로 당면한 문제를 해결할 수 있도록 기회를 마련해 주어야 한다. 그러므로 생활지도는 바람직한 행동의 주도권을 항상 학생에게 부여하고, 교사는 다만 그들의 자발성을 유도하면서 조력해 나간다.

넷째, 생활지도는 연속적이고 장기적으로 운영되어야 한다. 자기 스스로 문제를 해결할 수 있는 능력을 기른다는 것은 삶을 영위하는 데 매우 중요한 덕목이다. 이런 덕목을 갖추기 위해 생활지도는 일시적인 문제해결에 치중할 것이 아니라 보다 장기적 관점에서 지속적인 지도의 과정으로 이루어져야 한다.

다섯째, 생활지도는 임상적인 판단에만 의존하지 않고, 과학적인 정보를 근거로 편견이 없는 정확하고 객관적인 절차에 따라서 실시되어야 한다. 학생을 이해하기 위하여 다양한 검사를 실시하기도 하고 심층적인 자료를 수집하기도 한다. 하지만 이를 토대로 한 올바른 해석을 위해서는 보다 객관적이고 과학적인 정보의 해석과 적용이 필요하다.

이러한 생활지도의 일반적인 원리를 바탕으로 지속적인 관심을 가지고 지도해 가야 하는 실제적인 운영에 몇 가지 고려해야 할 점이 있다.

첫째, 생활지도는 근본적으로 개인 발달에 관심을 두어야 한다.

둘째, 생활지도는 지원 지향적이어야 한다.

셋째, 생활지도는 지속적이어야 한다.

(3) 생활지도에 필요한 교사의 자질

학생생활지도를 담당하는 교사에게는 무엇보다도 인성적 자질과 전문적 자질이 요구된다. 예를 들면, 교사의 인성, 학생에 대한 태도, 교사의 정신건강 등은 인성적 자질이고, 학생지도에 필요한 지식이나 기술 등은 전문적 자질이다. 이 두 자질에 대해 구체적으로 살펴보면 다음과 같다(박재황 외, 1993).

첫째, 교사의 정신건강이다. 학생의 행동에 도움을 주고, 올바르게 지도하기 위해서는 교사 자신이 무엇보다도 정신적 · 심리적 · 도덕적으로 건강해야 한다. 이러한 측면들이 건강하지 못한 교사는 학생의 좋은 조력자가 되지 못하기 때문에 생활지도를 효과적으로 수행할 수 없다.

둘째, 학생에 대한 자세이다. 교사는 학생 개개인의 인간적인 가치존중, 학생에 대한 인내심, 학생에 대한 내적 신뢰 등의 태도를 지녀야 한다. 교사가 학생에 대해 이러한 태도를 지니지 않으면 학생을 가치 있는 존재로 인정하는 것이 어렵기 때문에 다양한 학생을 지도하기 어렵다.

셋째, 생활지도에 대한 자세이다. 생활지도를 담당하는 교사는 기본적으로 교직 자체를 사랑하고 교직에 대한 자긍심을 가지고 학생을 지도해야 한다. 학생에 대한 생활지도가 단순히 교사가 맡은 한 부서의 일이라고만 생각한다면 학생을 올바르게 지도할 수 없다. 학생생활지도는 교사의 헌신과 인내 없이는 효과적으로 이루어질 수 없다.

넷째, 전문적 자질이다. 다양한 학생을 지도하려면 이에 필요한 제반 지식과 기술을 갖추어야 한다. 예를 들면, 학생 개인, 사회문화, 생활지도이론 및 기법, 심리검사, 진단 및 평가, 상담에 필요한 다양한 대화 및 기술 등이다.

2) 생활지도 관련 법령과 규정

학생을 대상으로 하는 생활지도는 학교마다 제정된 학교규칙(이하 학칙)과 학교
생활규정 등을 통해 이루어지는데, 이러한 규정들은 다음과 같은 법적 근거하에 제
정·운용되어야 한다. 생활지도의 근거를 법령에서는 다음과 같이 명시하고 있다.

「초·중등교육법 시행령」

제9조(학교규칙의 기재사항 등) ⑦ 학생 포상, 징계, 교육목적상 필요한 지도방
법, 학업중단 예방 및 학교 내 교육·연구활동 보호에 관한 사항 등 학생의 학교생
활에 관한 사항을 기재하여야 한다.

제31조(학생의 징계 등) ① 법 제18조 제1항 본문의 규정에 의하여 학교의 장은
교육상 필요하다고 인정할 때에는 학생에 대하여 다음 각 호—1. 학교 내의 봉사,
2. 사회봉사, 3. 특별교육이수, 4. 1회 10일 이내, 연간 30일 이내의 출석정지, 5. 퇴
학처분—의 어느 하나에 해당하는 징계를 할 수 있다. [개정 2011. 3. 18.]

② 학교의 장은 제1항의 규정에 의한 징계를 할 때에는 학생의 인격이 존중되는
교육적인 방법으로 하여야 하며, 그 사유의 경중에 따라 징계의 종류를 단계별로
적용하여 학생에게 개전의 기회를 주어야 한다.

---

3) 생활지도의 목적과 영역

(1) 생활지도의 목적

학교현장에서는 학생의 인권존중과 관련하여 체벌이 없어지고 난 후 교사들의
의식도 변화하고 있다. 적극적이었던 교사의 생활지도활동이 문제해결 회피로 이
어지기도 하고, 학생이 교사에게 폭력을 행사하는 현상까지 나타나고 있다. 물론 여
기에는 교사들의 교직관 변화도 상당한 영향을 끼치고 있다. 한때는 존경과 선망의
대상이었던 사회적 인식이 평가와 비판의 대상으로 전환되면서 이제 더 이상 교직
이 성직관과 전문직관만을 강조할 수 없게 되면서 교사들의 소명의식까지 저하시

켜 학생들의 생활지도에 소극적인 자세를 가지게 하는 결과를 가져온 것이다. 이러한 교사들의 소극적인 자세는 헌신적이었던 생활지도에서 합법적인 범위 내에서의 극히 기본적인 생활지도의 형태로 변화하게 하였다고 볼 수 있다.

이러한 여건과 더불어 학력 위주의 경쟁체제와 비인간적인 인식의 결과로 생기는 학교폭력문제로 이제 더 이상 학교는 친근한 교우관계를 만들어 가는 장이 될 수 없고, 학생들의 삶에 대한 문제까지 어렵게 만들어 사회문제로까지 확산되는 어려움에 처했다. 이러한 의미로 교육활동으로서의 교과교육과 함께 생활지도는 적극적인 교육의 한 과정으로 받아들여야 할 것이다.

생활지도는 학생들의 지적 발달, 신체적 성장과 정서적 안정, 이를 바탕으로 한 사회적 성숙이 균형 있게 이루어지도록 도와주는 과정으로, 학교생활에 적극적으로 적응하여 행복한 생활 속에서 자신의 잠재력을 키워 나갈 수 있어야 하고, 이는 곧 학교교육의 목표로 이어져야 할 것이다. 이처럼 학생의 직접적인 삶과 관련된 학교에서의 생활지도는 매우 현실적이어야 하며 아울러 교육적이어야 한다.

그러나 교사와 학생 간의 관계에서 교사가 학생을 통제대상으로 인식하고, 학생은 교사를 자신을 억압하고 통제하는 사람으로 인식하면서 이들 간의 관계에서 신뢰와 관심, 존경심 등이 점점 사라지고 있다. 교사들 간의 관계는 평가결과에 따라 서열화되는 경쟁관계, 사무적이고 공식적인 관계, 학년·부서·교과를 중심으로 한 소그룹 기반의 관계 등이 자리 잡으면서 학교 전체적으로 온정적이고 상호 협력적 관계로 이어지지 않고 있다.

생활지도의 목적은 학생이 스스로의 능력과 적성을 바르게 이해하여 자신의 미래를 개척하는 것이다. 사회구성원의 한 사람으로서 만족스럽고 행복한 삶을 누리고, 나아가서 민주시민으로서의 원만하고 가치 있는 삶을 살아갈 수 있게 돕는 것이야말로 학교에서 해야 하는 생활지도의 궁극적인 목표가 될 것이다.

이를 위해 생활지도의 목적을 살펴보면 다음과 같다.

첫째, 학생들이 자신의 문제를 정확히 이해하여 스스로 문제를 해결해 나갈 수 있도록 도와야 한다.

둘째, 사회의 구성원으로 더불어 살아가기 위한 자율적이고 자주적인 생활습관을 가지도록 도와야 한다.

셋째, 지적·정서적·신체적·사회적 면에서 모두 조화로운 생활을 할 수 있게 도와야 한다.

넷째, 교사는 학생에 대해 정확히 이해하기 위해 학생들의 행동을 분석·파악할 수 있는 정보를 수집·적용하여야 한다.

(2) 생활지도의 영역
생활지도는 학생들의 집단행동을 통제하고 관리하기 위해 행해지기 시작하였으나, 그 후 지도영역이 점차 확대되어 요즘은 교육활동의 전반적인 영역을 차지하고 있으며 지도방법도 다양화되고 있다. 학교현장에서 이루어지고 있는 생활지도의 영역을 내용과 형태에 따라 나누어 보면, ① 인성교육, ② 사회성교육, ③ 건강교육, ④ 여가교육, ⑤ 자살·자해 예방 및 생명존중 교육, ⑥ 가정폭력·아동학대 예방교육으로 되어 있다.

4) 생활지도 활동

(1) 생활지도의 단계와 내용
생활지도의 활동은 일반적으로 다섯 단계로 나누어 실행하고 있으나, 지도대상과 상황·환경에 따라 단계가 다양할 수 있다.

① 학생이해활동
생활지도의 장(場)에서 무엇보다도 기본이 되는 것은 학생을 정확하게 이해하는 것이다. 그 내용에는 가정환경, 학업성취도, 적성, 성격, 지적 능력, 신체 및 정신건강, 흥미와 취미, 특기, 꿈 그리고 교우관계 등이 포함될 수 있다.

이러한 정보를 얻기 위해서는 객관적이며 과학적인 내용이 필요하기 때문에 다양한 자료조사를 실시하는데, 각종 표준화심리검사, 학업성취도검사, 가정환경조사서, 건강검진, 행동발달상황기록부, 교우관계조사 등에서 자료수집이 가능하며, 여러 자료와 방법이 동시에 필요할 때도 있다.

생활지도에 필요한 내용을 수집한 후 이를 활용할 때에는 다음과 같은 점에 유의하여야 한다.

- 신뢰도 높은 자료를 사용한다.
- 생활지도의 목적에 맞아야 한다.
- 다양한 방법이나 기법을 활용해야 한다.
- 결과의 기록, 정리, 보관으로 다음 지도에 활용할 수 있도록 한다.

② 정보제공활동

학생들이 당면한 문제해결과 관련된 정보를 제공한다는 것은 스스로의 성장을 돕는 무엇보다도 소중한 요소가 될 것이므로, 학생들에게 필요하다고 생각되는 자료를 가능한 한 모아서 제공, 활용할 수 있도록 도와주어야 한다. 생활지도를 계획하는 단계에서 필요한 정보를 대략 다음과 같이 세 가지로 나누어 볼 수 있다.

- **교육에 관한 정보**: 학교생활 적응, 진학, 학습방법, 혜택지원 여부 및 장학금 지급
- **직업에 관한 정보**: 직업의 종류 및 적성, 직업전망과 그에 대한 준비
- **개인 및 사회적응에 관한 정보**: 자신에 대한 이해, 가족관계, 교우관계 및 타인과의 관계, 가치관, 윤리 및 도덕, 종교관 등에 관한 정보

③ 상담활동

상담활동(consulting)은 상담자가 조언을 필요로 하는 피상담자와의 만남을 통하여 피상담자의 문제해결을 도와주는 활동을 말하는데, 이 활동의 목표는 학생들 스스로 자신을 이해하여 홀로서기를 할 수 있도록 도와주는 데 있다. 보다 효과적인 상담이 이루어지게 하려면 상담자는 피상담자의 의사를 존중하여 자유롭게 자신의 생각을 표현할 수 있는 허용적인 분위기 속에서 상담이 이루어져야 하며, 상담자와의 신뢰관계는 지속되어야 한다.

④ 자리매김활동

자리매김활동(placement)은 학생이 어떤 단계에서 다음 단계로 옮겨 갈 때 능력과 적성에 따라서 알맞은 위치를 정해 주는 활동이다. 자신의 능력과 적성을 파악하게 하여 자신을 정확하게 이해할 수 있도록 도와주는 활동이기도 하다. 교육에 관한 내용으로는 학습방법이나 동아리활동 및 체험활동의 내용 등에 관한 것을 들 수

있고, 진로에 관한 내용으로는 직업의 종류에 관한 안내와 직업 알선에 관한 내용을 포함한다. 여기에는 반드시 학생에 관한 이해와 객관적으로 얻은 정보를 활용해야 한다.

⑤ 추수활동

추수활동(follow-up service)은 생활지도를 받았던 학생들의 진학이나 졸업 후에 사회적응을 잘하고 있는지 확인해 보고 지원해 주는 활동이다. 학생들이 진학이나 졸업 후에도 지원받고 있다는 확신이 들면 바람직한 사회구성원이 되기 위한 노력을 꾸준히 할 것이며, 성인이 되어서도 자기긍정적인 사회의 일원이 될 수 있을 것이다. 이 활동을 통하여 생활지도의 계획과 방법의 효과성을 확인해 볼 수 있고, 이는 생활지도 방법의 개선을 위한 피드백 자료로도 활용할 수 있어야 한다.

(2) 일상생활지도

① 조회 · 종례

조회와 종례는 대부분 짧은 시간 동안 이루어지는 경우가 많지만 담임교사가 그 시간을 어떻게 운영하는가에 따라 학생들의 일과는 상당히 달라진다. 단지 지시사항 전달이나 학생들의 행동을 통제하는 데 시간을 모두 쓰면 조회 · 종례시간은 지겹고 따분한 시간이 될 수밖에 없다. 학생들에게 꼭 필요한 전달사항이 있을 경우는 게시판 등을 만들어서 활용하게 하거나 간단히 전달하는 시간을 할애하고, 조회 · 종례시간은 좀 더 교육적으로 활용할 방법을 모색해 나가야 할 것이다. 일반적으로 조회 · 종례시간은 다음과 같이 활용해 볼 수 있다.

- **학생자치 조회 · 종례**: 학생들이 스스로 조회 · 종례의 내용을 준비하고 운영해 나가는 방식으로, 교사는 간단히 전달할 사항만 제시하는 방식
- **토의 · 토론, 대화 조회 · 종례**: 일상생활의 소재를 가져와서 교육적인 내용으로 이끌어 가며 토의 · 토론 또는 대화로 풀어 가는 방식
- **역사 조회 · 종례**: 특별한 역사적 사건이 있었던 날의 경우, 이를 주제로 하여 교육적 관점으로 다시 보게 하는 방식

- **예화 조회 · 종례**: 감동적인 예화를 제시하고 교훈적인 내용을 이끌어 내어 학생들의 생활과 이어지게 하는 방식

② 아침자습시간 운영

아침자습시간은 학교에 따라 조금씩 차이가 있지만 다른 일과운영시간에 비해 담임교사가 비교적 자율적으로 운영할 수 있는 시간이다. 학생들에게는 등교하는 시간에 따라 활용할 수 있는 시간에 차이가 있으나 수업을 준비하는 시간이기도 하다. 오후에는 방과후학교나 학원 등에 가는 학생들이 대부분이기 때문에 따로 시간을 확보하기 어려운 담임으로서는 아침자습시간을 적절히 활용하는 방법을 생각해 두어야 한다. 다음은 교사들이 구상하여 활용하는 아침자습시간의 다양한 방법의 예시이다.

- **매체활용**: 신문을 준비하여 사회의 다양한 문제나 뉴스 같이 읽기
- **책 읽기**: 독서의 목록을 준비하여 계획대로 읽어 가며 독서교육과 연관시키기
- **자율학습**: 학생 각자가 자기주도적으로 학습의 시간으로 활용하기
- **개별 또는 집단상담**: 평소 상담이 필요하다고 인식되는 내용을 중심으로 개별 또는 집단상담하기

③ 청소하기

학생들이 생활하는 공간을 학생 자신들의 힘으로 정리 · 정돈하는 과정을 말하며, 이러한 활동은 정리 · 정돈의 차원을 넘어 다른 활동을 준비하는 과정이 되기도 하여 신체를 움직여 일하는 과정 자체가 교육적 활동이 된다. 청소를 통하여 자신의 생활을 되돌아볼 수 있고, 일하는 과정의 어려움과 협동심을 배울 수 있으며 역할분담의 책임감에 대해서도 배우게 된다. 담임교사의 적절한 지도로써 청소가 학교생활의 교육적 활동으로 학생들에게 인식될 수 있도록 이끌어 줌이 필요하다.

2. 인성교육으로의 접근

1) 인성교육의 개념

현대사회의 많은 문제 가운데 하나로 물질문명의 발달에 따른 '비인간화'를 들 수 있는데, 이 현상은 학교교육현장에서도 쉽게 찾을 수 있다. 청소년의 비행과 일탈의 문제가 그중 하나이다. 인성교육은 다양하게 정의되고 있지만 "개인의 내면을 바르고 건전하게 가꾸고 타인 · 공동체 · 자연과 더불어 살아가는 데 필요한 인간다운 성품과 역량을 길러 주는 일"(천세영 외, 2012)로 정의할 수 있으며, 정직 · 책임 · 존중 · 배려 · 공감 · 소통 · 협동과 같은 덕목을 강조하며 포함하고 있다.

비인간화로 병든 시대에서 인간의 본래 모습으로 회복하는 길은 인간과 인간과의 올바른 관계 형성, 즉 만남을 통하여 회복할 수 있다(Buber, 1958). 인간성 회복을 위한 인간과 인간의 올바른 만남이라는 전제야말로 현대사회가 안고 있는 문제를 근원적으로 해결할 수 있는 선행조건이라 할 수 있으며, 학교현장에서의 교육을 통한 학생과 교사의 인격적 만남은 본질적인 교육목적으로 이어 주는 디딤돌이 되어 줄 것이다.

2) 인성교육의 필요성

예의와 질서를 존중하고 남을 배려하는 전통을 무엇보다도 소중하게 여겨 오던 우리나라의 문화가 언제부터인가 물질만능주의라는 사회문화에 밀려 학교의 인성교육도 많은 어려움을 겪고 있다. 학교폭력, 게임 및 인터넷중독, 욕설의 난무 등 많은 사회문제로까지 발전하면서 학교현장은 인성교육이 절실히 요구되는 상황에 놓여 있다. 학교교육을 통한 인성교육의 요구로는 자기주도성, 관용과 배려, 타인에 대한 이해를 바탕으로 하는 협동심, 정직 등으로, 이는 앞으로 21세기를 살아갈 학생들의 역량을 키워 나가기 위한 덕목이라 할 수 있겠다.

3) 인성교육의 기본원칙

인성교육의 계획을 설계하거나 실천하는 데 안내 역할을 할 수 있는 몇 가지 중요한 기본원칙을 살펴보면 다음과 같다(신현석 외, 2014).

- 인성교육을 통해 길러야 할 핵심덕목 및 인성역량을 선정해야 한다.
- '잘 조직된 학교교육과정'을 통해 인성교육을 실천해야 한다.
- 인성교육은 단지 하나 혹은 몇 개 프로그램의 단순조합으로 이루어지는 것이 아니라, 모든 교과 및 비교과(창의적 체험활동, 학교행사, 방과후활동 등 포함) 영역을 중심으로 잠재적 또는 비공식적 교육과정을 포함한 전체 교육과정을 통해 실천되어야 하며, 학교의 풍토를 개선시키는 포괄적인 학교개혁으로 인식되어야 한다.
- 교과교육활동 속에서도 인성교육이 이루어져야 한다.
- 인성교육과 교과학습이 서로 분리된 영역으로 여겨져서는 안 된다.
- 학교와 교실을 정의롭고 배려하는 공동체로 만들어야 한다.
- 학교장의 인성교육 리더십이 발휘되어야 한다.
- 모든 교사가 인성교육에 대한 책임을 공유하고, 학생들의 인성 변화에 긍정적인 영향을 줄 수 있어야 한다.
- 가정과 공동체의 성원들을 인성교육의 충실한 협조자로 만들어야 한다.
- 학교는 학생들의 동기를 유발하는 데 힘써야 한다.
- 인성함양을 위하여 학생에게 도덕적 행동을 할 기회를 제공해야 한다.
- 인성교육의 적용효과를 과학적·객관적으로 분석하고, 그 결과를 환류하여 설계과정에 재투입해야 한다.

4) 인성교육의 내용

인성교육의 중요성이 사회문제로까지 대두되면서 계속해서 강조되고 있으나, 소홀하게 다루어지기 쉬운 원인을 살펴보면 다음과 같다.

- 성적 위주의 입시정책에 쫓기고 있는 교육풍토의 문제가 있다.
- 인성교육을 위한 프로그램이 제대로 갖추어지지 않은 문제가 있다.
- 급변하는 사회와 학생들의 감각에 맞지 않는 인성교육 방법으로 학생들에게서 공감대를 얻지 못한 문제가 있다.

그러므로 이를 감안하여 학교현장에서는 서로 돕고 배려하는 분위기 조성과 함께 교사와 학생들이 함께 만들고 참여하는 인성교육 프로그램이 필요하게 되었다.

교육부에서는 이러한 내용을 바탕으로 「인성교육진흥법」 제6조에 의거 「제2차 인성교육 5개년 종합계획(2021~2025)」을 마련하여 시행하고 있다(교육부, 2021a).

※ 「제2차 인성교육 5개년 종합계획」

1. 학교교육과정 내 인성교육의 안착
   - 국가수준 교육과정에 기초한 인성교육 추진
     - 일회성 행사가 아닌 정규 교육과정 내에서 인성교육이 이루어질 수 있도록 학교교육과정과 인성에 관한 교육계획의 연계성 강화
   - 학교 · 교원의 인성교육 역량 강화
     - 교원의 연수 부담은 완화하고 자발적인 역량 강화를 위한 지원 강화
   - 주제별 인성교육 활성화 · 체계화(체육 · 예술 · 인문소양교육 · 학교폭력예방교육 · 환경교육 등)
     - 교육과정 편성 시 반영할 수 있도록 매년 인성교육 시행계획을 통해 학교가 인성교육 지원사업의 내용, 신청 방법 등을 알기 쉽게 사전 안내
2. 인성교육 친화적 학교환경 조성
   - 민주적 학교문화 조성
     - 학생이 주도적으로 교육활동에 참여하는 기회를 통해 책임 · 소통을 경험하고 학부모의 학교 참여를 통해 가정과 함께하는 인성교육 실현
   - 소통 · 배려 · 존중하는 학교생활
     - 학생 상호 간, 학생-교원 간 존중하고 배려하는 학교문화를 조성하고, 다양성에 대한 인식 제고를 통해 공동체의식 함양

3. 가정·지역사회와 함께하는 인성교육
   - 가정에서의 인성교육 지원
     - 학교에서의 교육이 가정에서 이어질 수 있도록 자녀 지도방법 등 학부모 교육을 활성화하고 가족 친화적인 사회환경 조성
   - 지역사회의 참여 활성화
     - 교육—일반 지자체 협력을 통해 인성교육을 위한 지역 단위 네트워크를 강화하고, 민간기관·기업의 교육 참여를 통한 인성교육 지원체계 조성
4. 제도 및 평가·환류 절차 개선
   - 인성교육 관련 법령 정비
   - 인성교육정책 평가·환류 절차 정비

* 출처: 교육부 홈페이지(2021). 2021년 인성교육 시행계획.

이를 기반으로 '지식전달 중심' 인성교육에서 '체험·실천 중심'으로의 가정—학교—사회 연계의 인성교육을 실현하고자 하면서, 단위학교에서의 인성교육과정 운영은 학교교육활동 전반을 통한 인성교육, 교과교육을 통한 인성교육, 창의적 체험활동을 통한 인성교육, 예술, 체육 등 인성테마교육, 학교자율의 인성교육 운영을 당부하였다.

5) 인성교육의 방법

(1) 교과교육 내에서의 인성교육

인성교육과 교과학습이 서로 분리된 영역으로 여겨져서는 안 된다. 감동적인 이야기를 통해 교훈적 메시지가 전해지는 교실, 참여적인 교수·학습방법(협동학습, 문제해결학습, 경험에 기반을 둔 프로젝트학습 등)이 적용되어 공감과 소통이 원활하게 이루어지는 교실, 그리고 교과지식과 자신의 삶이 상호 연결되면서 깊은 성찰로 안내되는 교실이 필요하다(정창우 외, 2013).

또한 교수·학습방법을 통해서 인성이 함양되어야 한다. 최근 협동학습, 토의·토론학습, 문제·갈등해결학습, 역할놀이 등의 교수방법이 교과학습시간에 적용되면서 의사소통능력, 타인존중 및 배려, 사회성, 자아정체감 형성 등에 기여하고 있다.

- 교수·학습방법의 인성교육적 활용: 스토리텔링, 협력학습, 프로젝트형 학습, 토의·토론학습, 문제·갈등해결학습, 역할놀이 등을 활용하여 윤리적인 학습공동체 조성(교사-학생, 학생 상호 간 긍정적인 상호작용 기회 제공, 타인존중 및 배려 실천의 기회 제공 등)
- 평가의 인성교육적 활용: 관찰법, 행동평가, 포트폴리오, 연구보고서법, 토론법 등을 통해 확보된 평가결과를 학생들의 인성발달을 위해 활용
- 윤리적인 이슈에 대한 토의·토론 중시
- 고무적인 스토리텔링, 독서활동 중시
- 학업윤리(academic ethics) 중시
- 교과지식 내용과 자신의 삶을 연결, 성찰 추구-인간과 사회, 자연을 올바로 볼 수 있는 안목 형성기회 제공

* 출처: 정창우 외(2013). 학교급별 인성교육 실태 및 활성화 방안, p. 305.

(2) 교과 외 활동을 통한 인성교육

교과 외 활동에는 창의적 체험활동, 학교행사, 방과후 활동 등이 포함된다. 이러한 활동은 주로 체험이나 활동, 실천 위주의 인성교육을 수행할 수 있다는 점에서 효과적이다(신현석 외, 2014).

- 창의적 체험활동: 기존의 특별활동과 재량활동을 통합한 것으로, 자율활동, 동아리활동, 봉사활동, 진로활동 등이 있다.
- 학교축제
- 체육대회
- 방과후활동

〈창의적 체험활동〉

2022 개정교육과정에서는 자율·자치활동, 동아리활동, 진로활동의 세 영역으로 구성되고, 자율·자치 활동은 '자율활동'과 '자치활동', 동아리 활동은 '학술·문화 및 여가활동'과 '봉사활동', 진로활동은 '진로탐색 활동'과 '진로설계 및 실천활동'으로 시행된다(교육부, 2022a).

(3) 잠재적 또는 비공식적 교육과정을 통한 인성교육

공식적 교육과정 외에 비공식적인 잠재적 교육과정 또한 인성 함양에 중요한 영향을 미친다(신현석 외, 2014). 학생의 경우 대부분 교사가 롤 모델로 작용하는 경우가 많아서 인성을 형성해 가는 데 큰 영향을 미칠 수 있다. 선생님과 또래들에 의해 사랑과 지지를 받고 있음을 느낄 수 있는 행복한 교실, 학생들의 자율에 의하여 움직이는 학교, 그리고 정직과 약속·원칙이 공존하는 공정한 사회의 모습이야말로 학생의 인성교육에 가장 든든한 버팀목으로 작용할 것이다.

3. 학교안전생활

1) 학교안전사고의 개념

학교안전사고는 학생의 생명이나 신체 또는 정신상에 손상을 끼치는 현상을 말하며, 일상적으로 '학교사고' '학생사고' '학교재해' 등과 혼용되어 사용되고 있다. '학교안전사고'라 함은 교육활동[1] 중에 발생한 사고로, 학생·교직원 또는 교육활동 참여자의 생명 또는 신체에 피해를 주는 모든 사고 및 학교급식 등의 학교장의 관리·감독에 속하는 업무가 직접 원인이 되어 학생·교직원 또는 교육활동 참여자[2]에게 발생하는 질병[3]으로서 대통령령으로 정하는 것을 말한다.[4] 학교는 학생과 교사 그

---

1) 「학교안전사고 예방 및 보상에 관한 법률」 제2조의 정의에 의하면 다음 어느 하나에 해당하는 활동을 말한다. ① 학교의 교육과정 또는 학교의 장이 정하는 교육계획 및 교육방침에 따라 학교의 안팎에서 학교장의 관리·감독하에 행하여지는 수업·특별활동·재량활동·과외활동·수련활동·수학여행 등 현장체험활동 또는 체육대회 등의 활동, ② 등·하교 및 학교장이 인정하는 각종 행사 또는 대회 등에 참가하여 행하는 활동, ③ 그 밖에 대통령령으로 정하는 시간 중의 활동으로서 ①, ②와 관련된 활동

2) 「학교안전사고 예방 및 보상에 관한 법률」 제2조 제5항에 의하면, "교육활동 참여자"란 학생 또는 교직원이 아닌 사람으로서 다음 어느 하나에 해당하는 사람을 말한다. ① 학교장의 승인 또는 학교장의 요청에 따라 교직원의 교육활동을 보조하거나, 학생 또는 교직원과 함께 교육활동을 하는 사람, ② 「비영리민간단체 지원법」 제4조 제1항에 따라 등록된 비영리민간단체에서 학생의 등·하교 시 교통지도활동 참여에 관하여 미리 서면으로 학교장에게 통지하여 학교장의 승인을 받거나 학교장의 요청에 따라 그 단체의 회원으로서 교통지도활동에 참여하는 사람.

3) 「학교안전사고 예방 및 보상에 관한 법률 시행령」 제3조에 의하면, ① 학교급식이나 가스 등에 의한 중독,

리고 그 구성원들이 학교라는 공간 내에서 안전하게 교육을 영위할 수 있게 보호받아야 하며, 이를 위해 국가와 지방자치단체는 최선의 노력을 하여야 한다(김원중, 2011). 이러한 의미에서 보면 학교안전사고는 여러 형태의 사고를 포함하는 것으로, 학교의 천재지변, 물품관리상의 사고, 학교관리상의 사고와 교육시설의 설치·보전상의 하자 또는 학생이나 교원의 과실로 인한 학교교육과정에 의한 수업과 특별활동, 기타 교육계획에 의한 교내·외 활동 중에 발생한 학생 및 교원의 신체상 상해 또는 재산상 피해와 정신적 손해를 입힌 사고를 포함하는 것으로 정의된다(김충묵, 서우석, 2013).

학교안전사고는 크게 대인적 사고와 대물적 사고로 나누어 볼 수 있다. 대인적 사고는 사람과 사람 사이의 활동영역에서 발생하는 사고로, 학생과 학생 사이에 발생하는 경우인 학생부주의, 학생 간 다툼 등과 교원의 수업과정 체벌을 포함한 교사 과실에서 발생하는 사고로 나눌 수 있다. 대물적 사고는 학생이 학교 시설물을 사용하다 발생하는 사고를 말한다. 이와 같은 학교안전사고의 특징은 대체로 다음과 같다(박세철, 2016).

첫째, 대인적 사고 발생 시 사후 수습체계가 미흡하다. 학교안전사고가 발생한 경우 학부모는 학교안전공제회의 보상기능을 모르는 경우가 대부분이며, 학교는 다양한 경로를 통하여 학생과 그 보호자에게 그에 대한 정보를 제공해야 함에도 학교안전공제회에 관한 홍보나 교육이 미흡한 것이 현실이다. 이러한 현상은 학교안전사고 발생 시 학교장을 비롯한 관련 공무원들의 경우 사고에 따른 책임문제로 민사상 불이익을 받을 것을 우려하기 때문인 것으로 분석된다. 이러한 학교 측의 소극적 대응을 개선하기 위해서는 학교안전사고의 책임을 관련 당사자들의 개인 책임으로 한정하는 경향을 개선하여 국가 차원의 접근이 이루어지도록 하여야 한다.

둘째, 대물사고에 대한 예방책이 미흡하다. 대물사고는 사고 당사자들이 판단력이나 분별력이 미약한 어린이, 혈기왕성하고 충동적인 청소년기의 미성년자이기 때문에 안전교육을 충분히 실시한다 하여도 안전사고 예방에 한계가 있다. 따라서

---

② 일사병, ③ 이물질의 섭취 등에 의한 질병, ④ 이물질과의 접촉에 의한 피부염, ⑤ 외부 충격 및 부상이 직접적인 원인이 되어 발생한 질병 등을 일컫는다.
4) 「학교안전사고 예방 및 보상에 관한 법률」 제2조 6항.

안전교육도 중요하지만 학교 시설물의 안전점검과 유지 · 관리가 매우 중요하다. 그러나 시설과 관련된, 특히 시설하자로 인한 안전사고는 국가 및 학교 차원에서 예방대책을 충분히 마련하면 획기적으로 줄일 수 있음에도 이에 대한 체계적 관리가 미흡하다.

셋째, 피해학생에 대한 정신적 및 교육적 상담체계가 미흡하다. 즉, 사고를 당한 학생이 육체적으로 완쾌되었다고 하더라도 정신적 후유증이 심각한 경우가 많음에도 사고학생이 정상적인 수업을 받을 수 있는지, 치료기간 동안의 수업결손을 어떻게 보충할 것인지에 대하여 관련 전문가 및 교사에 의한 상담기능이 거의 없다.

넷째, 학교안전사고는 학생들이 당사자인 경우가 대부분이며, 단위학교당 학생 수 과다로 인한 사고 발생의 개연성이 높고, 책임소재가 불분명하다. 과대과밀 학교는 항상 안전사고의 개연성이 있을 수밖에 없다. 학교안전사고의 발생원인을 분석해 보면, 학생 상호 간 부주의한 놀이, 예기치 못한 우발적인 충돌, 정상적인 체육수업 중에 발생한 사고 등 가해자와 피해자를 명확히 구분하기 어려워 책임소재가 불분명한 경우가 많다는 특징이 있다.

다섯째, 학교안전사고의 당사자인 학생이 미성년자로, 「민법」상 19세 미만인 불법행위 책임의 무능력자이기 때문에, 실제 민사책임에 있어서나 학교안전사고의 책임에서도 지도책임이 교원에게 전이되는 문제점이 있다. 즉, 교원이 교육업무에 있어 고의나 주의의무위반이라고 판단되면 책임을 지는 것이 당연하나, 실제 발생하는 학교안전사고의 경우 업무 관련성 측면에서 보면 주의의무와 직접 연관되어 있다고 판단하기에는 다소 무리한 경우가 대부분이며, 피해학생 또한 소송의 장기화, 피해에 대한 불충분한 원상회복 등 학교안전사고의 피해 충격에서 벗어나는 데 상당한 시간이 소요되는 등 여러 문제점을 만들고 있다.

2) 학교안전사고의 분류

학교의 교육활동과 관련하여 발생되는 학교안전사고는 다음과 같이 크게 다섯 가지로 구분할 수 있다(박세철, 2016).

활동 구분	내용
표 11-1 학교생활 안전사고 구분과 내용	
학교 안 활동	• 체육활동/실험·실습활동 중 사고, 외부인 침입 및 정전(저녁돌봄교실), 승강기 사고
학교 밖 활동	• 실내/산·숲/농촌 및 갯벌 체험활동 중 사고 • 물놀이·수상/놀이공원·야영장/겨울철 스포츠활동 중 사고
폭력	• 학교폭력/성폭력/집단 따돌림(일명 왕따) • 아동학대/유괴, 자살징후/흉기 위협, 학교 외부인 침입
교통사고	• 보행 중 교통사고, 버스/전철·기차/자전거 사고, 항공기/선박 사고
감염 및 중독	• 감염병/식중독, 유독물질 중독
응급처치	• 응급상황 대처 및 119 신고요령 • 더위로 쓰러졌을 때/코피가 날 때/화상을 입었을 때 • 상처에서 피가 날 때/벌에 쏘였을 때/뱀에 물렸을 때 • 뼈가 부러졌다고 의심될 때/이물질이 목에 걸렸을 때 • 심장이 멈췄을 때
자연재난	• 태풍, 집중호우/산사태/홍수 및 침수/강풍/풍랑 • 지진/지진해일(쓰나미) • 대설/폭염, 황사 및 미세먼지
비상사태	• 화재/옷에 불이 붙은 상황, 학교시설 붕괴/민방공 경보 발령 • 포탄, 미사일, 항공기 공격 • 화학무기 공격 및 유해화학물질 누출/생물학무기 공격, 핵무기 공격

* 출처: 교육부(2015a). 학교생활안전 매뉴얼(개정판).

첫째, 책임소재에 의한 분류를 들 수 있다. 책임소재에 의한 분류로서는 학교안전사고의 책임을 누가 부담할 것인가의 문제로, 학교(장)의 영조물(營造物)의 관리소홀에서 오는 사고와 교사의 지도책임하에서 오는 사고로 나눌 수 있다.

둘째, 시간에 따른 분류를 들 수 있다. 시간에 따른 분류로서는, ① 교육활동 중의 사고로, 이를테면 가장 보편적인 체육시간, 특별활동을 포함한 교과 수업 중의 사고와 수학여행, 운동회, 교외수업, 견학, 대회, 시합 등의 학교행사 중의 사고, 그리고 급식시간 중의 사고 등을 말하며, ② 휴식시간 중의 사고, ③ 방과 후의 사고, ④ 등·하교 도중의 사고, ⑤ 방학 중의 사고 등으로 나눌 수 있다.

셋째, 사고형태에 의한 분류를 들 수 있다. 사고형태에 의한 분류로는, ① 학생과 교직원 사이의 사고, ② 학생 상호 간의 사고, ③ 학생 자신의 과실에 의한 사고 등으로 나눌 수 있다.

넷째, 장소에 의한 분류를 들 수 있다. 장소에 의한 분류로는, ① 교실, 실험실 내의 사고, ② 교정 내의 옥상 · 풀장 등의 교실 외에서의 사고, ③ 교외에서의 사고 등으로 나눌 수 있다.

다섯째, 피해 내용에 의한 분류를 들 수 있다. 피해 내용에 의한 분류로는, ① 심신의 피해로 오는 손해, ② 교육권 손실에서 오는 손해, ③ 명예훼손으로 오는 손해, ④ 재산상의 피해에서 오는 손해 등으로 나눌 수 있다.

3) 학교안전사고의 예방과 관리

(1) 안전교육의 실시

학교안전사고는 무엇보다도 예방이 최선이다. 피해학생에게 신체적 혹은 정신적 고통을 줄 수 있을 뿐만 아니라 회복될 때까지나 사고처리가 마무리될 때까지 교육받을 기회를 제한할 수 있기 때문이다. 학교안전사고를 예방하기 위한 학교의 자체 활동은 안전한 교육환경을 마련하기 위함뿐만 아니라 그 활동 자체가 중요한 교육적인 활동이 된다. 여기에는 시설 · 설비 또는 장소에 대한 안전점검과 학생을 대상으로 하는 안전교육의 실시가 대표적인 활동이다.

아울러 학년초 학교교육계획 수립 시 학생안전교육을 위한 계획을 수립해야 하며, 학년별 연간 51차시(연간 26회) 이상의 안전교육이 이루어질 수 있도록 하여야 한다.

교육부는 '교육분야 안전종합대책'(2014. 11.)에 따른 후속조치로 학생의 발달단계를 고려한 체계적인 안전교육 7대 표준안을 마련하여 2015년 2월 26일부터 학교에 제공하고 있다.

표 11-2   학교안전교육 7개 영역

대분류	중분류	소분류
생활안전	시설 안전	실내, 다중이용 시설, 감전
	제품 안전	공산품, 식품 안전
	실험 · 실습 안전	실험 · 실습 안전
	신체활동 안전	체육 및 여가활동, 놀이활동, 계절놀이, 물놀이, 등산, 탈 것, 현장체험학습 안전
교통안전	보행자 안전	보행자
	자전거 안전	자전거
	오토바이 안전	오토바이
	자동차 안전	자동차
	대중교통 안전	대중교통
폭력예방 및 신변보호	학교폭력	학교폭력, 언어/사이버 폭력, 물리적 폭력, 집단 따돌림
	성폭력	성폭력 예방 및 대처 방법, 성매매 예방
	아동학대	아동학대
	자살	자살
	가정폭력	가정폭력
	유괴 · 미아 사고 예방	유괴 · 미아 사고 예방
약물 및 사이버 과의존 예방	약물 과의존	마약 등 약물류 · 흡연 · 음주 · 고카페인 식품의 폐해 및 예방
	사이버 과의존	인터넷 게임 · 스마트폰 과의존 예방
재난안전	화재	화재발생, 화재 발생 시 안전수칙, 소화기 사용 및 대처 방법
	사회 재난	폭발 및 붕괴의 원인과 대처방법, 각종 테러 사고 발생 시 대처 요령, 감염병
	자연 재난	홍수 및 태풍, 지진, 대설 · 한파 · 폭염 · 낙뢰, 황사 및 미세먼지 발생 시 대처요령
직업안전	직업안전 의식	직업안전 의식
	산업재해의 이해와 예방	산업재해의 이해와 예방
	직업병	직업병

	응급처치의 이해와 필요성	응급처치의 이해와 필요성
응급처치	심폐소생술	심폐소생술, 자동제세동기의 사용
	상황별 응급처치	기도 폐쇄, 지혈 및 상처, 염좌 및 골절, 화상, 갑작스러운 상황 등에서의 응급처치
7개 영역	26개 중분류	55개 소분류

출처: 교육부 외(2023). 학교안전교육 7대 표준안, pp. 5-14 내용을 표로 정리.

학교안전교육 그간 유·초·중·고등학교의 안전교육이 통일된 체계를 갖추지 못한 채 이루어져 안전사각지대가 발생할 수 있다는 지적을 받아 왔다. 「학교안전교육 실시 기준 등에 관한 고시」에 따르면, 학교의 장은 학교안전교육 7개 영역에 해당하는 안전교육을 학년별 학생 안전교육의 시간 및 횟수, 내용 및 방법에 따라 계획을 수립·시행하여야 하고, 이때 학교안전교육은 이론과 실습교육으로 병행하여 실시하여야 한다(제3조). 이 경우 학교의 장은 「아동복지법」「학교폭력예방 및 대책에 관한 법률」「성폭력방지 및 피해자보호 등에 관한 법률」「성매매방지 및 피해자보호 등에 관한 법률」 등 관련 법령에서 규정하는 안전 관련 교육 및 학교 교육과정과 연계·통합하여 실시할 수 있다. 이에 따라 교육부는 유치원부터 초등학교(1~2, 3~4, 5~6), 중학교, 고등학교의 교과와 창의적 체험활동에서 활용할 수 있도록 「학교안전교육 7대 표준안」을 개발하였다. 학교안전교육은 7개 영역(생활안전, 교통안전, 폭력예방 및 신변보호, 약물 및 사이버 과의존, 재난안전, 직업안전, 응급처치)과 26개의 중분류, 55개의 소분류로 구성되어 있으며, 각 영역별로 학기당 1~3회 이상, 연간 51시간의 교육이 이루어지고 있다. 학교안전교육 7개 영역의 내용은 〈표 11-7〉과 같다.

(2) 학생안전사고 예방수칙

① 체육수업
- 수업 시작 전후 적절한 교사의 현장지도 실시
- 자주 발생하는 안전사고의 사례 제시 후 필요한 예방교육 실시
- 신체에 무리가 될 수 있는 활동 전에는 학생의 건강상태 점검

- 자주 사용하지 않는 시설물인 경우, 사전 안전점검 실시
- 체육수업에 사용하는 기구의 이동 시 사제동행 및 안전관리

② 실험실습
- 실험실습을 유형별로 나누어 안전수칙을 정해 놓고 따르도록 약속
- 실험실습을 실시하기 전에 안전수칙 환기
- 실험용기나 시약은 사전에 철저히 내용을 파악
- 실험실습 시에는 사각지대가 없는 교사의 관리가 필요
- 실험에 사용하는 약품은 안전한 곳에 보관, 잠금장치 확인
- 소화기의 위치를 인지시키고, 사용법 지도

③ 청소 및 휴식시간
- 청소도구의 안전성 확인
- 안전한 청소방법의 지도
- 위험한 물건을 소지하지 않도록 평소 지도
- 급식시간의 배식활동에서 화상 주의
- 복도와 계단에서 통행방법의 일상적인 지도
- 겨울철 주머니에 손을 넣고 다니는 행동 자제 지도
- 학생에게 교사의 사적인 심부름 금지

④ 시설물 안전
- 누전 여부 점검
- 교내 · 외의 공사구역에 위험구역 표시, 통제선 설치 및 안전관리
- 방학이나 장마철 이후 운동기구 및 운동장의 안전도 확인

⑤ 현장체험활동이나 교외활동
- 수련활동 실시 전, 사전답사로 안전점검 실시
  - 위탁교육 시에도 인솔 · 지도교사가 반드시 임장 지도 필수
  - 비상시 대비 상비약품을 준비하여 소지

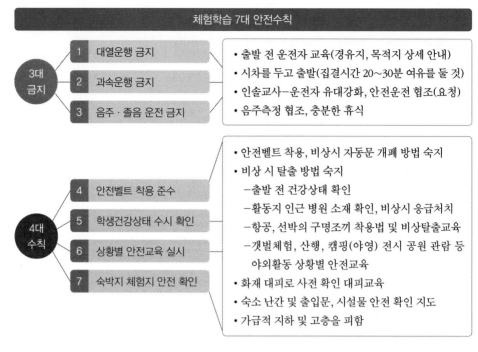

[그림 11-1] 현장체험학습 안전수칙 준수

* 출처: 부산광역시교육연구정보원(2020). 교육실무편람. 부산교육총서 제30집, p. 141.

　　－담당 학생의 동태를 수시로 파악

　　－교통수단별 안전교육 및 응급상황 시 행동요령 사전 지도

• 교외활동 시 학생들의 긴장감 해이에 따른 행동에 대해 사전 지도

• 차량 이용, 수련원, 야영장, 숙박시설 이용 시 보험 가입 여부 확인

⑥ 등하교 교통

• 등하교 보호구역을 설치, 등하교 시 교통 제한 조치 요구

• 통학버스를 이용할 경우, 반드시 지도교사가 동승하고 승하차 지도

• 우천 시 우산 관리 지도

⑦ 심폐소생술

• 대상자의 상태(호흡, 맥박, 의식 등)를 살핌

• 응급의료기관에 신고 등 대응체제 활성화

- 자동제세동기(AED)가 있을 경우 즉시 사용하고, 없을 때는 대상자의 고개를 뒤로 젖혀 기도 확보 후 흉부 압박 시작(제세동기를 가져올 때까지 계속)
- 제세동기 사용 후 즉시 흉부 압박을 재실시(제세동기는 2분마다 주기적으로 반복 작동, 제세동기가 없을 경우 흉부 압박 지속 시도)하고 구급대원 혹은 의료진이 도착할 때까지 반복 시행

시·도별 학교안전공제회에서는 소방방재청(https://www.safekorea.go.kr) 자료를 활용하여 안전사고 예방지도 자료 및 예방수칙 등을 제공하고 있는데, 그 종류로는 초등학교 저학년용, 초등학교 고학년용, 청소년용, 장애인용 등이 있다.

(3) 학교안전사고 발생 시 대처요령

- 환자 발생 시에는 119에 신속하게 신고하고, 보건교사로 하여금 수습하도록 조치를 취한 후, 담임(교과)교사는 병원까지 동행하여 적절한 검사나 진단을 받도록 도와주어야 한다. 이와 동시에 학교장 및 학부모에게 연락을 취해야 한다.
- 사고현장은 잘 보존한다.
- 사고처리 과정은 학교조직 내 한 곳에서 일괄 담당한다.
- 사고발생 과정의 증인 및 기록을 확보한다.
- 사고발생에서부터 진행과정을 자세히 기록(사고발생 일시, 사고 관련자, 사고 원인 및 목격자 진술, 사후조치 내용 등)해 간다.
- 학교안전공제회의 혜택을 받아야 할 경우에는 급여관리시스템(https://www.schoolsafe.or.kr)을 통해 사고통지 및 공제급여를 청구한다.

이 과정을 거치는 동안 가능하면 피해자의 입장에서 문제를 풀어 가고, 후유증이나 치료비 부담 등에 대하여 섣불리 짐작하여 말하지 않아야 하며, 사건의 본질 해결보다 논쟁으로 인한 감정싸움으로 문제해결이 어려워지지 않도록 조심한다.

(4) 학교안전공제회를 통한 보상

각 시·도 교육감은 「학교안전사고 예방 및 보상에 관한 법률」에 따라 학교안전공제회를 설립·운영하고 있다. 학교안전공제회는 학교안전사고를 예방하고, 학

생·교직원 및 교육활동참여자가 학교안전사고로 입은 피해를 신속·적정하게 보상하기 위해 보상공제사업을 담당한다.

학교안전공제회는「초·중등교육법」제2조의 규정에 따른 학교,「평생교육법」제20조의2에 따라 고등학교 졸업 이하의 학력이 인정되는 평생교육시설,「재외국민의 교육지원 등에 관한 법률」제2조 제3호에 따른 학교의 학교장이 학교안전공제회의 승인을 얻어 가입할 수 있다.

학교안전공제회로부터 보호를 받는 피공제자로는 학생, 교직원, 교육활동 참여자가 속한다. 학교안전공제회에 가입한 학교의 경우, 학생은 입학한 때, 교직원은 해당학교에 임용되거나 전보된 때, 교육활동 참여자는 해당학교의 교육활동에 참여하게 된 때에 자격을 가지게 된다.

학교안전사고로 발생한 피해에 대해 학교안전공제회에서 공제급여를 받을 경우에는 배상책임을 지게 될 학교 교직원, 가해학생 또는 지방자치단체는 그 범위 안에서 배상책임을 면할 수 있다. 다만, 피공제자의 고의, 중대한 과실로 발생한 경우와 피공제자 또는 공제가입자가 아닌 자의 고의나 과실로 발생한 경우는 이에 상당하는 금액의 지급을 사고를 일으킨 자 또는 그 보호자 등에게 청구할 수 있다. 학교안전공제회가 보상하는 공제급여의 종류는 요양급여, 장해급여, 간병급여, 유족급여, 장의비, 위로금으로 나눌 수 있다.

4. 학교폭력

1) 학교폭력의 정의

학교 안팎에서 학생을 대상으로 발생한 상해, 폭력, 감금, 협박, 약취·유인, 명예훼손·모욕, 공갈, 강요·강제적인 심부름 및 성폭력, 따돌림, 사이버 따돌림, 정보통신망을 이용한 음란·폭력 정보 등에 의하여 신체·정신 및 재산상의 피해를 수반하는 행위를 말한다(「학교폭력예방 및 대책에 관한 법률」제2조 제1항).

「학교폭력예방 및 대책에 관한 법률」은 학생의 인권보호와 건전한 사회구성원 육성(교육적 목적)을 목적으로 하여,「형법」등 사법(司法)적 절차와는 입법 목적과 조치의 내용이 다를 수 있으므로 사법적 조치를 참고할 수는 있으나 이와는 별도로 조치한다.

2) 학교폭력의 유형

학교현장에서 나타나고 있는 학교폭력의 유형에는 여러 가지가 있을 수 있으나, 교육부에서는 다음과 같은 일곱 가지 유형을 들어 설명하였다(교육부, 2014).

(1) 언어폭력
- **명예훼손**: 여러 사람 앞에서 상대방의 명예를 훼손하는 구체적인 말(성적, 능력, 배경 등)을 하거나, 그런 내용의 글을 인터넷, SNS 등으로 퍼뜨리는 행위
  - 내용이 진실이라도 하더라도 범죄이고, 허위인 경우에는 「형법」상 가중 처벌 대상이 됨
- **모욕**: 여러 사람 앞에서 모욕적인 용어(생김새에 대한 놀림, 상대방을 비하하는 내용)를 지속적으로 말하거나, 그런 내용의 글을 인터넷, SNS 등으로 퍼뜨리는 행위
- **협박**: 신체 등에 해를 끼칠 듯한 언행과 문자메시지 등으로 겁을 주는 행위

(2) 신체폭력
- **감금**: 일정한 장소에서 쉽게 나오지 못하도록 하는 행위
- **상해, 폭행**: 신체를 손, 발로 때리는 등 고통을 가하는 행위
- **약취**: 강제(폭행, 협박)로 자신의 지배하에 두는 행위
- **유인**: 상대방을 속이거나 유혹해서 일정한 장소로 데리고 가는 행위
- 장난을 빙자한 꼬집기, 때리기, 힘껏 밀치기 등 상대학생이 폭력으로 인식하는 행위

(3) 사이버폭력
인터넷, 휴대전화 등 정보통신기기를 이용하여 학생들이 특정 학생들을 대상으로 지속적 · 반복적으로 심리적 공격을 가하거나, 특정 학생과 관련된 개인정보 또는 허위사실을 유포하여 상대방이 고통을 느끼도록 하는 모든 행위를 말한다.

- 속칭 사이버모욕, 사이버명예훼손, 사이버성희롱, 사이버스토킹, 사이버음란물 유통, 대화명 테러, 인증놀이, 게임 강요 등 정보통신기기를 이용하여 괴롭히는 행위
- 특정인에 대해 모욕적 언사나 욕설 등을 인터넷 게시판, 채팅, 카페 등에 올리는 행위. 특정인에 대한 공격성 글이 그 한 형태임
- 특정인에 대한 허위 글이나 개인의 사생활에 관한 사실을 인터넷, SNS 등을 통해 불특정 다수에게 공개하는 행위
- 성적 수치심을 주거나 위협하는 내용, 조롱하는 글, 그림, 사진, 동영상 등을 정보통신망을 통해 유포하는 행위
- 공포심이나 불안감을 유발하는 문자, 음향, 영상 등을 휴대폰 등 정보통신망을 통해 반복적으로 보내는 행위

(4) 금품갈취(공갈)

- 돌려줄 생각이 없으면서 돈을 요구하는 행위
- 옷, 문구류 등을 빌린다며 되돌려 주지 않는 행위
- 일부러 물품을 망가뜨리는 행위
- 돈을 걷어 오라고 하는 행위 등

(5) 따돌림

학교 내외에서 2명 이상의 학생들이 특정인이나 특정집단의 학생들을 대상으로 지속적이거나 반복적으로 신체적 또는 심리적 공격을 가하여 상대방이 고통을 느끼도록 하는 모든 행위를 말한다.

- 집단적으로 상대방을 의도적이고 반복적으로 피하는 행위
- 싫어하는 말로 놀리기, 빈정거림, 면박 주기, 겁주는 행동, 골탕 먹이기, 비웃기
- 다른 학생들과 어울리지 못하도록 막기 등

(6) 성폭력

성폭력이란 상대방의 의사에 반하여 성을 매개로 가해지는 모든 폭력(신체적 · 심

리적 · 언어적 · 사회적) 행위로 성추행, 성폭행뿐만 아니라 개인의 '성적 자기결정권' 을 침해하는 행위를 모두 포괄하는 행위를 말한다.

- 폭행 · 협박을 하여 성행위를 강제하거나 유사 성행위, 성기에 이물질을 삽입 하는 등의 행위
- 상대방에게 폭행과 협박을 하면서 성적 모멸감을 느끼도록 신체적 접촉을 하 는 행위
- 성적인 말과 행동을 함으로써 상대방이 성적 굴욕감 · 수치감을 느끼도록 하는 행위

(7) 강요

폭행 또는 협박으로 상대방의 권리행사를 방해하거나 해야 할 의무가 없는 일을 하게 하는 행위를 말한다.

- 강제적 심부름: 속칭 빵 셔틀, 와이파이 셔틀, 과제 대행, 게임 대행, 심부름 강요 등 본인의 의사에 반하는 행동을 강요하는 행위

3) 학교폭력 대처방안

(1) 학교폭력의 징후

학교폭력 징후는 교사뿐 아니라 보호자도 파악할 수 있다. 학교폭력 징후를 통해 학교폭력을 초기에 감지하여 차단할 수 있다. 다만, 어느 한 가지 징후에 해당한다 고 해서 학교폭력의 피해 및 가해 학생으로 특정 지을 수는 없으며, 여러 가지 상황 을 고려하여 판단해야 할 것이다. 최근 사이버폭력의 경우 학교 내 · 외에서 시 · 공 간의 제약 없이 발생하기 때문에 주변인의 세심한 관찰과 관심으로 징후를 파악할 수 있도록 해야 한다(교육부, 2022b: 19-20).

① 피해학생의 징후(예시)
- 평소와 달리 늦잠을 자고, 몸이 아프다고 하며 학교 가기를 꺼린다.

- 성적이 갑자기 혹은 서서히 떨어진다.
- 안색이 안 좋고 평소보다 기운이 없다.
- 아프다는 핑계를 대거나 특별한 사유 없이 조퇴하는 횟수가 많아진다.
- 자주 멍하게 있고, 무엇인가에 집중하지 못한다.
- 학교나 학원을 가기 싫어하거나 옮기고 싶다고 한다.
- 갑자기 학교급식을 먹지 않으려고 한다.
- 수련회, 봉사활동 등 단체 활동에 참여하지 않으려고 한다.
- 불안한 기색으로 휴대전화를 자주 확인하고 민감하게 반응한다.
- 용돈을 많이 요구하거나 통신 관련 요금이 지나치게 많이 나온다.
- 부모가 자신의 정보통신기기를 만지거나 보는 것을 극도로 싫어하고 민감하게 반응한다.
- 온라인에 접속한 후, 문자메시지나 메신저를 본 후에 당황하거나 불안해한다.
- 정보통신기기를 사용하는 시간이 지나치게 많다.

② 가해학생의 징후(예시)
- 부모와 대화가 적고, 반항하거나 화를 잘 낸다.
- 친구관계에 집착하며 귀가시간이 늦거나 불규칙하다.
- 자신의 문제행동에 대해서 이유와 핑계가 많고, 과도하게 자존심이 강하다.
- 옷차림이나 화장, 문신 등 외모를 과장되게 꾸며 또래관계에서 위협감을 조성한다.
- 평소 욕설이나 친구를 비하하는 표현을 자주 한다.

학교에서 실시하는 학교폭력예방교육의 대상, 횟수 및 방법은 〈표 11-3〉과 같다.

대상	횟수	방법
표 11-3		학교폭력예방교육의 대상, 횟수 및 방법
학생	학기별 1회 이상 (연 2회 이상)	• 학급단위로 실시함이 원칙(「학교폭력예방 및 대책에 관한 법률 시행령」 제17조 제2호) • 강의, 토론, 역할연기 등 다양한 방법 활용(동법 시행령 제17조 제4호) • 교과 및 창의적 체험활동 교육과정을 활용하여 실시
교직원	학기별 1회 이상 (연 2회 이상)	• 학교폭력 관련 법령에 대한 내용, 발생 시 대응요령, 학생 대상 예방프로그램 운영방법 등을 포함(동법 시행령 제17조 제5호)
보호자	학기별 1회 이상 (연 2회 이상)	• 학교폭력 징후 판별, 발생 시 대응요령, 가정에서의 인성교육에 관한 사항 포함(동법 시행령 제17조 제6호)

* 출처: 교육부, 이화여자대학교 학교폭력예방연구소(2022b). 학교폭력 사안처리 가이드북, p. 12.

(2) 학교폭력대처 관련 사이트

학교폭력에 대한 대처방안은 폭력의 유형만큼이나 다양할 수 있다. 교육부도 폭력의 유형별 대처를 위한 관련 사이트와 연락처를 〈표 11-4〉와 같이 제공한다.

표 11-4 폭력대처 관련 사이트 및 연락처

구분	관련 사이트 및 연락처
학교폭력	• 학교폭력예방종합포털(www.dorandoran.go.kr) • 청소년폭력예방재단(www.jikim.net/sos) • 안전Dream 아동·여성·장애인 경찰지원센터(www.safe182.go.kr), 117
성폭력	• 원스톱지원센터·해바라기여성아동센터(1899-3075), • 여성 긴급전화(1366)
아동학대	• 아동학대 아동보호전문기관(www.korea1391.org), 112, 129(보건복지콜센터)
유괴	• 안전Dream 아동·여성·장애인 경찰지원센터(www.safe182.go.kr), 112
집단 따돌림	• 학교폭력예방종합포털(www.dorandoran.go.kr) • 청소년폭력예방재단(www.jikim.net/sos) • 안전Dream 아동·여성·장애인 경찰지원센터(www.safe182.go.kr)

자살 징후/흉기 위협/ 학교 외부인 침입	• 112

* 출처: 교육부(2015a). 학교생활 안전 매뉴얼(개정판).

(3) 학교폭력대책심의위원회

학교폭력대책심의위원회(「학교폭력예방 및 대책에 관한 법률」 제12조 제1항 〈개정 2019. 8. 20.〉)는 학교폭력의 예방 및 대책에 관련된 사항을 심의하여 학생의 인권을 보호하기 위하여, 학생, 청소년 사건이 형사·민사적으로 확대되기 이전에 자체적으로 사건을 해결하고, 학생들의 정상적인 학교적응을 돕는 것을 목적으로 학교 내에 법정기구로 설치한 것이다.

따라서 학교폭력대책심의위원회는 학생들을 보호하기 위하여 형사적 법집행과 교육적 해결과정의 중간 역할로서의 기능을 수행하는 데 의미가 있다. 이 위원회는 학교폭력의 예방 및 대책에 관련된 사항을 심의하여 학생의 인권을 보호하고, 학교폭력과 관련하여 분쟁이 있는 경우에는 그 분쟁을 조정하는 역할을 맡아서 하게 된다. 즉, 피해학생과 가해학생 또는 그 보호자의 손해배상에 관련된 합의조정과 분쟁조정 및 그 밖에 이 위원회가 필요하다고 인정되는 사항에 대하여 분쟁조정을 할 수 있다.

여기서 분쟁조정이란 소송에 대한 분쟁해결수단으로서 중립적인 제3자의 주선 하에 분쟁 당사자 간 자율적인 타협과정을 통해 화해에 이르는 제도인데, 소송과 비교하여 절차의 진행이 신속하고 간단하여 시간적으로나 금전적으로 경제적이고 절차가 비공개로 진행되는 장점이 있다. 이러한 학교폭력대책심의위원회의 중재활동으로 분쟁의 신속하고 경제적인 해결을 도모하여 일도양단(一刀兩斷)적인 판정보다는 당사자 간 감정 대립을 비교적 남기지 않게 된다는 장점을 얻을 수 있으며, 중재 절차에서 화해계약이 성립하면 사법상 합의로의 효력이 발생한다.

학교폭력대책심의위원회의 심의사항 및 기능은 다음과 같다.

- 학교폭력의 예방 및 대책을 위한 학교의 체제 구축
- 피해학생의 보호
- 가해학생에 대한 선도 및 징계
- 피해학생과 가해학생 간의 분쟁조정

- 학교폭력 문제를 담당하는 책임교사 또는 학생회의 대표가 건의하는 사항을 심의(「학교폭력예방 및 대책에 관한 법률」 제12조 제2항)

그러므로 학교폭력이 발생한 경우, 「학교폭력예방 및 대책에 관한 법률」 제12조에 의거하여 가해자와 피해자를 대상으로 학교폭력대책심의위원회를 소집하여 분쟁을 해결하고 대응하게 되며, 가해자의 행동을 처벌·치료하고, 피해자가 이 상황을 극복할 수 있도록 도와주는 기능을 한다.
학교폭력대책심의위원회는 다음과 같은 자격을 갖춘 자로 구성된다.

- 구성위원장 1인을 포함, 5인 이상 10인 이하로 구성된다.
- 위원장은 당해 학교의 장이 된다.
- 위원은 학교장이 위촉하게 되며, 그 자격은 다음과 같다.
  - 학생 생활지도의 경력이 있는 자로서 10년 이상의 경력을 가진 교사
  - 학교운영위원회의 학부모 대표
  - 판사·검사 또는 변호사의 자격을 가진 자
  - 해당 학교의 구역을 관할하는 경찰서 소속 경찰 공무원
  - 청소년 보호에 지식과 경험을 가진 자
- 학교장은 다음과 같은 경우 학교폭력대책심의위원회를 소집하여야 한다.
  - 학교의 장이 학교폭력 관련 사실에 관하여 학교폭력대책심의위원회를 소집하여야 한다고 인정하는 경우
  - 학교폭력대책심의위원회 재적위원 3분의 1 이상의 요청이 있는 경우
- 학교장 자체해결 가능한 네 가지 요건
  - 2주 이상의 신체적·정신적 치료를 요하는 진단서를 발급받지 않은 경우
  - 재산상 피해가 없거나 즉각 복구된 경우
  - 학교폭력이 지속적이지 않은 경우
  - 학교폭력에 대한 신고, 진술, 자료제공 등에 대한 보복행위가 아닌 경우
  (이 네 가지 요건을 모두 충족하고 피해자와 그 보호자가 자체해결에 동의하는 사안에 대하여 학교장 자체해결 가능)
  ※ 전담기구 심의 결과, 자체해결 요건에 모두 해당하더라도 피해학생 및 그

보호자가 심의위원회 개최를 요구하는 경우 반드시 심의위원회 개최를 요
청한다.

※ 사안 처리의 전 과정에서 필요시 관계회복 프로그램을 운영할 수 있다.

(4) 학교폭력에 의한 조치

① 피해학생은 「학교폭력예방 및 대책에 관한 법률」에 따라 다음과 같은 보호조
치를 받을 수 있다(「학교폭력예방 및 대책에 관한 법률」 제16조 제1항).

• 학내 · 외 전문가에 의한 심리상담 및 조언 또는 치료 및 치료를 위한 요양
• 일시보호 또는 학급 교체
• 그 밖에 피해학생의 보호를 위해 필요한 조치
  - 특히 피해학생이 장애학생인 경우에는 장애인 전문 상담가의 상담 또는 장
    애인 전문 치료기관의 요양조치를 받을 수 있다(「학교폭력예방 및 대책에 관한
    법률」 제16조의2).
  - 피해학생이나 그 보호자는 학교폭력대책심의위원회에 신청해서 치료비 등
    학교폭력에 관한 분쟁조정을 받을 수 있다(「학교폭력예방 및 대책에 관한 법률」
    제18조 및 「학교폭력예방 및 대책에 관한 법률 시행령」 제25조).
  - 피해학생은 가해학생 또는 그 보호자나 가해학생의 교사를 대상으로 학교폭
    력으로 인한 손해배상을 청구할 수 있다(「민법」 제750조 및 제755조).

② 가해학생은 「학교폭력예방 및 대책에 관한 법률」에 따라 다음과 같이 조치된
다(「학교폭력예방 및 대책에 관한 법률」 제17조 제1항).

• 피해학생에 대한 서면사과
• 피해학생 및 신고 · 고발 학생에 대한 접촉, 협박 및 보복행위의 금지(기간 명시)
• 학교에서의 또는 사회봉사
• 학내 · 외 전문가에 의한 특별 교육이수 또는 심리치료(시간 명시)
• 출석 정지 또는 학급 교체
• 전학 또는 퇴학처분

학교폭력과 관련한 법규를 살펴보면 다음과 같다.

■ 「학교폭력예방 및 대책에 관한 법률 시행령」

제17조(학교폭력 예방교육) 학교의 장은 법 제15조 제5항에 따라 학생과 교직원 및 학부모에 대한 학교폭력 예방교육을 다음 각 호의 기준에 따라 실시한다.

1. 학기별로 1회 이상 실시하고, 교육 횟수 · 시간 및 강사 등 세부적인 사항은 학교 여건에 따라 학교의 장이 정한다.

2. 학생에 대한 학교폭력 예방교육은 학급단위로 실시함을 원칙으로 하되, 학교 여건에 따라 전체 학생을 대상으로 한 장소에서 동시에 실시할 수 있다.

3. 학생과 교직원, 학부모를 따로 교육하는 것을 원칙으로 하되, 내용에 따라 함께 교육할 수 있다.

4. 강의, 토론 및 역할연기 등 다양한 방법으로 하고, 다양한 자료나 프로그램 등을 활용하여야 한다.

5. 교직원에 대한 학교폭력 예방교육은 학교폭력 관련 법령에 대한 내용, 학교폭력 발생 시 대응요령, 학생 대상 학교폭력예방 프로그램 운영방법 등을 포함하여야 한다.

6. 학부모에 대한 학교폭력 예방교육은 학교폭력 징후 판별, 학교폭력 발생 시 대응요령, 가정에서의 인성교육에 관한 사항을 포함하여야 한다.

　　[본조신설 2021. 6. 22.]

제18조(피해학생의 지원범위 등) ① 법 제16조 제6항 단서에 따른 학교안전공제회 또는 시 · 도교육청이 부담하는 피해학생의 지원범위는 다음 각 호와 같다. 〈개정 2021. 6. 22.〉

1. 교육감이 정한 전문심리상담기관에서 심리상담 및 조언을 받는 데 드는 비용

2. 교육감이 정한 기관에서 일시보호를 받는 데 드는 비용

3. 「의료법」에 따라 개설된 의료기관, 「지역보건법」에 따라 설치된 보건소 · 보건의료원 및 보건지소, 「농어촌 등 보건의료를 위한 특별조치법」에 따라 설치된 보건진료소, 「약사법」에 따라 등록된 약국 및 같은 법 제91조에 따라 설립된 한국희귀 · 필수의약품센터에서 치료 및 치료를 위한 요양을 받거나 의약품을 공급받는 데 드는 비용

② 제1항의 비용을 지원받으려는 피해학생 및 보호자가 학교안전공제회 또는 시·
도교육청에 비용을 청구하는 절차와 학교안전공제회 또는 시·도교육청이 비
용을 지급하는 절차는 「학교안전사고 예방 및 보상에 관한 법률」 제41조를 준용
한다.

③ 학교안전공제회 또는 시·도교육청이 법 제16조제6항에 따라 가해학생의 보호
자에게 상환청구를 하는 범위는 제2항에 따라 피해학생에게 지급하는 모든 비용
으로 한다. 〈개정 2021. 9. 29.〉

제19조(가해학생에 대한 조치별 적용 기준) 법 제17조 제1항의 조치별 적용 기준은
다음 각 호의 사항을 고려하여 결정하고, 그 세부적인 기준은 교육부장관이 정
하여 고시한다. 〈개정 2013. 3. 23.〉

1. 가해학생이 행사한 학교폭력의 심각성·지속성·고의성
2. 가해학생의 반성 정도
3. 해당 조치로 인한 가해학생의 선도 가능성
4. 가해학생 및 보호자와 피해학생 및 보호자 간의 화해의 정도
5. 피해학생이 장애학생인지 여부

■ 「형법」 및 「소년법」

• 「학교폭력예방 및 대책에 관한 법률」에 따라 처분되었다고 해서 가해자에 대한
처벌이 끝난 것은 아니다. 가해자가 14세 이상인 경우에는 형사처분 대상이 될
수 있다(「형법」 제9조).

• 가해자가 14세 미만이면 형사미성년자로 취급되기 때문에 형벌 법령을 위반하
더라도 「형법」에 따라 형사처분 되지는 않지만(「형법」 제9조), 10세 이상 14세 미
만인 경우에는 「소년법」에 따라 보호처분 될 수 있다(「소년법」 제4조 ①, ②).

• 가해자가 10세 미만이면 형사처분을 받지 않는다(「소년법」 제4조 ①, ②, 제38조
② 및 「소년심판규칙」 제42조 ①). 이 경우 피해학생은 가해자의 보호자를 대상
으로 민사상의 손해배상을 청구할 수 있다(「민법」 제750조 및 제755조).

■ 가해자에게는 「형법」에 따라 다음의 죄가 인정될 수 있다.

• 상해와 폭행의 죄(「형법」 제257조, 제258조, 제258조의2, 제259조, 제260조, 제261조,
제262조, 제263조 및 제264조)

• 과실치사상의 죄(「형법」 제266조 및 제267조)

- 협박의 죄(「형법」 제283조, 제284조, 제285조 및 제286조)
- 약취와 유인의 죄(「형법」 제287조)
- 강간과 추행의 죄(「형법」 제302조, 제305조 및 제305조의2)
- 명예에 관한 죄(「형법」 제307조)

■ 가해자가 19세 미만이면서 다음 어느 하나에 해당하는 경우에는 「형법」에 따라 처벌받는 대신 「소년법」에 따른 소년 보호사건의 대상으로 분류되어 보호처분될 수 있다(「소년법」 제4조 ①).

- 죄를 범한 소년
- 형벌 법령에 저촉되는 행위를 한 10세 이상 14세 미만인 소년
- 다음 어느 하나에 해당하는 사유가 있고 그의 성격이나 환경에 비추어 앞으로 형벌 법령에 저촉되는 행위를 할 우려가 있는 10세 이상인 소년
  - 집단으로 몰려다니며 주위 사람들에게 불안감을 조성하는 성벽(性癖)이 있는 것
  - 정당한 이유 없이 가출하는 것
  - 술을 마시고 소란을 피우거나 유해환경에 접하는 성벽이 있는 것
  ※ 보호사건이란 소년사건 중에서 보호처분이 필요하다고 인정되는 것을 말한다.

5. 상담의 이해

1) 학교상담의 개념

생활지도의 궁극적인 목표는 학생의 문제해결에 있으며, 교사가 학생의 문제를 해결하는 데 사용되는 방법 중 하나가 상담이다. 문제를 가진 학생과 이를 해결하려는 교사 사이에 이루어지는 활동인 상담은 학생의 생활 안에서 가지게 되는 학업성적문제, 교우관계, 가정환경, 경제문제 등 생활 전반에서 가질 수 있는 심리적인 문제를 제거하여 올바른 성장과 발달을 도와주는 과정이며, 여기에는 상호 신뢰를 바탕으로 한다.

학생에 대한 이해를 바탕으로 하여, 학생 자신이 가진 문제를 스스로 해결할 수 있도록 도와주는 학교상담의 목표는 다음과 같다.

첫째, 문제를 가진 행동을 변화시킬 수 있도록 도와준다.

둘째, 건전한 정신과 건강한 신체를 가질 수 있도록 도와준다.

셋째, 학생 자신의 문제는 스스로 해결할 수 있도록 도와준다.

넷째, 다양한 정보를 제공하여 학생 스스로의 의사결정을 도와준다.

다섯째, 스스로 해결하기 어려운 일이 생겼을 때에는 교사의 지원을 받을 수 있음을 인식하게 한다.

학교상담의 영역과 그에 적절한 접근법으로는 다음과 같은 활동을 제시할 수 있다(신현석 외, 2014).

- 학교상담의 영역
  - 학생문제를 예방하고 교육하는 상담활동
  - 상담 시 관련자 간의 의사소통이 원활하게 이루어지도록 중재하는 조정활동
  - 상담활동이 효과적으로 이루어지도록 관련 당사자들에게 정보를 공유하여 학생의 성장과 발달을 촉진하는 자문활동
  - 학생의 입장을 변호하고 옹호하는 활동
- 학교상담의 접근법
  - 가족체제의 분석을 통한 접근[가정환경조사서 분석, 심층 가정환경조사서 분석, 심리적 투사검사 분석(예: 운동성 가족화검사 등) 등]
  - 학교체제의 분석을 통한 접근(학급 내 하위집단의 역동성 탐색)
  - 또래 환경을 이용한 접근(또래관계 파악 및 또래상담자 활용)

2) 상담이론

(1) 정신분석학적 접근

정신분석학적 접근의 중심은 프로이트(Freud)의 정신분석학적 이론이다. 프로이트의 고전적 정신분석이론을 기저로 하여 아들러(Adler)나 융(Jung)의 이론, 설리번(Sulivan)의 신(新)정신분석이론으로 구분되기도 한다. 정신분석학적 접근은 비정상적인 행동으로 나타나는 다양한 행동의 내용을 이해하여 치료하려 하기도 하고, 정상적인 인간행동을 이해하여 인간의 무의식적 혹은 의식적 정신생활 내면을 탐구

하기 위한 접근방법으로도 중요한 역할을 하고 있다. 프로이트는 의식만을 대상으로 하던 종래의 전통적 심리학으로는 다양한 인간행동의 동기를 탐구하기에 부적당하다고 비판하면서, 인간의 사고와 행동을 지배하는 힘은 무의식에 있다고 하였다. 그리고 무의식 속에 잠재되어 있는 본능을 중심으로 인간 정신생활의 내면을 분석하려 하였다.

프로이트는 성적(性的) 에너지의 움직임을 본능이라고 보았으며, 이러한 성적 에너지는 쾌락원리와 현실원리로, 도덕과 양심에 따라 무의식의 세계, 자아의 세계, 초자아의 세계로 발전해 간다고 주장하였다. 그러므로 개인의 행동으로 나타나는 것은 의식적인 것이든, 무의식적인 것이든, 그 근원이 되는 본능에 따라 결정되는 것이라고 보았다. 정신분석학적 접근에서 주로 사용하는 방법으로는 최면술, 자유연상, 감정이입, 꿈의 해석 등이 있다.

(2) 실존적 접근

실존적 접근이란 인간의 존재적 의미를 찾으려는 것이다. 순수한 자기 내면생활에 귀 기울이며 자신에게 닥친 어떤 어려움에도 회피하지 않고 대처해 나가는 것을 말한다. 프랭클(Frankle)은 프로이트의 정신분석학 중심의 전통적인 접근방법이 인간의 정신적 현실성을 소홀히 하고 있음을 지적하면서, 심리적인 단계에서 정신적인 단계로 도약해 가야 한다고 주장하였다. 상담받고자 하는 사람은 정신적인 것을 의식화하면서 자기를 객관적 시각에서 보려고 함으로써 자기 자신의 증상에 대해 책임의식을 가지고 대처하려 할 때 비로소 그 증상에서 자유로워질 수 있다고 하였다. 바꾸어 말하면, 상담과정에서 상담자는 피상담자의 당면한 문제를 해결할 수 있도록 도와주는 역할을 하게 되므로, 상담자는 피상담자의 당면 문제 속에서 실존하는 인간존재의 참다운 의미를 문제로 삼아야 한다.

(3) 특성요인 중심적 접근

특성요인 중심적 접근에서 기본가정은 인간이 가진 선과 악의 양면성을 인정하고, 악을 배척하고 통제하여 선을 추구하는 데 인간이 존재하는 참다운 의미를 둔다. 그러므로 인간의 잠재능력을 바람직한 방향으로 개발하며, 자기완성을 추구하기 위해서는 자신의 자율적 능력뿐만 아니라 타인의 도움을 필요로 할 수 있다는 것

348 제11장 인성 및 진로교육

이다. 그러므로 내담자는 자기능력의 강점과 약점을 분석하고, 삶의 목적을 이와 연관시켜 자기이해와 자아실현을 이루어 가야 한다는 것이다.

특성요인 중심적 접근은 다음과 같은 가정에서 출발한다.

첫째, 상담자는 피상담자에게 영향을 줄 수 있는 존재이다.

둘째, 상담자는 피상담자의 의사결정을 돕는 전문가로 인정되어야 하며, 또 그렇게 행동하는 존재이다.

셋째, 인간에게는 나름의 심리적 특성이 있다.

넷째, 인간은 이성적인 존재라고 인정한다.

다섯째, 인간은 바람직한 무언가를 결정짓기 위하여 타인의 도움을 필요로 한다.

(4) 자아 이론적 접근

특성요인 중심의 상담과는 대조적인 관점으로, 자아 이론적 접근은 '비지시적 접근방법' 또는 '내담자 중심의 접근방법'이라고도 한다. 이 접근은 인간의 자아개념을 중요시하고 있으며, 현상학적 심리학에서 출발하고 있다.

로저스(Rogers, 1951)는 내담자를 중심으로 하는 상담을 통하여 개인행동의 내적인 세계를 이해해야 한다고 주장하면서, 개인이 말하고 느끼는 것에 비록 불합리하고 옳지 않은 면이 있다고 해도 그것을 그대로 받아들여 내담자가 자기 자신을 객관적인 시각으로 볼 수 있도록 도와주어야 한다고 주장했다. 즉, 허용적이면서 자유로운 분위기를 보장해 줌으로써 자신을 바로 들여다볼 수 있는 기회를 제공해 주어야 한다는 것이다.

자아 이론적 접근의 기본가정은 모든 인간에게는 그에 맞는 환경이 제공될 수만 있다면 스스로 성장해 갈 수 있으며 자아실현을 이룰 수 있다는 것이다. 로저스의 접근에 의하면 자아 이론적 접근은 '통찰력'을 강조하고 잠재력을 키워 줄 수 있기 때문에 스스로 자기를 표현할 수 있는 여건을 마련해 주어 자신의 진정한 모습을 찾아갈 수 있도록 도와줄 수 있다.

(5) 행동주의적 접근

행동주의적 접근은 학습심리학의 행동주의이론을 상담이론에 도입한 것으로, 접근방법은 매우 다양할 수 있으나, 행동은 학습될 수 있다는 사실에는 의견이 같다.

그러므로 행동은 학습조건을 조작하여 새로운 학습조건을 제시함으로써 그 행동을 변화시킬 수 있다고 본다. 따라서 발생한 부적응 행동을 없애기 위해서는 조건형성의 여러 법칙, 즉 강화, 소거 그리고 일반화와 변별 등의 원리를 활용할 수 있다. 이는 학습을 통하여 문제를 해결하는 방법이나 자아의 성장을 촉진시키는 바람직한 행동으로 발전시켜 간다는 것을 의미하며, 특히 '조건화'와 '강화'의 개념을 중요시하여 이를 통해 새로운 행동을 형성시키며 부적응 행동을 치료하고자 한다.

(6) 현실치료적 접근

현실치료는 글래서(Glasser, 1965)가 제안한 기법으로, 정신질환에 대한 당시 개념을 비판하면서, 정신병과 신경증과 같은 용어로 환자들을 규정하려 하지 않고 그러한 증상을 보이는 환자의 행동을 기술하고자 하였다. 현실치료의 목표는 환자에 대한 일반적인 규정보다는 환자 자신의 삶에 대한 책임감을 가지도록 도와주는 데 있다고 본 것이다.

글래서는 거의 모든 환자가 자신의 주위를 둘러싸고 있는 현실을 부정하는 공통적인 특징을 보이므로, 환자의 현실세계의 요구에 대해서 바람직하게 대처할 수 있도록 도움을 주어야 한다고 역설하였다. 현실치료에서 치료자(상담자)는 환자(피상담자)로 하여금 현실세계를 받아들이도록 도와주어야 할 뿐 아니라, 그의 욕구를 충족시켜 주어야 한다는 것이다.

3) 상담의 유형

(1) 개인상담

상담의 가장 전형적인 방법으로 활용되고 있는 것은 상담자와 내담자 사이에 일대일 관계를 중심으로 이루어지는 개인상담이라 할 수 있다. 그 이유는 주로 각각의 개인적인 문제의 경우 상황과 배경이 다를 뿐만 아니라, 자신만이 가진 독특하고 감추고 싶은 문제라고 느끼기 때문이다.

학생이 먼저 상담을 원하는 경우도 있지만 학교생활을 지속적으로 관찰한 결과에 따라 교사가 학생에게 상담을 제안할 수도 있다. 초등학교에 비해 중등학교는 담임교사의 개인상담 기회가 지속적이지 못하기 때문에 교사주도의 상담도 큰 효과를 얻기 어렵다. 그러므로 상담실에서의 전문상담교사에 의한 개별상담이 이루어져야 한다.

개인상담에서 상담자가 적용해야 할 원리로는 다음과 같은 것을 들 수 있다.

첫째, 내담자의 개인차와 개성을 인정한다.

둘째, 내담자에게 편안한 분위기를 제공한다.

셋째, 내담자에게 비밀보장의 약속을 지켜서 신뢰감을 주어야 한다.

넷째, 내담자의 정서적인 변화에 적극적으로 반응한다.

다섯째, 상담자 측의 일방적인 판단이나 지시를 자제한다.

여섯째, 내담자 스스로의 힘으로 문제를 해결할 수 있도록 지원해 준다.

(2) 집단(학급)상담

집단상담은 인간은 누구나 개인적인 존재이기 때문에 서로 다른 문제를 가질 수 있으나, 학교생활이나 일상생활에서 발생하는 문제에는 공통점이 있을 수 있다고 본다. 같은 연령, 같은 학년의 학생들은 학교생활에서 서로 비슷한 문제로 고민을 하거나 갈등을 겪을 수 있다고 보는 것이다.

그리하여 집단상담의 구체적 의의를 다음과 같이 강조하고 있다.

첫째, 또래학생들의 공동문제를 찾아낼 수 있다.

둘째, 학교생활 적응에 있어서의 문제해결에 필요한 자료를 제공할 수 있다.

셋째, 공동문제에 대한 집단사고를 할 수 있다.

넷째, 학생 자신의 이해를 촉진할 수 있는 기회를 마련해 줄 수 있다.

다섯째, 개별상담의 기초자료를 제공받을 수 있다.

집단상담은 학급에서의 공동문제를 사전에 예방하고 지도하는 데도 유용한데, 다음과 같은 장점을 가지고 있다.

첫째, 많은 학생을 동시에 공개적으로 지도할 수 있고, 그 영향은 학급 전체에 미칠 수 있다.

둘째, 같은 문제를 개개인의 학생들에게 반복하여 지도하지 않기 때문에 시간과 노력이 적게 든다고 볼 수 있다.

셋째, 학급집단 모두를 대상으로 하기 때문에 학급구성원들에게 동료의식을 느끼게 할 수 있다.

넷째, 학급상담을 통해 자료를 얻음으로써 개인상담으로까지 발전시킬 수 있다.

다섯째, 교사와의 친근감을 형성할 수 있다.

집단상담은 이러한 장점도 있지만, 상담 실시에 앞서 다음과 같은 점을 고려해야 한다.

첫째, 학급집단을 대상으로 한 지도가 항상 효과적일 수만은 없다는 점도 염두에 두어야 한다.

둘째, 개인적인 지도가 필요한 학생은 집단상담만으로 성공하기 어렵다.

셋째, 집단지도나 상담은 상황에 맞는 다양한 전문적인 지식이나 기술을 요구한다.

넷째, 학급집단의 특수성을 감안한 지도나 상담이 이루어져야 한다.

(3) 가족상담

가정은 자연적인 사회적 체계로 그 가족만의 고유한 문화를 가지며, 가족 간의 약속과 권력구조 속에서 대화와 상호 지원을 통해 문제를 해결해 나가기도 한다. 가족상담이란 문제가 있는 개인에게 영향을 줄 수 있는 가족구성원들을 대상으로 집단상담을 하는 작업을 말하며, 때로는 필요에 따라 가족구성원을 개별적으로 상담할 수도 있다.

가족상담 및 치료에 영향을 준 상담이론에는 정신분석이론, 인본주의상담, 행동치료, 인지치료, 현실치료와 게슈탈트치료 등을 들 수 있으며, 가족상담 및 치료에 직접 영향을 준 가족학 및 사회과학이론에는 가족스트레스이론, 건강가족이론과 체계이론 등이 있다.

가족상담의 기법으로는 합류(joining), 실행(enactment), 추적(tracking), 증상의 재정의(relabeling the symptoms), 삼각관계에서 탈피(detriangulation), 역설적 기법(paradoxical techniques), 역할극(role playing), 조각기법(sculpting), 과제(task), 도표화(charting) 등이 있다(김진한, 2016).

(4) 사이버상담

사회가 다원화되어 감에 따라 내담자의 문제도 다양해지고 상담에 대한 요구 또한 증가하고 있다. 그리고 이에 발맞춰 사이버상담이라는 새로운 상담방법이 나타나게 되었다. 사이버상담이란 사이버공간에서 이루어지는 상담과 관련된 정보교환의 상호작용을 말하는데, 인터넷 보급률이 높아짐에 따라 지리적으로 멀리 떨어져 있거나 시간적으로 만나기 어려운 경우, 주위 사람들의 시선이 꺼려지는 경우에도 온라인 대화나 이메일, SNS 등의 방법을 통하여 쉽게 상담을 할 수 있게 되었다. 상담자와 내담자가 상호작용을 통해 내담자의 긴장된 정서나 감정을 표출하게 함은 물론, 자신의 문제를 구체적으로 인식하게 한다. 사이버상담은 사이버 시대의 새로운 의사소통 도구로, 기존의 상담매체가 가지고 있는 제한점을 극복하고, 시간과 공간의 제약 없이 접근할 수 있는 효율성을 내담자가 직접 체험하는 적극적이고 능동적인 상담의 한 형태를 제공한다.

4) 상담자의 태도

로저스(Rogers)는 상담이 효과적이 되기 위해 상담자에게 꼭 필요한 세 가지 기본 특성을 언급하였다(천성문 외, 2010).

(1) 진실성

진실한 상담자가 되는 것은 그 자신이 '순수한, 완전한, 통합된 그리고 전체로서의 인간'이 되는 것으로, 상담자는 자신에 대한 모든 것이 진실하여야 한다. 상담자는 한 인간으로서 자신과 완전하게 접촉할 수 있어야 하고, 한 사람의 상담자로서 '모든 대답을 할 수 있거나 취약성이 전혀 없는 전문가'인 체하지 않고 '장점과 단점을 가진 진실한 사람'이어야 한다는 것이다. 상담자는 한계를 가진 순수한 존재로, 진정한 자신과는 다른 모습으로 가장하지 않아야 하며, 이러한 상담자의 태도를 통하여 내담자는 자신의 가치를 느끼게 되고 상담관계가 강화되며 상담과정은 좀 더 효과적일 수 있다.

(2) 공감적 이해

내담자가 가고자 하는 곳을 함께 가며, 그가 탐색하고자 하는 것을 함께 탐색하며, 언제나 따뜻하고 열린 마음으로 친구 같은 순수한 사람이 되는 것이다. 그러는 동안에 상담자와 내담자 사이에 신뢰가 형성되며, 상담자는 내담자와 같은 방식으로 생각하고 느낄 수 있도록 노력한다. 이것이 '공감'의 의미이다. 공감적이 된다는 것은 내담자와 함께 있는 것이며, 결과적으로 내담자와 함께 돌봄과 안전을 느낄 수 있는 환경을 만드는 것이다. 그러한 환경에서 내담자는 자신이 숨겨진 비밀이나 깊숙이 간직한 감정, 자신에게 매우 끔찍한 기억이나 다른 사람에게 말하지 않은 개인적인 것들을 말할 수 있게 된다.

(3) 무조건적인 긍정적 존중

무조건적인 긍정적 존중은 내담자를 판단하지 않고 온전하게 받아들이는 것이며, 내담자가 한 인간으로서 갖는 약점과 긍정적 측면을 있는 그대로 수용하는 것이다. 상담자가 내담자를 있는 그대로, 한 사람의 가치 있는 인간으로 수용함으로써 내담자의 행동을 판단하지 않고, 상담자의 가치를 내담자에게 전가하지 않는 것이다. 따라서 상담자는 내담자가 비판의 두려움으로 인해 자기 자신을 검열하지 않고, 자신의 내적 과정을 탐색하며 개방적이고 자유롭게 느끼도록 돕는다. 이것은 내담자가 개인적 자각의 증진과 함께 계속 성장할 수 있는 최선의 기회를 제공한다.

5) 상담기술

(1) 단계별 상담기술

① 초기

일반적으로는 '내담자가 가지고 온 문제를 이해하고 평가한 후에 구체적인 상담목표를 세우고 구체적인 개입을 시작하는 단계'를 초기단계라 할 수 있다. 초기단계에서는 촉진적 상담관계의 형성, 내담자가 가지고 온 문제를 이해하고 평가하기, 상담 구조화하기, 상담목표 설정 및 문제해결을 위한 과정을 거친다. 이러한 과정은 순서대로 진행되는 것은 아니며, 또 상담 초기단계에서만 이루어지는 것도 아니다. 다만, 상담자와 내담자의 자연스러운 대화를 통해 이루어져야 한다. 부분적으로 상담 중기와 종결과정에서 다시 진행되는 경우도 있다.

② 중기

상담이 초기단계를 지나 중기단계로 접어들면, 내담자는 상담자를 진실하고 신뢰할 만하며 자신을 이해하고 수용하는 사람으로 인식하게 된다. 또한 중기단계에서는 상담자와 내담자 간의 신뢰가 한층 더 깊어지고, 내담자는 상담시간에 심리적인 안정을 느낀다. 이러한 심리적인 안정을 바탕으로 내담자는 자신의 문제에 대해 심층적으로 탐색하고 자신의 심리적인 문제에 대한 통찰을 얻고 문제가 해결된다. 즉, 상담 중기단계는 '상담자와 내담자가 함께 수립한 상담목표에 도달하기 위해서 노력하는 상담의 핵심단계'라고 할 수 있다.

③ 종결

종결단계에서는 '중기단계에서 얻은 통찰을 바탕으로 좀 더 현실생활에 적용할 수 있는 새로운 행동을 시험하고 평가'한다. 내담자는 초기단계와 중기단계를 거치면서 심리적 문제를 일으키는 자신의 사고, 감정, 행동, 생활양식에서의 모순과 문제를 알게 될뿐더러, 자신이 앞으로 활용할 수 있는 강점과 사회적 자원에 대해서도 알게 된다. 따라서 종결단계의 상담은 앞으로 실천해야 할 행동을 결정하고, 그것을 어떻게 실천할 것인지에 대한 구체적인 계획을 세우도록 진행된다.

(2) 내용별 상담기술

① 진로상담

대부분의 학생이 자신의 진로탐색이나 진로선택은 주로 진학을 앞둔 중·고등학교 시기에 이루어지는 활동이라고 생각한다. 그 이유는 진로에 대한 상담이 진학을 앞두고 대다수 이루어지기 때문이다. 그러나 진로탐색이나 진로선택은 단지 이 시기에만 이루어지는 활동이 아니라 일생 동안, 즉 어린아이가 자라서 초등학교 졸업후 중학교, 고등학교, 대학교로 진학하여 학업을 마치고 사회로 진출하는 연속된 과정 안에서 계속 이루어진다. 그러므로 학생들에게는 자신의 진로가 결정될 때까지 진로에 대한 인식과 탐색, 선택 및 결정하는 과정을 체계적으로 도와줄 수 있는 활동이 필요하다.

우리나라에서는 진로상담의 내용이 주로 학교장면에서 다루어져 왔다. 학교에서 이루어지는 진로상담은 학생들의 정의적 성숙과 더불어 진로발달을 도와주는 전문적 활동이 되며, 이는 학생들의 진로에 대한 자기인식을 발달시키기 위한 활동이다.

여기에는 교과활동과 더불어 진학, 직업선택과 관련한 다양한 정보를 제공하는 활동이 전개되고, 자기이해와 자기탐색, 직업탐색의 과정, 진로를 결정짓기 위한 계획 및 진로에 대한 의사결정을 돕는 과정이 포함된다.

② 학습상담

학습문제로 고민하는 대다수의 학생을 대상으로 학업성취도의 결과가 낮은 이유가 무엇인지를 구체적으로 살펴보면, 대부분의 학생이 공부를 열심히 하지 않았기 때문만은 아닌 것으로 나타난다. 실제로 적절한 학습방법을 익히지 못하였거나, 학습방법이 효율적이지 못해서인 경우가 대부분이다.

학업성취도가 낮은 또 다른 이유로는 인간관계, 즉 교사와의 관계, 부모와의 관계, 또래와의 관계가 원만하지 못한 경우를 들 수 있는데, 이런 문제로 갈등을 겪고 있어 학업에 집중하기 어렵기 때문일 것이다. 따라서 상담을 요청하는 내담자의 학습문제에 대한 상담에서는 학습부진의 다양한 이유를 찾아내어 내담자와 함께 해결해 나가는 노력이 매우 중요하다.

따라서 학습이 부진한 학생들의 학습 스트레스나 심리적인 문제해결을 도와 학교생활에 잘 적응하도록 해 주어야 한다. 이로 인해 발생할 수 있는 청소년문제를 사전에 예방한다는 차원에서도 학습상담은 무엇보다도 중요하다. 학습상담이란 계속되는 교육활동 속에서 학생 개개인이 의욕적으로 학습에 전념할 수 있게 하고, 스스로 각자에 맞는 공부방법으로 개선하여 성적을 향상시키도록 돕는 활동이다.

③ 비행청소년상담

인간은 항상 다양한 환경과의 끊임없는 상호작용 속에서 갈등과 조화를 경험하고 적응해 나가며, 이를 통해 보다 의미 있고 행복한 자신의 삶을 유지하려고 한다. 그러나 불안정한 발달단계를 거치고 있는 청소년에게는 학교나 가정, 또래관계, 지역사회 등에 원만히 적응하기가 쉽지 않다. 특히 자아의식이 민감하고, 독립과 의존의 욕구 사이를 방황하는 청소년기에는 숱한 갈등이 발생하며, 자아정체감을 찾기 위한 고된 노력 속에서 여러 부적응 현상도 나타난다. 이러한 과정에서 나타나는 부적응 현상으로는 약물, 가출, 폭력, 도벽, 성비행 등의 청소년비행을 들 수 있다.

다양한 이유로 비행청소년이 되는 청소년의 심리적 문제나 발달과정에서 생겨나는 스트레스를 현명하게 해결하고, 그 단계의 발달과업을 수행할 수 있도록 상담자나 교사는 상담을 통하여 도와주어야 한다. 이미 비행을 경험한 청소년에게는 문제를 해결할 수 있도록 돕는 사후상담도 중요하겠으나, 아직 비행단계에 이르지 않은 잠재적 비행청소년이나 일반적인 건강한 청소년을 대상으로 예방 차원의 상담도 무엇보다 중요하다.

④ 성(性)상담

현대의 우리 사회가 점차 자유롭고 개방적인 분위기로 변화해 감에 따라 성에 대한 인식도 많이 변화하고 있다. 성에 대한 표현이 점차 자유로워지고, 인터넷, TV, 잡지 등 대중매체가 다양하게 활용됨에 따라 생활의 여러 장면에서 성에 관한 정보를 쉽게 접할 수 있게 되었다. 이러한 사회현상은 자연스러운 성교육과 성에 대한 인식전환의 계기가 될 수 있으나, 한편으로는 아무런 여과 없이 성에 관한 지식을 습득하게 되어 잘못된 성지식을 가지게 되거나 왜곡된 형태로 성이 표현될 수 있어서 사회문제로 나타날 수도 있다.

과거에는 성문제를 단지 개인의 문제로 한정 짓는 경향이 짙었으나, 현대사회에서는 성문제가 가정 내의 문제와 사회풍조 등으로 인해 발생하는 경우로 보고 있다. 그러한 이유로 앞으로의 성상담은 개인의 성문제에만 초점을 맞춘 상담으로 진행되기보다는, 문제 발생의 원인을 찾아 그와 관련된 심리적 문제까지 함께 다루어 나가는데 초점을 맞출 필요가 있다. 또한 성범죄에 노출되기 쉬운 아동 및 청소년을 위한 예방 차원의 교육과 대처방법, 성에 대한 올바른 지식과 의식을 학습할 수 있는 성교육도 병행되어야 할 것이다. 특히 청소년기에 성취해야 할 성적 성숙에 따른 자신의 성에 대한 책임의식을 키워 나가는 것도 중요한데, 이를 위해서는 청소년이 성에 대한 건전한 가치관을 형성하고, 자신의 성행동에 대해 책임질 수 있는 의식과 능력향상을 위한 성교육도 중요하다. 또한 그들이 가지고 있는 성문제를 슬기롭게 해결할 수 있도록 건강한 성적 자율성을 배워 갈 수 있는 지원을 아끼지 말아야 할 것이다.

6) 학교상담의 실제

학교상담을 진행하기 위해서는 학교교육과정상의 운영에 관한 체계적인 계획수립이 필요하다. 이러한 계획 아래 새 학기부터 적극적인 홍보가 필요하며, 특히 신입생 오리엔테이션, 상담게시판 등을 활용하는 것이 효율적이다. 이와 함께 융통성 있는 다양한 상담기법을 적용할 수 있어야 하며, 가능한 한 규칙적인 상담 가능시간을 확보하여 진행하는 것이 중요하다. 보다 효율적인 상담을 위해서 담임교사, 학부모 및 전문가의 도움이 요구될 때도 있다.

학교급별로 전문 상담교사가 배치되어 활동하고 있으나, 배치현황을 보면 아직 턱없이 부족한 실정이다. 국정감사 자료에 의하면 2015학년도 상담교사 배치율은 평균 15.2%이다. 이에 교육부는 상담사이트 개설 등을 통하여 부족한 상담기회를 보다 많은 학생에게로 확대하고, 이러한 상담사이트 개설로 직접 상담실을 방문하기 꺼려 하는 학생들에게 쉽게 접근할 수 있도록 하고 있다.

지금 우리가 추구하는 미래교육의 전망과 목표는 언제, 어디서, 누구든지 원하는 필요한 교육을 쉽게 받을 수 있는 '열린교육사회'를 건설하는 것과 이러한 체제 구축에 기저가 되는 학교교육현장의 자율성을 높여 '교육수요자 중심의 교육체제'로 나아가는 것이다.

6. 진로교육

1) 진로교육의 개념

진로교육이란 자신의 소질과 적성을 바탕으로 직업세계를 이해하고 자신의 진로를 탐색·설계할 수 있도록 학교와 지역사회의 협력을 통하여 진로 수업, 진로심리검사, 진로상담, 진로정보 제공, 진로체험, 취업지원 등을 제공하는 활동으로, 학생 자신과 직업, 삶의 변화에 관한 이해와 대응 등 다양한 측면을 지원하는 활동이기도 하다. 이러한 활동을 통하여 학생들은 자신의 진로에 대해 합리적으로 인식하고 선택하게 되며, 사회적으로는 유능한 인재를 양성하여 적재적소에 배치할 수 있는 기반을 마련하는 인간교육으로 이어진다. 현대사회를 정보화사회, 고도의 기술·전문화사회, 국제화사회라고 한다. 이러한 사회에 잘 적응해 나갈 수 있도록 단위학교에서는 학생들의 발달단계에 맞는 진로내용을 선정하여 접근해 나가야 할 것이다.

2) 진로교육의 필요성

급변하는 사회의 물결 속에서 우리는 자신이 처한 상황에 맞는 일과 앞으로의 삶에 대해 계속하여 선택하고 결정하며 살아야 한다. 특히 다양하고, 전문화·국제화되어 가는 문화와 대면하여 어떠한 일을 하며 살아가야 하는가에 대한 관심이 높아지면서 교육현장에서도 진로교육에 관심이 높아지고 있다. 하지만 현대를 살아가는 학생들 중 일부는 자신에 대한 이해가 부족하고 부모에 의존적이며, 물질만능주의에 물든 사회로 인해 왜곡된 직업의식을 가지고 있으며, 무엇보다도 입시 위주의 교육에 밀려 진로교육에 적극적이지 못한 경우도 있다. 이러한 다양한 요인에 대처해야 할 진로교육에 좀 더 적극적으로 임해야 하기 때문에 먼저 직업세계의 변화요인을 살펴보면 [그림 11-2]와 같다.

이러한 진로교육의 필요성에 따라서 교육부는 제1차에 이어 제2차 진로교육에 관한 기본계획을 발표하였다. 초등에서 대학까지 꿈과 끼를 살리는 행복한 진로설계

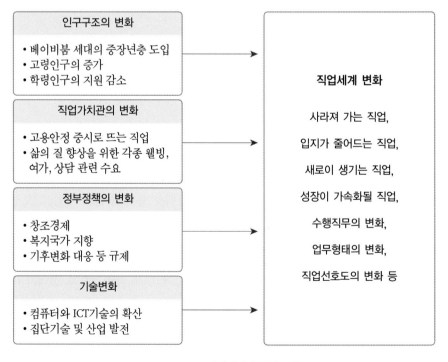

[그림 11-2] 직업세계의 변화요인

출처: 한국고용정보원 사이버진로교육센터(2015). 중등교사 진로특강 6차 자료.

를 실현한다는 취지에서 4개 영역, 8개 추진과제, 20개 세부과제를 제시하고 있다.

제2차 '진로교육 5개년 기본계획(2016~2020)'은 자유학기제와 연계하여 학생들에게 꿈과 끼를 찾는 진로탐색기회를 제공하고, 학교급별로 체계적인 진로교육을 실시하기 위한 중장기 발전방안이다. 기존 제1차 계획이 초·중등학생을 대상으로 소질과 적성 중심의 진로선택을 위한 체험 위주의 진로교육 지원에 초점을 두었다면, 제2차 계획은「진로교육법」시행과 더불어 초등에서 대학까지 체계적으로 꿈과 끼를 살리는 행복한 진로를 설계할 수 있도록 개개인의 특성을 감안한 맞춤형 진로개발 역량신장과 국가진로교육센터 지정 등 범사회적 진로교육체계 구축을 통해 미래형 창의적 융합인재를 양성하는 데 주안점을 두었다고 밝혔다.

교육부(2022d)는 이러한 계획의 실시에 따른 내용을 수정·보완하였다. 신기술 발전과 저출산으로 인한 학령인구의 감소, 진로연계학기 및 고교학점제 도입 등의 교육현장 변화를 고려하고, 학생의 자기주도적 진로개발 역량 강화를 위한 진로교육 확대 등의 기대에 부응하고자 진로수업 및 상담 활성화, 진로체험 내실화, 창업가정신 함양 교육 확대, 진로교육 사각지대 해소, 진로정보망 편의성 제고 및 유관기관 협력 강화를 목표로, 학교 진로교육 여건 조성과 교원의 진로교육 전문성을 함양을 위한 활동을 지원하고 있다.

3) 학교진로교육의 목표

교육부는 2015 개정 교육과정의 학교 진로교육 목표를 밝히면서, 다음과 같이 네 가지를 제시하고 있다.

> 학생 자신의 진로를 창의적으로 개발하고 지속적으로 발전시켜 성숙한 민주시민으로서 행복한 삶을 살아갈 수 있는 역량을 기른다.

- 긍정적 자아개념을 형성하고 소질과 적성에 대하여 정확하고 객관적으로 이해하며, 타인과 적절하게 관계를 맺고 소통할 수 있는 역량을 기른다.
- 일과 직업의 중요성과 가치, 직업세계의 다양성과 변화를 이해하고, 건강한 직업의식을 배양한다.
- 자신의 진로와 관련된 교육기회 및 직업정보를 적극적이고 체계적으로 탐색하

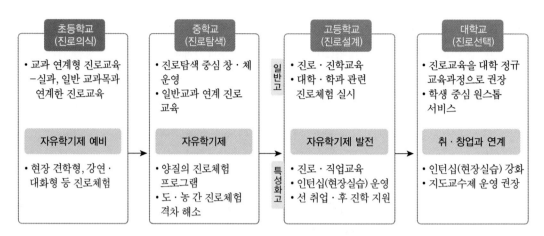

[그림 11-3] 학교급별 진로교육체계

* 출처: 교육부(2016b). 제2차 진로교육 5개년(2016~2020) 기본계획.

고 체험하며 활용하는 역량을 기른다.

• 자기이해와 다양한 진로탐색을 바탕으로 자신의 진로를 창의적으로 설계하고, 적절한 계획을 수립하고 준비하는 역량을 기른다.

이에 따른 학교급별 진로교육체계를 제시하였는데, 초등학교에서 대학교에 이어지는 진로체계를 연계해 간다는 취지이다.

(1) 중학교 진로교육의 목표

중학교 진로교육의 목표는 다음과 같다.

> 초등학교에서 함양한 진로개발역량의 기초를 발전시키고, 다양한 직업세계와 교육기회를 탐색하여 중학교 생활 및 이후의 진로를 설계하고 준비한다.

• 긍정적 자아개념을 강화하고 자신의 특성에 대한 이해의 폭을 넓히며, 다양한 사회적 관계에서의 대인관계능력 및 의사소통 역량을 발전시킨다.

• 직업세계의 다양함과 역동적인 변화의 모습을 이해하고, 직업에 대한 건강한 가치관과 진취적 태도를 갖춘다.

• 다양한 정보원을 활용하여 중학교 생활 이후의 교육 및 직업정보를 파악하고, 관심 분야의 진로경로를 탐색하는 역량을 기른다.

• 자신에게 적합한 진로목표를 수립하고, 중학교 이후의 진로를 다양하고 창의
  적으로 설계하고 실천하기 위한 역량을 기른다.

(2) 일반고등학교 진로교육의 목표

일반고등학교 진로교육의 목표는 다음과 같다.

> 미래 직업세계 변화에 대한 이해를 바탕으로 자신의 진로목표를 세우고 구체적인 정보
> 탐색을 통해 고등학교 이후의 진로계획을 수립하고 실천하기 위한 역량을 개발한다.

• 자신에 대한 종합적인 이해를 통해 긍정적인 자아정체감을 형성하고, 직업생
  활에 필요한 대인관계 및 의사소통 역량을 발전시킨다.
• 미래 직업세계의 변화가 자신의 진로에 미치는 영향을 파악하여 대비하는 역
  량을 기르고, 건강한 직업의식과 태도를 갖춘다.
• 자신의 관심직업, 전공, 고등교육 기회에 대한 구체적인 정보를 탐색하고 활용
  하는 역량을 기른다.
• 자신의 진로목표를 바탕으로 고등학교 이후 진로에 대하여 체계적인 계획을
  수립하고, 상황 변화에 대응하는 역량을 기른다.

(3) 특성화고등학교 진로교육의 목표

특성화고등학교 진로교육의 목표는 다음과 같다.

> 산업수요와 미래 직업세계 변화에 대한 이해를 바탕으로 자신의 진로목표를 세우고
> 구체적인 정보탐색을 통해 고등학교 이후의 진로계획을 수립하고 실천하기 위한 역
> 량을 개발한다.

• 자신에 대한 종합적인 이해를 통해 긍정적인 자아정체감을 형성하고, 직업생
  활에 필요한 대인관계 및 의사소통 역량을 발전시킨다.
• 미래 직업세계의 변화가 자신의 진로에 미치는 영향을 파악하여 대비하는 역
  량을 기르고, 건강한 직업의식과 태도를 갖춘다.
• 자신의 관심직업, 취업기회, 평생학습의 기회에 대한 구체적인 정보를 탐색하
  고 체험하며 활용하는 역량을 기른다.

• 자신의 진로목표를 바탕으로 고등학교 이후 진로에 대하여 체계적인 계획을 수립하고, 상황 변화에 대응하는 역량을 기른다.

4) 진로교육의 학교급별 영역과 내용

진로교육은 학생들의 발달단계에 따라 이루어져야 한다. 이 발달단계에 맞춘 개념으로 초등학교는 '진로인식' 단계, 중학교는 '진로탐색' 단계, 고등학교는 '진로준비' 단계, 대학교는 '진로전문화' 단계라고 말한다.

(1) 중학교의 진로교육 영역과 내용

중학교 시절은 진로탐색의 시기로, 직업에 관한 지식과 진로를 결정하는 데 필요한 기술을 익힐 수 있도록 지도하는 것이 중요하다. 중학교에서는 일에 대한 안내를 강조하던 초등학교 교육내용에 이어 긍정적 자아개념의 발달과 의사결정능력 등을 증진시키고, 직업에 관한 정보와 함께 보다 탐색적인 경험을 제공해 학생들 스스로 자신의 진로계획을 세울 수 있도록 도와주어야 한다.

중학교 진로교육에서는 학생들 개개인의 흥미와 사고수준이 다양해지며, 학생 자신을 객관적으로 이해하여 합리적인 방법으로 미래를 설계해야 하기 때문에, 초등학교 진로교육 내용보다 구체적인 방법으로 접근해 가야 할 것이다. 그 내용으로는, ① 자신에 대한 이해, ② 직업세계의 이해, ③ 학교 선택과 교육 분야에 대한 이

표 11-5 중학교의 진로교육 영역과 내용

영역	1학년	2학년	3학년
직업적 역할과 자아인식	• 자신의 특성 확인 • 일에 대한 긍정적 태도 함양	• 자신의 능력과 한계 • 자신의 소질, 흥미, 적성의 발견 • 청소년기 과제 인식	• 흥미 · 소질 · 적성과 일과의 관계 인식 • 일에 관련한 자신의 가치 이해
일의 세계에 대한 인식	• 직업의 종류와 특성 이해 • 제품이 되어 나오기까지의 관련 직종 알아보기 • 직업군별 직종 학습	• 직업의 발달과 변모 이해 • 기업의 융성과 쇠망의 관계 • 직업의 의미학습	• 직업과 관련한 개인적 · 환경적 요인 조사 • 다양한 직종과 적성의 관계 인식 • 직업 가치의 탐색

일에 대한 적극적·긍정적 태도 습득	• 일과 학교와 사회의 연관성 • 하고 싶은 일 설정 • 일의 가치와 역할 조사	• 일의 소중함 인식 • 세계적인 명성을 가진 직업활동 알아보기	• 진로동기 유발 • 특정 직업활동을 희망하는 이유 알아보기
의사결정 능력의 함양	• 직업 선정의 중요성 토의 • 책임과 융통성 있는 진로계획 수립	• 직업 선정과 기준 • 진로정보활동	• 고교 진학의 실제에 대한 교사, 부모 상담 • 생애설계 활동 • 의사결정 및 수정에 대한 학습
일과 직업의 경제적 측면 이해	• 부모에의 의존과 독립의 관계 알아보기 • 아버지의 보수와 생계유지의 관계 알아보기	• 생산과 일과 보수의 관계 알아보기 • 우리나라 수출과 수입, GDP의 관계 알아보기	• 사회·경제 변화와 직업의 변화 인식 • 기본적인 경제조직과 산업구조 변이 학습
교육과 직업세계와의 관계 인식	• 교육의 연속성 이해	• 다양화되어 가는 직업 추이와 그에 따른 다양한 교육준비 인식	• 학교교육, 평생교육, 성인학교 인식 • 일과 학력, 기능과 보수의 관계 이해

* 출처: 박완성(2012). 신세대 교사를 위한 교직실무의 이론과 실제, p. 183.

해, ④ 자신에 적합한 직업 찾아보기, ⑤ 자신의 진로계획 및 준비 등이 있다. 이 내용을 바탕으로 한 중학교의 진로교육 영역과 내용을 살펴보면 〈표 11-5〉와 같다.

(2) 고등학교의 진로교육 영역과 내용

고등학교의 진로교육은 학생 스스로 자신의 특성을 파악하고, 교육과 직업에 관한 정보를 수집하고 분석함으로써 합리적으로 진로의 방향을 설계할 수 있도록 돕는 것이다.

학생 자신은 욕구나 흥미, 능력 등을 고려하여 진로를 선택하여야 하고, 이는 상급학교 진학과 이어지거나 직업을 선택하는 자신의 인생설계와도 접목될 수 있어야 한다. 이러한 과정에서 진로교육, 진로상담이 더욱 중요해지며, 중학교의 진로교육 내용에 이어, ① 현실 여건에 맞는 자신에 대한 이해, ② 변화를 반영한 직업세계의 이해, ③ 직업과 관련된 학교와 교육분야에 대한 이해, ④ 진로결정 탐색 및 보완, ⑤ 장·단기 진로설계 등이 포함된다.

고등학교의 진로교육은 중학교에서 실시하던 방법 이외에 장래의 직업선택을 위

표 11-6   고등학교의 진로교육 영역과 내용

영역	내용
자아이해	• 직업수행에 필요한 인성과 사회적 대응 기술 • 작업 습관과 태도 이해 • 긍정적 자아개념, 진로선택에 영향을 끼치는 요인 이해 • 자신의 여건에 맞는 진로선택의 결심, 상담
진학 및 취업 정보의 활용	• 직업의 종류 파악 • 진로 및 취업 정보 탐색과 활용 • 직종별 직무 근로조건, 우리나라 직업 전망 탐색 • 대학의 종류와 특성, 각종 학내 장치와 특색, 전공학과와 직종
진로계획	• 진로계획의 기본원리 이해 • 인생계획의 필요성과 생애설계
진로결정의 조건	• 적성요인, 직업적 흥미, 인성요인, 신체적 조건의 객관적 적용 능력 • 학력, 경제적 여건, 신체적 특성, 기술, 자격 등에 대한 자기검토와 수용
직업 및 직장윤리	• 직업 및 직장윤리의 필요성 • 직장에서 지켜야 할 기본 예의 • 직무수행의 기본 태도
일과 직업의 경제적 측면 이해	• 직업이 요구하는 생활양식과 보수의 관계 • 직업의 장래성과 사내 훈련, 승진의 관계 • 직업의 보수에 대한 수입과 지출의 균형 문제
일과 직업의 교육적 측면 이해	• 진로가 요구하는 교육, 훈련의 조건 • 진로가 요구하는 제 능력, 기술훈련과 그 전략 수립

* 출처: 박완성(2012). 신세대 교사를 위한 교직실무의 이론과 실제, pp. 185-186.

한 상급학교와의 연계를 고려함으로써, 혹은 취업에 대비한 산학협동 프로그램 훈련을 실현함으로써 효과를 기대할 수 있다.

5) 학교급별 진로교육 방법

(1) 중학교 진로교육의 방법

• **진로교육 연간계획 수립**: 직업탐색, 진로정보실 운영, 학급활동시간의 활용, 진로교육 프로그램 운영, 진로의 날 행사, 진로교육을 위한 행정적 · 재정적 지원 등의 연간계획을 수립한다.

표 11-7	자유학기 진로탐색활동의 구성
유형	**활동내용**
진로학습	• '진로와 직업' 선택 교과 • 진로교육 집중학년 · 학기용 진로교육 프로그램 • 교과 연계(통합) 진로교육 • 기업가 정신 · 창업(직) • 진로 · 직업세계 이해 및 진로정보 탐색(열린 진로정보 '잼') 등
진로검사 · 상담	• 진로심리검사(커리어넷 진로심리검사 등) • 진로심리검사 해석 및 연계활동 • 검사를 활용한 개별 및 집단 진로상담 등
진로체험	• 강연 · 대화(직업인 특강, 직업인과의 대화) • 현장견학 • 학과체험(전공체험) • 진로캠프 • 직업실무체험 현장직업체험 등
진로포트폴리오	• 포트폴리오 개념과 작성안내 및 활용방법 • 포트폴리오를 통한 진로 · 학습 · 활동 경험 관리 등

* 출처: 교육부(2016a). 자유학기 진로탐색활동 길라잡이, p. 6.

- **교과지도**: 교과내용과 관련지어 직업에 관한 내용을 탐색한다.
- **진로상담 시간의 활용**: 진로상담은 진로결정 프로그램 운영, 자아영역과 직업영역 탐색을 통한 합리적 의사결정능력의 신장을 위해 활용할 수 있다.
- **진로의 날 운영**: 진로의 날은 관심을 가진 직업과 관련된 선배와의 대화, 다양한 직업세계를 접해 보기 위한 자원인사와의 만남, 직업현장 견학 등의 활동으로 구성한다.
- **진로정보실 운영**: 각종 진학정보 및 취업정보 자료를 비치하고, 내용 검색이 가능한 시스템을 갖추어 놓아 학생들이 호기심이 생길 때마다 스스로 검색하거나 진학 및 진로상담도 진행할 수 있는 분위기를 조성해 둔다.
- **자유학기제의 활용**: 자유학기제의 진로탐색 활동내용으로 선정하여 활동할 수 있다.

진로계획 수립과정에 필요한 직업정보 탐색 단계의 예는 [그림 11-4]와 같다.

1 단계	**희망 직업 탐색 및 선택** • 자신의 특성에 적합한 희망 직업을 탐색하고 선택하는 과정임 • 자신의 흥미, 적성, 성격, 가치관 등을 종합적으로 이해한 후 더 잘할 수 있는 직업을 탐색하여 도전하고 싶은 직업으로 선택함 • 관심 직업 목록 중에서 최우선으로 탐색할 직업명을 선택함
2 단계	**구체적인 직업 정보 탐색** • 자신에게 적합한 직업인지 판단하기 위하여 직업 정보를 구체적으로 탐색함 • 직업 정보 탐색의 요소: 직업이 하는 일, 핵심 능력, 필요한 지식이나 자격, 교육과정, 관련 학교나 학과, 교육 정보, 임금 수준, 직업의 미래 전망, 직업의 변화 · 발전, 고용 현황, 노동 시장의 변화 추세, 복리후생 제도, 근무지 공간 정보, 사업장의 작업 환경, 인간관계 등
3 단계	**희망 직업 경로 탐색** • 직업인 멘토나 동영상 정보 탐색으로 희망 직업 경로를 설계 • 희망 직업인이 되기 위한 입직 과정과 핵심 능력을 갖추는 과정, 교육 정보, 직업 훈련 정보에 대한 이해를 바탕으로 수집된 정보는 직업 정보 선택과 분류에 유용한 기준임 • 신생 직업이거나 극소수 인원의 직업, 교육기관이 없는 비공식적인 직업은 유사 직업명으로 탐색 • 가족, 친척의 직업에 대한 탐색도 자신의 적성을 이해하는 한 방법임
4 단계	**희망 직업 핵심 능력 탐색** • 희망하는 직업인이 되기 위하여 필요한 핵심 능력을 탐색하여 계획 및 실천 과정을 설계함 • 자신이 종사할 분야에 대한 이론적 · 실무적 지식을 갖추는 데 필요한 조건을 탐색함 • 현재 자신의 기준이 아닌 실제 입사 시기인 10여 년 후를 기준으로 자신의 노력 여부를 판단하여 탐색함

[그림 11-4] 진로계획 수립과정에 필요한 직업정보 탐색의 과정

* 출처: 송현섭 외(2018). 중학교 진로와 직업, p. 116.

(2) 고등학교 진로교육의 방법

• **교과지도**: 교과내용과 관련지어 직업에 관한 내용을 탐색한다.

• **진로정보실 운영**: 각종 진학정보 및 취업정보 자료를 비치하고 진학 및 진로상담을 한다.

• **진로상담**: 개인상담 또는 취향이나 관심이 비슷한 학생들의 집단상담을 실시한다.

- 학교선택에 관한 프로그램 운영
  - 대학 진학의 필요성과 자신의 성향 재확인
  - 진학 학과 관련 정보수집 및 탐색
  - 자신에 대한 이해와 합리적 판단에 의한 진로 수정
- 직업선택에 관한 프로그램 운영: 자신의 성향과 능력, 환경에 대한 취업정보 수집 및 탐색

6) 초 · 중등교육과정에서의 진로교육 방안

2015 개정교육과정은 진로교육 정책의 변화 및 학교교육과정에서 진로교육이 차지하는 역할과 위상의 변화, 진로교육의 미래지향성 등을 주요한 기준으로 고려하였다(교육부, 2016b).

2015 개정교육과정은 지식정보사회가 요구하는 창의융합 인재양성을 위한 교육기반을 마련하고, 모든 학생이 인문 · 사회 · 과학기술에 대한 기초 소양을 함양할 수 있는 문 · 이과 통합형 교육과정의 필요에 의해 미래사회가 요구하는 핵심역량을 함양하여 바른 인성을 갖춘 창의융합형 인재양성에 목표를 두고 학생의 진로와 적성을 고려한 학습기회를 확대시켜 왔다.

(1) 진로교육 부분에 관한 주요 개정 내용

① 진로교육 목표 및 성취기준의 역할과 위상 변화 고려

그동안 학교교육과정 내에서 진로교육의 위상은 실과와 기술 · 가정 과목의 한 단원으로 편성 · 운영되는 것에서 시작하여, '진로와 직업' 교과가 중등학교의 선택과목으로 채택되는 단계에 이르기까지 점진적인 발전을 이루어 왔으나 사실상 특정 교과의 지위에서 크게 벗어나지 못하는 한계가 있었다. 그러나 최근 몇 년 사이에 창의적 체험활동의 진로활동 편성, 자유학기제 운영, 「진로교육법」 제정 등을 거치면서 진로교육의 역할과 위상은 급격하게 확대되고 있다. 진로교육은 더 이상 특정 교과의 하나로 국한되는 것이 아니라 학교교육과정의 전반을 아우르는 중요한 교육으로 자리매김하게 되었다. 따라서 2015 개정안에서는 이러한 변화를 토대로

고취된 진로교육의 위상과 새롭게 정비된「진로교육법」의 방향성 및 내용을 최대한 연계·반영하고자 하였으며, 다음과 같은 내용을 통해 구현하고자 하였다.

첫째, 진로교육 목표와 성취기준이 교과·비교과 수업을 포함한 교육과정을 담는 전체적이고 거시적인 틀로서의 역할을 수행할 수 있도록 하였다.「진로교육법」은 여타의 교육 관련 법안과는 달리 특정 과목이나 특정 시간에만 적용되는 것이 아니라 초·중·고의 전체교육과정과 각 학교급의 각 요소마다 적용될 수 있다는 고유한 특징을 지닌다. 따라서 진로교육 목표 및 성취기준 개정은 이러한 특징을 반영하여 그동안의 진로교육이 주로 직업선택을 위한 단편적이고 협소한 개념으로 인식되고 있는 점에서 벗어나 학생 개개인이 주체적인 삶의 방향성을 설정하여 능동적인 진로탐색을 실시해야 한다는 내용을 담고 있다.

둘째, 학생들의 진로탐색을 촉진하기 위한 진로체험 관련 요소를 반영하였다. 자유학기제는 참여형 수업운영, 진로탐색활동을 비롯해 다양한 체험활동을 실시할 수 있도록 교육과정을 유연하게 운영하도록 추진되고 있으며, 이러한 교육내용 및 요소는 진로교육과 밀접하게 연관되어 있다.「진로교육법」제3항에서는 비단 자유학기제뿐만 아니라 전 교육과정 안에서 학생의 참여와 직업에 대한 체험을 강조하면서, 이를 위해 국가 및 사회 차원에서의 체험장소 지원을 의무화하고 있다. 따라서 진로교육 목표와 성취기준은 이러한 내용을 반영하여 진로탐색 단계에서 체험활동이 수반되어야 함을 담고자 하였다.

② 미래지향적 진로교육 목표 및 성취기준 마련

현대사회로 접어들면서 기술의 급속한 발달과 정보통신의 활용이 확산됨에 따라 산업구조도 함께 변화하고 관련 인력수요도 달라지고 있다. 이러한 변화에 따라 각 직업이 지닌 직무와 역할이 조정되고, 이전에는 보지 못했던 직업이 새롭게 창조되거나 새로운 분야의 창업이 시도되는 등 직업세계의 변화와 관련된 다양한 사례가 나타나고 있다. 2015년 진로교육 목표 및 성취기준 개정안에는 이와 같이 창업과 창직[5] 등의 다양한 형태로 이루어지는 직업세계의 변화양상을 이해하고 이에 따라

---

5) 창직이란 자신의 능력과 적성, 흥미에 부합하는 창의적인 일자리를 스스로 만들어 내는 것을 의미함(김중진 외, 2013).

필요한 내용을 반영하고자 하였으며, 다음과 같은 내용을 통해 구현하고자 하였다.

첫째, 미래인재로서 갖추어야 할 진로개발 역량을 부여하였다. 학생 개개인이 자신의 진로를 개척하고 직업을 탐색하기 위해 필요한 다양한 진취적 역량을 갖추도록 하는 세부목표와 성취기준을 반영하였다.

둘째, 진로·직업의 의미와 개인의 삶과의 연계성을 성찰할 수 있도록 하였다. 따라서 '자아이해와 사회적 역량개발' 및 '일과 직업세계 이해'의 영역 등에서 행복한 삶의 추구 및 진로가 지니는 의의 등과 관련한 목표를 반영하여 진로교육이 스킬 중심으로 편향되지 않도록 하였다.

셋째, 직업세계에 대응하는 주도적이고 실천적인 태도를 강조하였다. 기존의 진로교육 목표 및 성취기준에서 과거-현재-미래의 흐름 속에서 직업세계가 변화해 가는 모습을 학생들로 하여금 '상상'하게 하는 단계에서, 더 나아가 학생들이 진취적으로 새로운 직업을 직접 '만들고 계획을 세워 보는' 구체적인 활동을 반영하고자 하였다.

넷째, 창업과 창업 관련직을 포함한 다양한 형태의 직업세계를 탐색하는 기준을 추가하였다. 일과 직업의 의미를 이미 갖추어진 회사에 취직을 하는 구직활동의 일환으로 이해하기보다는 자신의 아이디어로 회사를 개척하는 창업, 변화하는 사회 속에서 자신이 원하고 사회가 필요로 하는 일을 하기 위해 새로운 일의 종류를 창조하는 창직(創職)이라는 방식도 있음을 이해시키고, 이에 대한 다양한 사례를 탐색하게 하는 기준을 반영하고자 하였다.

다섯째, ICT 기술 및 스마트기기를 활용한 직업정보원 활용, 직업 및 산업구조 이해의 필요성을 강조하고자 하였다. 현대사회에서는 학교 밖 직업세계의 변화뿐만 아니라, 학교 안 교육현장에서도 다양한 환경변화가 나타나고 있다. 특히 ICT를 바탕으로 한 교수법이 도입·확산되고 있으며, 이에 학생들도 교과서 및 서적 등과 같은 오프라인 매체뿐만 아니라 인터넷, PC 등을 활용하여 온라인 정보를 탐색하는 능력이 향상하고 있다. 이러한 교육환경 변화의 모습을 성취기준에 반영할 필요가 있었기 때문이다.

여섯째, 평생교육 및 선 취업-후 진학 개념을 도입하였다. 평생교육의 중요성 제고 및 선 취업-후 진학 방식의 대두 등과 같은 교육환경의 변화를 반영하여 단순히 초-중-고-대의 선형적 교육방식에 국한되기보다는 다양한 생애주기 관점을 반영하고자 하였다.

③ 학교급별 진로교육 목표 및 성취기준의 정교화

현재 우리나라는 진로교육을 초등학교부터 고등학교에 이르기까지 전 학교급에 걸쳐 활발히 실시하고 있다. 2015 개정안에서는 학교급별 진로교육 세부목표와 성취기준이 유기적으로 연계 · 차별화될 수 있도록 반영하고자 하였으며, 다음과 같은 내용을 통해 구현하고자 하였다.

첫째, '진로와 직업' 과목과의 연계를 시도하였다. 기존에 개발된 성취기준이 '진로와 직업' 과목과 연계되어 있지 않아 그간 학교현장에서의 진로교육 목표와 성취기준에 대한 이해도 및 활용도가 높지 않은 경향이 있었다. 따라서 2015년 개정안에서는 진로교육 목표와 성취기준을 학교현장에서 적용 가능하도록 '진로와 직업' 교육과정과의 연계를 추진하였다.

둘째, 학교급별 진로교육 목표 및 성취기준이 교육과정 내에서 자연스럽게 달성될 수 있도록 하는 것을 주요 목표로 두고, 초-중-고로 이어지는 진로교육의 내용이 각 학교급별로 자연스럽게 연결되도록 하는 것에 중점을 두었다. 또한 각 대영역 내에서의 학교급별 연계뿐만 아니라 대영역 간의 연계를 고려함으로써 진로교육 목표와 성취기준이 각 학교급에 따라 종적으로, 횡적으로 연계되도록 고려하였다.

셋째, 학교급별 진로교육 목표와 성취기준의 위계 및 수준을 조정하였다. 진로교육 목표와 성취기준의 타당성 및 현장적용성에 대한 의견수렴 결과, 진로교육 목표와 성취기준이 각 학교급별로 차별화되지 않고, 각 학교급별 학생들의 발달 차이가 세심하게 고려되지 않았다는 문제점이 제기되었다. 따라서 진로교육 목표와 성취기준이 각 학교급별로 자연스럽게 상승할 수 있도록 위계와 수준을 조정하였다.

넷째, 학교급별 학년(군)별 적합 교육방안을 제시하였다. 지금까지의 진로교육 목표와 성취기준은 각 학교급 간에는 차별화된 목표와 기준이 제시되고 있지만 학년별 구분은 제시되어 있지 않기 때문에 각 학년별로 중점적으로 교육해야 할 내용이 모호하고 학년 간의 교육내용이 중복된다는 문제점이 제기되어 왔다. 따라서 2015 개정안에서는 진로교육 목표와 성취기준이 해당 학교급에 적합한 수준인지를 검토하고, 각 성취기준별로 적합학년(군)을 제시하였다.

다섯째, 학교진로상담과 연계된 성취기준을 마련하였다. 「진로교육법」 제2조(정의) 제1항에 따른 '진로교육'은 진로상담을 제공하는 활동도 포함하고 있으며, 초 · 중등학교에서 진로상담은 교사와 학생이 학생의 진로고민에 대해 의논하는 활동으로써 전 학교에서 보편적으로 이루어지고 있다. 따라서 학교진로상담이 학교급별로 진로교육 목표체계에 따라 체계적으로 이루어질 수 있도록 성취기준을 마련하고 이를 학교진로상담에 반영하는 한편, 진로상담의 필요성이 더욱 중시되는 진로선택기 학생들(중3, 고1, 고3)에 대한 학교진로상담제 운영이 효율적으로 운영될 수 있도록 반영하고자 하였다.

(2) 진로교육 부분에 관한 주요 개정방향

진로교육 부분에 관한 주요 개정방향은 다음과 같다.

첫째, 인문 · 사회 · 과학기술에 관한 기초소양교육을 강화한다.

- 이를 위해 초 · 중등교과 교육과정을 개편하여 인문학적 소양을 비롯한 기초소양 함양교육을 전반적으로 강화하였다.
- 특히 고등학교에 기초소양 함양을 위해 문 · 이과 구분 없이 모든 학생이 배우는 공통과목—국어, 수학, 영어, 한국사, 통합사회, 통합과학, 과학탐구실험—을 도입하고, 통합적 사고력을 키우는 '통합사회' 및 '통합과학' 과목을 신설하였다.

둘째, 학생들의 '꿈과 끼'를 키울 수 있는 교육과정을 마련한다.

- 단위학교의 교육과정 편성 · 운영의 자율성을 확대하여 학생의 진로와 적성을 고려한 다양한 선택과목 개설이 가능하도록 하였다.
- 자유학기제 전면 실시(2016년)에 대비하여, 중학교 한 학기를 '자유학기'로 운영할 수 있는 근거를 마련하였다.

① 급변하는 산업수요 특성에 맞게 개발한 'NCS(National Competency Standards, 국가직무능력표준) 교육과정'은 여건이 조성된 학교에서는 2016년부터 실무과목을 우선 적용할 수 있도록 하였다.

② 중학교는 한 학기를 '자유학기'로 운영할 수 있는 근거를 마련함으로써 학생들이 중간 · 기말고사에 대한 부담에서 벗어나 체험중심의 교과활동과 함께 장래 진로에 대해 마음껏 탐색할 수 있도록 하였다.

③ 고등학교는 학생들이 '공통과목'을 통해 기초소양을 함양한 후 학생 각자의 적성과 진로에 따라 맞춤형으로 교육받을 수 있도록 '선택과목'(일반선택/진로선택)을 개설하도록 하였다.

　　ㅡ학생의 진로에 따른 선택권을 확대하기 위해 진로 선택과목을 3개 이상 이수
　　　하도록 하는 지침을 마련하였다.
　　ㅡ특성화고 교육과정은 전문교과를 공통과목, 기초과목, 실무과목으로 개편하
　　　여 국가직무능력표준(NCS)과 연계를 강화하였다.

　　자유학기 진로탐색활동 추진방향은 [그림 11-5]와 같다.

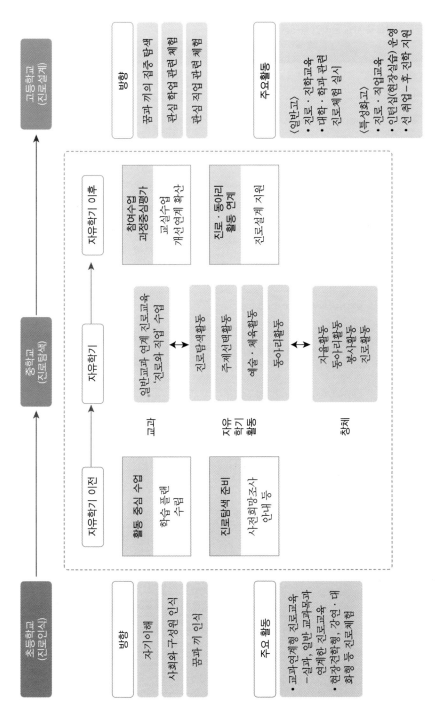

[그림 11-5] 자유학기 진로탐색활동 추진방향

출처: 교육부(2016a). 자유학기 진로탐색활동 길라잡이, p. 4.

표 11-8　진로진학교육 지원 온라인 플랫폼

사이트명	사이트 주소	내용
진로정보망 커리어넷	https://www.career.go.kr	진로심리검사, 직업정보, 진로상담, 학과정보
원격영상 진로멘토링	https://www.mentoring.career.go.kr	수업, 멘토, 커뮤니티
창업체험플랫폼 (YEEP)	https://yeep.go.kr	수업, 동아리, GO스타트업, 온라인 사업설명회, 가상크라우드펀딩
꿈길	https://www.ggoomgil.go.kr	진로체험처 등록 및 검색, 교육기부 진로체험기관 인증제, 안전한 진로 체험 핸드북, 우리 시역 진로체험지원센터
크레존 (창의인성교육넷)	https://www.crezone.net	창의교육, 창의적 체험활동, 크레존 콘텐츠
워크넷	https://www.work.go.kr	채용정보, 직업·진로, 고용복지정책, 훈련정보
고입정보포털	https://www.hischool.go.kr	고교 입시정보, 자기주도학습전형, 고교학점제, 일반고교육역량강화
하이파이브 (특성화고·마이스터고)	https://www.hifive.go.kr	학교정보, 교육지원, 취업·진로, 후학습
대입정보포털 어디가	https://www.adiga.kr	진로정보, 대학/학과/전형, 성적분석, 대입상담, 대입정보센터
한국대학 교육협의회	https://www.kcue.or.kr	대학알리미, 대입정보포털, 표준공통원서접수서비스
한국전문대학 교육협의회	https://www.kcce.or.kr	전문대학 진로진학정보 상담, 대학별 입학정보

* 출처: 부산광역시교육연구정보원(2020). 교육실무편람. 부산교육총서 제30집, pp. 246-248.

〈자료 1〉

「진로교육법 시행령」안의 주요 내용

1. 진로전담교사의 배치기준 및 진로전담교사 지원 전문인력 자격

초·중등학교의 진로전담교사는 학교당 1명 이상을 배치하되, 교육감이 정하는 일정 규모의 학교에는 순회근무가 가능토록 함

▶ (중·고등학교) 진로진학상담과목(부전공 포함) 교사가 진로전담교사 역할수행

▶ (초등학교와 그 외) 보직교사(예: 진로부장)가 진로전담교사 역할수행 가능

　　－ 진로전담교사 지원 전문인력: 교육감이 실시하는 교육 또는 연수를 40시간 이상 이수 등의 자격을 갖춘 사람

2. 진로체험 교육과정의 편성·운영

교육부장관은 진로체험 교육과정에 관한 기본적인 사항을 정하고, 교육감은 교육부장관이 정한 진로체험 교육과정의 범위에서 지역 실정에 맞는 기준과 내용을 정할 수 있음

3. 진로교육 집중학년·학기제의 운영

교육감은 학생 및 학부모의 의견과 학교의 실정 등을 고려하여 진로교육 집중학년·학기제를 자유학기와 연계·통합하여 운영할 수 있으며 필요한 사항은 교육부장관과 협의하여 정함

▶ 「진로교육법」 제13조(진로교육 집중학년·학기제) 초·중·고등학교에서 특정 학년 또는 학기를 정하여 진로체험 교육과정을 집중적으로 운영하는 제도

4. 대학의 진로교육

교육부장관은 대학의 진로교육을 위하여 필요시 관계기관 및 단체에 대학생 현장실습 및 진로상담 제공 등의 협조를 요청할 수 있음

5. 교육기부 진로체험기관 인증기준·절차

교육부장관은 진로체험 기회를 무료로 제공할 수 있는 인력·시설 및 충분한 진로체험 프로그램 등 진로체험기관 인증기준을 정함

출처: 교육부 보도자료(2015. 12. 23.). 「진로교육법 시행령」

〈자료 2〉

'AI 디지털 교육'의 주요 내용

교육부는 미래 변화 대응 역량 및 기초소양 강화를 위해 미래 세대 핵심 역량으로 '디지털 기초 소양 강화 및 정보교육 확대'를 목표로 다양한 노력을 시도하고 있다.

첨단 분야 인재 양성을 목표로, 반도체 초격차를 확보할 반도체 전문인재를 10년간 15만 명을 양성하기 위해 반도체 등 첨단산업 인재양성 특별 TF를 2022년 6월 15일 출범하였다(교육부, 2022c).

교육부(2022c)는 디지털 역량 함양이 충실히 이루어질 수 있도록 정보 수업시간 배당 기준을 현행 대비 2배—초등학교 34시간 이상(현행 17시간), 중학교 68시간 이상(현행 34시간)—로 확대하였다. 이에 추가·확보된 시수를 통해 인공지능·빅데이터 등 디지털 혁신 기술을 이해하고 활용할 수 있도록 정보과 교육과정을 개편하였다. 초·중학교 에서는 학생의 발달단계에 맞춰 놀이·체험 활동 및 실생활 문제해결과정을 간단한 프로그램으로 구현하는 등 학습 부담 없이 쉽고 재미있게 배울 수 있게 하였으며, 고등학교 에서는 학생의 진로·적성에 따른 정보 역량을 함양할 수 있도록 다양한 선택과목을 개 설−(일반선택) '정보', (진로선택) '인공지능 기초' '데이터 과학', (융합선택) '소프트웨어 와 생활'−하여 진로연계 디지털 교육을 강화하였다. 또한 모든 교과를 통해 미래 세대 핵 심 역량인 디지털 기초 소양을 함양하고, 교실 수업 개선 및 평가 혁신과 연계할 수 있도 록 내용을 구성하면서, 디지털 문해력 및 논리력, 절차적 문제해결력 등의 함양을 위해 국어, 과학, 사회, 기술·가정, 예술 등 다양한 교과 특성에 맞게 디지털 기초 소양 관련 내용 반영 및 선택과목을 신설하였다.

초·중등교육부터 고등·평생교육에 이르는 전(全)주기적 교육 시스템 내에서 질 높 은 디지털 교육의 충분한 기회를 보장하기 위하여 초·중등 인공지능(AI) 교육 선도학 교 확대, 디지털문제해결센터 운영, 방학중(방과후) 캠프 도입 및 (대학) 부트캠프(Boot Camp) 등을 계획 중이다.

출처: 교육부(2022C). 키워드로 보는 교육정책−반도체 등 첨단분야 인재.

〈자료 3〉

「기후변화 대응 환경교육」의 주요 내용

　　교육부는 자연과 인간의 공존, 지속 가능한 미래를 위한 '2022 기후변화 대응 탄소중립 환경교육 추진 계획'을 발표하였다(경기도교육청 융합교육정책과, 2022).

　　이는 「교육기본법」 제22조의2(기후변화환경교육) "국가와 지방자치단체는 모든 국민이 기후변화 등에 대응하기 위하여 생태전환교육을 받을 수 있도록 필요한 시책을 수립·실시하여야 한다."에 근거한 것으로, 여기서 환경교육이란 각급학교의 학생 등에게 「환경교육의 활성화 및 지원에 관한 법률」 제2조 제1호가 규정하는 환경교육에 기반을 두고 기후변화 대응 탄소중립을 구현하여 인간과 자연의 공존과 지속 가능한 삶으로의 전환(생태전환)을 추구하는 교육을 말한다.

　　이러한 환경교육을 지원하기 위한 자료는 〈표 11-9〉와 같다.

표 11-9　**환경교육 지원 자료**

영역	내용	누리집 링크
환경교육 교구대여	• 환경교육 교구 무료 대여	https://www.keep.go.kr/portal/336
교육자료	• 환경교육 관련 카드뉴스 자료 제공	https://www.keep.go.kr/portal/141
영상자료	• 생태계 및 에너지, 기후변화, 지속가능발전교육 관련 e-learning 영상 자료 제공	https://www.keep.go.kr/portal/142
푸름이 이동환경교실	• 학교 방문 교육 실시	https://www.keep.go.kr/portal/325
우수 환경 도서	• 우수 환경 도서 발굴 및 홍보	https://www.keep.go.kr/portal/147
환경교육 월간 웹진	• 통합형 환경교육 정보 웹진 '환경교육 NOW' 무료 구독	https://www.keep.go.kr/portal/135
환경일기장	• 환경캠프 신청 • 환경 일기장 쓰기 • 환경 워크북 신청 및 다운로드	https://greenproject.co.kr
생애주기별 환경교육	• 생애주기 맞춤형 환경교육 프로그램 개발방안 연구 보고서 제공	https://www.keep.go.kr/portal/144?action=read&action-value=282e1f28a84ee1fd98618df9443af81a&tags=%EC%97%B0%EA%B5%AC
환경교육 교수·학습자료	• 환경교육 교재, 환경교육 교사용 지도서, 교수·학습과정안 제공	https://www.jne.go.kr/eco/na/ntt/selectNttList.do?mi=1239&bbsId=526

* 출처: 전라남도교육청(2021. 1. 18.). 교육정보 Modoo, 환경교육 지도자료 게시판 3번 게시글.

〈자료 4〉

'다문화 교육'의 주요 내용

2021년 교육기본통계(교육부, 2021b)에 따르면 초ㆍ중등학교(각종 학교 포함)의 다문화 학생 수는 160,056명으로 전년 대비 12,678명(8.6%↑) 증가하였고, 초등학교는 111,371명으로 전년 대비 3,677명(3.4%↑) 증가, 중학교는 33,950명으로 전년 대비 7,177명(26.8%↑) 증가, 고등학교는 14,307명으로 전년 대비 1,829명(14.7%↑) 증가하였으며, 각종 학교는 428명으로 전년 대비 5명(1.2%↓) 감소한 것으로 나타났다.

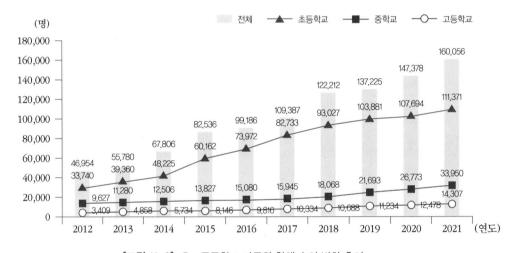

[그림 11-6] 초ㆍ중등학교 다문화 학생 수의 변화 추이

출처: 교육부(2021b). 2021년 교육기본통계.

다문화 외국인가정 자녀 증가에 대응하여 우리 사회 인재로 성장할 수 있도록 공교육 진입 및 적응 지원 등 교육기반 조성이 필요하게 되었고, 국적, 체류자격 등과 무관하게 공교육에 진입할 수 있는 기반을 조성하고 있다. 이를 위해 다문화 학생의 특성을 고려하여 맞춤형 교육지원을 제공하여 다문화 학생이 학교현장에 조기 적응하고 다양성과 잠재력을 발휘하여 미래인재로 성장할 수 있도록 내실 있는 지원체계를 마련해 가고 있다. 그러므로 학교교육에서는 다문화 학생의 성장을 위해서 모든 학교구성원이 문화적 다양성을 이해하고 조화롭게 어울리는 다문화 친화적 교육환경 조성이 필요하게 되어, 학생 및 교원의 다문화 수용성이 향상될 수 있도록 지원하고, 가정ㆍ학교ㆍ지역사회가 연계하여 통합 지원하는 지원체계를 조성해 나가고 있다.

- **공교육 진입 지원**: 공교육 진입 절차를 안내하고 관련 절차를 개선하여 다문화 가정 자녀의 재학률 제고 등 동등한 교육기회 보장
- **다문화 학생 교육지원 확대**: 다문화 학생 특성을 고려한 한국어교육 및 학교 적응 지원을 통해 다문화 학생의 학업중단률 지속 감소
- **교수 · 학습자료 지원**: 다문화 학생의 학습지원을 위해 한국어교재(17종), 교과보조교재(17종), 이중언어교재(9종) 등 개발 · 보급
- **다문화 수용성 제고**: 학교 전반에 걸친 다문화 교육 및 선도모델 발굴 등을 통해 학생의 다문화 수용성 및 글로벌 역량 개선

표 11-10 | 다문화 교육 추진과제

	추진과제
1. 출발선 평등을 위한 교육기회 보장	• 다문화 학생 공교육 진입 제도 안착 • 학교교육 준비도 격차 해소
2. 학교 적응 및 안정적 성장 지원	• 맞춤형 한국어교육 지원 • 학교 적응 및 인재 양성 지원
3. 다양성이 공존하는 학교환경 조성	• 전체 학생 대상 다문화 교육 확대 • 교원의 다문화 교육 역량 제고 • 가정 및 지역사회와의 연계
4. 다문화 교육 지원체제 내실화	• 다문화 교육제도 개선 및 실태 파악 • 중앙-지역 및 부처 간 협력 강화

* 출처: 교육부 교육기회보장과(2022). 출발선 평등을 위한 「2022년 다문화교육 지원계획」.

또한 예비 교원의 다문화 교육에 대한 이해와 관련 역량을 키울 수 있도록 교원양성 교육과정에 그 내용을 편성 · 운영하도록 권장하고 있다. 그 내용은 다음과 같다.

- 교직과목에 '다문화 사회로의 이행'에 대한 내용 포함, 다문화센터 지원 및 다문화 학생 멘토링 등 다문화 학생 지도를 교육봉사로 인정 등
- 거점 교 · 사대(4개교*)를 지정하여 다문화 교육과정 개발 및 교육활동(다문화 학생 멘토링, 해외 교육실습 등) 운영, 타 대학으로의 성과 확산 지원 등
 * 경인교육대학교, 경북대학교, 한국교원대학교, 제주대학교

〈자료 5〉

'인권교육'의 주요 내용

「국가인권위원회법」 제1장 제2조(정의)에 따르면 인권(人權)이란, "「대한민국헌법」 및 법률에서 보장하거나 대한민국이 가입 · 비준한 국제인권조약 및 국제관습법에서 인정하는 인간으로서의 존엄과 가치 및 자유와 권리"를 말한다. 그리고 「초 · 중등교육법」 제

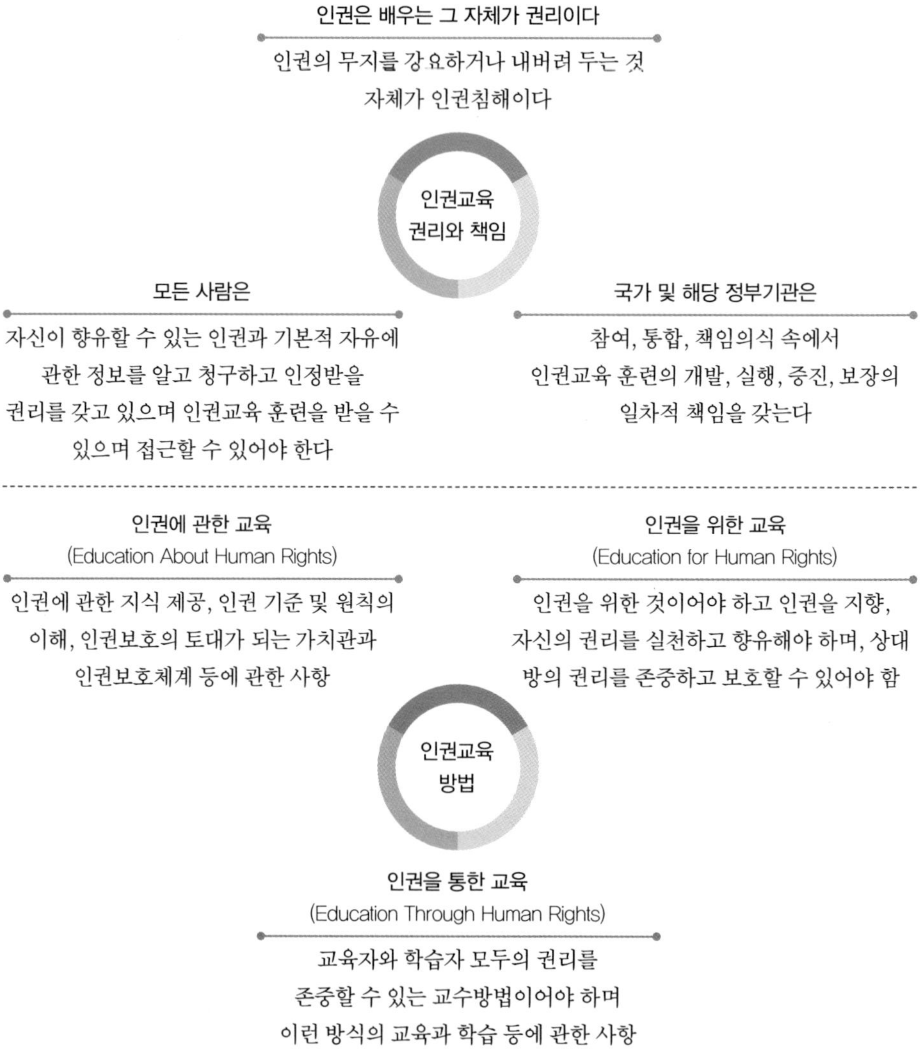

인권은 배우는 그 자체가 권리이다

인권의 무지를 강요하거나 내버려 두는 것
자체가 인권침해이다

**인권교육
권리와 책임**

모든 사람은

자신이 향유할 수 있는 인권과 기본적 자유에
관한 정보를 알고 청구하고 인정받을
권리를 갖고 있으며 인권교육 훈련을 받을 수
있으며 접근할 수 있어야 한다

국가 및 해당 정부기관은

참여, 통합, 책임의식 속에서
인권교육 훈련의 개발, 실행, 증진, 보장의
일차적 책임을 갖는다

인권에 관한 교육
(Education About Human Rights)

인권에 관한 지식 제공, 인권 기준 및 원칙의
이해, 인권보호의 토대가 되는 가치관과
인권보호체계 등에 관한 사항

인권을 위한 교육
(Education for Human Rights)

인권을 위한 것이어야 하고 인권을 지향,
자신의 권리를 실천하고 향유해야 하며, 상대
방의 권리를 존중하고 보호할 수 있어야 함

**인권교육
방법**

인권을 통한 교육
(Education Through Human Rights)

교육자와 학습자 모두의 권리를
존중할 수 있는 교수방법이어야 하며
이런 방식의 교육과 학습 등에 관한 사항

[그림 11-7] 인권교육의 권리, 책임, 방법

출처: 국가인권위원회 인권교육센터(2022). 인권교육 알아보기.

18조의4(학생의 인권보장)에도 "학교의 설립자·경영자와 학교의 장은「헌법」과 국제인권조약에 명시된 학생의 인권을 보장하여야 한다."라고 되어 있다. 이렇듯 인권은 인간이 살아가는 데 필요한 가장 기본적인 권리이다. 우리의 사회에서도 인권이 점차 강조되어 사회의 곳곳에서 인권에 대한 다양한 문제가 대두되며 성장 과정에서부터 인권교육에 대한 필요성이 요구되고 있다.

국민의 인권을 보호하기 위한 기관인 국가인권위원회에서는 인권교육의 권리, 책임, 방법에 대해 다음과 같이 설명하고 있다([그림 11-7] 참조).

1. 대상별 인권교육(예시: 경기도교육청)
  (1) 학생 대상 인권교육
    ① 토론형 인권교육
      - 학생 참여 중심의 '인권 토론 광장' 운영
      - 학생회 활동시간 또는 창의적 체험활동 시간을 통한 프로그램 운영
      - '인권 토론 광장' 자료를 이용하여 인권 토론 실시
    ② 참여형 인권교육
      - 학생회 주관의 10월 '학교공동체 인권의 달' 운영
      - 학생인권 주제 '토론회' '사진전' '글짓기' 'UCC 대회' 등 운영
    ③ 교과 연계형 인권교육
      - 학기 초 '인권 주간'을 정하여 모든 교과가 인권 주간에 인권 관련 수업을 집중 실시
      - 초·중·고 학교급별 '교과연계형 인권교육자료집'을 활용한 인권교육 실시
      - 인권 관련 내용을 직접 다루기 어려운 교과는 인권 관련 활동으로 수업
      - 초·중·고 학교급별『더불어 사는 민주시민』교과서 활용을 통한 인권교육 실시
      예시) 중학교: 2부 우리 사회의 가치와 원칙-Ⅱ.'차별 없는 세상' 고등학교: 1부 시민과 가치-Ⅰ.'인권과 시민'

  (2) 교원 대상 인권교육
    - 경기도교육청 인권교육 강사단(현직 교원) 활용한 교원 연수
    - 학생과 함께하는 인권 관련 프로그램 운영
    - '학생과 함께 읽는 학생인권조례' 프로그램 운영

- 학생회 주관의 '인권조례 읽기 프로그램' 실시 시기와 동시 운영
- '인권 토론 광장' 운영 시 교원도 함께 참여
- 학생인권 상담 사례 공유 및 보호 방안 협의회 개최
- 학생생활인권규정 관련 Q&A 등을 활용하여 학생 인권보호 방안 논의
- '사례로 이해하는 학생 인권 이야기' 자료를 활용하여 학생 인권 침해 사례에 대한 안내 및 교직원 회의 시 관련 사항 논의
- 경기학생인권의 사이버 연수 활용 광장(https://edup. goe.go.kr/shr/g1_001/ g2_004/bbs/bbsList.do?bbs_cd_n=236) 탑재
- 경기도교육연수원(https://www.gtie.go.kr): 아동학대 예방 및 인권보호 원격 직무연수

(3) 학부모 대상 인권교육
- 학기 초 학부모총회, 진로진학 설명회 등을 활용하여 학생인권조례 및 학교 내 학생 인권보호 방안 설명 또는 안내(3월, 9월)
- 학교생활인권규정 개정 관련 의견 수렴 등 학생인권 관련 의견 청취 기회(간담회) 확대
- 학생인권조례 및 학생인권보호제도 안내 자료 배포
- 학기 초 가정통신문을 통한 학생인권교육 안내(5월, 9월)

2. 인권교육 방법
- 인권 관련 영화 감상
  - 목적: 인권 영화를 감상하여 인권 감수성을 높이는 시간을 갖고자 함
  - 방법: 학생들에게 유익한 인권 관련 영화를 시청, 조별로 영화에 대한 감상 및 영화의 주요 쟁점에 대해 나누는 시간을 가짐
  - 인권 영상자료 제공을 받을 수 있는 방법
'국가인권위원회 인권교육센터' 홈페이지 상단 '인권지식터'에서 '인권문화콘텐츠' (https://edu.humanrights.go.kr/academy/eduinfo/movieReqstList.do) 클릭
'지식채널 ⓔ' 홈페이지 검색창에서 '전체'를 '내용별'로 선택 후, '인권' 카테고리 선택하여 '검색' 클릭(https://home.ebs.co.kr/jisike/index)

출처: 경기도교육청 학생생활인권과(2020). 2020 학생생활인권과 업무 매뉴얼.

〈자료 6〉

2022 개정교육과정

  2022 개정교육과정은 교육과정 개발 협의체, 국가교육과정 포럼 운영, 시·도교육청 전문직 워크숍과 권역별 핵심교원 연수, 정책연구진 합동워크숍, 국민참여소통채널을 활용한 온라인 의견 수렴을 통해 '국민의 참여를 제도화'하여 대국민 의견 수렴을 강화하였으며, 2024년 초등학교 1~2학년부터 연차적으로 적용된다.

  * 2022 개정교육과정 적용 일정은 다음과 같다.
  • 2024년: 초등학교 1~2학년
  • 2025년: 초등학교 1~4학년, 중학교 1학년, 고등학교 1학년
  • 2026년: 초등학교 1~6학년, 중학교 1~2학년, 고등학교 1~2학년
  • 2027년: 초등학교 1학년~고등학교 3학년
  ※ 해당 학년에 2022 개정교육과정 적용이 시작되기 전에는 현행 2015 개정교육과정을 적용

▶ 개정 배경
• 인공지능 기술 발전에 따른 디지털 전환, 기후·생태환경 및 인구구조의 변화 등 예측하기 어려운 급속한 변화 등에 의한 사회의 불확실성 증가
• 사회의 복잡성과 다양성이 확대되고 사회적 문제를 해결하기 위한 협력의 필요성이 증가함에 따라 상호 존중과 공동체의식을 함양하는 것이 중요시됨
• 학생 개개인의 특성과 진로에 맞는 학습을 지원해 주는 맞춤형 교육에 대한 요구 증가
• 교육과정 의사결정 과정에 다양한 교육 주체들의 참여를 확대하고 교육과정 자율화 및 분권화를 활성화해야 한다는 요구 증가

▶ 개정 방향
• 교육환경 변화에 적극적으로 대응하기 위해 국가·사회적 요구를 반영하여 미래사회가 요구하는 포용성과 창의성을 갖춘 주도적인 사람으로 성장할 수 있도록 초·중등학교 교육과정을 개선
• 미래사회 변화에 대응할 수 있는 기초소양과 역량을 함양할 수 있도록 교육과정을 개선하여, 모든 학생이 학습의 기초인 언어·수리·디지털에 관한 기초소양을 강화

하고, 주도성, 지속가능성 등의 공동체의식을 강화
- 학습자의 삶과 성장을 지원하는 맞춤형 교육과정을 위해 진로연계 교육을 도입하고, 다양한 진로 · 적성에 맞는 선택과목을 개설
- 교과교육에서 깊이 있는 학습을 통해 역량을 함양할 수 있도록 교과 간 연계와 통합, 학생의 삶과 연계된 학습, 학습에 대한 성찰 등을 강화
- 새로운 교육과정이 학교현장에 안착될 수 있도록 교과서, 대입 제도, 교원 양성 및 연수 체계 등 교육 전반에 걸친 제도 개선을 병행 추진

▶ 주요 내용
- 미래 변화를 능동적으로 준비할 수 있도록 역량 및 기초소양 함양 교육 강화
- 학생의 자기주도성, 창의력과 인성을 키워 주는 개별 맞춤형 교육 강화
- 학교현장의 자율적인 혁신 지원 및 유연한 교육으로 개선
- 학생의 삶과 연계한 깊이 있는 학습을 위한 교과 교육과정 개발

▶ 추구하는 인간상
- 자기주도적인 사람
  - 전인적 성장을 바탕으로 자아정체성을 확립하고 자신의 진로와 삶을 스스로 개척하는 사람
- 창의적인 사람
  - 폭넓은 기초능력을 바탕으로 진취적 발상과 도전을 통해 새로운 가치를 창출하는 사람
- 교양 있는 사람
  - 문화적 소양과 다원적 가치에 대한 이해를 바탕으로 인류 문화를 향유하고 발전시키는 사람
- 더불어 사는 사람
  - 공동체의식을 바탕으로 다양성을 이해하고 서로 존중하며 세계와 소통하는 민주 시민으로서, 배려와 나눔, 협력을 실천하는 사람

▶ 학교급별 교육목표

가. 초등학교 교육목표

초등학교 교육은 학생의 일상생활과 학습에 필요한 기본 습관 및 기초 능력을 기르

고 바른 인성을 함양하는 데 중점을 둔다.

1) 자신의 소중함을 알고 건강한 생활 습관을 기르며, 풍부한 학습경험을 통해 자신의 꿈을 키운다.
2) 학습과 생활에서 문제를 발견하고 해결하는 기초 능력을 기르고, 이를 새롭게 경험할 수 있는 상상력을 키운다.
3) 다양한 문화활동을 즐기며 자연과 생활 속에서 아름다움과 행복을 느낄 수 있는 심성을 기른다.
4) 일상생활과 학습에 필요한 규칙과 질서를 지키고 서로 돕고 배려하는 태도를 기른다.

나. 중학교 교육목표

　중학교 교육은 초등학교 교육의 성과를 바탕으로, 학생의 일상생활과 학습에 필요한 기본 능력을 기르고, 바른 인성 및 민주시민의 자질을 함양하는 데 중점을 둔다.

1) 심신의 조화로운 발달을 바탕으로 자아존중감을 기르고, 다양한 지식과 경험을 통해 책임감을 가지고 적극적으로 삶의 방향과 진로를 탐색한다.
2) 학습과 생활에 필요한 기본 능력 및 문제해결력을 바탕으로, 도전정신과 창의적 사고력을 기른다.
3) 자신을 둘러싼 세계에서 경험한 내용을 토대로 우리나라와 세계의 다양한 문화를 이해하고 공감하는 태도를 기른다.
4) 공동체의식을 바탕으로 타인을 존중하고 서로 소통하는 민주시민의 자질과 태도를 기른다.

다. 고등학교 교육목표

　고등학교 교육은 중학교 교육의 성과를 바탕으로, 학생의 적성과 소질에 맞게 진로를 개척하며 세계와 소통하는 민주시민으로서의 자질을 함양하는 데 중점을 둔다.

1) 성숙한 자아의식과 인간의 존엄성에 대한 존중을 바탕으로 일의 가치를 이해하고, 자신의 진로에 맞는 지식과 기능을 익히며 평생학습의 기본 능력을 기른다.
2) 다양한 분야의 지식과 경험을 융합하여 창의적으로 문제를 해결하고, 새로운 상황에 능동적으로 대처하는 능력을 기른다.
3) 다양한 문화에 대한 이해를 바탕으로 자신의 삶을 성찰하고 새로운 문화 창출에 기여할 수 있는 자질과 태도를 기른다.

4) 국가 공동체에 대한 책임감을 바탕으로 배려와 나눔을 실천하며 세계와 소통하는 민주시민으로서의 자질과 태도를 기른다.

▶ 학교급별 개선 사항

(1) 초등학교
• 학교자율시간이 도입되어 다양하고 특색 있는, 지역과 연계한 교육과정 운영 및 학교 여건과 학생의 필요에 맞춘 선택 과목(활동) 신설·운영이 가능
• 초등학교 1~2학년군에 인지·정서·사회 발달적 특성과 학습의 준비도 등을 고려하여 통합교과와 창의적 체험활동의 입학 초기 적응 활동 중복을 개선하고, 한글 해득 및 익힘 지원을 위해 국어과에 34시간을 늘려 배정(총 482시간)하였고, 안전한 생활의 내용 요소를 교과 연계 안전교육으로 재구조화하였으며, 즐거운 생활의 놀이 및 신체활동을 강화
• 진로연계교육을 도입하여 유치원 누리과정과 중학교 교육과정뿐만 아니라 초등학교 학년 간 교과 교육과정 내용 연계를 강화하여 학교급 및 학년 전환기 학생들의 학습활동 연속성을 보장

(2) 중학교
• 자유학기(학년)제
　-중학생의 학업 시기별 맞춤형 진로탐색, 진학준비 등이 체계적으로 제공될 수 있게 자유학기와 진로연계교육을 연계하여 운영
　【현행】(자유학기) 1학년 1·2학기, 2학년 1학기 중 1개 학기, (자유학년) 1학년 1·2학기 → 【개선】(자유학기) 1개 학기 + (진로연계교육) 상급 학교(학년) 진학 전 학기, 학년의 일부 시간 활용
　-자유학기는 운영 시기, 방법 등을 지역·학교 여건에 맞게 운영, 창의적 체험활동과의 중복을 최소화
　-중학교 적응 지원과 수업 개선을 위하여 1학년에서 1개 학기를 시·도별로 자율적으로 선택하여 운영
　【현행】자유학기, 자유학년 운영 → 【개선】자유학기(1학년 1, 2학기 중 1개 학기 선택)
　-학습의 즐거움을 경험할 수 있도록 주제선택·진로탐색 활동을 통해 학생 참여 중심 수업, 과정을 중시하는 평가 등을 시도

【현행】4개 활동(주제선택, 진로탐색, 예술·체육, 동아리) →【개선】2개 활동(주제선택, 진로탐색)

- 진로연계교육
  - 기초 학력 보장을 위한 교과 수업과 고등학교 교육과정(학점제, 선택과목 등)의 이해, 희망 진로 구체화 등 중학교 단계에서 필요한 학업과 진로설계를 함께 준비
- 학교스포츠클럽 활동
  - 학교스포츠클럽 활동의 본연의 취지를 되살리고, 창의적 체험활동 및 자유학기 활동과 중복을 해소하여 학교교육과정 편성·운영의 어려움이 해소되도록 개선
  - 학교스포츠클럽은 교과(군)별 시수 감축 없이 창의적 체험활동의 동아리활동으로 편성하고, 의무 편성 시간을 축소하여 학년별 연간 34시간(총 102시간) 매 학기 운영

  【현행】연간 34~68시간(총 136시간) 운영 →【개선】연간 34시간(총 102시간) 운영
- 학교자율시간
  - 학교가 지역과 연계하거나 다양하고 특색 있는 교육과정을 운영할 수 있도록 학교자율시간을 편성·운영
  - 학교는 여건을 고려하여 연간 34주를 기준으로 학기별 1주 분량의 수업시간을 확보
  - 주로 교과 시수를 기반으로 해당 시간을 확보하여 운영하는 만큼, 중학교에서는 과목 수준으로 운영
  - ※ 현행 교육과정에서도 중학교는 필요한 경우, 새로운 선택과목 개설 가능
  - 다만, 운영하는 과목 내용은 학교·지역의 여건 및 학생의 필요에 따라 학교가 결정, 학교는 해당 시간을 활용하여 새로운 선택과목을 개설하여 운영 가능(※ 정보는 정보 수업 시수와 학교자율시간 등을 활용하여 68시간 편성·운영)

(3) 고등학교

2025년 고등학교 1학년생부터 고교학점제 전면 적용에 맞추어 학생의 진로와 적성을 고려하여 맞춤형 교육이 가능하도록 다양한 과목을 신설하는 등 학점 기반 교육과정을 마련

- 과목별 기본 학점을 축소(5단위 → 4학점)하고, 이수학점 증감의 폭을 ±1로 조정하여 다양한 선택 과목 개설 및 교육과정 편성의 유연성을 확보
  - ※ 체육, 예술 및 교양 교과는 교육과정 편성·운영을 고려하여 기본 학점 3학점에서 ±1학점으로 조정

- 고교학점제 적용을 고려하여 필수 이수학점을 조정(94단위 → 84학점) 및 자율 이수 학점의 이수 범위를 확대(86단위 → 90학점)
  - 단, 학교교육과정 편성 · 운영상 주로 필수 이수학점으로 운영하는 한국사, 체육, 예술, 기술 · 가정/정보/제2외국어/한문/교양 교과군은 현행 수준을 유지
  * 탐구 중심의 교육과정 및 교수 · 학습으로 개선, 내신평가에서 성취평가제 적용
- 다양한 교과에 대한 균형 학습이 이루어지도록 국어 · 영어 · 수학 교과 총 이수학점이 81학점을 초과하지 않도록 규정
- 고등학교 과목 구조와 공통 과목
  - 고교 단계에서의 공통 소양 함양을 위해 공통 과목은 유지하되, 일반 선택 과목 수를 적정화하고,[6] 진로 선택 과목 재구조화, 융합 선택 과목 신설 등 교과목을 재구조화

고등학교 교과구조 개선안

공통 과목	일반 선택 과목	진로 선택 과목	융합 선택 과목
기초소양 및 기본 학력 함양, 학문의 기본이해 내용 과목	교과별 학문 영역 내의 주요 학습내용 이해 및 탐구를 위한 과목	교과별 심화 학습 및 진로 관련 과목	교과 내 · 교과 간 주제 융합 과목, 실생활 체험 및 응용을 위한 과목

  - 『공통 과목』은 '공통국어1, 2' '공통수학1, 2' '공통영어1, 2' '통합사회1, 2' '통합과학1, 2'(이상 8학점), '한국사1, 2'(6학점), '과학탐구실험1, 2'(2학점)로 구성되었으며, 학기 단위 과목 편성 · 운영이 가능하도록 분량을 재구조화
  - 수학과 영어의 경우에는, 학생별 상황과 학습 수준 및 진로 등을 고려하여 공통 과목을 대체 이수가 가능하도록 '기본 수학1, 2' '기본 영어1, 2'를 개발
- 자신의 진로에 맞게 과목을 선택
  - 고교학점제 취지를 고려하여 학생들이 진로와 적성에 따른 다양한 과목 선택과 미래사회 변화에 유연하게 대응할 수 있는 역량 함양 등을 고려하여 선택 과목이 다양하게 신설

---

6) 수능 등 대학입시와 연계한 일반 선택 과목 수를 적정화하여 다양한 탐구와 융합 중심의 선택 과목을 실질적으로 선택할 수 있도록 하였음.

※ (신설 과목 예시) '데이터 과학' '생애설계와 자립' '기후변화와 지속가능한 세계' 등
- 학생의 진로와 적성에 따른 맞춤형 교육과정 운영이 가능하도록 선택 과목을 '일반 선택' '진로 선택' '융합 선택'으로 구분하여 개발
- '일반 선택': 교과별 학문 영역 내의 주요 학습내용 이해 및 탐구를 위한 과목으로, 일반 선택 과목 수는 적정화*

* 수능 등 대학입시와 연계한 일반 선택 과목 수를 적정화하여 다양한 탐구와 융합 중심의 선택 과목을 실질적으로 선택할 수 있도록 하였음
- '진로 선택': 교과별 심화학습 및 진로 관련 과목으로, 학생들은 진로 선택 과목을 통해 보다 심화된 학습이나 자신의 진로에 도움이 되는 과목을 배울 수 있음
- '융합 선택'(신설): 교과 내, 교과 간 주제 융합 과목과 실생활 체험 및 응용을 위한 과목으로, 융합적인 주제학습 및 문제해결 학습이나 실생활 맥락 속에서 적용·실천하는 과목을 배울 수 있음
- 학교에서 개설되지 않는 선택 과목은 온·오프라인 학교 간 공동교육과정에서 이수하거나, 지역사회 기관에서 이루어지는 학교 밖 교육을 통해서도 이수할 수 있음
• 특수 목적 고등학교 교육과정의 경우
- 고등학교 교육과정의 수업량이 적정화(204단위 → 192학점)됨에 따라 특수 목적 고등학교에서도 교육과정을 유연하게 편성·운영할 수 있도록 전공 관련 과목 이수학점을 72학점 이상에서 68학점으로 조정

※ (2015 개정교육과정) 교과 180단위에서 전공 관련 과목 72단위 이상 이수 → (2022 개정교육과정) 교과 174학점에서 전공 관련 과목은 68학점으로 조정
- 현행 특수 목적 고등학교에 관한 과목인 '전문교과 I'은 보통교과 내 '특수 목적 고등학교 선택 과목'(진로 선택 과목, 융합 선택 과목)으로 변경
• 직업계 고등학교 교육과정의 경우
- 직업계고 교육과정의 경우 NCS 기반 교육과정을 기반으로 미래 산업의 변화, 기술의 융·복합화에 대응하고, 학교교육의 현장성을 높일 수 있도록 교육과정 운영의 자율성, 교육내용의 적정성 등을 강화
- 학생의 교과 선택 기회 확대를 위해 자율 이수학점을 확대하고, 직업기초능력 함양을 위한 보통교과 내 진로 선택 과목을 신설
- 학생의 적성·진로를 고려해 편성할 수 있는 자율 이수학점 확대(22학점 → 30학점), (진로선택) 직무 의사소통, 직무 수학, 직무 영어

- 전문교과는 인력양성 유형, 신산업 수요 등을 고려하여 교과(군) 개편, 미래 직무 변화 반영 및 전공과목 간 연계성 강화, 직업생활에 필요한 기본 소양의 함양을 위한 전문 공통 과목을 세분화
- (통합) 음식 조리, 식품 가공 → 식품 · 조리 등, (분리) 미용 · 관광 · 레저 → 미용, 관광 · 레저 등, (신설) 융복합 · 지식 재산 등 교과군
- (학과 신설) 소프트웨어, 바이오, 에너지, 소방, 스마트공장, 발명특허 등 기준학과 및 전문교과 88종 신설 · 개선
- (연계 강화) 전공 일반−전공 실무 과목의 학습 요소 간 성취기준 연계
- (기본 소양 강화) '노동 인권과 산업 안전 보건' '디지털과 직업 생활' 과목 신설

• 고교학점제
- 고교학점제 전면 적용에 따라 학기 단위 과목 편성, 학기당 적정 학점 이수, 학점 취득을 위한 이수 기준 등을 고등학교 편성 · 운영 기준에 신설
- 고교학점제는 학생들의 과목 이수와 학점 취득이 한 학기에 완결되어야 하는 특징을 반영하여 학기 단위 과목 편성 · 운영 조항을 신설[7]
- 고교학점제 도입 취지를 살리기 위해 학기당 적정하게 이수하도록 편성하는 조항, 학생별 초과 이수학점도 적정화하도록 하는 조항도 신설[8]
- 미이수 도입에 따라 학점 취득을 위한 이수 기준인 출석률과 학업성취율이 제시되었고, 구체적인 사항은 향후 지침으로 안내할 예정[9]

출처: 교육부(2022a). 2022 개정 초 · 중등교육과정(교육부 고시 제2022-33호), p. 396.

---

7) (신설조항) 라) (1) 학생이 학기 단위로 과목을 이수할 수 있도록 편성 · 운영, 공통 과목도 학기 단위 과목으로 분화됨. 예시) 공통국어1, 공통국어2
8) (신설조항) 마) 학교는 학생의 학업 부담을 완화하고 깊이 있는 학습활동이 이루어질 수 있도록 학기당 이수하는 학점을 적정하게 편성, 바) 학교는 학생의 필요와 학업 부담을 고려하여 교과(군) 총 이수학점을 초과 이수하는 학점이 적정화되도록 함.
9) 차) 학교는 학생이 교과 및 창의적 체험활동의 이수 기준을 충족한 경우 학점 취득을 인정한다. 이수 기준은 출석률과 학업성취율을 반영하여 설정하며, 이와 관련된 구체적인 사항은 교육부장관이 정하는 지침에 따름.

〈자료 7〉

고교학점제 기반 고등학교 교육과정

□ 진로 · 적성에 맞게 배울 수 있도록 맞춤형 교육과정 구현

학생들이 진로 · 적성에 맞게 배워 자기주도적 학습능력과 미래 성장 잠재력을 키울 수 있도록 고교학점제 전면 도입 및 안착 지원을 위해 다음 사항을 제시하고 있다.

① 수업량 적정화

- 1학점 수업량을 50분 기준 17(16+1)회에서 16회로 전환하고, 여분의 수업량을 활용하여 다양한 프로그램 자율적 운영
- 교과 수업 횟수는 감축되나, 현행 수업일수(190일 이상; 「초 · 중등교육법 시행령」 제45조)는 유지하여 학교가 교과 융합 수업, 미이수 보충지도 등 다양한 프로그램 자율적 운영

② 교과 영역

- 현행 교과 영역을 삭제하고 교과(군)체제로 개선
  ※ (현행) 기초/탐구/체육 · 예술/생활 · 교양 영역 → (개선안) 영역 삭제

③ 교과 재구조화

- 고교 단계 공통소양 함양을 위한 공통 과목 유지, 일반 선택 과목 적정화, 다양한 진로 선택 과목 재구조화 및 융합 선택 과목 신설
※ (공통과목) 공통국어, 공통수학, 공통영어, 통합사회, 통합과학, 과학탐구실험, 한국사
  ⇒ 학생 수준에 따른 대체 이수 과목 운영(기본수학, 기본영어)
  (선택과목) 특수 목적 고등학교 전문교과I을 보통교과로 편입, 융합 선택 과목 신설

④ 특수목적고 교과 재구조화

- 전문교과I에서 보통교과로 통합 제시
  ※ 고교체제 개편 방안에 따라 전문교과I은 보통교과로 통합하여 재구조화하고 일반고 학생들도 진로와 적성에 따라 선택 가능, 외고 · 국제고의 경우 교과특성화학교로 운영 가능

□ **과목별 이수학점 증감범위 조정 및 필수이수학점 축소**

① 과목별 기본이수학점 및 증감범위 조정(현행 5±2/3단위 → 4±1학점)

　　- 과목별 기본학점을 축소(5단위 → 4학점)하고 이수학점 증감의 폭을 ±1로 조정
하여 다양한 선택 과목 개설 및 교육과정 편성의 유연성 확보

　　※ 체육, 예술 및 교양교과는 교육과정 편성 운영을 고려하여 기본이수학점 3±1학
점으로 조정

② 고교학점제 도입을 고려하여 필수이수학점을 조정(94단위 → 84학점)하고 자율이
수 학점 이수 범위 확대(86단위 → 90학점)

　　- 단, 학교교육과정 편성 운영상 주로 필수이수학점으로 운영하는 한국사, 체육·
예술 및 생활·교양 영역은 현행 수준 유지

　　* 탐구 중심의 교육과정 및 교수·학습으로 개선, 내신평가에서 성취평가제 적용

　　- 학생들의 인문·사회 과학 기초소양 함양을 위해 과학, 사회 교과군의 균형적인
학습을 고려한 교육과정 편성 운영 지침 마련

　　- 다양한 교과에 대한 균형 학습이 이루어지도록, 국어·영어·수학 교과 총 이수
학점이 81학점을 초과하지 않도록 규정

□ **학생들의 진로와 적성을 고려한 다양한 학습기회를 확대**

① 지역 연계를 통한 교육과정 다양화: 학교 단위에서 과목 개설이 어려운 소인수 과목
의 경우, 인근 고교와 함께 개설하는 온·오프라인 공동교육과정 운영

　　☞ 공동교육과정: 희망 학생이 적거나 교사 수급 곤란 등으로 단위학교에서 개설이
어려운 소인수 과목 등을 여러 고교가 공동으로 개설하여 온·오프라인 방식으
로 운영하는 교육과정

　　- 학교와 마을이 협력하는 미래교육지구, 직업교육 혁신지구, 지자체-대학 협력 기
반 지역혁신 사업을 통해 다양한 교육자원을 고교교육에 활용

　　- 학생 진로적성과 연계하여 학교 밖 자원을 활용한 학습경험을 제공하고, 수업을
삶과 연계하도록 지원

□ **고교학점제 및 개정교육과정에 부합하는 성장 중심 평가체제 구축**

　　☞ (과목이수 기준) 과목출석률(수업 횟수의 2/3 이상 출석)과 학업성취율(40% 이
상)을 충족할 경우 해당 과목을 이수하도록 기준 마련

① 성취평가제 확대 도입: 2025학년도 고교학점제 본격 시행과 함께 성취평가제 적용 범위 확대(2019 진로 선택 과목 ⇒ 2025 전체 선택 과목)

　※ '25학년도 입학생부터 공통 과목은 성취평가제와 석차 등급제 병행 운영

② 미이수 도입: 과목 이수 기준(수업 횟수 2/3 이상 출석, 학업성취율 40% 이상) 충족 시 학점 취득, 미이수자 발생 시 보충이수 지원

　※ 단, 특수교육대상자에 대해서는 과목 이수 기준을 달리 적용할 수 있도록 허용

　－학교에서는 진단평가, 학습관리 등 미이수 예방에 중점을 두되, 미이수가 발생한 경우 보충이수 지원을 원칙으로 하며, 대체 이수도 가능

출처: 교육부(2021c). 2022 개정교육과정 총론.

〈자료 8〉

창의적 체험활동 교육과정

▶성격

- 창의적 체험활동은 역량 함양을 위한 학습자 주도의 교육과정이다. 창의적 체험 활동은 자율·자치활동, 동아리활동, 진로활동의 3개 영역으로 구성되며, 각 영역 의 활동은 학생의 자기관리역량, 지식정보처리역량, 창의적 사고역량, 심미적 감 성역량, 협력적 소통역량, 공동체역량의 증진을 도모한다.

- 창의적 체험활동은 교과와의 연계, 학교급 간 및 학년 간, 그리고 영역 및 활동 간의 연계와 통합을 추구한다. 학교는 학생의 발달단계와 교육적 요구 등을 고려하여 학 생 개인별 또는 집단별로 영역 및 활동을 선택하여 집중적으로 운영할 수 있다.

- 창의적 체험활동은 학교급별 특성을 반영하여 설계한다. 학교는 학생의 흥미와 관심, 교육적 필요와 요구, 지역사회의 특성 등을 고려하여 특정 영역과 활동에 중 점을 두고 융통성 있게 설계할 수 있다. 학교는 학교급별 목표와 운영의 중점을 고 려하고 학교의 자율성과 특수성을 반영하여 창의적 체험활동을 설계·운영한다.

- 학교는 창의적 체험활동 교육과정을 설계하고 운영함에 있어 자율성을 발휘한다. 창의적 체험활동의 설계 주체는 학교, 교사, 학생이다. 창의적 체험활동에서는 교 사와 학생이, 학생과 학생이 공동으로 계획을 수립하고 역할을 분담하여 실천한 다. 이를 위해 국가 및 지역 수준에서는 학교와 지역의 특색을 고려하여 전문성을 갖춘 인적·물적 자원을 충분히 제공할 수 있는 기반을 마련한다.

▶목표

(1) 초등학교에서는 자신의 개성과 소질을 탐색하고 발견하여 공동체 생활에 필요 한 기본 생활 습관과 시민의식을 기른다.

(2) 중학교에서는 자아정체성을 확립하고 다른 사람과 더불어 살아가는 태도를 증 진하여 자신의 진로를 적극적으로 탐색하는 능력을 기른다.

(3) 고등학교에서는 공동체의식의 확립을 기반으로 나눔과 배려를 실천하고, 자신 의 진로를 창의적으로 준비하고 설계하는 역량을 기른다.

▶교육과정 구성의 중점 및 영역과 활동

창의적 체험활동 교육과정의 구성 중점

창의적 체험활동은

- 학생의 자기주도성과 선택을 기반으로 역량 함양에 기여하는 교육과정이다.
- 교과와 창의적 체험활동, 학년(군) 및 학교급, 영역과 활동 간의 연계와 통합을 추구한다.
- 학교급의 정체성을 강화하기 위하여 학교급별 특성을 고려하여 설계·운영한다.
- 학교의 자율적인 설계와 운영을 강조한다.

영역과 활동

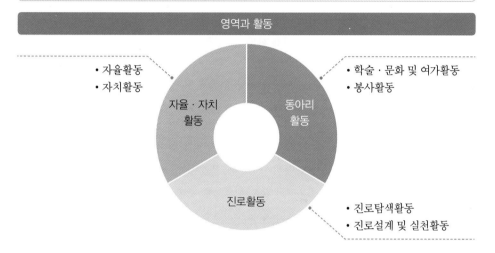

- 자율활동
- 자치활동

- 학술·문화 및 여가활동
- 봉사활동

- 진로탐색활동
- 진로설계 및 실천활동

[그림 11-8] 창의적 체험활동 교육과정 설계의 개요

출처: 교육부(2022a). 2022 개정 초·중등 교육과정(교육부 고시 제2022-33호 [별책 40], p. 4).

표 11-11 **창의적 체험활동의 영역, 활동 및 예시 활동**

영역	활동	예시 활동
자율·자치 활동	자율활동	• 주제 탐구 활동: 개인 연구, 소집단 공동 연구, 프로젝트 등 • 적응 및 개척 활동: 입학 초기 적응, 학교 이해, 정서 지원, 관계 형성 등 • 프로젝트형 봉사활동: 개인 프로젝트형 봉사활동, 공동 프로젝트형 봉사활동 등
	자치활동	• 기본 생활 습관 형성 활동: 자기 관리 활동, 환경·생태의식 함양 활동, 생명존중 의식 함양 활동, 민주시민 의식 함양 활동 등 • 관계 형성 및 소통 활동: 사제동행, 토의·토론, 협력적 놀이 등 • 공동체 자치활동: 학급, 학년, 학교 등 공동체 중심의 자치활동, 지역사회 연계 자치활동 등

동아리 활동	학술·문화 및 여가활동	• 학술 동아리: 교과목 연계 및 학술 탐구 활동 등 • 예술 동아리: 음악 관련 활동, 미술 관련 활동, 공연 및 전시 활동 등 • 스포츠 동아리: 구기 운동, 도구 운동, 계절 운동, 무술, 무용 등 • 놀이 동아리: 개인 놀이, 단체 놀이 등
	봉사활동	• 교내 봉사활동: 또래상담, 지속가능한 환경 보호 등 • 지역사회 봉사활동: 지역사회참여, 캠페인, 재능 기부 등 • 청소년 단체 활동: 각종 청소년 단체 활동 등
진로 활동	진로탐색 활동	• 자아 탐색 활동: 자기이해, 생애 탐색, 가치관 확립 등 • 진로 이해 활동: 직업 흥미 및 적성 탐색, 진로 검사, 진로 성숙도 탐색 등 • 직업 이해 활동: 직업관 확립, 일과 직업의 역할 이해, 직업세계의 변화 탐구 등 • 정보 탐색 활동: 학업 및 진학 정보 탐색, 직업 정보 및 자격(면허) 제도 탐색, 진로진학 및 취업 유관기관 탐방 등
	진로설계 및 실천활동	• 진로 준비 활동: 진로목표 설정, 진로 실천 계획 수립 등 • 진로계획 활동: 진로상담, 진로 의사결정, 진로설계 등 • 진로체험 활동: 지역사회 · 대학 · 산업체 연계 체험활동 등

* 출처: 교육부(2022a). 2022 개정 초 · 중등 교육과정(교육부 고시 제2022-33호 [별책 40], p. 7).

표 11-12 **창의적 체험활동 교육과정 운영을 위한 시수 편성**

구분	시간 배당 기준	비고
초등학교 1~2학년	238	① 학년군의 창의적 체험활동 시간 배당은 연간 34주를 기준으로 2년간의 기준 수업 시수를 나타낸 것이다.
초등학교 3~4학년	204	
초등학교 5~6학년	204	
중학교	306	① 교과(군)별 및 창의적 체험활동 시간 배당은 연간 34주를 기준으로 3년간의 기준 수업 시수를 나타낸 것이다.
고등학교	18학점(288시간)	① 창의적 체험활동의 학점 수는 최소 이수 학점이며 (　) 안의 숫자는 이수 학점을 시간 수로 환산한 것이다.

* 출처: 교육부(2022a). 2022 개정 초 · 중등 교육과정(교육부 고시 제2022-33호 [별책 40], p. 11).

연구 및 토의 문제

1. 생활지도의 목적과 영역 및 실제적인 생활지도의 활동내용을 말해 보자.

2. 인성교육의 목적과 필요성을 바탕으로 한 인성교육의 내용과 구체적인 방법에 대해 발표해 보자.

3. 학교안전사고의 범위에 대해 알아보고, 예방과 관리를 위해서는 어떻게 대처해야 하는지 설명해 보자.

4. 학교현장의 심각한 사안인 학교폭력의 정의와 유형, 대처방안에 대해 토의해 보자.

5. 상담에 임하는 상담자의 태도와 기술에는 어떤 것이 있는지 발표해 보자.

6. 현 교육과정에서 학생들의 발달단계에 맞는 진로교육은 어떻게 이루어지고 있는지에 대해 알아보자.

참고문헌

국가인권위원회 인권교육센터(2022). 인권교육 알아보기.

경기도교육청 학생생활인권과(2020). 2020 학생생활인권과 업무 매뉴얼.

경기도교육청 융합교육정책과(2022). 2022 기후변화 대응 탄소중립 환경교육 추진 계획.

교육부(2014). 학교폭력의 유형. 교육부.

교육부(2015a). 학교생활안전 매뉴얼(개정판).

교육부(2015b). 유 · 초 · 중 · 고 발달단계별 학교 안전교육 7대영역 표준안.

교육부(2016a). 자유학기 진로탐색활동 길라잡이, 6.

교육부(2016b). 제2차 진로교육 5개년(2016~2020) 기본계획.

교육부(2021a). 인성교육 5개년 종합계획(2021~2025).

교육부(2021b). 2021년 교육기본통계.

교육부(2021C). 2022 개정 교육과정 총론.

교육부(2022a). 2022 개정 초 · 중등 교육과정(교육부 고시 제2022-33호).

교육부(2022b). 2022 개정판 학교폭력 사안처리 가이드북, 19-20. 교육부.

교육부(2022c). 키워드로 보는 교육정책_반도체 등 첨단분야 인재.

교육부(2022d). 학생의 자기주도적 진로개발역량 강화를 위한 2022년 진로교육활성화 지원 계획.

교육부, 17개 시도교육청, 학교안전공제중앙회(2023). 학교안전교육 7대 표준안. 교육부.

교육부 교육기회보장과(2022). 출발선 평등을 위한 「2022년 다문화교육 지원계획」.

교육부 보도자료(2015. 12. 23.). 진로교육법 시행령.

교육부, 이화여자대학교 학교폭력예방연구소(2022). 학교폭력 사안처리 가이드북.

교육부, 한국직업능력개발원(2016). 자유학기 진로탐색활동 길라잡이.

국가인권위원회 인권교육센터(2022). 인권교육 알아보기.

김원중(2011). 학교안전에 관한 경찰의 법집행 검토. 토지공법연구, 53, 211-234.

김중진, 박봉수, 권순범, 이윤선(2013). 한국고용정보원. 직업 만들기. 고용노동부.

김진한(2016). 교사를 위한 교직실무(3판). 서울: 학지사.

김충묵, 서우석(2013). 학교안전사고의 권리구제에 관한 연구. 법학연구, 52, 63-83.

박세철(2016). 학교안전사고의 민사책임에 관한 연구. 경기대학교 대학원 박사학위논문.

박완성(2012). 신세대 교사를 위한 교직실무의 이론과 실제. 서울: 학지사.

박재황, 남상인, 김창대, 김택호(1993). 청소년상담교육과정개발연구. 서울: 청소년대화의 광장.

부산광역시교육연구정보원(2020). 교육실무편람. 부산교육총서 제30집.

서울특별시교육청(2022). 2022학년도 서울진로교육 활성화 계획.

송현섭, 권순이, 김승자, 김현주, 이정아(2018). 중학교 진로와 직업. 서울: 꿈결출판사.

신현석, 이경호, 가신현, 김병모, 김재덕, 김희규, 박균열, 박정주, 박종필, 박호근, 안선회, 이강, 이일권, 이준희, 전상훈(2014). 교직실무. 서울: 학지사.

이광우, 이미숙, 정영근, 이규은, 박지만, 오수정, 이승미(2010). 초·중·고 창의적 체험활동 교육과정 해설 연구 개발. 서울: 한국교육과정평가원.

전라남도교육청(2021). 교육정보 Modoo, 환경교육 지도자료 게시판 3번 게시글.

정창우, 손경원, 김남준, 신호재, 한혜민(2013). 학교급별 인성교육 실태 및 활성화 방안. 정책연구개발사업 미간행 보고서.

천성문, 박명숙, 박순득, 박원모, 이영순, 전은주, 정봉희(2010). 상담심리학의 이론과 실제. 서울: 학지사.

천세영, 김왕준, 성기옥, 정일화, 김수아(2012). 인성교육 비전수립 및 실천방안 연구. 인성교육비전수립을 위한 정책연구 미간행 보고서.

한국고용정보원 사이버진로교육센터(2015). 중등교사 진로특강 6차 자료.

Buber, M. (1958). *I and Thou*. Translated by Ronald Gregor Smith. N.Y.: Charles Scribner's Sons.

Glasser, W. (1965). *Reality therapy*. New York: Harper Collons.

Rogers, C. R. (1951). *Client-centered therapy*. Boston: Houghton Mifflin.

교육부 홈페이지 https://www.moe.go.kr
학교안전정보센터 홈페이지 https://www.schoolsafe.kr

제12장

학부모와 지역사회

학습개요

1. 학부모에 대한 바람직한 이해를 통한 학생지도와 관련된 학부모상담 및 학부모를 대상으로 하는 공개수업의 준비와 실행에 대해 알아본다.

2. 지역사회와 함께하는 학교교육을 위한 지역사회학교에 대한 이해와 현장체험학습, 창의적 체험학습과 관련된 지역사회의 역할에 대해 알아본다.

3. 학교와 학부모, 지역사회와 함께 만들어 가는 학교공동체에 대해 알아본다.

1. 학교와 학부모

1) 학부모 이해

(1) 학부모의 교육활동 참여

학부모의 교육활동 참여는 "학부모가 학교와 의사소통을 하면서 학부모교육, 수업참관, 자원봉사, 학교행사 등 다양한 활동에 협력, 지원, 자문, 조언하고 나아가 학교의 중요한 의사결정에 의도적이고 직·간접적으로 관여하는 것"으로 정의할 수 있다(송기창 외, 2014).

학부모는 학생의 사회구성원으로서의 성장과 학업의 성취에 가장 큰 영향력을 가진다. 그러므로 교사가 바람직한 학생지도를 수행하기 위해서는 학부모에 대한 깊은 이해가 무엇보다도 필요하다. 이를 위해 학부모의 특성을 몇 가지로 나누어 살펴보면 다음과 같다(송기창 외, 2014).

첫째, 대학진학률이 높아짐에 따라 전반적으로 학부모의 학력 역시 높아지고 있고, 이에 따라 학부모의 취업률 또한 높아지고 있다. 아울러 학교교육에 관한 관심도 증가하고 있어 교사에 대해 요구와 기대 수준이 더 높아지는 경향을 보이고 있다.

둘째, 학부모의 심리적 특성으로는, 특히 초등학교 학부모의 경우 스스로 교육에 대해 전문적인 지식을 가지고 있다고 생각하고 교사의 행동에 대해 비판하는 경향이 큰 반면, 중등학교 학부모의 경우 교사를 '학생 관리자' 또는 '입시 전문가'로 받아들이는 경향이 있다(김희복, 1992).

셋째, 학부모의 교육에 대한 기대는 경쟁사회의 단면을 보여 주듯 자신의 자녀가 남보다 앞서야 한다는 다소 이기적 특성을 보이며, 성적 향상을 위한 과도한 투자지향적인 특성을 보인다(류방란, 김성식, 2006).

학교에서 학부모의 교육참여란 학교에서 이루어지는 자녀의 교육활동과 관련하여 교사와 상호 협력하고 조언하는 일련의 과정을 포함한 부모의 교육활동지원과 학교에 대한 관리 및 지원을 포함하여 부모들이 학교교육에 참여하는 일련의 과정을 말한다.

학교에서 학부모의 교육참여는 자녀들이 좀 더 효과적으로 배우도록 도와주는 것이며, 유능한 교사는 학생교육에 부모를 참여시키는 교사일 것이다. 부모들의 학력상승, 핵가족화로 인한 자녀교육 관심증대, 우리나라 특유의 교육열 등의 사회변화로 부모들은 자녀의 학교교육에 더욱 관심을 가지게 되었고, 학부모들의 지나친 학교교육에 대한 개입으로 학교교육에 어려움을 불러일으키기도 한다. 따라서 부모의 학교교육 참여는 적절한 수준에서 이루어지는 것이 바람직하다(윤재열, 2009).

학교교육과 학급활동이 원활하게 이루어지기 위해서는 학부모의 협력과 지원, 신뢰가 필요하다. 의욕적인 교사의 학급경영에는 반드시 학부모와의 공감대 형성이 필요하며, 이를 통해 긍정적인 관계로 학생지도에 임할 수 있는 토대를 마련할 수 있게 된다. 이러한 학부모와의 공감대를 형성하기 위해서 교사는 학부모와의 상담을 효과적으로 수행해야 하며, 교육활동의 자원으로서 학부모의 학교교육 참여를 이끌어 내야 한다.

학부모의 교육참여로 학생들은 사회구성원으로서의 건전한 발달과 성장, 학업성취 등에 매우 긍정적인 영향을 받을 수 있고, 학부모들은 올바른 부모역할에 대해 자문을 얻을 수 있게 되며, 교사들은 학부모로부터 자신감을 높일 수 있는 긍정적 피드백을 받을 수 있음과 동시에 학부모자원을 활용하여 학생에게 색다른 학습경험도 제공할 수 있게 된다. 이렇게 학부모의 교육참여는 학교현장의 교사 역할을 보완하기도 하고, 교사와의 협력에 의해 교육적 효과를 높일 수 있기 때문에 학교교육에 학부모의 적극적인 참여가 요구된다.

(2) 교사와 학부모 간의 인간관계

교사와 학부모의 관계는 학생을 매개로 하는 만남을 전제로 한다. 학생이 입학하거나 진학하면서 새로운 담임교사를 만나게 되고, 이때 비로소 담임교사와 학생의 부모는 교사와 학부모라는 관계가 형성된다. 교사와 학부모 관계의 특성을 구체적으로 살펴보면 다음과 같다(조동섭 외, 2009).

첫째, 교사와 학부모의 관계는 직접적 관계라기보다는 학생을 매개로 한 간접적 관계이다. 교사는 학부모로부터 권한을 위임받아 학생을 직접 대면하며 인격적인 영향을 끼치게 되고, 동시에 이를 통해 학부모와 관계를 형성하게 된다.

둘째, 교사와 학부모와의 관계는 불완전한 정보를 토대로 하는 관계이다. 교사는 학부모의 성격, 학식, 교양 등에 관한 정보를 충분히 얻을 기회가 없기 때문에 학생이 학부모로부터 어떻게 교육받고 영향을 받는지 알기 어렵다. 부모 역시 자녀가 교사로부터 어떻게 지도를 받는지에 대한 정보를 충분히 가지고 있지 못하다. 이러한 관계에 따라 자칫 불신이나 오해가 생길 가능성이 있다.

셋째, 교사와 학부모의 관계는 한시적이다. 학급의 편성에 따라 일정기간 동안만 유지되며, 학생의 학년진급, 졸업 등으로 단절되는 단기적 관계이다. 따라서 교사와 학부모 모두는 자기책임과 의무를 소홀히 할 가능성이 있다.

(3) 학부모 교육활동 참여영역과 내용

학부모의 학교교육활동 참여가 논의될 때마다 가장 중요하게 여겨지는 것은 학부모가 어느 범위까지 참여할 수 있는가의 문제라고 볼 수 있다. 교사의 전문적 권한인 가르칠 권리와 학부모의 자녀교육권이 동시에 인정되고 보장되는 참여영역을 명확하게 구분하는 것은 쉽지 않기 때문이다.

학교에서 이루어지고 있는 학부모의 교육참여를 영역에 따라 학습지도 영역, 생활지도 영역, 행사참여 영역, 행·재정참여 영역으로 구분하였다.

- **학습지도 영역**: 수업참관, 학습자료 제작보조, 학습부진아 특별지도, 특기적성 교육지도, 가정에서의 학습지도 등
- **생활지도 영역**: 상담활동, 예절지도, 교통안전지도(녹색어머니회 등), 급식지도, 독서지도(도서도우미), 보건위생지도 등
- **행사참여 영역**: 각종 학교행사 참여, 체육대회, 현장체험, 야영활동, 알뜰바자회 등
- **행·재정참여 영역**: 자료 및 기자재 기증, 학교시설물 설치지원, 학습교구 확보지원, 교육과정 계획, 학교운영위원회 참여 등

(4) 학부모 교육활동 참여방법

학부모가 학교교육에 참여하면 교육활동의 협조자로서 교사의 입장을 공감하는 기회를 가질 수 있다. 이러한 참여가 학급 전체는 물론, 그 자녀에게도 도움이 되는 일이므로 적극적으로 학부모자원을 활용할 필요가 있다. 학교교육에 학부모자원을 활용하기 위해서는 다음과 같은 학부모의 교육활동 참여방법을 고려할 수 있다(박

남기, 김근영, 2007; 조동섭 외, 2009).

① 학습지도자로서의 참여

학부모는 자신의 자녀에 대한 학습지도자로서 학습내용의 보충 또는 심화에 실질적으로 중요한 영향을 미칠 수 있다. 학교에서는 학습과제 정책의 수립, 과제의 도달목표, 수립절차, 시간, 지도방법, 학교의 과제평가 등에 대한 사항을 학부모에게 제공하고 자원으로 활용할 수 있다.

② 일일교사로서의 참여

어버이날과 스승의 날과 같은 특별한 날에 일일교사제를 실시함으로써 학부모자원을 활용할 수 있다. 참여방법은 특정 주제에 대해 학부모를 선정하여 수업을 의뢰하거나, 교과별로 특정 교과내용에 대해 전문지식을 가진 학부모를 초빙하여 수업을 의뢰할 수 있다.

③ 봉사자로서의 참여

초등학교에서는 교실청소, 급식봉사, 녹색어머니회 봉사, 도서관사서 도우미 봉사, 체육행사 및 과학행사 때 교육기부 등과 같은 봉사자로서 학부모를 참여시킬 수 있다. 학부모의 자원봉사를 받으면 교육활동의 협조자로서 교사의 수고를 공감하는 좋은 기회가 될 수도 있다. 그러나 학부모가 반강제적인 당번제로 교육기부에 참여할 경우는 거부감이 강할 수 있으므로 학부모의 자발성과 자율성에 근거하여 학부모의 교육기부를 운영할 필요가 있다.

④ 학교교육 정책결정자로서의 참여

최근 학교운영위원회가 운영되면서 학부모는 학부모위원으로서 학교운영의 내용과 방법을 결정하는 중요한 역할을 담당하고 있다. 학부모위원은 학부모 전체회의에서 직접 선출된다. 학교운영위원회에서는 학교목표 설정, 교육과정, 교원인사, 학교재정, 기타 영역에 대한 심의권한을 가지고 학교발전기금 조성 · 운영에 관한 사항을 심의 · 의결한다.

2) 학부모상담

(1) 학부모상담의 필요성

교사는 학부모와의 원활한 소통을 위하여 동반자적 관계를 만들어야 한다. 학부모의 학교교육에 대한 참여는 교육적 효율성을 증진하는 데 효과적이라고 보는 관점에서 출발하며, 여기에는 교사와 학부모의 의견합치를 통한 의사결정이 바탕이 되고, 이는 곧 교육공동체를 만들어 내어 자녀의 성공적인 성장을 돕는 데 영향을 미친다. 따라서 교사는 학부모의 참여를 협력적인 관계로 이끌어 내야 할 필요가 있다. 이를 위해 교사는 하부모상담과 관련한 보다 전문적인 이론과 방법에 대한 기술 습득이 요구되며, 이 내용과 과정을 통해 상호 소통이 성공적으로 이루어지도록 해야 할 것이다.

학생들의 실질적인 교육성장을 위해서는 학교와 학부모 간의 상호 이해가 바탕을 이루어야 한다. 학교와 교사에 대한 불신을 감소시키는 데도 상당한 영향력이 있는 학부모상담은 학부모의 학교교육에 대한 이해를 돕는 통로가 될 것이다. 또한 학부모상담을 통하여 교사들은 학생 교육에 필요한 다양한 정보를 학부모와 공유하게 되므로 학생에 대한 이해에 도움을 받을 수 있을 뿐만 아니라 교사로서의 자긍심을 가지게 되며, 이는 곧 효과적인 교육활동으로 이어지게 될 것이다.

(2) 학부모상담의 진행과정

교사는 학부모의 학교방문이나 전화상담이 이루어지기 전에 교사 자신의 편견이나 가치관을 다시 한번 점검할 필요가 있으며, 학생과 그 학부모에 대한 진심 어린 관심을 보여야 한다. 진정성 있는 태도로 그 내용을 경청해야 하며 학부모의 상담내용에 대해 공감 어린 시선과 태도로 대하여야 한다.

우선, 학부모를 대하기 이전 단계에서 이 상담에 필요한 기본적인 정보 및 자료는 갖추고 시작하는 성실성을 가져야 한다. 상담이 시작되면 나와 다른 가치관을 가진 학부모에 대한 생각을 인정하는 긍정적인 자세로 과정을 이끌어 내는 겸손함을 보여야 할 것이며, 학부모의 이야기를 먼저 다 듣고 교사의 개입이나 생각을 말해야 하는 시기를 찾아야 한다. 대부분의 학부모가 불만 사항이 있어서 상담을 요청했다고 하더라도 이야기를 풀어 가는 도중에 해결되는 경우가 많기 때문이다. 상담을 원활하게 이끌어 가기 위해서는 무엇보다도 의사소통을 위한 전문적인 기술을 평소에 익혀 두어야 할 것이다.

(3) 학부모상담의 실제

원활한 학부모상담과 교육참여를 유도하기 위해서는 교사가 먼저 학부모를 교육의 주체 및 동반자로 인식하고, 학부모가 편한 마음으로 학교를 방문하고 학급운영에 적극적으로 참여할 수 있는 환경을 마련해 주어야 한다(조동섭 외, 2009). 학부모상담은 학생들에게 지원이 필요할 경우에 수시로 이루어져야 하고, 특별한 지원이 필요 없더라도 대부분 새 학년이 시작된 3월의 학부모 총회를 전후하여 1주간, 그리고 한 학년을 마무리해 가는 11~12월에 1주간 정도를 학부모상담주간으로 운영하고 있다. 상담주간을 운영하기 위해서는 다음과 같은 안내를 해 두어야 한다.

- 실시기간 및 일시
- 운영시간(담임과 시간조절 가능)
- 상담대상
- 실시방법(개별상담 신청접수, 학교방문상담이나 전화상담 등의 유형)
- 상담하게 될 내용에 관한 설문

또한 학부모와의 대화방법에는 다양한 장애요소가 있을 수 있다. 예를 들면, 대화의 표현방법, 대화내용의 왜곡 등을 들 수 있겠다. 학부모와의 성공적인 상담을 위한 대화방법을 정리하면 다음과 같다.

- 친밀감 형성을 위해 심리적으로 안정감 있는 분위기를 만들어야 한다.
- 대등한 입장에서 공감하며 경청하고, 적극적인 지지도 잊지 않는다.
- 개인적인 정보는 비밀보장을 약속한다.
- 문제행동에 대한 상담을 해야 할 경우에는 긍정적인 내용으로 시작해서 문제행동으로 이야기를 진행한다.
- 예의 바른 태도로 대화를 나누고 훈계나 설교를 삼가며, 비평이나 비난, 캐묻기는 피한다.

• 대화를 통하여 다양한 해결책을 찾아보고, 결정은 학부모가 할 수 있도록 돕는다.

학부모 상담과정은 대체로 호소문제 구체화, 문제의 명료화, 문제해결책 탐색, 해결의 시도, 종결의 과정을 거친다(이영순, 2008).

① 호소문제 구체화

부모가 현재 호소하고 있는 문제가 무엇인지 구체적으로 파악하는 것이 필요하다. 자녀발달과 관련된 어려움을 호소하는 경우가 많은데, 대부분 자녀의 행동이나 상황을 직면하거나 대처하기가 어려운 부모 자신의 감정인 경우가 많다.

② 문제의 명료화

교사는 학생이 무엇을 힘들어하고, 학부모가 그것을 어떻게 이해하고 있는지 알아본다. 보통 학부모가 학생의 문제행동에 대한 원인을 알지 못하는 경우가 많다. 학생과 학부모가 이야기하는 내용 중 이해하기 어려운 부분과 모순된 부분 등을 구체화하는 과정에서 문제의 원인이 드러난다. 교사는 학부모에게 일어난 사건에 초점을 두기보다 학부모가 느끼는 감정에 주목하고, 학생과의 관계에서 반응하는 양식을 살펴본다.

③ 문제해결책 탐색

교사는 평소 학부모가 자녀를 대하는 태도와 관련하여 자세히 이해한다. 이를 이해하기 위해서 학생과 갈등을 겪는 구체적인 상황을 물어본다. 또한 교사는 학부모가 화난 감정, 우울한 감정, 슬픈 감정, 기쁜 감정 등을 안심하고 노출하도록 하고, 이를 충분히 공감하는 것이 필요하다. 자녀를 양육할 때 힘든 경험은 물론, 자녀를 키우면서 기뻤던 경험도 표현할 수 있도록 하여 학생의 문제를 새롭게 보도록 한다.

④ 해결의 시도

상담과정에서 알게 된 문제해결방법을 시도해 본 부모의 경험을 자세히 파악하고, 문제해결방법의 문제점을 지적하여 이보다 좀 더 나은 해결방법을 모색하여 이를 실천하도록 격려한다. 그러나 실제로 학생과 여러 가지 문제로 부딪힌 경험을 구체적으로 이야기하도록 하여 적절한 반응양식을 찾아 간다.

⑤ 종결

학부모가 어느 정도 자녀에 대한 긍정적인 문제해결 및 행동과 태도를 보이면 상담을 종결한다. 종결 후에도 다시 교사와 상담할 수 있다고 시사해 의지할 수 있는 든든한 지지자가 되어 준다. 여기에 제시한 상담과정은 하나의 예시일 뿐이며, 학생들이 가진 다양한 문제만큼 학부모와의 상담내용과 상황은 다양할 것이다. 학생들이 학교생활에 잘 적응하여 전인적인 올바른 성장을 해 나가기를 바라는 것은 모든 교사와 학부모의 바람일 것이다.

3) 학부모총회

학생과의 첫 만남이 중요하듯이 학부모와의 첫 만남도 매우 중요하다. 특히 학부모와의 관계에서는 신뢰감이 기반이 되는데, 이러한 신뢰감을 줄 수 있는 첫 만남이 대부분의 경우 학부모총회이다. 학부모총회는 3월 중순경에 학교에서 날짜와 일정을 정하여 가정통신문을 보낸다. 학급담임교사는 가능한 한 많은 학부모가 참석할 수 있도록 다시 한번 날짜와 시간을 학생에게 알려 주는 것이 좋다. 학부모총회는 교사가 수립한 학급경영계획을 알리고, 학부모의 요구사항을 수렴하여 반영하는 기회가 되며, 학급운영 방향에 대한 공감을 얻고 협조를 구하는 계기가 될 수 있다.

(1) 준비

① 학급안내 자료 보내기

학부모총회가 시작되기 전에 대부분의 교사는 새 학년을 시작함에 있어서 1년간의 학급운영계획 등을 가정통신문 또는 학급안내장 형태로 가정에 보낸다. 미리 보내는 유인물은 학부모총회에 참석하지 못하는 학부모에 대한 배려가 되기도 하고, 학부모총회에 참석하는 학부모에게는 담임교사를 미리 소개하는 배려이기도 하다. 최근에는 이 학급안내 자료에 다양한 아이디어를 넣는 경우가 많은데, 다음과 같은 내용을 담을 수 있다.

- 학급의 특색 및 학급구성원 소개
- 담임의 소개(간단한 이력, 교육관, 연락처 등)
- 학급운영계획
- 기본적으로 갖추어 두어야 할 학습용품
- 학급활동 안내(학급규칙 등)
- 학부모께 부탁할 내용(상호 소통방법 등)

② 학부모총회 준비자료 제작하기

학부모총회 준비자료는 학부모총회 시 학부모에게 학급경영에 관한 내용을 소개할 수 있는 것으로, 학부모총회의 식순에 따라 학급안내 자료의 내용에 가정학습지도 방법, 건의사항의 내용을 포함하고, 그 밖에 인터넷사용 지도방법, 경제교육, 일과운영시간 안내, 성교육 방법 등을 안내하는 자료이다.

(2) 진행

① 학부모 맞이하기

학부모와의 원활하고 신뢰감 있는 관계를 맺고 이를 지속적으로 유지하기 위해서는 첫 만남에서부터 편안한 분위기를 마련하고 적극적으로 다가갈 수 있는 노력이 필요하다. 총회가 시작되기 전에는 부담 없는 자기소개로 시작하여 학부모 상호 간의 간단한 인사 나누기를 권한다.

② 학급활동 안내

미리 준비해 둔 자료를 배부한 다음, 믿음이 가고 전문성이 느껴지도록 내용을 전달한다. 여기서 교사의 교육관과 학급운영계획을 정확하게 전달하는 것이 무엇보다 중요하며, 학부모와의 공감과 이견을 나누며 학급경영을 위한 자료를 수집한다. 학교에서 학부모교육의 내용으로 내린 지침을 정확하게 전달하여야 하므로 내용과 전달방법에 전문성이 느껴지도록 한다.

③ 학부모단체 임원 조직하기

학부모총회에서 녹색어머니회, 도서어머니회, 학부모회 등의 학부모 참여가 필요한 모임에 참가하여 도움을 줄 수 있는 학부모를 미리 정해 두어야 한다. 담임교사는 학부모에게 학교교육 참여에 대한 중요성을 알려서 자발적인 참여로 이끈다.

(3) 학부모총회 시 유의점

① 교실의 정리정돈

가능하면 학부모총회가 시작되기 전에 학급환경 구성을 대강 마무리해 두는 편이 좋으나, 사정이 여의치 않을 때는 가능한 한 교실을 깨끗하게 정리해 학부모에게 교사의 학생지도 능력에 대한 좋은 인상을 주어야 한다.

② 학생 개인정보

학생에 대한 개인적인 이야기나 정보는 전체 학부모가 있는 자리에서는 피하고, 개별적인 만남의 기회가 허용될 때 거론한다.

③ 학교의 공식입장을 대변

개별 학부모의 질문에 대해서는 교사의 개인적인 의견보다는 학교의 공식입장을 전해야 한다.

④ 정확한 정보 안내

맡게 될 학급의 학사일정과 행사 등에 대한 정보는 미리 정확하게 파악해 두어야 하고, 결정과정이 끝나지 않은 내용이나 확실하게 알지 못하는 내용에 관해 질문을 받았을 경우에는 확인한 후에 정확히 답변하겠다고 약속하는 것이 좋다.

4) 학부모대상 공개수업

교사가 학부모에게 수업을 공개하고 또 학부모가 수업을 참관하는 데에는 여러 의미가 있겠으나, 가장 큰 의미는 학부모가 학교에서의 생활모습을 통해 자녀를 보다 깊이 이해할 수 있고, 학교교육에 대한 전반적인 정보도 얻을 수 있기 때문일 것이다. 또한 교사는 공개수업을 통해 학생의 실태를 파악하고, 학부모의 교육적 공감을 얻을 수 있는 계기를 마련할 수 있다.

(1) 학부모대상 공개수업 준비

학부모대상 공개수업은 교사의 전문성을 발휘할 수 있는 과목과 차시, 내용으로 선택하는 것이 좋다. 연간 1~2회의 공개수업만으로 학부모는 교사의 전반적인 교육활동을 판단할 가능성이 크기 때문이다. 그러므로 차시를 정할 때에도 학습자의 흥미를 끌 수 있고 활발한 활동이 전개될 수 있는 내용으로 정하는 것이 좋다. 또한 학부모의 관심이 자녀에게 집중되는 경향이 있으므로 발표기회도 고루 주어지게 배려해야 한다.

수업 시작 전에 제시할 자료로는 평상시의 밝은 학교생활에 관한 영상을 준비하여 자칫 어수선하기 쉬운 분위기를 정리한 후 수업을 시작하는 것이 좋다.

(2) 학부모대상 공개수업 실행

공개수업을 참관하면서 학부모는 자녀의 학습태도, 학습활동에 대한 참여, 학습활동의 상호작용 등에 관심이 쏠려 있는 경우가 대부분이다. 그러므로 교사는 수업 중 학생 전체에 관심을 가지며 고루 시선을 나누어 주고, 따뜻한 분위기 속에서 흥미와 동기를 유지시켜 가야 할 것이다.

수업내용에 관한 발표활동에서는 학생 각각의 발표태도와 습관 등을 사전에 파악해 두는 것이 도움이 되며, 평소 수업에서 발표를 꺼리는 학생에게는 쉬운 질문을 하여 기회를 유도하고, 난이도를 점차 높여 가며 전체 학생에게 발표기회를 고루 주어야 한다. 발표 후에는 적절한 칭찬이나 격려로 보상해 주어야 하고, 수업 중 교사의 발문은 가능한 한 경어를 쓰도록 한다.

2. 학교와 지역사회

교육과 사회는 내용과 체제 면에서 서로 무관하지 않다. 일반적으로 정치, 경제,

문화와 교육은 서로 영향을 주고받으며 서로 성장해 가고, 특히 지역사회와의 영향
력은 크다. 지역사회의 모든 환경은 학교의 교육환경의 바탕이 되기 때문에 학교와
지역사회는 교육적인 면에서 서로 나누어 생각할 수 없게 되었다. 이에 따라 2022 개
정 교육과정부터는 분권화를 바탕으로 한 학교교육과정 자율성 확대를 위하여 국
가·지역·학교 교육과정 간 주체별 역할을 구분하여, 지역 특성에 맞는 다양한 수
업혁신이 학교현장에서 이루어질 수 있도록 단위학교 교육과정 편성·운영의 자율
권을 확대하는 근거를 마련하였다.

또한 2012년 주 5일 수업제의 전면실시로 학교와 지역사회는 새로운 교육환경을
만들어 가고 있다. 수업시간과 수업내용의 변화와 함께 유휴시설을 활용하는 것을
과제로 하여, 평생학습사회와 정보사회화의 흐름에 발맞춘 창의적이고 자기주도적
인 지식습득과 학습능력이 요구되면서 체험학습, 특기적성교육 등이 더욱 강조되
는 시점에 와 있다. 학교와 지역사회가 함께 교육공동체를 구축해 나가기 위하여 실
행되고 있는 다양한 방안들은 크게 두 범주에서 이루어지고 있다. 하나는 토요일에
학교시설을 활용하여 지역사회와 연계한 지역사회학교 활성화이며, 다른 하나는
각 지역의 기관과 연계한 체험학습의 활성화이다. 이를 구체적으로 살펴보면 다음
과 같다(주철안 외, 2013).

1) 지역사회학교

지역사회학교는 '학생들의 교육을 포함하여 지역주민의 교육적인 욕구를 충족시
키며, 지역사회의 발전과 문제해결에 선도적인 역할을 하는 학교'라고 정의할 수 있
다. 이는 학부모와 지역주민이 학교를 교육활동에 활용하는 것을 말한다. 지역사회
학교는 배움을 통한 성장의 기회를 제공하기 위해 지역주민에게 학교시설을 개방
하여, 학교 및 지역사회의 공동발전의 계기로 삼는 것을 말한다.

한희창(2008)은 실제 운영되고 있는 지역사회학교를 크게 네 가지 유형으로 나누
었다. 학교독립형, 학교 간 연계형, 지역사회와 학교의 파트너십형, 마을학교형이
그것이다.

첫째, 학교독립형은 학교가 평생교육센터를 설치하는 등의 노력을 통해서 지역
사회교육센터의 역할과 아동의 방과후학교 프로그램을 운영하는 방식으로 그 책을

모두 학교가 담당하며, 학교에서 전담 평생교육사를 배치하고, 지역의 기업이나 단체로부터 기부를 받는 등의 역할을 하는 형태이다.

둘째, 학교 간 연계형은 권역 내의 학교들이 상호 연계하여 교육프로그램을 공유하는 방식으로, 학교 간 특성화 프로그램이 개발되어 다양한 프로그램에 시민이 참여하는 방식이다. 대표 학교가 관리책임을 선정하고 이에 평생교육사를 배치하거나 지역 교육청의 순회평생교육사가 프로그램을 기획하고 운영하며, 협력학교들은 이에 대해 최대지원의 책무를 갖고 운영하는 형태이다.

셋째, 지역사회와 학교의 파트너십형은 지역사회와 학교가 파트너십을 이루고 사업을 전개하는 방식으로, 다양한 참여주체 간의 공동 목적을 위해 조직된 조합을 의미한다. 다양한 프로그램이 다양한 공간에서 하나의 '브랜드'로 제공되며, 주체들 간에는 업무협약방식을 체결하여 협약을 맺어 운영하는 형식으로, 지역 교육지원청에서는 평생교육사 배치나 행정적 지원을 하는 형태이다.

넷째, 마을학교형은 농·산·어촌의 폐교나 지역의 마을회관 등을 활용하여 마을 주민들이 결성한 모임이 주체가 되는 유형으로, 주민자치센터의 한글교실, 공부방, 방과후학교, 주말학교 등의 프로그램이 운영되고 있다. 현재 가장 많이 운영하고 있는 지역사회학교로, 프로그램이 다양하며 지역자치단체로부터 공적 지원을 받음에 따라 더욱 활성화될 수 있는 유형이다. 서울특별시교육청의 운영 예시는 〈표 12-1〉과 같다.

표 12-1 마을 결합형 학교 유형(예시)

부분적 마을 결합형 학교	마을 활용 프로그램형	마을 연계 방과후학교 운영, 마을과 함께하는 축제, 지역의 각종 센터 활용 프로그램 등
	마을 초대 프로그램형	학교 도서관을 활용한 지역주민 독서 교육 프로그램 운영, 학교 체육관 활용 지역주민 배드민턴반 운영 등
전면적 마을 결합형 학교	마을 결합형 학년 교육과정형	자유학기제를 활용한 중학교 1학년 마을 결합형 진로 교육과정 운영 등
	마을 결합형 교과 교육과정형	생물과의 우리 지역 연계 생태계 교육과정 운영, 사회과의 마을 살이 교육과정 운영 등

* 출처: 서울특별시교육청(2015). 마을 결합형 학교 운영 기본계획.

유형별	방과후학교	지역과 함께하는 학교사업	주말학교
운영주체	학교장	학교장 중심, 지역사회 지원	지방자치단체 중심 학교장 지원
교육과정	학습지원 중심, 일부 특기적성	특기적성 중심 학습보조	놀이 및 여가활동
운영요원	교사 중심, 일부 전담강사 지원	교사와 평생교육사 공동 추진	평생교육사 중심
운영방법	평일 방과후수업	평일 또는 주말학습	주말 중심
참여대상	재학생 및 일부 학부모	지역학생 및 지역주민	가족과 학생 이웃과 지역주민
운영실태	전국적으로 활성화되고 있으며, 초기에는 특기 중심이었으나 현재는 학습을 강조하고 있음	2007년 하반기부터 평생교육 차원에서 실시하는 사업으로 사업 추진 초기 단계임 ※지역과 함께하는 좋은 학교 만들기 사업과 동일	일부 지역에서 동일 명칭을 사용한 사례가 있으나, 주말학교 개념은 한희창(2008)이 새롭게 주장하는 주제임

표 12-2 우리나라 지역사회학교 유형

* 출처: 한희창(2008). 주 5일제 도입에 따른 지역사회학교 활성화 방안 연구를 일부 수정.

현재 우리나라에서 교육부 방침에 따라 교육청 및 일선학교에서 운영하고 있는 지역사회학교 유형을 살펴보면 〈표 12-2〉와 같다.

앞으로 학교는 지역사회의 유동적이고 역동적인 특성을 살려 가며 다양한 이름으로 불리게 되며, 사회의 구심적 역할을 수행하게 된다는 것을 이해해야 한다.

2) 지역사회와 현장체험학습

우선, 현장체험학습의 목적을 살펴보면 다음과 같다.

• 체험 중심의 다양한 교육활동을 통해 개개인의 꿈과 끼를 키우고, 자율성과 창의성을 함양한다.
• 교과교육과정과 연계한, 학교 밖 단체활동을 통해 협동심과 인성을 기르고 나눔과 배려를 실천하는 민주시민을 육성한다.

현장체험학습은 학교를 벗어난 장소에서 학습활동이 이루어지고 있으나 그 활동들의 목표가 교육적 내용을 담고 있다는 점에서 학교교육과 관련이 있으며, 그 활동을 내용으로 구분해 보면 다음과 같다(주철안 외, 2013).

- 학교가 주관하는 현장체험학습: 교과, 창의적 체험활동과 관련되는 직접적인 현장교육활동, 즉 실험, 관찰, 조사, 수집, 토론, 노작, 견학 등의 체험학습
- 학부모 동반 현장체험학습: 학교장의 사전승인을 받아 학생과 학부모가 함께하는 체험활동 또는 현장체험학습
- 학교(도 · 농) 간 교류 체험학습: 학교장의 승인을 받아 환경이 다른 타 학교에서의 위탁교육 등의 체험학습

그러므로 이 활동들은 학습 차원에서 접근해야 하며, 반드시 학습으로 이어져야 한다.

(1) 학교주관 현장체험학습 장소

이 활동은 관공서, 도서관, 평생학습센터, 과학관, 미술관, 박물관, 생태공원 등 주로 지역사회를 연계한 학습으로 이루어지며, 지역사회의 특징에 따라 유형이 달라질 수 있다. 지역사회 안의 여러 인적 · 물적 자원뿐만 아니라 자연환경, 문화, 생활, 환경적 특성에 대한 관심과 지역사회가 현재 직면하고 있는 문제에 관한 학습자료가 될 수 있는 곳으로 선택한다.

(2) 학교주관 현장체험학습의 구분

학교가 주관하는 현장체험학습은 학교 밖에서 이루어지는 교육활동으로 수학여행, 수련활동 등 숙박형 현장체험학습과 1일형 현장체험학습으로 구분한다.

- 숙박형 현장체험학습
  - 수학여행: 교육과정과 연계하여 다양한 사회, 자연, 문화 등에 대한 직접체험을 통해 견문을 넓히기 위해 실시하는 단체숙박형 여행
  - 수련활동: 교육과정과 연계하여 청소년 시기에 필요한 공동체의식, 협동심

을 함양하는 단체활동
　　－기타: 수학여행과 수련활동을 제외한 활동으로, 일정 기간 숙박을 하면서 이
　　　루어지는 체험활동
　• 1일형 현장체험학습: 하루 동안에 이루어지는 단순 관광, 관람, 견학, 강의 등 비
　　숙박 체험활동

3) 지역사회와 창의적 체험활동

(1) 창의적 체험활동의 목적과 내용

　창의적 체험활동은 교과 이외의 활동으로, 교과와 상호 보완적 관계에 있으며, 앎을 적극적으로 실천하고 나눔과 배려를 할 줄 아는 창의성과 인성을 겸비한 미래지향적인 인재 양성을 목적으로 한다. 창의적 체험활동은 기본적으로 자율성에 바탕을 둔 집단활동의 성격을 지니고 있으며, 집단에 소속된 개인의 개성과 창의성도 아울러 교양하려는 교육적 노력을 포함한다.

　학생들은 창의적 체험활동에 자발적으로 참여하여 개개인의 소질과 잠재력을 계발·신장하고, 자율적인 생활자세를 기르며, 타인에 대한 이해를 바탕으로 나눔과 배려를 실천함으로써 공동체의식과 세계시민으로서 갖추어야 할 다양하고 수준 높은 자질 함양을 지향한다는 목표를 가지는 활동이다.

　주5일제 근무제 실시와 함께 다시금 주목받으며 강조되고 있는 방안이 각 지역의 기관과 연계한 창의적 체험활동의 활성화이다. 창의적 체험활동은 기존의 재량활동, 특별활동이 통합된 교과 외 활동으로, 2009년 개정교육과정에서 도입된 것이다. 이는 기존의 활동을 통합하여 좀 더 효율적으로 운영하기 위한 것으로, 교과와 상호 보완적 관계에 있다(주철안 외, 2013).

　창의적 체험활동은 자율활동, 동아리활동, 봉사활동, 진로활동의 4대 핵심활동영역으로 구성되며, 방과후활동, 독서활동이 포함되어 총 여섯 가지 활동으로 구성되어 있다. 창의적 체험활동에 관한 내용은 창의적 종합지원시스템 에듀팟(https://www.edupot.go.kr)에서 제공하고, 학생 스스로 내용을 작성하고 교사가 이를 승인, 보완하는 과정으로 이루어진다.

　다음은 창의적 체험활동의 영역별 성격과 활동 내용이다.

- **자율활동**: 학생들이 자발적으로 참여하는 활동으로, 다양한 의견을 서로 존중하며 자신이 속해 있는 단체에 대한 소속감을 갖고 공동체의식을 드높여, 바람직하고 창의적인 방향으로 이끌어 나가도록 도와주는 활동(적응활동, 자치활동, 행사활동, 창의적 특색활동)
- **동아리활동**: 서로 같은 취미나 특기·적성을 가진 학생들이 모여 자신의 소질과 적성을 창의적으로 계발하고 발전시켜 자아실현의 기초를 형성하고, 사회성과 협동심을 기르며, 다양한 자기표현능력을 신장시키는 집단활동(학술활동, 문화예술활동, 스포츠활동, 실습노작활동, 청소년단체활동)
- **봉사활동**(2022 개정교육과정에서는 창의적 체험활동의 '동아리 활동'에 포함): 학교가 자체적으로 계획을 세우거나 학생들의 자발적인 의도에서 도움이 필요한 특정한 기관이나 개인을 대상으로 수시 또는 정기적으로 봉사함으로써 책임과 역할을 분담하고 배려할 줄 아는 성숙된 인격을 함양하는 활동(교내봉사활동, 지역사회 봉사활동, 자연환경 보호활동, 캠페인활동)
- **진로활동**: 개인이 자신의 특성, 소질과 적성, 능력 등을 이해하고 이를 바탕으로 자신의 정체성을 확립함으로써 진로를 계획하고 준비하며, 적절한 시기에 진로를 탐색·선택할 수 있도록 도와주는 모든 활동(자기이해활동, 진로정보 탐색활동, 진로계획활동, 진로체험활동)

이런 활동을 중심으로 학교급별 특성, 학생 발달수준 등을 고려하여 차별화된 운영이 가능하도록 편성·운영의 중점을 별도로 설정하였다.

- 초등학교에서는 학생들의 발달수준 및 학교의 여건 등을 고려하여 창의적 체험활동의 영역을 선택적으로 편성·운영할 수 있도록 허용한다.
- 중학교에서는 학생들의 발달수준, 학교의 여건 등을 고려하여 창의적 체험활동의 영역을 자율적으로 편성·운영하고, 학교스포츠클럽활동 및 자유학기제에 이루어지는 다양한 활동과 연계하여 운영한다.
- 고등학교는 학생들의 발달수준, 학교의 여건 등을 고려하여 창의적 체험활동의 영역을 자율적으로 편성·운영하고, 학생의 진로와 연계한 다양한 활동으로 구성한다.

창의적 체험학습은 교내외의 학생활동을 통해 지역사회까지 확대된 보다 폭넓은 학습과 체험을 할 수 있는 것으로, 성장과정의 학생 자신에 대한 총체적인 기록과 분석의 자료로도 활용할 수 있다.

(2) 지역사회와 연계한 창의적 체험학습

창의적 체험학습의 세부 활동내용의 예를 지역사회와 연계된 활동을 중심으로 살펴보면 다음과 같다.

- **자율활동**: 창의적 특색활동의 하나인 지역특색활동으로, 지역 문화재 답사, 지역의 역사 계승활동 등으로 체험할 수 있다.
- **동아리활동**: 청소년단체활동으로, 스카우트연맹, 청소년연맹, 청소년적십자, 우주소년단, 해양소년단 등이 정부나 지방자치단체 또는 민간이 설립한 청소년시설에서 운영하는 각종 동아리에 참가하여 활동할 수 있다.
- **봉사활동**: 자연환경보호활동으로, 자연보호활동, 깨끗한 환경 가꾸기, 나무 심기, 공공시설과 문화재 보호활동, 저탄소 생활 습관화를 위한 활동 등을 실천할 수 있다.
- **진로활동**: 진로정보탐색활동으로, 학업정보, 입시정보, 학교정보를 탐색하기 위해 타 학교 방문, 직업정보 탐색을 위한 자격 및 면허제도 검색, 관심 있는 직장 방문, 관심 직업훈련, 단기 직업기술 실습 등의 활동을 할 수 있다.

청소년을 위한 창의·인성 프로그램과 연계한 지역사회 중심활동의 예를 보면 다음과 같다.

- **봉사체험**: 요양원, 노인복지센터, 노인종합복지관 방문 등
- **직업·진로체험**: 과학관, 방송국, 신문사, 법원 견학 등
- **문화·예술체험**: 문화센터, 문화회관, 미술관 방문 등
- **전시·공연체험**: 문화원, 박물관, 어린이회관, 학생회관, 문화회관, 소극장 방문 등
- **자연환경보호체험**: 정수사업소, 보건환경연구원, 하수종말처리장, 자연관찰학습원 견학 등

3. 학교 · 학부모 · 지역사회와의 학교공동체 만들기

세계 여러 나라는 교육정책, 학업성취도와 관련하여 교육강국 핀란드의 예를 본 받고자 낱낱이 분석하기 시작하였으며, 그 과정에서 놀라운 점을 많이 발견하였다. 그리하여 지식에 기반을 둔 수업과 시험에 기반을 둔 책무성을 지나치게 강조하는 데 대한 반작용으로, 전 세계 교육당국은 지식경제가 요구하는 더 역동적인 교육과정을 고려하고 있으며, 교육분야 리더십을 강화하고 있다. 뿐만 아니라 단일기관에 집중하는 대신, 학교와 지역사회의 네트워킹을 장려하기 시작했다. 이러한 발상의 중심에는 '상보성(complementarity)', 즉 학교와 지역 간의 협력과 네트워크를 통해 더 나은 학습을 고민할 수 있다는 인식이 있다.

군집화와 네트워킹도 국가경쟁력과 세계화에 발맞추려는 노력의 핵심요소로 나타난다(Sahlberg, 2011). 이렇게 학교와 지역 간의 협력과 네트워크가 형성되지 않으면 학교교육도 빛을 발할 수 없을 뿐만 아니라, 현실에 뿌리내린 교육내용을 정착하기 어려워질 수밖에 없다.

우리 사회와 학교에서 발생하는 문제해결을 위한 방법에는 무엇보다도 학교를 중심으로 하는 학부모와 지역사회의 협력과 네트워크가 필요하다. 바꾸어 말하면 학교공동체의 형성이며, 이는 학생과 교사, 학부모 및 지역사회 모두를 위한 상생의 길이 될 것이다.

학교가 배움과 돌봄의 장이 되도록 하는 학교공동체를 형성하기 위해서는 현 사회의 경쟁적인 분위기를 전체적인 공동체 분위기로 만드는 것이 필요하다. 사회의 경쟁적 분위기는 지역 간, 학교 간, 학생 간의 갈등을 심화시키기 때문이다. 적어도 학교(또는 교사)는 이러한 사회적 분위기로부터 우리의 학생들을 보호할 책임이 있으며, 더 좋은 미래사회를 보장할 수 있도록 학생들을 교육할 의무가 있다. 이에 제시된 학교공동체 구축방안을 위한 모델은 중요한 시사점을 제공하는데, 지역사회 및 학부모와 관련되어 설정된 몇 가지를 소개하면 다음과 같다(한대동 외, 2009).

학교공동체 구성원들의 상호관계와 역할을 설정하는 것이 필요하다. 학생의 역할과 다른 구성원들과의 관계 설정, 교사의 역할과 다른 구성원들과의 관계 설정, 교장의 역할과 다른 구성원들과의 관계 설정, 학부모의 역할과 다른 구성원들과의 관계 설정, 지역사회의 역할과 학교와의 관계 설정, 지역교육청 및 교육행정기관의 역할을 설정하는 것이 요구된다. 특히 여기서 기술하고 있는'학부모의 역할과 다른 구성원들과의 관계 설정'과 '지역사회의 역할과 학교와의 관계 설정'을 중심으로 살펴보면 다음과 같다.

① 학부모의 역할과 다른 구성원들과의 관계 설정
- 학교공동체의 중요성을 인식하고 공동체 조성에 필요한 학교운영에 적극적으로 참여하고 지원하는 역할을 강조한다. 특히 학급에서의 '배움'과 '돌봄'을 위한 공동체 수업에 자원봉사자로 적극 참여한다.
- '내 아이'만을 위한 이기적인 교육으로부터 '우리 아이들'을 위한 교육으로 인식을 전환한다.

② 지역사회의 역할과 학교와의 관계 설정
- 학교가 소속된 지역사회의 센터 역할을 할 수 있도록 종전의 역할을 확대하고 강화한다. 그렇게 되기 위해서 학교는 시설과 공간을 지역사회에 개방하고 지역사회와의 긴밀한 상호 협조관계를 증진할 수 있는 방안을 마련한다.
- 학교의 주변 환경을 정화하여 학생들에 대한 보호와 돌봄, 선도와 교육의 공동 책임의식을 갖고 협조한다.

③ 교육과정의 편성 및 운영
- 학교 주변 지역사회의 인적 · 물적 · 문화적 자원을 수업에 활용하여 배움의 효과를 높이는 동시에 지역사회에 대한 관심과 이해를 높인다.

④ 교과 외 특별활동
- 학교공동체 구성원들(학생, 교사, 교장, 학부모, 지역사회)의 소속감, 우리라는 감정, 유대감 등을 증진할 수 있는 특별 프로그램이나 행사 등을 마련하도록 한다 (예: 학교축제, 학예회, 연극제, 운동회, 현장체험학습, 스승의 날, 학부모의 날, 어버이 날, 조부모의 날, 주민과의 밤, 다른 학교와의 운동시합 등).
- 학교에서 배운 내용의 현장 관련성을 높이고 학교와 지역사회의 밀접한 관계

를 이해시키기 위하여 지역사회를 체험하는 기회를 많이 제공하도록 한다. 또한 봉사활동 참여를 통하여 나눔과 돌봄을 직접 체험하여 그것들의 소중함을 터득하도록 한다.

⑤ 생활지도와 상담

• 생활지도나 상담활동을 담당하는 사람으로서의 교사의 역량증진과 함께 교장, 학부모, 지역사회 역할의 중요성을 인식하고 적극 참여할 수 있도록 한다.

• 사토우 마나부(佐藤學, 2006)는 '배움의 공동체'로의 개혁이란 학교를 학생뿐만 아니라 교사들이 서로 배우면서 성장하는 장소로 만들어 학부모와 시민이 학교교육에 참가하면서 서로 배우고 함께 커 가는 장소로 만들어야 하는 것임을 강조하였다. 즉, 학생·교사·학부모·지역사회가 연대하지 않으면 진정한 배움의 공동체로서의 학교로 성장시켜 갈 수 없음을 역설했다. 학교공동체가 이처럼 중요한 것은 교육환경이야말로 공동체적 특성의 바탕이 되어 미래 학생들의 특성을 결정짓고, 미래의 교육조직과 사회조직의 집단적 특성을 결정짓는 요인을 가지고 있기 때문이다.

연구 및 토의 문제

1. 학생지도와 관련된 학부모상담에 임하는 자세에 대해 생각해 보자.

2. 현장체험학습, 창의적 체험학습과 관련하여 지역사회는 어떤 역할을 하고 있는지에 대해 알아보자.

3. 학교와 학부모, 지역사회와 함께 만들어 가는 바람직한 학교공동체에 대해 토의해 보자.

참고문헌

김희복(1992). 학부모 문화 연구. 서울대학교 대학원 박사학위논문.

류방란, 김성식(2006). 교육격차: 가정 배경과 학교교육의 영향분석. 서울: 한국교육개발원.

박남기, 김근영(2007). 학부모와 함께하는 학급경영. 서울: 태일사.

서울특별시교육청(2015). 마을 결합형 학교 운영 기본계획.

송기창, 김도기, 김민조, 김민희, 김병주, 김병찬, 김성기, 김용, 나민주, 남수경, 박상완, 박수
     정, 오범호, 윤홍주, 이정미, 이희숙, 정성수, 정수현, 정제영, 조동섭, 조석훈 · 주현준,
     홍창남(2014). 중등교직실무(2판). 서울: 학지사.

윤재열(2009). 학부모교육 참여와 학교교육 효과성 인식과의 관계. 홍익대학교 대학원 박사
     학위논문.

이영순(2008). 학부모 면담전략: 학부모상담의 실제. 상담과 지표. 43, 51-65.

조동섭, 이승기, 송윤선, 이현석, 장수진, 나인애, 박선주, 안병천(2009). 새내기 교사가 알아야
     할 교직실무 100가지. 경기: 교육과학사.

주철안, 오경희, 이상철, 이용철, 이지영, 한대동, 홍창남(2013). 교직실무. 서울: 학지사.

한대동, 김대현, 김정섭, 안경식, 유순화, 주철안, 손우정, 전현곤(2009). 배움과 돌봄의 학교공
     동체. 서울: 학지사.

한희창(2008). 주 5일제 도입에 따른 지역사회학교 활성화 방안 연구. 서울시립대학교 대학
     원 석사학위논문.

佐藤學(2006). 수업이 바뀌면 학교가 바뀐다(손우정 역). 서울: 에듀케어.

Sahlberg, P. (2011). 핀란드의 끝없는 도전(이은진 역, 2016). 경기: 푸른숲.

찾아보기

내용

저자 소개

김희규(金熙圭/Kim, Hee-Kyu)

khk546@silla.ac.kr

고려대학교 대학원 교육학박사(교육행정 전공)

전 한국교육과정평가원 연구위원

　　한국교육정책연구소장

　　전국사립사범대학장협의회 회장

　　교육부 정책자문위원/자체평가위원/교육과정운영위원회 부위원장

현 교육부 교원역량혁신추진위원/재정자율평가위원

　　한국교원교육학회 회장

　　신라대학교 교무처장/교육학과 교수

김순미(金順美/Kim, Soon-Mi)

hneko2005@naver.com

신라대학교 대학원 교육학박사(교육행정 전공)

전 부산광역시 초등학교 수석교사

　　신라대학교 사범대학 교육학과 겸임교수

현 신라대학교 사범대학 교육학과 초빙교수

안성주(安性柱/An, Seong-Ju)

busan00000@hanmail.net

신라대학교 대학원 교육학박사(교육행정 전공)

전 부산광역시 고등학교 수석교사

　　신라대학교 사범대학 교육학과 교육전담교수

현 신라대학교 사범대학 교육학과 초빙교수

예비교사의 수업과 실무를 위한

최신 교직실무 (2판)
Teaching Practice (2nd ed.)

2017년 9월 15일 1판 1쇄 발행
2022년 2월 25일 1판 7쇄 발행
2023년 8월 30일 2판 1쇄 발행

지은이 • 김희규 · 김순미 · 안성주
펴낸이 • 김진환
펴낸곳 • ㈜ 학지사

      04031 서울특별시 마포구 양화로 15길 20 마인드월드빌딩
대표전화 • 02-330-5114   팩스 • 02-324-2345
등록번호 • 제313-2006-000265호

홈페이지 • http://www.hakjisa.co.kr
인스타그램 • https://www.instagram.com/hakjisabook

ISBN 978-89-997-2958-4 93370

정가 22,000원

출판미디어기업 **학지사**

간호보건의학출판 **학지사메디컬** www.hakjisamd.co.kr
심리검사연구소 **인싸이트** www.inpsyt.co.kr
학술논문서비스 **뉴논문** www.newnonmun.com
교육연수원 **카운피아** www.counpia.com